M A T H E M A T I C S   E D U C A T I O N

제2판 7차 개정교육과정에 따른

초등수학교육론

현 종 익 지음

KYOWOOSA 教友社

머리말

과학기술의 발달과 현대수학의 눈부신 발전에 따라서 수학교육의 현대화운동이 국제적인 규모로 전개된 지 벌써 오랜 세월이 흘렀다.

이에 따라 수학교육에 있어서도 혁신적인 내용을 갖게 되었고, 이것은 수학교육의 역사로 보아도 일대변혁이라 할 수 있다.

이로써 우리나라에 있어서도 1973년 2월에 교육부는 초등학교 수학과 교육과정을 개정 공포했으며 전국 교육대학교는 개편된 수학과 교육과정에 의해서 새로운 수학교육을 실시하여 왔었다.

더욱이 1980년부터 교육대학교도 2년제에서 4년제 대학으로 학제가 개편되고, 1997년 12월에 제7차 교육과정을 개편하여, 국민 공통 기본 교육기관과 수준별 교육과정을 도입하여 초등학교 6년, 중학교 3년 등 9년으로 되어 있는 기본교육과정을 고등학교 1학년까지 연장하고, 이 기간중 교과별 학습내용은 학교급별이 아닌 〈학년제〉 개념에 기초하여, 1학년에서 10학년에 이르기까지 일관성 있게 가르치게 하는 데 특징을 두고 실시하여 왔다.

이제는 제7차 교육과정의 적용 및 운영과정에서 드러난 문제점을 개선하여 의미 있는 수준별 수업이 실시될 수 있도록 하는 방향으로 점차적으로 개정할 예정이다. 그래서 이 책은 위에 제시한 내용을 충실히 수행하기 위해서 수년간 학생들에게 강의한 내용을 정리하여 교과서로 엮은 것이다. 교재편찬에 있어서는 제1장~제5장까지는 수학교육에 필요한 시대적 배경과 현대화 운동에 대하여 조사하고, 우리나라의 수학과 교육과정, 수학적 개념 형성, 수학과 교육-학습방법, 수학과 학습평가에 대하여 일반적인 이론을 해설하였고, 제6장~제10장에서는 수와 연산, 도형, 측정, 확률과 통계, 규칙성 영역에 대한 실제 지도의 관점을 중심으로 영역별로 이론적 해설과 지도 실례를 들었다.

오늘날의 수학교육의 모든 문제는 무엇보다도 교사 자신이 갖고 있는 실력에 의하여 해결될 수 있다고 생각한다. 교육과정의 문제도, 학습지도법의 문제도, 또는 교과서 활용 문제도 교사 자신의 지도 능력에 달려있다고 확신한다. 이것을 달성하기 위해서도 수학에 대한 참다운 연구와 아동들을 보다 잘 이해하는 데 있고, 학문을 사랑하는 마음과 아동들을 사랑하는 마음에 의하여 해결된다고 생각한다.

이 책을 출간함에 있어서 마음 한구석이 불편함을 느끼는 것은, 무엇보다도 시간적 여유를 갖지 못하고 집필하였기 때문에 취급한 내용이 한정되어 있는데다가 미비한 점이 너무나도 많기 때문이다. 앞으로 저를 아끼는 분들의 비판과 조언을 받아 부족한 점을 보완해 나갈 것을 약속하는 바이며, 이 책이 수학교육의 지도에 종사하는 일선교사와 초등교사가 되고자 하는 학생들에게 다소나마 도움이 되고 참고가 된다면 저자는 무한한 영광으로 생각할 것이다.

끝으로, 이 책의 출판을 맡아 이와 같이 훌륭한 모습으로 빛을 보게 애써주신 교우사 오판근 사장님과 이 책이 나오기까지 자료수집에 많은 협조를 해주신 영남대학교 사범대학 수학교육과 김용찬 박사님, 경상대학교 사범대학 수학교육과 한인기 박사님, 서울교육대학교 배종수 박사님에게 감사의 말씀과 수차례에 걸쳐 수정과 보완에 개의치 않고 묵묵히 교정과 워드프로세서를 맡아주신 제주대학교 교육대학 초등교육과 수학교육전공 김은정 조교 선생님께 감사를 드리며, 출판에 협력해 주신 직원 여러분께 감사를 표하는 바이다.

인생과 학문을 이끌어주신 백용배 은사님께 고개 숙여 깊이 감사를 드립니다.

2012년 12월

한라산을 마주하고 있는 별도봉 언저리에서 현 종 익

목차

Chapter 7. 도 형 251

Chapter 8. 측 정 295

Chapter 9. 확률과 통계 319

7차 개정교육과정에 따른
초등수학교육론

01 수학교육의 흐름

1.1 수학교육의 현대화의 요청

인간은 태어나면서부터 교육을 받고 태어난 것은 아니다. 차차 성장하면서 유아시대의 부모님으로 부터의 가정교육을 받은 후, 점차 학교교육, 사회교육, 인간관계를 통하여 교육이 이루어짐을 알 수 있다.

지금 이 시점에서 우리의 교육은 어느 분야를 막론하고 역사성을 지니고 있음을 알 수 있다. 이러한 역사성을 수학교육에서 특히 강조하고 싶다.

오늘날 과학기술 문명은 이루 말할 수 없을 정도의 빠른 속도로 발전을 계속하고 있다. 이와 같은 과학의 급격한 발전과 더불어 사회에서는 보다 높은 과학적 교양을 지닌 인재를 필요로 하게 되었고, 수학교육도 이에 발맞추어 많은 변화를 가져오게 되었다. 이것이 범세계적으로 수학교육의 현대화 운동을 요청하게 되었으며, 이 운동이 올바른 방향을 찾아서 바르게 수행될 때 수학교육은 그 실제의 효과를 거두게 되리라 믿는다. 특히 우리나라에서는 조국 선진화의 작업을 서두르고 있으며 나아가서는 세계의 일원으로서 세계적 역할을 해 나가려고 노력하고 있는 형편이다. 이런 시점에서 범세계적인 수학교육의 현대화 운동을 외면하여 고립할 수 없는 것이다.

1.2 수학교육의 변천과정

우리나라는 해방 이후 오늘날까지 8번의 교육과정 개정을 통하여 구현된 제언에서, 학교 수학 프로그램은 개인이 어른의 세계에서 살고 일하기 위한 준비로서의 사회적 요구를 충족시키지 않으면 안 된다는 것을 기본으로 삼고 있다.

각각의 **교육과정의 특징**[1]을 간단히 요약해서 살펴보기로 한다.

우리나라 수학과 교육과정의 시대별 변천 과정은 1945년 해방 이후부터 교수 요목시대(해방후 혼란기),제1차 교육과정(1954-1963), 제2차 교육과정(1963-1973), 제3차 교육과정(1973-1981), 제4차 교육과정(1981-1987), 제5차 교육과정(1987-1992), 제6차 교육과정(1992-1997), 제7차 교육과정(1997-2007),제7차 개정 교육과정(2007-)로 구분하여 그 특징을 요약할 수 있다.

교수 요목시대의 교육과정은 해방 전의 일본 전시 체제의 교육과정과 유사하여 그 개정의 방향에 대한 특징을 찾을 필요가 없다.

제1차 교육과정(생활 단원 학습 중심)의 개정의 방향은 일상생활에 있어서 수량적인 관계와 형에 대하여 고찰하고 처리하는 능력과 태도를 기르는 데 목표를 둔 것으로서, 그 특징은 일상적인 생활 중심에 있다. 즉, 수학과의 목표나 내용, 방법에 이르기까지 생활이 중심이 되어야 한다는 데 그 특징이 있다고 할 수 있다. 따라서, 수학적인 체계가 무시되고 내용의 수준도 생활 문제로 인해서 쉬어 졌으며, 금융, 요금 계산 등의 문제가 강조되었다.

제2차 교육과정(계통 학습 중심)의 기본 방향은 제1차 교육과정의 가장 큰 문제점이었던 생활 중심이라는 테두리를 가감하게 벗어나서 수학 본연의 계통을 중시 한다는 데 그 특징이 있다. 따라서, 생활면을 약화하고, 계통성을 고려하여 수학과의 내용을 확충하였으며, 기초적인 개념, 원리에 치중한 체계적인 학습 전개를 시도하였다.

제3차 교육과정(수학교육의 현대화 또는 새 수학 운동에 따른 학문 중심)의 방향은 과학 기술의 급진적인 발전과 현대 수학의 발전, 현대 사회의 발전에 바탕을 둔 범세계적인 수학 교육의 현대화 운동(새 수학 운동)에 발맞추어 대폭적인 개혁을 단행한 것으로 특징 지워진다. 개정의 특징을 보면 집합 개념을 바탕으로 수학적 구조를 강조하였고, 논리적 사고를 중시하였으며, 학습 심리에 바탕을 둔 교재의 배열과 지도 방법을 택하였고, 새 수학의 내용을 가감하게 조기 도입하였으며, 학습 방법에서는 발견적 방법에 중심을 두도록 하였다.

---

1) 전평국, 초등수학교육의 이론과 실제, 교학사, 1998, pp.24~26.

제4차 교육과정(현대화의 반성, 문제 해결력 중시)에서는 과격하게 현대화된 내용을 정선하면서 기초적인 지식과 기능 및 문제 해결력의 신장에 중점을 두었다.

제5차 교육과정(문제 해결력과 기초학력 중시)의 개정 방향은 그 간의 교육과정에서 과다하게 삽입된 지도 내용을 대폭 간소화하고 수학적 사고력을 신장할 수 있게 하였으며, 수학에 흥미를 갖도록 하면서 기초 학력 배양에 중점을 두었고, 특히 문제 해결력의 신장에 치중하도록 하였다.

또한, "산수 익힘책"이라는 보조 교과서를 제공함으로서 자료를 직접 제작해 쓰던 교사의 부담을 경감시킨 점이 그 특징의 하나라고 할 수 있다. 이 보조 교과서는 수학과의 기초 학습 능력을 정착시키고, 수학적 사고력을 육성하는 데 기여하도록 하며, 내적인 동기 유발 및 수학에 대한 흥미와 관심을 육성하는 데 유용하게 활용할 수 있도록 하는 데 목표를 두고, 기초 학습 능력 개발에 관련된 내용에 대한 반복, 연습 및 교과서의 보충, 보완, 심화적인 성격을 갖도록 했다.

따라서, 학생 스스로 짐작, 추측, 시행착오, 연습, 적용할 기회를 부여하고 수학에 대한 흥미를 갖도록 유도하는 전반적인 체계, 전개 방법을 택하였다.

제6차 교육과정(문제 해결력, 기초기능의 중시, 컴퓨터의 활용)은 "산수"에서 "수학"으로 교과목의 명칭을 바꾼 것이 최대의 특징이라고 할 수 있으며, 제5차 교육과정의 연장선상에서 그 개정의 주요 특징으로는 문제 해결력 신장을 위한 구체적 학습 활동 내용을 관계 영역에 새로이 도입한 것과 단위의 표기를 국제단위계의 규정에 따라 길이는 m, 들이는 ℓ , 무게는 g 등과 같이 표기 방법을 개선한 것을 들 수 있다.

제7차 교육과정(학생중심, 수준별 교육과정)[2]은 국민 공통 기본 교육기간과 수준별 교육과정을 도입하여 초등학교 6년, 중학교 3년 등 9년으로 되어 있는 기본교육 과정을 고등학교 1학년까지 10년을 연장하고, 이 기간 중 교과별 학습내용은 학교급별이 아닌 〈학년제〉개념에 기초하여, 1학년에서 10학년에 이르기까지 일관성 있게 가르치게 하는데 특징이 있다.

초등학교의 수준별 교육과정 운영을 위해, 학습 집단은 학급내 집단편성을 원칙으로 하되, 학교 여건이나, 학생의 특성에 따라 다양한 방법을 활용할 수 있도록 하였으며, 복식 학급을 편성, 운영하는 경우에는 교육내용의 학년별 순서를 조정하거나 공통 주제를 중심으로 교재를 재구성해서 활용할 수 있도록 하였다.

---

2) 강완·백석윤 공저, 초등수학교육론, 동명사, 1998, pp.75~76.

한편, 수준별 교육과정의 질 관리를 위하여 국가 수준에서는 주기적으로 학생 학력 평가, 학교와 교육기간 평가, 교육과정 편성 운영에 관한 평가를 실시하기로 하였다.

국민 공통 기본 교육과정의 수학내용은 ① 수와 연산, ② 도형, ③ 측정, ④ 확률과 통계 ⑤ 문자와 식, ⑥ 규칙성과 함수의 6개 영역으로 구성되어 있다.

제7차 개정 교육과정의 수학과 교육내용은 〈수와 연산〉, 〈도형〉, 〈측정〉, 〈확률과 통계〉, 〈규칙성〉의 5영역으로 구성 되였다. 〈수와 연산〉 영역에서는 자연수, 분수, 소수의 개념과 사칙계산을, 〈도형〉 영역에서는 평면도형과 입체도형의 개념과 성질을, 〈측정〉 영역에서는 길이, 시간, 들이, 무게, 각도, 넓이, 부피의 개념과 활용을, 〈확률과 통계〉 영역에서는 자료의 정리와 해석, 경우의 수, 확률의 의미를, 〈규칙성〉 영역에서는 규칙찾기, 비와 비례, 문자의 사용, 간단한 방정식, 정비례와 반비례, 여러 가지 문제해결 방법을 다룬다.

다음으로 외국의 수학교육의 시대성을 살펴보면, 19세기 말까지의 고대 수학교육의 학문체계를 갖춘 것은 기원전 300년경 유클리드(Euclid)가 그 당시의 수학을 그의 원본 13권에 집대성함으로써 이루어지게 되었다.

이 체계화된 학문으로서의 수학은 그 후 유럽사상에 큰 영향을 미친 것으로 빼놓을 수 없는 하나의 주요한 교육내용을 차지하게 되었다.

사실상 이 유클리드(Euclid)의 원본은 19세기 말에 이르기까지 약 2000년간의 수학교육에 있어서 마치 성서와 같이 생각될 만큼 절대적인 권위를 가진 교과서의 구실을 하여 왔던 것이다.

이와 같이 오래 동안 유클리드의 원본을 무조건 믿어온 나머지 19세기 말에 와서는 여러 가지로 고치지 않으면 안될 결점들이 나타나기 시작하여 수학교육을 반성하게 되었던 것이다.

20세기 전반의 수학교육의 폐단을 시정하기 위하여 1900년에 이르러서는 많은 수학자들이 수학교육의 개혁을 부르짖게 되었다.

수학교육의 개혁운동은 영국의 페리(Perry,J;1850-1920), 미국의 무어(Moore,E.H;1862-1932), 독일의 크라인(Klein,F;1849-1925) 등이 이 개혁운동의 선두에 서서 활동하기 시작하였다. 우리는 이 개혁운동을 페리운동(Perry Movement)[3],무어운동(Moore Movement)[4], 크

---

3) 페리운동 : 1901년 페리는 영국의 그라스고에서 개최된 영국학술협회에서 "수학의 교수"라는 강연을 했다. 이 강연에서 형식적인 수학교육을 철저히 비판하고 학생의 자발성을 살리고 실용적인 수학의 교수를 호소하고 있다. 실험,실측을 중시하는 일, 유클리드의 원본에 의한 기하학의 교육을 철저하게 개조하는 일, 모눈종이를 이용하는 일, 함수나 미분적분을 채택할 것을 강조하고 있다.

4) 무어운동 : 1902년 페리의 강연에 호응하여 미국에서 "수학의 기초에 대하여" 라는 강연을 했다. 무어의 강연은 대체로 두 부분으로 되어 있는데, 제1부에서는 주로 추상수학과 응용수학을 논하고 있다. 제2부에서는 주로 초등학교, 중등학교, 초급대학에서의 초등수학교육에 대해서 논하고 각 부에 개량해야 할 여러 점들을 들고 있다.

라인운동(Klein Movement)[5]이라고 부르고 있다. 이들의 개혁운동에서의 주장은 약간의 차이점은 있지만 전체적인 면에서 볼 때는 동일한 목표와 공통된 방향을 가지고 개혁운동을 전개한 것은 사실이다.

즉, 이들의 주장을 요약해 보면,

Mathematics Education

1. 수학교육은 실제생활과 유리된 교육이어서는 안된다.
2. 수학교육이 실제생활에 도움이 되기 위해서는 유클리드 원본에서는 찾아 볼 수 없는 교재로서의 응용성이 높은 그래프의 개념 또는 함수개념을 대담하게 도입하여야 한다.

그 후 페리운동은 죤.듀이(Dewey,J)의 교육사조와 결부하여 「생활수학」이라는 이름아래 수학의 생활화를 목표로 발전하여 1950년대에서 이루어지게 된 것이다. 이 약 50년간의 과정을 **수학교육의 근대화 과정**이라고 한다.

1.3 수학교육의 현대화 동기

제2차 세계대전 후의 과학기술의 진보가 급격했던 일, 학교수학의 교수내용이 시대의 진보에 맞지 않을 정도로 옛날 것에 대한 반성은 이미 1950년부터 시작되고 있었다.

이를테면 **UNESCO**(United Nations Educational Scientific and Cultural Organization : 국제연합교육과학문화기구)와 **IBE**(국제교육기관)의 공동 주체로 매년 개최되는 국제공교육회의에서 1950년 「초등학교에서의 수학」에 대한 각 국으로부터의 문답에 의해서 보고를 행하고, 이것에 대한 토의를 하여 각국의 교육부에의 권고문으로 채택하고 있다. 이 권고의 전문에는 「세계의 진보와 번영을 확보하기 위해서는 날로 높아가는 과학적 기술적 발전에 따라서 일반적인 수학적 수준도 높아져야 한다.」라고 지적하고 있다. 또, 미국에서는 1952년에 일리노이대학을 중심으로 하는 **UICSM**(University of Illinois Committee on School Mathematics : 학교수학위원회)가 활동을 시작했고, 1955년에는 **CEEB**(College Entrance Examination Board :

5) 크라인운동 : 1902년 크라인은 "중등학교의 수학교육에 대하여"라는 논문을 발표했는데, 학교의 교육에서 응용방면을 고려하는 일, 교원 지원자의 교육의 개선, 고등 실과중학교에서 수학교육의 특수 목적, 실과중학교의 수학적, 자연과학적 이론 등을 논하고 있다.

대학입시 위원회)가 대학진학을 지망하는 중학교 3학년에서 고등학교 3학년까지의 학생이 이수해야 할 현대화된 수학교과 과정의 편성을 시작했다.

그러나 수학교육의 현대화 운동이 급격히 활발하게 되고 그것이 세계적인 혁명적 운동으로 파급되기 시작한 것은 구 소련 연방이 우주 궤도에 처음으로 스푸트니크(Sputnik : 인공위성) 발사가 성공한 1957년 10월 이후부터이다.

1958년에는 **OEEC**(구주경제협력기구)가 그 가맹국가 간의 과학자의 수를 증가하고 질을 개선하는 국제 활동을 추진하는 목적으로 **OSTP**(과학기술요원 충족 대책국)를 설립했다. OSTP는 1959년 프랑스의 모와이요몽에서 세미나를 갖고 그 연구토의의 개요를 「New Thinking in School Mathematics(학교수학에서의 새로운 생각)」으로 발표했다. 다시 1960년에는 「Synopses for Modern Secondary School Mathematics(중등학교 현대수학 지도요목)」를 작성했다.

또, 1958년에는 미국의 예일대학이 중심이 되어 **SMSG**(School Mathematics School Group : 학교수학연구회)가 조직되었다. SMSG는 CEEB가 1959년에 발표한 보고 「Program preparatory Mathematics(대학진학자를 위한 수학의 프로그램)」에 준해서 실험교과서를 편찬했다. 이 교과서가 우리나라의 초등학교 수학교과서에 미친 영향이 매우 컸다.

1962년에는 **ICMI**(International Commission of Mathematical Instruction : 국제수학교육위원회)가 「현대수학의 어떠한 내용과 현대수학의 어떠한 응용이 학습지도 내용이 될 수 있는가?」하는 문제에 답하는 보고를 했다. 이것을 **케메니**(Kemeny, J. 미국)**의 보고**라고 한다. 이것은 케메니가 21개국의 각 소위원회에서 1958년이후 4년간의 연구 결과로서 보내온 것을 정리한 것이다. 이 보고를 총괄적으로 보면 세계 각국의 위원회에서 공통으로 되어 있는 현대화 교재의 분야는 다음의 네 가지이다.

Mathematics Education

1. 「집합의 생각」을 가장 능률적, 효과적으로 현대 수학의 아이디어를 이해시키는 데 소용된다.
2. 「기호논리학의 입문」은 수학적 추론의 기초가 된다.
3. 「군, 환, 체, 행렬」은 현대수학에서의 제재로서 유효하다.
4. 「확률, 통계의 입문」은 현대수학의 응용분야를 알리는데 유효하다.

또, 같은 해 1962년에는 유네스코와 항가리의 교육부 등의 공동 주체로 국제 수학교육회의가 부다페스트에서 있었다.

이 부다페스트회의의 결의와 권고에 의하면 수학의 일반성에서 「수학은 오늘날 현대문화의 본질적인 기초를 이루게 되어 있다. 현대의 사상계의 광범위한 여러 가지 방면에의 응용, 또 과학에의 기술적 응용은 이것을 실증하고 있다. 수학의 기초적인 사항은 모든 아동들에게 가르쳐지고, 그것이 장차 활용되도록 인도 되어야 한다. 아동에게 학습의 당초부터 오늘날의 말로서, 그리고 오늘날의 구조를 제시해 가는 것이 수학에 보다 흥미를 갖게 한다는 것이 오늘날 명백히 되어 있다.」고 말하고 있다.

여기서 특히 주목을 끄는 점으로서는 현대수학의 내용이 12살 또는 그 이전부터 지도가 가능하다는 것을 지적하고 수학교육 현대화를 위한 필수조건으로서 수학교사의 재교육에 의한 학력향상을 강조하고 있다.

1.4 수학교육의 현대화운동

수학교육의 현대화 운동은 외국인 경우 미국, 영국, 프랑스에 한해서 살펴보고 난후에 우리나라의 수학교육 현대화 운동에 관해서 서술하고자 한다.

1. 미국의 현대화 운동

미국에서의 수학교육 현대화운동을 다음과 같은 사항에 목적을 두고 시작되었다.

Mathematics Education

1. **명확히 하는 일(to clarify)** : 지금까지 교과서나 교수에서 애매한 점들이 많이 있었다. 이러한 점을 개선하기 위해서 아이디어를 예리하게 하고, 교과서의 내용과 학습활동에 주의를 집중시킬 현대적 사고를 갖도록 한다.
2. **단순하게 하는 일(to simplify)** : 필요 없고, 애매한 용어를 제외하고 단순하고 분명하게 한다.
3. **통합하는 일(to unify)** : 통합이 필요하다고 하는 것과 개념을 통합하려는 것과는 매우 중요한 사항이다. 현대적 사고는 이것을 목표로 하고 있다.
4. **옛 아이디어를 넓히는 일(to broaden old ideas)** : 이것에 의하여 많은 문제들에 새로운 통찰을 할 수 있게 된다.
5. **새로운 아이디어를 도입하는 일(to introduce new ideas)** : 유용한 새로운 아이디어를 도입한다.

1930년대까지의 진보주의 교육사상에 의한 생활중심의 교육에 대한 반성으로서 1940년대에 들어서면서 수학교육의 방향이 수학의 계통성을 중시하는 교육으로 바뀌기 시작하였고, 제2차

세계대전과 전후의 수학, 과학기술의 급격한 진보와 사회적인 큰 변화는 수학교육의 목표, 내용, 방법 및 교육제도의 반성과 변혁을 가져왔다.

1940년대 후반기부터 미국의 **MAA**(The Mathematical Association of America : 미국수학협회), **NCTM**(National Conuncil of Teachers Mathematics : 미국 수학 교사 평의회) 등이 대표적인 조직 단체로서 수학교육을 개선하여 왔던 것이다.

1950년대에 들어서면서 미국의 각 지방에 대학을 중심으로 하여 수학교육의 개혁을 위한 연구단체가 생기기 시작하였다. UICSM은 1951년에 조직이 되어 활동을 개시하여 비베르만(Beberman, M)은 제9학년에서 제12학년까지의 이공계 진학자를 대상으로 수학교육의 현대화를 연구하고 실험교과서도 내고 있다.

특히 유명한 것은 SMSG이다. SMSG는 1958년 **AMS**(The American Mathematical Society), **MAA, NCTM** 등의 협력 하에 예일대학교수(현재는 Stanford 대학교수)였던 베글(Begle, E. G.)을 위원장으로 하여 발족하여 학생을 지도하기 위한 해설서, 교수 재교육의 교재, TV교재 필름, 프로그램 학습용 교과서[6] 등도 연구작성 하였다.

NCTM은 매년 연구회를 개최하며 회지 The Mathematics Teacher 와 The Arithmetic Teacher를 간행하여 수학교육 개선 연구의 추진적 역할을 담당하고 있다.

NCTM은 1958년에 「현대수학에 대한 통찰」을, 1959년에 「수학적 개념의 성장」을, 1961년에 「학교수학의 혁명」을, 1963년에 「새로운 수학 프로그램의 분석」을 간행하여 현대수학의 여러 분야에 대하여 알기 쉽게 해설하고 있다. 이 책들은 현대수학의 새로운 생각과 내용을 어떻게 학교수학에 반영할 것이며, 또 현대화의 관점에서 전통적인 내용을 어떻게 개정할 것인가에 대한 방향을 제시해주고 있다.

수학의 학습과 교수에 대한 기본적인 관점으로서 다음과 같이 말하고 있다.

Mathematics Education

1. 법칙이나 원리를 직접적으로 주는 것은 의미의 지도가 될 수 없다. 많은 예를 주고 이들 예의 비교에서 원리를 추상하도록 해야 한다.

---

6) 교과서의 특징
① **통합** : 많은 기본적인 통합개념을 도입하고, 이것에 의하여 종래 고립적으로 따로 따로 취급한 점을 통합하여 취급한 점.
② **엄밀** : 말하려고 하는 점을 정확하게 표현한 점, 논리적으로 엄밀한 취급을 가능하게한 점
③ **현대적** : 종래의 수학을 현대적으로 취급하는일, 즉 고전수학으로서 아직 중요한 것은 오늘날 존재하고 있는 새 수학속에 적당히 넣어서 취급한 점.

2. 중요한 아이디어의 이해는 단순하고 아직 말로 표현되지 않은 수준에서 사용하고 이해시켜서 차차 정식의 명칭이 주어지고 그리고 넓게 사용되는 원리의 인식으로 성장하는 것이다. 따라서 충분히 이해하고 난 뒤에 정식 명칭을 주도록 해야 한다.
3. 어느 아이디어도 각각의 성장의 단계에서 이해되어야 하는 것이다. 그리고 아동이 지니고 있는 개념이나 그 일반성의 진도는 성장되고 발전되어 가는 것이다.

그리고 수학교육의 현대화를 강력히 추진하기 위한 교원양성, 재교육의 문제가 있다. 이것에 대해서는 국가적 규모로서 강력히 시행되고 있다. 이들은 많은 문제점이 있기는 하나 수학교육의 현대화는 큰 조류로서 진행되고 있다.

여기서 문제로 삼을 최대의 것은 알버르티(Alberty,E.J.)가 지적하고 있는 다음과 같은 것들이다.

Mathematics Education

① 교육의 목표로서의 인간상은 어떻게 되어야 하는 것인가?
② 수학교육의 목표는 교육의 목표와 어떻게 관련되고, 무엇을 수학교육의 목표로 할 것인가?

알버르티는 미국의 수학교육의 현대화의 각 프로그램을 분석하여 위의 ①, ②의 어느 것에 관하여도 결여되어 있는 것을 발견하고 다시 「장래의 사회는 수학적 교양이 있는 인간을 요구하고 있다. 수학교육에서는 이와 같은 인간을 육성해야 할 것이다.」라고 호소하며 수학적 교양을 분석하고 있다.

이것은 수학교육의 현대화가 대학의 수학자를 중심으로 하여 추진되었으므로 등한시 한 근본적인 발상에의 경종이라고 할 수 있다.

여하간에 수학교육의 현대화에 관한 미국에서의 가장 큰 단체인 SMSG의 활동이 정지된 사실은 우리들에게 성급한 모방에 대한 하나의 경종이 아닐 수 없다. SMSG의 중학교 교과서를 번역한 것이 1970년도인데 2년 후에 SMSG 자체가 발전적 해소가 아니라 사실상의 도산이라고 하는 것은 우리들에게 착잡한 느낌을 준다.

2. 영국의 현대화 운동

영국의 수학교육의 현대화는 미국, 유럽제국 등 국외의 정세와 국내의 교육개혁의 필요성에서 1961년에 시작되었다고 볼 수 있다. 이 해의 4월에 대학, 중등학교의 수학교사, 연구소, 산업계의 수학관계자 약 150명을 서덤톤(Southampton)에 소집하여 수학교육의 개선에 관한 회의가 개최 되었다. 이 회의의 의장은 서덤톤대학의 교수인 트웨이츠(Thwaites, B)로서 그는 이 회의의 보고서「수학교육에 대해서」라는 책자의 서문에서「최근 10년간 영국의 교육은 격동기에 처해있다. 그리고 수학은 그 중심의 가까운 곳에 위치하고 있다. 이 격동기의 원인의 첫째는 모든 과학의 기초로서의 수학의 과학에의 영향, 둘째는 순수수학과 문제해결의 기술로서의 사이의 상층의 증대, 셋째는 중등학교, 대학에서의 수학교사의 부족이며, 이것에서 위기가 오고 있다.」라 말하고, 과학기술의 급속한 발달에 필요한 수학자, 수학교사, 수학적 지식을 갖는 산업인의 부족을 보충하는 대책과 그 기본이 되는 수학교육의 개선이 위 회의의 목적이었다.

이 회의의 결과 보고서를 통해 "기본 개념을 현대 수학의 관점에서는 저학년에서부터 기회있는 대로 지도하여야 한다"고 주장하였다.

서덤톤회의의 성과에 이어서, 중등학교의 수학교육의 현대화를 위한 연구단체가 계속 생기고 실험용 교과서를 비롯하여 정식 교과서까지 실시하고 있는 등 여러 단체가 있다. 주된 단체로는,

SMP(School Mathematical Project)
MME(Midlands Mathemetical Experiment)
CSM(Contemporary School Mathemetics)
MEI(Mathemetics in Education and Industry)

또 스코틀랜드에,

SMG(Scotish Mathemetics Group) 등이 있다.

이들 중에서 최대의 활동을 하고 있는 SMP에 대하여 그 기본적 생각과 더불어 살펴보기로 하자.

SMP는 1961년 당시 서덤톤대학의 교수로서 이전에 윈체스타 대학의 교수인 브라이언 트웨이츠(Thwaites, B)와 만나서 수학에 관하여 공통적이고 근본적인 새로운 발전을 향해서 공동작업을 어떻게 진행시킬 것인가를 토의한 네 명의 수학교사의 발의에서 생긴 것이다.

한편, 하우슨(Howson, A.G.)은 1974년 동경에서 개최된 **IMU**(International Mathematicians Union : 국제수학자연맹)의 하부기구인 국제 수학교육 위원회의 자체국 국제대회인 국제 수학교육 회의에서 SMP를 수학교육 현대화에서 성공한 전형적인 예라고 하면서 성공한 이유를 다음과 같이 말하고 있다.

Mathematics Education

1. 영국에서는 당시 별도의 교육과정이 없어 교과내용의 선택은 완전히 교사의 자율에 의존하였다.
2. 산업계에서 자유로이 쓸 수 있는 기금을 얻을 수 있었다.
3. 소수의 현장교사(처음에는 핵심 요원 4명이 활동하였으나, 뒤에는 10명으로 늘어남)로부터 일어난 아래에서의 운동이며, 무조건 폭을 넓히지 않았다.
4. 실험교육도 극소수에서 시작하여 한 걸음 한 걸음 다져 나갔다.

3. 프랑스의 현대화 운동

프랑스는 영미와 마찬가지로 수학교육의 현대화를 위해서 노력하고 있는데, 여기서는 1968년 1월에 **ATMPI**(Association of Teachers of Mathemetics in Public Instruction)의 위원회가 챔버리(Chembery)의 회합에서 발표한 논문을 살펴보자. 이것은 새로운 프로그램을 준비하고 유아원에서 대학까지의 수학교육의 개선을 목표로 한 것인데 다음과 같은 생각을 내포하고 있다.

Mathematics Education

1. **왜 유아원에서 대학까지의 수학교수가 개선되어야 하는가?**

   이것에 대한 대답은 다음과 같은 관점에서 개선되어야 한다고 본다.

   1) 수학적 추론의 강조와 현대 수학적 아이디어의 도입
   2) 아동들의 마음속에서의 개념의 발생과 생장에 관한 삐아제, 갓데노, 디인스 등의 성과를 고려한 교수법의 개선
   3) 사회구조상에서 사용되고 있는 수학의 역할 인식

2. **어떻게 하여 개조가 가능한가?**

   교육실험이 가장 효과적이며, 국민과 교사에게 개선의 목적과 그 성취, 그 실현화를 위한 최적 조건에 대한 정보를 제공해 주어야 한다.

3. **어떻게 하면 달성할 수 있는가?**

   1) 교육적 실험의 중요성을 인식해야 한다.
   2) 교사 양성과 현장 교육의 충실을 기해야 한다.
   3) 수학교수를 위한 연구소를 설립하고 그들과 협력할 필요가 있다.

그리고 1974년 일본 동경에서 개최된 수학교육 국제회의에서 리세네로비츠(Lichnerowicz)는 프랑스의 수학교육의 현대화 운동은 벡터를 먼저 배우고 유클리드 기하를 뒤로 돌린 것 등 부분적으로 실패한 것도 있으나, 대체로 수학교육의 현대화는 성공적으로 진행되고 있다고 보고한 바 있다.

4. 우리나라의 현대화 운동

우리나라의 수학교육 현대화 운동에 대해서 다음과 같이 고찰해 보자.

1963년 2월 15일 제정 공포한 교육과정에 따른 교과서를 초등학교는 1964년부터 연차적으로 2개 학년씩 편찬하여 일선학교에 적용시켜 왔다.

그러나 1963년 당시만 하더라도 세계 각국에서의 수학교육 현대화 운동은 활발하게 전개되고 있는 때였으므로 현대화의 내용을 적극적으로 교재에 반영할 형편이 아니었다. 그래서 현대화된 일부의 내용을 교재에 일부 잠재시켜 현대적인 감각을 시도하여 볼 수 있는 정도로 되었다.

그러나 그 후의 현대적인 감각을 일부의 일선교사, 수학전문가, 기타 연구기관에서 이를 부각시켜 연구 검토하고 실험하기에 이르렀다.

그러므로, 우리나라 수학교육의 현대화 시작은 바로 1963년부터라 하여도 과언이 아니다.

이와 병행하여 **한국수학교육학회**[7])가 1962년 10월에 발족하여 1968년부터 종래에 없었던 수학교육 분과를 두고 매년 수학교육의 현대화를 위한 교육개선을 강조하고 있다. 그리고 **한국수학교육연구회**[8]), **초등수학교육연구회**[9]), **한국초등수학교육연구회**[10])가 발족되어 1963년도에 제정 공포한 교육과정에 따른 교과서에 잠재되어 있는 현대화의 내용을 선택하여 아동들에게 직접 지도하여 보거나 평가하여 보고 있다.

---

7) 한국수학교육학회(1962-현재) : 교원대 박한식명예교수를 중심으로 조직되었다. 활동 내용은 회지 「수학교육(시리즈 A), 순수 및 응용수학(시리즈 B), 초등수학교육(시리즈 C), 수학교육연구(시리즈 D), 수학교육논문집(시리즈 E), 영재교육(시리즈 F)」을 발간하여 수학교육의 현대화의 필요성을 강조하고 현대화의 동향에 대해서 계몽.

8) 한국수학교육연구회(1964-1972) : 전 연세대 김치영교수를 중심으로 조직되어, 회지 「학교수학」 4호를 발간하고 당시의 수학교육과정 개정 작업에 주도적 역할을 하였고, SMSG의 교과서 번역과 보급에 공헌 및 중등학교 실험교과서의 집필, 현장교육의 실천적 연구 등 많은 업적과 정신을 계승하고 1989년 발족한 수학교육학 세미나 그룹을 중심으로 1991년 11월 2일 서울대에서 「대한수학교육학회」가 창설되어 서울대 김연식교수가 초대회장으로 선출됨.

9) 초등수학교육연구회(1970-1974) : 현대화에 관한 연구와 계몽을 목적으로 조직되어 회지 「초등수학」을 발간하고 서울과 지방에서 초등수학교육에 관한 세미나 개최 및 1973년 교육과정 개편시 초등수학(산수)실험교과서에 대한 내용분석 검토.

10) 한국초등수학교육연구회(1971-1974) : 경인교대교수 중심으로 조직되어 회지 「초등수학교육」을 발간하고 SMSG 초등학교 초등수학교과서 번역 발행.

특히, 수학교육의 적극적인 현대화 운동의 하나로서, 한국수학교육학회에서 수학교육의 현대화를 위해 SMSG, UICSM에서 실험용 교과서에 대한 세미나와 연구대회를 개최하여 수학교육의 현대화에 대한 내용을 계몽 하였다.

그리고 한국수학교육학회에서 전 연세대학교 김치영교수를 중심으로 한 연구단체가 내놓은 현대화의 계획안을 살펴보면,

Mathematics Education

1. 현대수학의 관점에서의 기초학력 향상
2. 과학기술 교육의 충실과 사회구조에서의 적응을 위한 수학내용의 지도
3. 과학에서의 수학이 지향하는 교육방법으로서
   1) 집합개념을 토대로 한다.
   2) 수학적 구조에 중점을 둔다.
   3) 논리의 엄밀성을 강조한다.
   4) 현대수학 발전에 비추어 교재를 재구성한다.
   5) 응용면이 넓은 교재를 알맞은 때에 도입한다.

이상에서 보는 바와 같이 이 연구진이 내놓은 보고서에서는 세계적인 조류에 공통적으로 흐르고 있는 현대화의 정신을 이어 받고 있다.

우리나라의 수학교육의 현대화의 과정을 시대별로 요약하여 정리하면 다음과 같다.

1) 1960년대

이 시대는 현대화를 강력히 부르짖던 시기이다. 이 시기에는 내용면(교재내용의 정선, 내용의 조기 도입, 집합개념에 의한 수학적 구조의 중시)의 개편을 가져오게 했으며, 지도기술의 현대화를 위하여 현장교사의 재교육강습, 연구학교의 운영은 현장교사들의 창의적 학습지도 기술을 개발하는데 노력하였다.

2) 1970년대

이 시대 「기본으로 돌아가라(Back to basics)」는 현대화를 반성하는 시기이다. 1960년대에 거론된 현대화의 강력한 주장은 여러 가지 부작용이 따르게 되어 현대화에 대한 반발이 일어났다.

곧, 크라인(Kline,M)은 「Why Tonny cann't add? (The failure of the new mathemetics)」라는 저서를 출간 하였으며, 브루너(Bruner,J.S.)도 종래의 구조중심교육(학문중심교육)의 중

요성을 인정하면서도 이와 같은 학습지도 방법은 내용이 너무 어려워 결국 인간의 독자성(창조성)을 살리는 인본중심교육으로 돌리고 있다.

3) 1980년대

이 시대는 문제해결(problem solving) 능력을 기르는 시기이다. 현재 우리가 당면하고 있는 이 시기에 있어서 현대화의 방향은 problem solving에 있다. NCTM에서 발간하고 있는 「An agenda for action」에서는 1980년대를 문제해결(problem solving) 해로 정하면서 학습에 대한 구체적인 행동장면[11)]을 권고사항으로 제시하고 있다. 수학과 학습지도에 임하는 일은 모두 문제를 해결하는 일이다. 문제를 해결하기 위해서는 그 방법으로 폴리아(Polya, G)의 문제해결 과정이 크게 도움이 되겠으며, 아동이 어떤 사물 현상에 접근 했을 때 스스로 문제를 이해하고, 스스로 문제해결 계획을 수립하며, 스스로 실행에 옮겨, 스스로 검증하는 태도를 기르는 일은 평생교육, 창조적 학습이라는 관점에서 매우 중요하며 이는 곧, 아동 스스로가 「공부하는 방법을 배우는 일」도 되어 어느 교사의 학습에서나 잘 적용될 수 있는 방법이다.

4) 1990년대

1990년대의 수학교육의 방향을 선도한 것은 단연, NCTM의 **규준**(standards)이라 할 수 있다. 그러나 **구성주의**(constructivism)라고 하는 수학교육철학이 그에 못지 않게 1990년대를 지배하고 있는 것도 사실이다. 여기서는 NCTM의 규준과 구성주의에 대해서 소개하고자 한다.

(1) 규준

1986년 NCTM은 학교수학의 질을 향상시키기 위해, 향후 10년간 학교수학에서의 개혁을 이끌어 갈 여러 가지 규준을 제공하고자 학교수학 규준 위원회를 설립하였다. 이 위원회의 임무는, 첫째 학생들이 새로운 시대에 필요한 수학적 능력을 갖도록 통일적인 비전을 제시하는 것이었고, 둘째는 수학 교육과정과 평가에 관하여 이 비전에 어울리는 규준을 작성하는 것이었다. 이 위원회는 미국 학교의 수학교육과정(K-12)과 학생들의 성취도 평가와 관련된 일단의 규준을 작성하여, 1989년 3월에 **CESSM**(Curriculum and Evaluation Standards for School

---

11) ① 1980년대는 문제해결의 해.
② 기초 기능의 강조.
③ 컴퓨터, 계산기를 이용한 수학교육.
④ 효과 및 효능에 관한 엄격한 기준 설정.
⑤ 폭넓은 평가방법의 적용.
⑥ 유연한 교육과정의 구성.
⑦ 교사의 전문성 제고.
⑧ 지역사회에서 수학교육의 중요성 인지.

Mathematics : 학교수학을 위한 교육과정과 평가 규준)라는 이름으로 발표하였다.

이 규준집에서는 향후 10년간의 교육과정에 포함되어야 할 우선적인 내용과 강조점에 대한 비전 및 1990년대의 학교수학이 지향해야 할 새로운 정신의 요지로서 수학 학습 목표를 제시하고 있다.[12)]

(2) 구성주의

구성주의가 수학교육 분야에서 논의의 대상이 된 것은 비교적 최근의 일이다. 1960년대와 1970년대에 걸쳐 행동주의로부터 여러 가지 형태의 구조주의와 인지주의로의 철학적 전환이 있었는데, 구성주의는 이 과정에서 생겨난 인지론의 한 형태로 알려지고 있다.

그러나 인식론의 발달과 함께 끊임없이 발달·형성되어 온 것이 1960년대와 1970년대를 거치면서, 그 이론적 체계를 갖추게 된 것이다.[13)]

킬패트릭(Kilpatrick, J)[14)]은 구성주의자의 주장을 다음과 같이 두 가지로 요약하여 제시하고 있다.

Mathematics Education

① 지식은 인식 주체에 의하여 능동적으로 구성되는 것이며, 결코 환경으로부터 수동적으로 받아들이는 것이 아니다.

② 알게 된 것은, 자신의 경험 세계를 조직하는 조절 과정이다. 즉, 그것은 인식 주체의 관념밖에 독립적으로 이미 존재하는 세계를 발견하는 것이 아니다.

킬패트릭(Kilpatrick, J)은 이 두 가지를 모두 수용하는 구성주의를 **급진적 구성주의**(Radical Constructivism)로, 그리고 첫 번째만 수용하는 구성주의를 **통속적 구성주의**(Trivial Constructivism), '경험적 구성주의'또는 '단순 구성주의'로 분류하고 있다.

킬패트릭(Kilpatrick, J)은, 오늘날 많은 수학교육자들에 의해 첫 번째 주장은 비교적 쉽게 수용되는 경향이 있으나, 두 번째 주장의 수용에 대해서는 상당한 논란이 있다고 보고 있다. 두 번째 주장이 논란이 되는 것은, 그것이 지금까지 많은 수학자들이 신봉해 왔던 절대적인 지식관을 부정하고 있기 때문이다.

이와 같이 우리나라의 수학교육의 현대화의 사조도 크게 일어나서 오늘과 같은 수학교육의

---

12) 구광조·류희찬·오병승 공역, 수학 교육과정과 평가의 새로운 방향, 경문사, 1992, pp.9~11.
13) 박영배, 수학 교수·학습의 구성주의적 전개에 관한 연구, 서울대학교 박사학위논문, 1996.
14) Kilpatrick, J., What Constructivism Might Be in Mathematical Education, Proceedings of PME-XI, 1987, pp.3~27.

혁명적인 현대화를 지향하기에 이른 것이다.

끝으로, 수학교육에 대해서 강조하고 싶은 몇 가지를 서술하고자 한다.

첫째, 국민교육현장에서 수학교육에 기대되는 교육내용을 찾아 우리의 주체의식을 갖고 우리 국민에게 적합한 교육내용을 다루어야 할 것을 강조시키고, 수학교육의 현대화 내용을 우리 것으로 지도할 수 있게끔 교육과정이 구성되어야 한다.

둘째, 수학은 절대적이고 영원한 진리를 추구하는 학문이 아니라 상대적인 진리를 추구하는 학문으로 바뀌어져야 한다.

즉, 수학교육에서는 수학을 해석하고 공식에 값을 대입하여 답을 구하는 주입식 교육이 아니라, 공리(약속)를 토대로 하여 아동 스스로가 수학을 만들어 나간다는 태도를 길러 주어야한다. 이렇게 함으로써, 수학교육에서 창의적인 인간을 길러낼 수가 있을 것이다.

우리의 모든 생활 속에서 수학교육의 현대화가 더욱 발전해 나가길 기원해 본다.

DISCUSSION

[1] 페리의 수학교육에 관한 개혁안을 서술하여라.

[2] 수학교육의 변천과정을 시대별로 특징에 대해서 서술하여라.

[3] 제7차 수학과 교육과정에서는 문제해결력의 신장을 위해, 어떤 점에 유의해서 지도하도록 교수 · 학습 과정상의 유의점을 제시하고 있는지 설명하여라.

[4] 다른 교과와 비교해서 수학 교과의 교육과정 변천 과정에 나타나는 특징에 대해서 설명하여라.

[5] 수학교육 현대화의 동기 및 케메니의 보고 내용을 서술하여라.

[6] 미국, 영국, 프랑스의 현대화 운동과 우리나라의 현대화 운동을 목표와 특징별로 비교 설명하여라.

[7] 수학교육 현대화를 위하여 노력한 우리나라의 학회에 대해서 서술하여라.

[8] 수학교육 현대화 운동이 우리나라의 수학교육에 미친 영향에 대하여 서술하여라.

[9] 급진적 구성주의와 경험적 구성주의에 관하여 설명하여라.

02 수학과 교육과정

2.1 수학과 교육과정 개정의 주요 내용

1. 개정의 방향 및 방침

제7차 수학과 교육과정의 적용 및 운영 과정에서 드러난 문제점을 개선하고 의미 있는 수준별 수업 실시 뒷받침하는 데 있다.

1) 현실에 적합한 수준별 수업 방안을 지원하는 교육과정

(1) 내용의 깊이나 접근 방법의 차이를 통한 수준별 수업의 차별화를 요구한다.

(2) 교육과정의 '교수·학습 방법' 항목에서 내용을 좀 더 상세히 제시하고, 필요에 따라 '학습 지도상의 유의점' 항목에서 수준별 학습 지도 방안을 제시한다.

(3) 교육과정의 '평가' 항목에서 다양한 수준별 평가 방안을 권장하여 제시한다.

2) 진로 연계 강화 및 효율적 운영을 고려한 선택과목 개설

(1) 학생의 진로, 필요, 적성에 보다 적합하고 학교 교육과정의 효율적 운영이 가능하도록 선택과목 내용의 재조직, 재정비한다.

3) 교육 내용의 적정화 추구

(1) 학습량 및 내용의 난이도를 수준에 맞게 조정한다.

(2) 학습 내용 사이의 연계성을 강화한다.

4) 수학적 사고력의 신장 강조

(1) 의사소통 능력을 강조한다.

(2) 컴퓨터나 계산기 등 탐구 도구의 활용을 적극적으로 권장한다.

5) 수학의 가치 제고와 정의적 측면 강조

(1) 수학의 가치를 인식시킨다.

(2) 수학 학습에 대한 흥미를 갖도록 유도한다.

2. 문서 체제의 변화

Mathematics Education

1. 학교급별 목표를 제시한다.
2. 학년별 내용을 제시한다.

학교 급별 목표와 학년별 내용을 제시하고, 각 단계의 영역별로 명시되어 있던 심화 과정을 삭제하고, 내용적 특성을 반영하여 영역 명을 달리 한다.

1) 학년별 목표의 진술 및 단계별 목표의 삭제

〈표 2-1〉 제7차 수학 교육과정과 수학과 개정 교육과정의 문서 체제 비교

제7차 수학과 교육과정	수학과 개정 교육과정	비고
1. 성격	1. 성격	
2. 목표	2. 목표 초등학교 중학교 고등학교	초·중·고의 목표로 세분화하여 진술
3. 내용 가. 내용 체계	3. 내용 가. 내용 체계	
나. 단계별 내용 (1) 목표	나. 학년별 내용	단계 ⇨ 학년 각 단계별 목표 삭제

(가) 수와 연산 내용 진술 용어와 기호 학습지도상의 유의점 심화 과정	(가) 영역명 내용 진술 용어와 기호 학습지도상의 유의점		심화 과정 삭제
(나) 도형 (다) 측정 (라) 확률과 통계 (마) 문자와 식 (바) 규칙성과 함수	(가) 수와 연산 (나) 도형 (다) 측정 (라) 확률과 통계 (마) 규칙성	(가) 수와 연산 (나) 문자와 식 (다) 함수 (라) 확률과 통계 (마) 기하	초등학교 중·고등학교의 영역명 차별화
4. 교수·학습 방법 5. 평가	4. 교수·학습 방법 5. 평가		

2) 하위 단계의 폐지 및 학년별 내용 제시

3) 심화 과정 삭제

(1) 모든 학생이 필수적으로 학습해야 할 내용 요소만 국가 수준에서 제시한다.

(2) 심화 학습 내용이나 보충 내용은 각 학교에서 학생의 수준을 고려하여 지도하도록 각 학교 및 교사에게 자율권을 부여한다.

4) 영역명 차별화

'수와 연산', '도형', '측정', '확률과 통계', '규칙성'의 5개 영역

5) 교수·학습 방법에 수준별 교육 내용 강화

(1) 교수·학습 방법 및 기본 내용의 응용 수준을 차별화 한다.

(2) 학생의 이해 수준과 능력을 고려한 수업 방안을 교수·학습 방법에 명시한다.

3. 영역별 개정 내용

1) 성격

(1) 국민 공통 기본 교과로서 해당 교과교육의 의의 및 필요성, 교과 교육 목적(goals), 정당성 등 기술한다.

(2) 제7차 수학과 교육과정의 '성격' 항목의 서두에 제시된 수학 교과 학습의 목적과 말미에 언급된 수학 학습 효과는 거의 동일한 내용의 중복으로 삭제, 수학과에서 단계형 수준별 교육과정으로 운영하지 않는 쪽으로 방향을 설정하였기 때문에 삭제한다.

(3) 학교 급별 특성에 맞춰 구분한 내용 영역에 대한 내용을 수정한다.

(4) 교수·학습 방법의 하나로서 수준별 수업에 대한 언급을 한다..

2) 목표

수학의 기초적인 지식과 기능을 습득하고, 수학적으로 사고하는 능력을 길러, 생활 주변에서 일어나는 여러 가지 문제를 합리적으로 해결하는 능력과 태도를 기른다.

(1) 생활 현상을 수학적으로 관찰하고 조직하는 경험을 통하여 수학의 기초적인 개념, 원리, 법칙을 이해하는 능력을 기른다.

(2) 수학의 기초 기능을 익히고, 이를 적용하여 생활 주변에서 일어나는 여러 가지 문제를 해결하는 능력을 기른다.

(3) 수학에 대한 관심과 흥미를 가지고, 수학의 가치를 이해하며, 수학적 의사소통 능력을 기른다.

3) 교수·학습 방법

(1) 수준별 수업을 원활히 운영할 수 있도록 지원하는 방안 및 관련 교수·학습 자료, 수준별 학습 내용의 예시 등을 구체적으로 제시한다.

(2) 수준별 수업 실시 관련 내용은 각 학교의 실정을 고려하여 운영할 수 있도록 교육과정에서 규정한다.

(3) 수준별 수업을 운영할 때 사용하는 수업 방법들은 기본적인 설명 수업을 포함하여, 모둠 활동을 통한 프로젝트 수업, 의사소통 기능을 신장시키는 토론식 수업 등 다양한 방법을 동원한다.

(4) 각 수준에 맞는 수업 자료를 제공한다.

(5) 말하기, 듣기, 읽기, 쓰기와 같은 다양한 방법을 활용하여 수학적으로 표현하는 방법 학습을 강조한다.

(6) 귀납적 추론과 논리적 추론의 강조, 의사소통의 강조, 모델링의 강조를 교수·학습 방법에 반영한다.

(7) 컴퓨터 등 공학적 도구의 활용과 관련된 부분을 정선하여 재진술한다.

4) 평가

(1) 평가에 대한 전체적인 지향점과 지침 및 목표를 제시 하고, 수학과 평가에서 측정 대상이 되는 사항(행동목표)을 명확하게 제시한다.

(2) 현장에서 적용 가능한 평가의 유형을 제시하고, 그에 따른 평가 방법, 시기, 활용 방법 및 예시 문항을 구체적으로 제시한다.

(3) 수학평가는 관찰 가능한 학생의 특성으로 기술될 수 있는 수학의 내용적 지식뿐만이 아니라, 문제해결력, 수학적 사고력, 수학의 가치와 아름다움의 인식이란 통합적인 측면이 상호보완적인 입장에서 조화를 이루도록 설계·운영한다.

(4) 평가 기준을 제공한다.

(5) 평가 결과의 활용 방안에 대한 구체적인 정보를 제공한다.

4. 교과 교육과정 내용 선정과 조직

Mathematics Education

수학과 교육 내용을 선정하고 조직하는 기준

1. 수학적 타당성
2. 미래사회 생활에의 필요성
3. 학생들의 인지 발달 수준에의 적합성
4. 수업 시수 대비 학습량과 난이 수준의 적절성
5. 학년간 및 학교급간 내용의 적절한 연계성 및 위계성
6. 타교과 학습과의 적절한 연계성
7. 이후의 학습에서 지속적 필요성 및 높은 활용가능성

1) 수와 연산

수와 연산 영역의 내용 중 쟁점이 되는 학습 내용은 분수(3, 4학년), 수 세기 또는 연산의 활용(1~3학년), 혼합계산(4학년), 분수와 소수(6학년), 분수와 소수의 나눗셈(6학년) 등

(1) 수 세기 또는 연산의 활용 : 1~3학년

수 세기 또는 연산의 활용이 수와 연산 영역 이외의 다른 영역이나 학년과의 연계성 또는 위계성을 위해서 별도의 항목 제시. 예를 들어, 1학년 '2 여러 가지 수 세기 방법의 활용'에 제시된 학습 내용인 '① 수 세기가 필요한 문제 상황에서 묶어 세기, 뛰어 세기의 방법을 활용할 수 있다'는 1학년 '1 100까지의 수'에 통합시켜 제시하는 방향으로 교육과정 수정

(2) 분수 : 3, 4학년

① 연속량과 이산량으로 구분하여 연속량의 분수 개념을 2학년에서 다루고, 이산량의 분수 개념은 3학년에서 다룸

② 비로서의 분수는 '비와 비율'에서 비 개념이 도입된 후 다루고, 몫으로서의 분수는 (분수)÷(자연수)에 통합해서 다룸

③ 교육과정을 학년으로 통합하여 제시

④ 분수 관련 학습 내용을 다음과 같이 재조정(〈표 2-2〉 참조)

〈표 2-2〉 분수 학습 내용의 수정, 보완

2학년	3학년	4학년
6 분수의 이해 ① 영역의 등분할을 통하여 분수를 이해하고 읽고, 쓸 수 있다.	**3 단위분수와 진분수** ① 이산량의 등분할을 통하여 분수를 이해한다. ② 단위 분수와 진분수의 의미를 알고 그 관계를 이해한다. ③ 분모가 같은 진분수의 크기를 비교할 수 있고, 간단한 단위 분수의 크기도 비교할 수 있다.	**3 여러 가지 분수** ① 진분수, 가분수, 대분수를 이해하고, 그 상호 관계를 알 수 있다. ② 분모가 같은 분수의 크기를 비교할 수 있다. **4 분모가 같은 분수의 덧셈과 뺄셈** ① 분모가 같은 분수의 덧셈과 뺄셈을 할 수 있다.

(3) 혼합계산 : 4학년

① 1학년에서는 자연수의 덧셈과 뺄셈, 2학년에서는 자연수의 곱셈, 3학년에서는 자연수의 나눗셈이 도입되고, 4학년에서는 자연수의 사칙연산이 완성되어 이를 통합하는 자연수의 혼합계산을 다룸

② 자연수 혼합계산과 관련해서 학습량 축소 : 중괄호 { }의 사용을 삭제함으로써 학습 내용 축소, 4학년 수와 연산 영역의 학습 지도상의 유의점에 괄호를 중첩해서 사용하

지 않도록 제한을 둠으로써 ( )만 다루고 ( )와 { }를 동시에 사용하는 것을 다루지 않도록 내용 경감

(4) 소수와 분수 : 6학년

6학년에 문자 x, 방정식, 정비례 관련 학습 내용을 도입하기 위해서 제7차 교육과정에서 6학년에서 다루었던 학습 내용인 '소수와 분수'와 '비와 비율'을 5학년으로 이동

(5) 분수와 소수의 나눗셈 : 6학년

'분수와 소수의 나눗셈'의 학습 요소를 보다 분명히 진술하기 위해서 학습 항목을 '분수의 나눗셈', '소수의 나눗셈', '분수와 소수의 계산'으로 구분하고, 각 항목에 따른 학습 요소 제시(〈표 2-3〉 참조)

〈표 2-3〉 '분수와 소수의 나눗셈' 학습 내용의 개정 방향

학 년	내 용
6학년	■ **분수의 나눗셈** ① 나누는 수가 분수인 나눗셈을 할 수 있다. ■ **소수의 나눗셈** ① 나누는 수가 소수인 나눗셈을 할 수 있다. ■ **분수와 소수의 계산** ① '(소수)÷(분수)', '(분수)÷(소수)'의 계산을 할 수 있다. ② 간단한 분수와 소수의 혼합 계산을 할 수 있다.

2) 도형

① 1학년 점판을 이용한 도형 만들기는 구체물을 이용한 기본 도형 만들기 및 모양 꾸미기와 중복이 되므로 교육과정에서 삭제하고 교과서를 집필할 때 평면도형을 지도하는 교구로 점판을 활용하도록 함.

② 도형 움직이기는 2학년과 3학년에서 지도되는 내용을 통합하여 3학년에서 지도. 이때 구체물이나 그림을 이용해서 옮기기, 뒤집기, 돌리기의 의미와 변화 상태를 확인한 후 평면도형을 사용하여 옮기기, 뒤집기, 돌리기 응용

③ '옮기기' 용어를 평행이동의 의미를 정확하게 드러내는 '밀기'로 수정

④ 3학년의 거울에 비치는 상 관찰하기는 이후 학년에서 다루어지지 않기 때문에 수학적으로 관련이 있는 선대칭 개념과 통합해서 다룸.

3) 측정

① 4학년의 학습량을 조정하기 위해서 제7차 교육과정의 4학년에서 다루어진 무게 관련 학습 내용을 3학년으로 이동

② 학습량 조정을 위해서 도형의 넓이와 둘레에 관련된 내용을 다음과 같이 조정 : 4학년에서는 직사각형과 정사각형의 둘레의 길이를 구하고, 넓이 개념과 넓이 단위를 도입하고 직사각형과 정사각형의 넓이를 구하는 내용으로 구성, 5학년에서는 평행사변형, 삼각형, 사다리꼴, 마름모와 같은 도형의 넓이를 구하는 내용으로 구성

〈표 2-4〉 '평면도형의 둘레의 길이와 넓이' 관련 학습 내용의 조정

학년	4학년	5학년
학습 내용	■ 평면도형의 둘레 ① 기본적인 평면도형의 둘레의 길이를 구할 수 있다. ■ 넓이 ① 넓이를 이해하고, 1㎠, 1㎡ 단위를 안다. ② 넓이를 측정하여 ㎠, ㎡로 말할 수 있다. ③ 직사각형, 정사각형의 넓이를 구할 수 있다.	■ 여러 가지 도형의 넓이 ① 평행사변형의 넓이를 구할 수 있다. ② 삼각형의 넓이를 구할 수 있다. ③ 사다리꼴의 넓이를 구할 수 있다. ④ 마름모의 넓이를 구할 수 있다.

실생활에서 이미 초 단위까지 사용하고 있는 학생들의 실정을 고려하고 복잡한 시간의 덧셈과 뺄셈을 축소시키기 위해서 위에서 제시된 내용들을 통합하여 3학년에서 다룸(〈표 2-5〉 참조)

〈표 2-5〉 '시간' 관련 학습 내용의 조정

단계	학습 내용
3학년	■ 시간 ① 시각과 시간의 의미를 이해한다. ② 1분은 60초임을 알고, 1초 단위까지 시각을 읽을 수 있다. ③ 초 단위까지 시간의 덧셈과 뺄셈을 할 수 있다.

4) 확률과 통계

Mathematics Education

① 그래프 해석 능력을 강화하기 위해서 심화과정에 제시된 내용을 일부 기본과정으로 이동하고, 교육과정에 누락된 내용 보완

② 불필요한 문구를 삭제하고 수학적 요소를 중심으로 진술함으로써 내용 진술 수정

(1) 그래프 해석

그래프 해석 능력을 강조하기 위해서 제7차 교육과정 심화과정에 제시된 내용 중 그래프 해석과 관련된 내용을 기본과정으로 이동

(2) 그림그래프(3학년, 5학년)

그림그래프 관련 내용 보충(〈표 2-6〉 참조)

〈표 2-6〉 추가된 그림그래프 관련 학습 내용

단계	학습내용
3학년	**1 자료의 정리** ① 실제적인 자료를 수집, 분류, 정리하여 표, 막대그래프, **간단한 그림그래프**로 나타낼 수 있다.
5학년	**1 자료의 표현** ① 자료를 정리하여 줄기와 잎 그림이나 **그림그래프**로 나타내고 자료의 특성을 파악할 수 있다.

5) 규칙성

· 제7차 교육과정에서는 '문자와 식' 영역과 '규칙성과 함수' 영역으로 나뉘어져 있었으나, 앞서 논의된 개정 방안에 따라 통합

· 문제해결 관련 학습 내용의 조정, 6학년에서의 문자 x와 방정식의 도입

· 규칙과 대응, 비와 비율, 정비례가 교육과정 개정의 쟁점이 됨.

(1) 문제해결

· 교육과정 상에 제시된 9개의 문제해결전략을 학생들의 수준을 고려하여 〈표 2-7〉과 같이 재조직

〈표 2-7〉 학년별 다루는 문제해결전략에 대한 개정 방안

학년	1학년	2학년	3학년	4학년	5학년	6학년
문제해결 전략	· 실제로 해보기 · 그림 그리기 · 식 만들기	· 규칙 찾기 · 거꾸로 풀기	· 표 만들기 · 예상과 확인	· 단순화하기 · 논리적 추론	· 통합	· 통합

문제해결전략과 이외의 학습 내용은 각 학년별로 특정한 내용에 중점을 두도록 〈표 2-8〉과 같이 구성

〈표 2-8〉 학년별 문제해결과정 관련 학습 내용

학년	1학년	2학년	3학년	4학년	5학년	6학년
문제해결 과정 관련 학습내용	· □를 사용한 식에서 □의 의미 이해	· 문장으로 된 문제를 식으로 나타내기 · 식에 알맞은 문제 만들기 · □ 구하기	· 주어진 문제를 해결하는 필요 없는 정보, 부족한 정보 찾기	· 문제 해결 과정 설명하기	· 적절한 문제해결 전략 선택하기 · 문제해결의 타당성 검증하기	· 적절한 문제해결 전략 선택하기 · 문제해결의 타당성 검증하기 · 주어진 조건을 바꾸어 새로운 문제 만들기

단계별 내용을 학년별로 제시하고, 제시된 내용을 한 학년 동안 다루도록 함으로써 문제해결전략이나 문제해결과정 관련 내용들을 다룰 수 있을 뿐만 아니라 제7차 교육과정의 1학년과 3학년에서 문제해결 관련 학습 내용이 없던 것을 보완

(2) 문자 x와 방정식 : 6학년

문자 x와 방정식을 6학년에서 도입 : 교육과정에 문자 x 및 방정식과 관련해서 추가시킬 수 있는 학습 요소는 〈표 2-9〉과 같음.

〈표 2-9〉 문자 x 및 방정식과 관련된 학습 요소

내 용	학습 요소
문자 x	· 미지항을 x로 나타내기
방정식	· 등식의 성질 이해 · 등식의 성질을 이용한 방정식 풀이

(3) 규칙과 대응

4학년과 6학년에서 다루던 규칙과 대응에 대한 학습 내용을 4학년에서 〈표 2-10〉과 같은 내용으로 통합해서 다룸

〈표 2-10〉 규칙과 대응 관련 학습 내용 개정 방향

학년	학습내용
4학년	■ 규칙과 대응 ① 두 양 사이의 대응 관계를 나타낸 표에서 규칙을 찾고 설명할 수 있다. ② 두 수의 대응 관계를 □, △를 사용하여 식으로 나타낼 수 있다.

(4) 비와 비율

① 6학년에 문자 x와 방정식, 정비례를 도입함으로써 학습량 조정이 불가피하여 비와 비율을 5학년으로 이동

② 내적인 비뿐만 아니라 속력과 인구밀도와 같은 외적인 비와 관련된 문제 상황도 활용할 수 있도록 학습 지도상의 유의점 보완

(5) 정비례와 반비례

① 정비례와 반비례는 실생활에서 자주 활용되며, 중학교에서 함수를 도입할 때 함수의 예로 사용되기 때문에 함수 개념이 도입되기 이전인 6학년에서 도입

② 정비례와 반비례 관련 학습 내용은 〈표 2-11〉와 같이 제시

〈표 2-11〉 정비례와 반비례 관련 학습 내용 도입

학년	학습내용
6학년	■ 정비례 ① 두 수 사이의 대응 관계를 x, y를 사용하여 식으로 나타낼 수 있다. ② 정비례 관계를 이해하고, 그 관계를 표나 식으로 나타낼 수 있다. ③ 정비례 관계를 실생활 문제에 활용할 수 있다. ■ 반비례 ① 반비례 관계를 이해하고, 그 관계를 표나 식으로 나타낼 수 있다. ② 반비례 관계를 실생활 문제에 활용할 수 있다.

2.2 수학과 개정 교육과정

1. 성 격

수학과는 수학적 개념, 원리, 법칙을 이해하고 논리적으로 사고하며, 여러 가지 현상을 수학적으로 관찰하고 해석하는 능력을 기르고, 여러 가지 문제를 수학적인 방법을 사용하여 합리적으로 해결하는 능력과 태도를 기르는 교과이다.

수학적 개념의 깊이 있는 이해와 활용, 합리적인 문제 해결 능력과 태도는 모든 교과를 성공적으로 학습하는 데 필수적일 뿐만 아니라 개인의 전문적인 능력을 향상시키고 민주 시민으로서 합리적 의사 결정 방법을 습득하는 데에도 필요하다. 또한 수학적 지식과 사고 방법은 오랜 역사를 통해 인간 문명 발전의 지적인 동력의 역할을 해왔으며, 미래의 지식 기반 정보화 사회를 살아가는 데 필수적이다.

초등학교 수학과 교육 내용은 '수와 연산', '도형', '측정', '확률과 통계', '규칙성'의 5개 영역으로 구성된다. '수와 연산' 영역에서는 자연수, 분수, 소수의 개념과 사칙계산을, '도형' 영역에서는 평면도형과 입체도형의 개념과 성질을, '측정' 영역에서는 길이, 시간, 들이, 무게, 각도, 넓이, 부피의 개념과 활용을, '확률과 통계' 영역에서는 자료의 정리와 해석, 경우의 수, 확률의 의미를, '규칙성' 영역에서는 규칙 찾기, 비와 비례, 문자의 사용, 간단한 방정식, 정비례와 반비례, 여러 가지 문제해결 방법을 다룬다.

중학교와 고등학교 수학과 교육 내용은 '수와 연산', '문자와 식', '함수', '확률과 통계', '기하'의 5개 영역으로 구성된다.

중학교의 경우, '수와 연산' 영역에서는 집합, 정수, 유리수, 실수의 개념과 사칙계산, 근삿값을, '문자와 식' 영역에서는 다항식의 개념과 사칙계산, 일차방정식과 일차부등식, 연립일차방정식과 연립일차부등식, 이차방정식의 풀이와 활용을, '함수' 영역에서는 함수 개념, 일차함수의 개념과 활용, 이차함수의 개념을, '확률과 통계' 영역에서는 도수분포에 대한 이해와 활용, 확률의 기본 성질, 대표값과 산포도를, '기하' 영역에서는 기본 도형의 성질에 대한 이해와 증명, 피타고라스의 정리, 삼각비에 대한 이해와 활용을 다룬다.

고등학교의 경우, '수와 연산' 영역에서는 집합의 연산법칙, 명제의 이해와 활용, 실수의 성질, 복소수의 개념과 사칙계산을, '문자와 식' 영역에서는 다항식의 연산과 활용, 유리식과 무리식의 계산, 이차방정식의 활용, 고차방정식, 연립방정식, 이차부등식, 연립부등식, 절대부등식의 풀이를, '기하' 영역에서는 평면좌표, 직선의 방정식, 원의 방정식, 도형의 이동, 부등식의 영역의 이해와 활용을, '함수' 영역에서는 이차함수의 활용, 유리함수, 무리함수, 삼각함수의 개념과 활용을, '확률과 통계' 영역에서는 순열과 조합의 이해를 다룬다.

수학의 교수·학습에서는 학생이 구체적인 경험에 근거하여 여러 가지 현상을 수학적으로 해석하고 조직하는 활동, 구체적인 사실에서 추상화 단계로 점진적으로 나아가는 과정, 직관이나 구체적인 조작 활동에 바탕을 둔 통찰 등의 수학적 경험을 통하여 형식이나 관계를 발견하고, 수학적 개념, 원리, 법칙 등을 이해할 수 있도록 한다. 또한 수학적 문제를 해결하는 과정에서 문제를 명확히 이해하고 합리적인 해결 계획을 세워 실행하며, 반성을 통하여 풀이 과정을 점검하고 다양하게 활용하는 태도를 기르도록 한다. 수학적 지식과 기능을 활용하여 실생활의 여러 가지 문제를 해결해 봄으로써 수학의 필요성과 유용성을 인식하고, 수학 학습의 즐거움을 경험함으로써 수학에 대한 긍정적인 태도를 갖도록 한다.

2. 목 표

기초적인 수학적 지식과 기능을 습득하고 수학적으로 사고하고 의사소통하는 능력을 길러, 생활 주변에서 일어나는 현상과 문제를 합리적으로 해결하는 능력을 기르며, 수학에 대한 긍정적 태도를 기른다.

Mathematics Education

1. 생활 주변에서 일어나는 현상을 수학적으로 관찰하고 조직하는 경험을 통하여 수학의 기초적인 개념, 원리, 법칙을 이해하는 능력을 기른다.
2. 수학적으로 사고하고 의사소통하는 능력을 길러, 생활 주변에서 일어나는 문제를 합리적으로 해결하는 능력을 기른다.
3. 수학에 대한 관심과 흥미를 가지고, 수학의 가치를 이해하며, 수학에 대한 긍정적 태도를 기른다.

3. 내 용

1) 내용 체계

학교급	초등학교		
학년 / 영역	1학년	2학년	3학년
수와 연산	· 100까지의 수 · 간단한 수의 덧셈과 뺄셈 · 두 자리 수의 덧셈과 뺄셈	· 1000까지의 수 · 두 자리 수의 덧셈과 뺄셈 · 세 자리 수의 덧셈과 뺄셈 · 곱셈 · 분수의 이해	· 10000까지의 수 · 네 자리 수의 덧셈과 뺄셈 · 곱셈 · 나눗셈 · 분수 · 소수의 이해
도형	· 입체도형의 모양 · 평면도형의 모양	· 기본적인 평면도형 · 입체도형의 구성	· 각과 평면도형 · 평면도형의 이동 · 원의 구성요소
측정	· 양의 비교 · 시각 읽기	· 시각과 시간 · 길이 · 측정값 나타내기	· 시간 · 길이 · 들이 · 무게
확률과 통계	· 한 가지 기준으로 사물 분류하기	· 표와 그래프 만들기	· 자료의 정리, 자료의 특성(막대그래프, 간단한 그림그래프)
규칙성	· 규칙적인 배열에서 규칙 찾기 · 자신이 정한 규칙에 따라 배열하기 · 100까지의 수 배열표에서 규칙 찾고 말하기 · □를 사용한 식 · 실제로 해보기, 그림 그리기, 식 만들기 등으로 문제를 해결하기	· 다양한 변화의 규칙 찾기 · 수 배열에서 규칙 찾고, 규칙에 따라 수 배열하기 · 곱셈표에서 여러 가지 규칙 찾기 · 미지수 구하기 · 식 만들기 · 규칙 찾기, 거꾸로 풀기 등으로 문제를 해결하기	· 규칙에 따라 여러 가지 무늬 꾸미기 · 표 만들기, 예상과 확인 등으로 문제를 해결하기

학교급	초등학교		
학년 / 영역	4학년	5학년	6학년
수와 연산	· 다섯 자리 이상의 수 · 자연수의 사칙계산 · 여러 가지 분수 · 분모가 같은 분수의 덧셈과 뺄셈 · 소수 · 소수의 덧셈과 뺄셈	· 약수와 배수 · 약분과 통분 · 소수와 분수 · 분모가 다른 분수의 덧셈과 뺄셈 · 분수의 곱셈과 나눗셈 · 소수의 곱셈과 나눗셈	· 분수의 나눗셈 · 소수의 나눗셈 · 분수와 소수의 혼합 계산
도형	· 각과 여러 가지 삼각형 · 다각형의 이해	· 직육면체와 정육면체의 성질 · 합동 · 대칭	· 각기둥과 각뿔의 성질 · 원기둥과 원뿔의 성질 · 여러 가지 입체도형
측정	· 각도 · 평면도형의 둘레 · 직사각형과 정사각형의 넓이 · 어림하기(반올림, 올림, 버림) · 수의 범위(이상, 이하, 초과, 미만)	· 평면도형의 넓이 · 무게와 넓이의 여러 가지 단위	· 원주율과 원의 넓이 · 겉넓이와 부피 · 원기둥의 겉넓이와 부피
확률과 통계	· 꺾은선그래프 · 자료를 목적에 맞는 그래프로 나타내기	· 줄기와 잎 그림, 그림그래프 · 평균	· 비율그래프(띠그래프, 원그래프) · 경우의 수와 확률
규칙성	· 다양한 변화 규칙을 수로 나타내고 설명하기 · 규칙을 추측하고 말이나 글로 표현하기 · 규칙적인 무늬 만들기 · 규칙과 대응 · 단순화하기, 논리적 추론 등으로 문제를 해결하기 · 문제해결 과정 설명하기	· 비와 비율 · 하나의 문제를 여러 가지 방법으로 해결하기 · 주어진 문제에서 필요 없는 정보, 부족한 정보 찾기 · 문제해결의 타당성 검토하기	· 방정식 · 비례식 · 연비와 비례배분 · 정비례와 반비례 · 문제해결 방법 비교하기 · 문제의 조건을 바꾸어 새로운 문제 만들기 · 문제해결 과정의 타당성 검토하기

2) 학년별 내용

1 학년

(1) 수와 연산

[1] 100까지의 수

① 0과 100까지의 수 개념을 이해하여 수를 세고 읽고 쓸 수 있다.

② 100까지의 수 범위에서 수 계열을 이해하고, 수의 크기를 비교할 수 있다.

③ 100까지의 수에 대한 위치적 기수법의 기초 개념을 이해한다.

④ 10 이하의 수 범위에서 두 수로 분해하고, 두 수를 하나의 수로 합성할 수 있다.

⑤ 수 세기가 필요한 상황에서 묶어 세기, 뛰어 세기를 할 수 있다.

[2] 간단한 수의 덧셈과 뺄셈

① 덧셈과 뺄셈이 이루어지는 상황을 알고, 덧셈과 뺄셈의 의미를 이해한다.

② 한 자리 수끼리의 덧셈과 뺄셈을 할 수 있다.

③ 합이 10이 되는 덧셈식과 '10−(한 자리 수)'인 뺄셈식을 통하여 10에 대한 보수를 찾을 수 있다.

④ '(두 자리 수) − (한 자리 수)'의 계산을 할 수 있다.

⑤ 덧셈과 뺄셈의 관계를 이해한다.

⑥ 한 자리 수인 세 수의 덧셈과 뺄셈을 할 수 있다.

[3] 두 자리 수의 덧셈과 뺄셈

① 두 자리 수의 범위에서 받아올림이 없는 덧셈을 할 수 있다.

② 두 자리 수의 범위에서 받아내림이 없는 뺄셈을 할 수 있다.

③ 덧셈과 뺄셈을 활용하여 실생활 문제를 해결할 수 있다.

용어와 기호 덧셈, 뺄셈, ~보다 크다, ~보다 작다, +, −, =, >, <

교수·학습 상의 유의점

① '더한다', '합한다', '~보다 ~ 큰 수', '뺀다', '덜어 낸다', '차', '~보다 ~작은 수' 등의 일상적 용어를 사용하여 덧셈과 뺄셈의 개념에 친숙하게 한다.

② 받아올림이나 받아내림이 없는 두 자리 수끼리의 덧셈, 뺄셈을 여러 가지 방법으로 알아보고, 암산으로 해결할 수 있다.

(2) 도형

1 입체도형의 모양

① 여러 가지 물건을 관찰하여 직육면체, 원기둥, 구의 모양을 찾을 수 있다.

② 여러 가지 모양을 만드는 활동을 통하여 기본적인 입체도형에 대한 감각을 익힌다.

2 평면도형의 모양

① 여러 가지 물건을 관찰하여 사각형, 삼각형, 원의 모양을 찾을 수 있다.

② 구체물을 이용하여 기본적인 평면도형을 만들고, 여러 가지 모양을 꾸밀 수 있다.

교수·학습 상의 유의점

① '상자 모양', '둥근 기둥 모양', '공 모양' 등의 일상적인 용어를 사용하여 기본적인 입체도형에 친숙하게 한다.

② '네모', '세모', '동그라미' 등의 일상적인 용어를 사용하여 기본적인 평면도형에 친숙하게 한다.

(3) 측정

1 양의 비교

① 구체물의 길이, 들이, 무게, 넓이를 비교하여 각각 '길다, 짧다', '많다, 적다', '무겁다, 가볍다', '넓다, 좁다' 등의 말로 나타내고 구별할 수 있다.

2 시각 읽기

① 시계를 보고 '몇 시', '몇 시 30분'까지의 시각을 읽을 수 있다.

용어와 기호 시, 분

교수·학습 상의 유의점

① 실생활에서 직관적인 비교 활동을 통하여 양감을 느낄 수 있게 한다.

② 시각 읽기는 학생의 경험을 소재로 한다.

(4) 확률과 통계

1 분류하기

① 사물이나 사람을 미리 정한 한 가지 기준에 따라 분류하여 각각의 개수를 셀 수 있다.

교수·학습 상의 유의점 ① 분류의 기준이 되는 특징은 분명하고 간단한 것으로 한다.

(5) 규칙성

1 규칙 찾기

① 여러 가지 물체, 무늬, 수의 배열에서 규칙을 찾고, 그 규칙에 따라 배열할 수 있다.

② 자신이 정한 규칙에 따라 물체, 무늬, 수 등을 배열할 수 있다.

③ 100까지의 수 배열표에서 수의 규칙을 찾고 말할 수 있다.

2 □를 사용한 식

① □가 사용된 덧셈식이나 뺄셈식에서 □의 의미를 이해한다.

3 문제해결 방법

① 실제로 해보기, 그림 그리기, 식 만들기 등 여러 가지 방법으로 문제를 해결할 수 있다.

용어와 기호 식

교수·학습 상의 유의점

① 규칙 찾기에서는 물체의 크기, 위치, 방향, 색깔 등 단순한 소재를 이용한다.

② □ 대신에 △, ○, ( ) 등의 다른 기호를 사용할 수 있다.

③ 문제해결에 관한 기초 경험 단계이므로 문제해결에 대한 자신감과 흥미를 가지게 한다.

2 학 년

(1) 수와 연산

1 1000까지의 수

① 일, 십, 백의 자릿값의 의미와 위치적 기수법을 이해하고, 1000까지의 수를 읽고 쓸 수 있다.

② 세 자리 수의 계열을 이해하고, 크기를 비교할 수 있다.

2 두 자리 수의 덧셈과 뺄셈

① 두 자리 수의 범위에서 받아올림이 있는 덧셈과 받아내림이 있는 뺄셈을 할 수 있다.

② 두 자리 수의 범위에서 세 수의 덧셈과 뺄셈을 할 수 있다.

③ 덧셈과 뺄셈의 관계를 이해한다.

[3] 세 자리 수의 덧셈과 뺄셈

① 세 자리 수의 범위에서 덧셈과 뺄셈을 할 수 있다.

② 세 자리 수의 범위에서 세 수의 덧셈과 뺄셈을 할 수 있다.

③ 덧셈과 뺄셈을 활용하여 실생활 문제를 해결할 수 있다.

[4] 곱셈

① 곱셈이 이루어지는 상황을 알고, 곱셈의 의미를 이해한다.

② 곱셈구구를 이해하고, 한 자리 수의 곱셈을 할 수 있다.

[5] 분수의 이해

① 연속량의 등분할을 통하여 분수를 이해하고, 읽고 쓸 수 있다.

용어와 기호 곱, 곱셈, 곱셈구구, 분수, ×

교수·학습 상의 유의점

① 세 자리 수의 덧셈은 합이 1000 미만인 범위에서 한다.

② 덧셈과 뺄셈을 하기 전에 답을 어림해 보게 한다.

③ 곱셈의 의미는 같은 수 더하기와 배의 개념을 통하여 다루고, 1의 단 곱셈구구와 0의 곱은 실제 생활과 관련지어 다룬다.

④ 연속량의 등분할에서는 도형을 모양과 크기가 같게 분할하는 경우만 다룬다.

(2) 도형

[1] 기본적인 평면도형

① 선분, 직선, 삼각형, 사각형, 원을 이해하고, 그 모양을 그리거나 만들 수 있다.

② 기본적인 평면도형의 구성요소를 알고 찾을 수 있다.

[2] 입체도형의 구성

① 쌓기나무로 만들어진 입체도형을 보고 똑같이 만들 수 있다.

② 주어진 쌓기나무로 여러 가지 입체도형을 만들 수 있다.

용어와 기호 선분, 직선, 삼각형, 사각형, 원, 꼭짓점, 변

교수·학습 상의 유의점

① 여러 가지 삼각형과 사각형을 그리고, 꼭짓점과 변의 개수를 세는 활동을 통하여 공통점을 발견한다.

② 제시되는 입체도형은 간단한 것으로 한다.

③ 여러 가지 입체도형을 만드는 활동은 쌓기나무 5~6개 정도로 한다.

(3) 측정

1 시각과 시간

① 시각을 '몇 시 몇 분'까지 읽을 수 있다.

② 1시간은 60분임을 알고, 시간을 '시간', '분'으로 말할 수 있다.

③ 1시간, 1일, 1주일, 1개월, 1년 사이의 관계를 이해한다.

2 길이

① 1cm, 1m의 단위를 알고, 길이를 잴 수 있다.

② 1m가 100cm임을 알고, 길이를 단명수와 복명수로 말할 수 있다.

③ 여러 가지 물건의 길이를 어림하고 재어봄으로써 양감을 기른다.

④ 길이의 덧셈과 뺄셈을 할 수 있다.

3 측정값 나타내기

① 길이 재기에서 자의 눈금과 일치하지 않는 길이의 측정값을 '조금 더 된다', '조금 못 된다'로 판단하여 이를 '약'으로 표현할 수 있다.

용어와 기호 시간, 일, 주일, 개월, 년, 약, cm, m

교수·학습 상의 유의점

① 실생활의 예를 통하여 시간과 시각을 구분할 수 있게 한다.

② 여러 가지 단위 길이로 구체물의 길이를 재어봄으로써 표준 단위의 필요성을 느끼게 한다.

③ 복명수로 된 길이의 덧셈과 뺄셈은 실생활 문제 상황을 통하여 이해하게 한다.

(4) 확률과 통계

1 표 만들기

① 실생활에서 찾을 수 있는 구체적인 자료의 크기를 조사하여 표로 나타낼 수 있다.

② 조사된 자료를 간단한 그림을 이용하여 그래프로 나타내고, 자료의 크기를 비교할 수 있다.

용어와 기호 표, 그래프

교수·학습 상의 유의점

① 실생활에서 학생과 관계가 있는 소재를 활용한다.

② 표나 그래프가 자료의 크기를 나타내고 비교하는 데 편리함을 알게 한다.

(5) 규칙성

1 규칙 찾기

① 물체나 무늬의 다양한 변화 규칙을 찾아 설명할 수 있다.

② 수 배열이나 수 배열표에서 규칙을 찾고, 그 규칙에 따라 수를 배열할 수 있다.

③ 곱셈표에서 여러 가지 규칙을 찾고 설명할 수 있다.

2 미지수 구하기

① 어떤 수를 □로 나타내고, 이를 포함하는 간단한 덧셈, 뺄셈, 곱셈의 등식에서 어떤 수의 값을 구할 수 있다.

3 식 만들기

① 문장으로 된 문제를 식으로 나타낼 수 있다.

② 식에 알맞은 문제를 만들 수 있다.

4 문제해결 방법

① 규칙 찾기, 거꾸로 풀기 등의 여러 가지 방법으로 문제를 해결할 수 있다.

용어와 기호 덧셈, 뺄셈, ~보다 크다, ~보다 작다, +, −, =, >, <

교수·학습 상의 유의점

① ‘더한다’, ‘합한다’, ‘~보다 ~ 큰 수’, ‘뺀다’, ‘덜어 낸다’, ‘차’, ‘~보다 ~ 작은 수’ 등의 일상적 용어를 사용하여 덧셈과 뺄셈의 개념에 친숙하게 한다.

② 받아올림이나 받아내림이 없는 두 자리 수끼리의 덧셈, 뺄셈을 여러 가지 방법으로 알아보고, 암산으로 해결할 수 있다.

교수·학습 상의 유의점

① 수 배열표에서 규칙을 찾는 다양한 활동이 곱셈구구의 기초 경험이 되게 한다.

② □ 대신에 △, ○, ( ) 등의 다른 기호를 사용할 수 있다.

③ 여러 가지 방법으로 미지수를 구한다.

3 학년

(1) 수와 연산

1 10000까지의 수

① 일, 십, 백, 천의 자릿값의 의미와 위치적 기수법을 이해하고, 10000까지의 수를 읽고 쓸 수 있다.

② 네 자리 수의 계열을 이해하고, 크기를 비교할 수 있다.

2 네 자리 수의 덧셈과 뺄셈

① 세 자리 수의 덧셈과 뺄셈을 할 수 있다.

② 네 자리 수의 범위에서 덧셈과 뺄셈을 할 수 있다.

③ 네 자리 수의 범위에서 세 수의 덧셈과 뺄셈을 할 수 있다.

④ 덧셈과 뺄셈을 활용하여 실생활 문제를 해결할 수 있다.

3 곱셈

① '(두 자리 수)×(한 자리 수)', '(세 자리 수)×(한 자리 수)', '(두 자리 수)×(두 자리 수)'의 계산을 할 수 있다.

② 곱셈을 활용하여 실생활 문제를 해결할 수 있다.

4 나눗셈

① 나눗셈이 이루어지는 상황을 알고, 나눗셈의 의미를 이해한다.

② 곱셈과 나눗셈 사이의 관계를 이해한다.

③ '(두 자리 수)÷(한 자리 수)'의 계산을 할 수 있고, 나눗셈에서 몫과 나머지의 의미를 이해한다.

④ 나눗셈을 활용하여 실생활 문제를 해결할 수 있다.

5 분수

① 이산량의 등분할을 통하여 분수를 이해한다.

② 단위분수와 진분수의 의미를 알고, 그 관계를 이해한다.

③ 분모가 같은 진분수와 간단한 단위분수의 크기를 비교할 수 있다.

6 소수의 이해

① 분모가 10인 진분수를 통하여 소수를 이해한다.

② 소수를 읽고 쓸 수 있으며, 크기를 비교할 수 있다.

용어와 기호 나눗셈, 몫, 나머지, 나누어 떨어진다, 소수, ÷, 소수점(.)

교수·학습 상의 유의점

① 실생활에서 분수나 소수가 쓰이는 경우를 찾아보게 한다.

② 덧셈, 뺄셈, 곱셈, 나눗셈을 하기 전에 답을 어림해 보게 한다.

③ 문제 상황을 통하여 분수와 소수의 편리한 점을 인식하게 한다.

(2) 도형

1 각과 평면도형

① 각과 직각을 이해한다.

② 직각삼각형, 직사각형, 정사각형을 이해한다.

2 평면도형의 이동

① 간단한 평면도형의 밀기, 뒤집기, 돌리기 활동을 통하여 그 변화를 이해한다.

3 원의 구성요소

① 원의 중심, 반지름, 지름을 알고, 그들 사이의 관계를 이해한다.

② 컴퍼스를 이용하여 여러 가지 모양을 그릴 수 있다.

용어와 기호 각, (각의) 꼭짓점, (각의) 변, 직각, 직각삼각형, 직사각형, 정사각형, 중심, 반지름, 지름

교수·학습 상의 유의점

① 밀기, 뒤집기, 돌리기는 구체물이나 그림, 모눈종이에 그려진 평면도형을 조작하는 활동을 통하여 간단히 다룬다.

(3) 측정

1 시간

① 시각과 시간의 의미를 이해한다.

② 1분은 60초임을 알고, 초 단위까지 시각을 읽을 수 있다.

③ 초 단위까지 시간의 덧셈과 뺄셈을 할 수 있다.

[2] 길이

① 1mm, 1km의 단위를 안다.

② 1cm와 1mm, 1km와 1m의 관계를 이해하고, 길이를 단명수와 복명수로 말할 수 있다.

③ 길이의 덧셈과 뺄셈을 할 수 있다.

[3] 들이

① 1L, 1mL의 단위를 알고, 그 관계를 이해한다.

② 들이를 측정하여 L와 mL로 말할 수 있다.

③ 들이의 덧셈과 뺄셈을 할 수 있다.

④ 여러 가지 그릇의 들이를 어림하고 재어봄으로써 양감을 기른다.

[4] 무게

① 1g, 1kg 단위를 알고, 그 관계를 이해한다.

② 여러 가지 물체의 무게를 측정하여 g과 kg으로 말할 수 있다.

③ 무게의 덧셈과 뺄셈을 할 수 있다.

④ 여러 가지 무게를 어림하고 재어봄으로써 양감을 기른다.

용어와 기호 시각, 초, mm, km, L, mL, g, kg

교수·학습 상의 유의점

① 실생활의 예를 들어 단위의 필요성과 편리함을 알게 한다.

② 실제 측정 활동을 중심으로 무게와 들이를 다룬다.

③ 시간, 길이, 들이, 무게의 계산은 간단한 경우만 다룬다.

(4) 확률과 통계

[1] 자료의 정리

① 여러 가지 자료를 수집, 분류, 정리하여 표, 막대그래프, 간단한 그림그래프로 나타낼 수 있다.

② 표나 그래프에서 자료의 특성을 찾아보고, 이를 설명할 수 있다.

용어와 기호 막대그래프, 그림그래프

(5) 규칙성

1 규칙 찾기

① 규칙을 정하여 한 가지 도형으로 여러 가지 무늬를 꾸밀 수 있다.

2 문제해결 방법

① 표 만들기, 예상과 확인 등의 여러 가지 방법으로 문제를 해결할 수 있다.

교수·학습 상의 유의점

① 무늬 꾸미기에서 사용하는 도형은 배열 방법에 따라 다양한 무늬가 나타날 수 있는 것으로 한다.

4 학년

(1) 수와 연산

1 다섯 자리 이상의 수

① 10000 이상의 큰 수에 대하여 자릿값과 위치적 기수법을 이해하고, 수를 읽고 쓸 수 있다.

② 수 계열을 이해하고 크기를 비교할 수 있다.

2 자연수의 사칙계산

① 곱하는 수가 두 자리 수인 곱셈을 할 수 있다.

② 나누는 수가 두 자리 수인 나눗셈을 할 수 있다.

③ 덧셈, 뺄셈, 곱셈, 나눗셈이 섞여 있는 계산 문제를 해결할 수 있다.

3 여러 가지 분수

① 진분수, 가분수, 대분수를 이해하고, 그 상호 관계를 알 수 있다.

② 분모가 같은 분수의 크기를 비교할 수 있다.

4 분모가 같은 분수의 덧셈과 뺄셈

① 분모가 같은 분수의 덧셈과 뺄셈을 할 수 있다.

5 소수

① 자리잡기의 원리를 바탕으로 소수 두 자리 수와 소수 세 자리 수를 이해한다.

② 소수를 읽고, 쓰고, 크기를 비교할 수 있다.

6 소수의 덧셈과 뺄셈

① 소수의 덧셈과 뺄셈을 할 수 있다.

용어와 기호 진분수, 가분수, 자연수, 대분수

교수·학습 상의 유의점

① 자연수의 사칙계산은 4학년에서 완성되도록 계산 방법을 일반화한다.

② 지나치게 복잡한 자연수 혼합 계산은 다루지 않는다.

③ 자연수, 분수, 소수의 계산에서 계산하기 전에 답을 어림해 보게 할 수 있다.

④ 계산하거나 어림한 값을 계산기를 사용하여 확인해 볼 수 있다.

⑤ 혼소수는 분수와 관련지어 다룬다.

(2) 도형

1 각과 여러 가지 삼각형

① 이등변삼각형과 정삼각형을 이해한다.

② 예각과 둔각의 뜻을 알고, 예각삼각형과 둔각삼각형을 이해한다.

2 다각형의 이해

① 수직과 평행의 관계를 이해한다.

② 사다리꼴, 평행사변형, 마름모, 직사각형, 정사각형의 개념을 알고, 그 성질을 이해한다.

③ 간단한 다각형과 정다각형을 이해한다.

④ 주어진 도형으로 여러 가지 모양을 만들 수 있다.

⑤ 주어진 도형을 여러 가지 모양으로 덮을 수 있다.

용어와 기호 이등변삼각형, 정삼각형, 예각, 둔각, 예각삼각형, 둔각삼각형, 수직, 수선, 평행, 평행선, 사다리꼴, 평행사변형, 마름모, 대각선, 다각형, 정다각형

교수·학습 상의 유의점

① 구체적인 조작 활동을 통하여 도형의 성질을 파악할 수 있게 한다.

② 여러 가지 사각형의 관계를 이해하게 한다.

(3) 측정

[1] 각도

① 각의 크기의 단위인 1도(°)를 알고, 각도기를 이용하여 각의 크기를 측정할 수 있다.

② 주어진 각도와 크기가 같은 각을 그릴 수 있다.

③ 삼각형과 사각형의 내각의 크기의 합을 구할 수 있다.

[2] 평면도형의 둘레

① 간단한 평면도형의 둘레의 길이를 구할 수 있다.

[3] 직사각형과 정사각형의 넓이

① 넓이를 이해하고, 1cm^2의 단위를 안다.

② 직사각형과 정사각형의 넓이 구하는 방법을 이해하고, 그 넓이를 구할 수 있다.

[4] 어림하기

① 이상, 이하, 초과, 미만의 뜻을 알고, 수의 범위를 나타낼 수 있다.

② 반올림, 올림, 버림의 의미를 알고, 이를 생활에 활용할 수 있다.

용어와 기호 이상, 이하, 초과, 미만, 반올림, 올림, 버림, 도(°), cm^2

교수·학습 상의 유의점

① 반올림, 올림, 버림은 실제로 사용되는 예를 통하여 그 필요성을 인식한다.

(4) 확률과 통계

[1] 꺾은선그래프

① 연속적인 변량에 대한 자료를 수집하여 꺾은선그래프로 나타낼 수 있다.

② 막대그래프와 꺾은선그래프를 비교하여 각각의 특성과 용도를 안다.

③ 실생활에서 찾을 수 있는 자료를 목적에 맞는 그래프로 나타내고 해석할 수 있다.

용어와 기호 꺾은선그래프

교수·학습 상의 유의점

① 자료의 특성을 잘 나타낼 수 있는 그래프를 선택할 수 있게 한다.

(5) 규칙성

1 규칙 찾기

① 다양한 변화 규칙을 수로 나타내고 설명할 수 있다.

② 규칙 찾기 놀이를 통하여 규칙을 추측하고 말이나 글로 표현할 수 있다.

2 규칙적인 무늬 만들기

① 밀기, 뒤집기, 돌리기 등의 방법을 이용하여 한 가지 무늬로 새로운 무늬를 만들 수 있다.

3 규칙과 대응

① 두 양 사이의 대응 관계를 나타낸 표에서 규칙을 찾고, □, △를 사용하여 식으로 나타낼 수 있다.

4 문제해결 방법

① 단순화하기, 논리적 추론 등의 여러 가지 방법으로 문제를 해결할 수 있다.

② 문제해결 과정을 설명할 수 있다.

교수·학습 상의 유의점

① 규칙 찾기 놀이는 간단한 계산이 적용되는 경우로 한다.

② 두 양 사이의 대응 관계는 한 양이 변할 때 다른 양이 그에 종속하여 변하는 관계를 통해 다룬다.

5 학년

(1) 수와 연산

1 약수와 배수

① 약수, 공약수, 최대공약수의 의미를 알고, 이를 구할 수 있다.

② 배수, 공배수, 최소공배수의 의미를 알고, 이를 구할 수 있다.

③ 약수와 배수 사이의 관계를 이해하고, 이를 문제해결에 활용할 수 있다.

[2] 약분과 통분

① 분수의 성질을 이용하여 크기가 같은 분수를 만들 수 있다.

② 분수를 약분, 통분할 수 있다.

③ 분모가 다른 분수의 크기를 비교할 수 있다.

[3] 소수와 분수

① 소수와 분수의 관계를 이해하고, 분수를 소수로, 소수를 분수로 나타낼 수 있다.

② 소수와 분수의 크기를 비교할 수 있다.

[4] 분모가 다른 분수의 덧셈과 뺄셈

① 분모가 다른 분수의 덧셈과 뺄셈을 할 수 있다.

[5] 분수의 곱셈과 나눗셈

① 자연수와 분수의 곱셈, 분수끼리의 곱셈의 의미와 계산 원리를 이해하고, 그 계산을 할 수 있다.

② '(자연수)÷(자연수)'를 분수로 나타낼 수 있다.

③ '(분수)÷(자연수)'의 계산 원리를 이해하고, 그 계산을 할 수 있다.

[6] 소수의 곱셈과 나눗셈

① 소수와 자연수, 소수끼리의 곱셈을 할 수 있다.

② 소수 나눗셈의 계산 원리를 이해하고, '(자연수)÷(자연수)', '(소수)÷(자연수)'의 계산을 할 수 있다.

용어와 기호 배수, 짝수, 홀수, 약수, 공약수, 최대공약수, 공배수, 최소공배수, 약분, 통분, 기약분수

교수·학습 상의 유의점

① 약수와 배수는 자연수의 범위에서만 다룬다.

② 최대공약수와 최소공배수는 두 수에 대해서만 구한다.

③ 소수의 계산은 계산 원리를 이해할 수 있는 수준에서 간단히 다룬다.

(2) 도형

[1] 직육면체와 정육면체의 성질

① 직육면체와 정육면체의 구성 요소를 알고, 여러 가지 성질을 찾을 수 있다.

② 직육면체와 정육면체의 전개도와 겨냥도를 그릴 수 있다.

[2] 합동

① 도형의 합동의 의미를 알고, 합동인 도형을 식별할 수 있다.

② 자, 컴퍼스, 각도기를 이용하여 조건에 맞는 삼각형을 그릴 수 있다.

[3] 대칭

① 선대칭도형과 점대칭도형의 의미를 알고 그릴 수 있다.

② 선대칭 위치에 있는 도형과 점대칭 위치에 있는 도형을 그릴 수 있다.

용어와 기호 직육면체, 면, 모서리, 밑면, 옆면, 정육면체, 겨냥도, 전개도, 합동, 대응점, 대응변, 대응각, 대칭, 선대칭도형, 점대칭도형, 대칭축, 대칭의 중심

교수·학습 상의 유의점

① 직육면체의 전개도를 다양하게 그려보게 한다.

② 구체적인 조작 활동을 통하여 선대칭도형이나 점대칭도형의 의미를 알게 한다.

③ 선대칭도형을 지도할 때 거울의 상을 이용할 수 있다.

(3) 측정

[1] 평면도형의 넓이

① 평행사변형, 삼각형, 사다리꼴, 마름모의 넓이 구하는 방법을 이해하고, 그 넓이를 구할 수 있다.

[2] 여러 가지 단위

① 무게의 새로운 단위를 알고, 무게 단위 사이의 관계를 이해한다.

② 넓이의 새로운 단위를 알고, 넓이 단위 사이의 관계를 이해한다.

용어와 기호 밑변, 높이, t , m^2, km^2, a, ha

교수·학습 상의 유의점

① 삼각형의 넓이는 높이가 삼각형의 내부, 외부에 있는 것을 모두 다룬다.

② $1cm^2$와 $1m^2$의 관계는 활동을 통하여 이해하게 한다.

③ 실생활에서 새로운 단위의 필요성을 느낄 수 있게 한다.

④ 복잡한 단위 환산은 다루지 않는다.

(4) 확률과 통계

1 자료의 표현과 해석

① 자료를 정리하여 줄기와 잎 그림이나 그림그래프로 나타내고, 자료의 특성을 파악할 수 있다.

② 평균의 의미를 알고, 주어진 자료의 평균을 구할 수 있다.

③ 목적에 맞게 자료를 수집하고 정리하여 적절한 그래프로 나타내고, 자료의 특성을 설명할 수 있다.

용어와 기호 줄기와 잎 그림, 평균

교수·학습 상의 유의점

① 목적에 맞게 자료를 정리하고 해석하는 것이 중요함을 알게 한다.

(5) 규칙성

1 비와 비율

① 두 양의 크기를 비교하여 분수로 나타낼 수 있다.

② 두 양 사이의 비와 비율의 의미를 이해한다.

③ 비율을 여러 가지 방법으로 나타낼 수 있다.

2 문제해결 방법

① 하나의 문제를 여러 가지 방법으로 해결하고, 그 방법을 비교할 수 있다.

② 주어진 문제를 해결하는 데 필요 없거나 부족한 정보를 찾을 수 있다.

③ 문제해결 과정의 타당성을 검토할 수 있다.

용어와 기호 비, 기준량, 비교하는 양, 비율, 백분율, 할, 푼, 리, : , %

교수·학습 상의 유의점

① 두 양의 크기를 비교할 때에는 부분과 전체, 부분과 부분 사이의 관계를 다양하게 다룬다.

② 속력, 인구밀도 등과 같이 타 교과 및 실생활에서 비율이 사용되는 예를 찾아보고, 관련된 문제를 해결해 보게 한다.

6 학년

(1) 수와 연산

1 분수의 나눗셈

① 나누는 수가 분수인 나눗셈의 의미와 계산 원리를 이해하고, 그 계산을 할 수 있다.

2 소수의 나눗셈

① 나누는 수가 소수인 나눗셈의 의미와 계산 원리를 이해하고, 그 계산을 할 수 있다.

3 분수와 소수의 혼합 계산

① 간단한 분수와 소수의 혼합 계산을 할 수 있다.

(2) 도형

1 각기둥과 각뿔의 성질

① 각기둥과 각뿔을 이해하고, 구성 요소와 성질을 안다.

② 각기둥의 전개도를 그릴 수 있다.

2 원기둥과 원뿔의 성질

① 원기둥과 원뿔을 이해하고, 구성 요소와 성질을 안다.

② 원기둥의 전개도를 이해한다.

③ 회전체를 이해한다.

3 여러 가지 입체도형

① 쌓기나무로 만든 입체도형을 보고 사용된 쌓기나무의 개수를 구할 수 있다.

② 쌓기나무로 여러 가지 모양을 만들고 규칙을 찾을 수 있다.

③ 쌓기나무로 만든 입체도형의 위, 앞, 옆에서 본 모양을 표현할 수 있다.

④ 여러 가지 물체의 위, 앞, 옆에서 본 모양을 표현할 수 있다.

용어와 기호 각기둥, 각뿔, 원기둥, 원뿔, 모선, 회전체, 회전축, 구, 단면

교수·학습 상의 유의점

① 각기둥의 전개도에서는 간단한 형태만 다룬다.

② 여러 가지 물체를 다룰 때에는 실생활과 밀접한 소재를 활용한다.

(3) 측정

1 원주율과 원의 넓이

① 원주율을 이해한다.

② 원주와 원의 넓이 구하는 방법을 이해하고, 이를 구할 수 있다.

2 겉넓이와 부피

① 직육면체와 정육면체의 겉넓이 구하는 방법을 이해하고, 이를 구할 수 있다.

② 부피를 이해하고, 1cm^3, 1m^3의 단위를 알며, 단위 사이의 관계를 이해한다.

③ 직육면체와 정육면체의 부피 구하는 방법을 이해하고, 이를 구할 수 있다.

④ 부피와 들이 사이의 관계를 안다.

3 원기둥의 겉넓이와 부피

① 원기둥의 겉넓이와 부피 구하는 방법을 이해하고, 이를 구할 수 있다.

용어와 기호 겉넓이, 부피, 원주, 원주율, cm^3, m^3

교수·학습 상의 유의점

① 원주율은 원의 지름과 원주를 측정하는 활동을 통해 이해하게 한다.

② 원의 넓이는 구체적인 조작 활동을 통하여 여러 가지 방법으로 구한다.

(4) 확률과 통계

1 비율그래프

① 띠그래프와 원그래프의 의미를 알고, 이를 활용할 수 있다.

② 비율그래프에서 자료의 특성을 찾아보고, 이를 설명할 수 있다.

2 경우의 수와 확률

① 경우의 수의 뜻을 알고, 이를 구할 수 있다.

② 경우의 수를 바탕으로 확률의 의미를 이해한다.

용어와 기호 띠그래프, 원그래프, 경우의 수, 확률

교수·학습 상의 유의점

① 원그래프를 지도할 때에는 눈금이 표시된 원을 사용한다.

② 비율그래프를 지도할 때에는 신문, 인터넷 등에 있는 표나 그래프를 소재로 활용할 수 있다.

③ 경우의 수는 간단한 경우만 다룬다.

④ 실생활의 예를 이용하여 확률의 의미를 다룬다.

(5) 규칙성

1 방정식

① 미지수를 x로 나타낼 수 있다.

② 등식의 성질을 이해하고, 이를 이용하여 간단한 방정식을 풀 수 있다.

2 비례식

① 비례식을 이해하고, 이를 활용할 수 있다.

② 비례식의 성질을 이용하여 간단한 비례식을 풀 수 있다.

3 연비와 비례배분

① 연비의 뜻을 알고, 세 양 사이의 관계를 연비로 나타낼 수 있다.

② 비례배분의 뜻을 알고, 주어진 양을 비례배분 할 수 있다.

4 정비례와 반비례

① 두 수 사이의 대응 관계를 x와 y를 사용하여 식으로 나타낼 수 있다.

② 정비례와 반비례 관계를 이해하고, 그 관계를 표나 식으로 나타낼 수 있다.

③ 정비례와 반비례 관계를 활용하여 실생활 문제를 해결할 수 있다.

5 문제해결 방법

① 여러 가지 문제해결 방법을 비교하여 문제 상황에 적절한 방법을 선택할 수 있다.

② 주어진 문제에서 조건을 바꾸어 새로운 문제를 만들고, 그 문제를 해결할 수 있다.

③ 문제해결 과정의 타당성을 설명할 수 있다.

용어와 기호 등식, 방정식, 비례식, 연비, 비례배분, 정비례, 반비례, 관계식, 비례상수, x

교수·학습 상의 유의점

① 미지수는 x 이외의 다른 문자도 사용할 수 있다.

② 등식의 성질은 구체물을 이용하여 다룬다.

③ 비례식, 연비, 비례배분은 간단한 경우만 다룬다.

④ 대응 관계, 정비례, 반비례는 실생활의 예를 통하여 다룬다.

⑤ 두 수 사이의 대응 관계를 도입할 때에는 $y=x+a$와 $y=a\times x$인 경우만 다룬다.

4. 교수 · 학습 방법

1) 교육과정에 제시된 내용은 모든 학생이 도달해야 할 성취 기준이므로, 학생의 특성, 학년 간 연계성, 지역성 및 현실성을 고려하여 적절히 지도되어야 한다.
2) 학년별 내용의 배열 순서가 반드시 교수·학습의 순서를 의미하는 것은 아니므로, 교수·학습 계획을 수립하거나 학습 자료를 개발할 때에는 내용의 특성과 난이도, 학교 여건 등을 고려하여 내용, 순서 등을 재구성할 수 있다.
3) 교육과정에 제시된 내용을 지도한 후 학습 결손이 있는 학생에게는 보충 학습, 우수한 학생에게는 심화 학습의 기회를 추가로 제공할 수 있다.
4) 수학과 수업에서는 교육 내용과 학생의 특성을 고려하여 발견 학습, 탐구 학습, 협동 학습, 개별 학습, 설명식 교수 등 다양한 교수·학습 방법을 활용할 수 있다.
5) 수학 수업에서 의미 있는 발문을 하기 위하여 다음 사항에 유의한다.
   (1) 발문은 학생의 인지 발달과 경험을 고려하여 선택하고, 그에 대한 반응을 의미 있게 처리한다.
   (2) 가능하면 열린 형태의 발문을 하여 창의적인 답이 나올 수 있게 한다.
6) 수학적 개념, 원리, 법칙의 교수·학습에서는 다음 사항에 유의한다.
   (1) 생활 주변 현상, 사회 현상, 자연 현상 등의 여러 가지 현상을 학습 소재로 하여 수학적 개념, 원리, 법칙을 도입한다.
   (2) 구체적 조작 활동과 탐구 활동을 통하여 학생 스스로 개념, 원리, 법칙을 발견하게 한다.
7) 수학적 사고와 추론 능력을 발전시키기 위하여 교수·학습에서 다음 사항에 유의한다.
   (1) 귀납, 유추 등을 통해 학생 스스로 수학적 사실을 추측하게 하고, 이를 정당화하거나 증명해 보게 할 수 있다.
   (2) 수학적 사실이나 명제를 분석하고, 수학적 관계를 조직하고 종합하며, 학생 자신의 사고 과정을 반성하게 한다.
8) 수학적 의사소통 능력을 신장시키기 위하여 교수·학습에서 다음 사항에 유의한다.
   (1) 수학 용어, 기호, 표, 그래프 등의 수학적 표현을 이해하고 정확히 사용하게 한다.
   (2) 수학적 아이디어를 말과 글로 설명하고 시각적으로 표현하여 다른 사람과 효율적으로 의사소통할 수 있게 한다.
   (3) 수학을 표현하고 토론하면서 자신의 사고를 명확히 하고 반성함으로써 의사소통이 수학을 학습하고 활용하는 데 중요함을 인식하게 한다.

9) 문제 해결력을 신장시키기 위하여 교수·학습에서 다음 사항에 유의한다.
   (1) 문제 해결은 전 영역에서 지속적으로 지도한다.
   (2) 학생 스스로 문제 상황을 탐색하고 수학적 지식과 사고 방법을 토대로 문제 해결 방법을 적절히 활용하여 문제를 해결하게 한다.
   (3) 학생의 경험과 욕구를 바탕으로 문제를 창의적으로 해결할 수 있게 한다.
   (4) 문제 해결의 결과뿐만 아니라 문제 해결 방법과 과정, 문제를 만들어 보는 활동도 중시한다.
   (5) 생활 주변 현상, 사회 현상, 자연 현상 등의 여러 가지 현상에서 파악된 문제를 해결하면서 수학적 개념, 원리, 법칙을 탐구하고, 이를 일반화하게 한다.

10) 수학에 대한 긍정적 태도를 신장시키기 위하여 교수·학습에서 다음 사항에 유의한다.
   (1) 여러 가지 현상에서 접할 수 있는 수학을 다룸으로써, 수학에 대한 가치를 인식하고 수학의 필요성을 느낄 수 있게 한다.
   (2) 수학에 대한 흥미, 관심, 자신감을 갖도록 학습 동기와 의욕을 유발한다.

11) 수학 교수·학습 과정에서 교육기자재의 활용은 다음 사항에 유의한다.
   (1) 교수·학습의 전 과정을 통하여 적절하고 다양한 교육 기자재를 활용하여 수학 학습의 효과를 높이도록 한다.
   (2) 계산 능력 배양을 목표로 하지 않는 경우의 복잡한 계산 수행, 수학적 개념·원리·법칙의 이해, 문제해결력 향상 등을 위하여 계산기, 컴퓨터, 교육용 소프트웨어 등의 공학적 도구와 다양한 교구를 확보하여 활용할 수 있다.

12) 각 학교에서는 학생 개인의 학습 능력과 수준, 적성, 희망 등을 고려하여 수준별 수업을 운영할 수 있다. 수준별 수업을 운영할 때에는 다음 사항에 유의한다.
   (1) 수준별 수업은 학교 상황에 맞게 수준별 집단을 편성하여 운영할 수 있다.
   (2) 수준별 수업은 내용 요소를 차별화하기보다는 내용의 깊이나 접근 방법에 차이를 두어 운영한다.

5. 평 가

1) 수학 학습의 평가는 학생의 인지적 영역과 정의적 영역에 대한 유용한 정보를 제공하여 학생 개개인의 수학 학습과 전인적인 성장을 돕고 교사의 교수 활동과 수업 방법을 개선하는 데 활용한다.

2) 수학 학습의 평가에서는 학생의 인지 발달 수준을 고려하고, 교육과정에 제시된 내용의 수준과 범위를 준수한다.
3) 수학 학습의 평가는 수업의 전개 과정에 따라 진단평가, 형성평가, 총괄평가 등의 적절한 평가 방식을 택하여 실시하되, 지속적인 평가를 통하여 다양한 정보를 수집하고 수업에 활용한다.
4) 수학 학습의 평가에서는 획일적인 방법을 지양하고 지필평가, 관찰, 면담, 자기평가 등의 다양한 평가 방법을 통해 수학 교수·학습을 향상시킬 수 있게 한다.
5) 인지적 영역에 대한 평가에서는 학생의 수학적 사고력 신장을 위하여 결과뿐만 아니라 과정도 중시하여 평가하되, 수학의 교수·학습에서 전반적으로 요구되는 다음 사항을 강조한다.
   (1) 수학의 기본적인 개념, 원리, 법칙을 이해하고 적용하는 능력
   (2) 수학적 표현의 의미를 이해하고 정확하게 사용하는 능력
   (3) 수학적 지식과 기능을 활용하여 타당하게 추론하는 능력
   (4) 다양한 상황에서 발생하는 여러 가지 문제를 수학적으로 사고하여 해결하는 능력
   (5) 생활 주변 현상, 사회 현상, 자연 현상 등의 여러 가지 현상을 수학적으로 관찰, 분석, 조직하는 능력
   (6) 수학적 사고 과정과 결과를 합리적으로 의사소통하는 능력
6) 정의적 영역에 대한 평가에서는 학생의 수학에 대한 긍정적 태도를 신장시키기 위하여 학생의 수학에 대한 바람직한 가치관이나 수학 학습에 대한 관심, 흥미, 자신감 등의 정도를 파악한다.
7) 수학 학습의 평가에서는 평가하는 학습 내용에 따라 학생에게 계산기, 컴퓨터와 같은 공학적 도구와 다양한 교구를 이용할 수 있는 기회를 제공할 수 있다.

2.3 현행 교육과정과 개정 교육과정 비교표

1. 목표

현 행	개 정	비 고
수학의 기본적인 지식과 기능을 습득하고, 수학적으로 사고하는 능력을 길러, 실생활의 여러 가지 문제를 합리적으로 해결할 수 있는 능력과 태도를 기른다.	수학적 지식과 기능을 습득하고 수학적으로 사고하는 능력을 길러, 여러 가지 문제를 합리적으로 해결할 수 있는 능력과 태도를 기른다.	국민공통기본 목표 제시

가. 여러 가지 생활 현상을 수학적으로 고찰하는 경험을 통하여 수학의 기초적인 개념, 원리, 법칙과 이들 사이의 관계를 이해할 수 있다.	가. 생활 현상을 수학적으로 관찰하고 조직하는 경험을 통하여 수학의 기초적인 개념, 원리, 법칙을 이해하는 능력을 기른다.	초등학교 목표 제시
나. 수학적 지식과 기능을 활용하여 생활 주변에서 일어나는 여러 가지 문제를 수학적으로 관찰, 분석, 조직, 사고하여 해결할 수 있다.	나. 수학의 기초 기능을 익히고, 이를 적용하여 생활 주변에서 일어나는 여러 가지 문제를 해결하는 능력을 기른다.	
다. 수학에 대한 흥미와 관심을 지속적으로 가지고, 수학적 지식과 기능을 활용하여 여러 가지 문제를 합리적으로 해결하는 태도를 기른다.	다. 수학에 대한 관심과 흥미를 가지고, 수학의 가치를 이해하며, 수학적 의사소통 능력을 기른다.	의사소통 능력과 정의적 태도 강조

2. 내용

1 학년

영역	항목	현 행	개 정	비 고
수와 연산	0과 자연수	1 50까지의 수 ① 50까지의 수 개념을 이해하고, 익숙하게 세고, 숫자로 쓰고 읽을 수 있다. ② 50까지의 수의 범위에서 수의 순서성을 이해하고, 수의 크기를 비교할 수 있다. ③ 0의 개념과 십진기수법의 기초 개념을 이해한다. ④ 9 이하의 수에 대한 수 감각을 바탕으로 하나의 수를 두 수로 분해, 두 수를 하나의 수로 합성하는 조작을 할 수 있다.	1 100까지의 수 ① 0과 100까지의 수 개념을 이해하여 익숙하게 수를 세고, 숫자를 읽고 쓸 수 있다. ② 100까지의 수 범위에서 수의 계열을 이해하고, 수의 크기를 비교할 수 있다. ③ 100까지의 수에 대한 위치적 기수법의 기초 개념을 이해한다. ④ 하나의 수를 두 수로 분해하고, 두 수를 하나의 수로 합성할 수 있다. ⑤ 수 세기가 필요한 상황에서 묶어세기, 뛰어세기를 할 수 있다.	읽기와 쓰기 순서 변경 용어 수정 (순서 ⇨ 계열) 용어 수정 (십진기수법 ⇨ 위치적기수법) '여러 가지 수 세기 방법의 활용'을 '100 까지의 수'에 통합해서 진술
		1 100까지의 수 ① 51부터 100까지 범위의 수 개념을 이해하여 익숙하게 세고, 숫자로 쓰고 읽을 수 있다. ② 두 자리 수 범위에서 수의 순서성을 이해하고, 두 수의 크기를 비교하여 >, <을 사용하여 나타낼 수 있다. ③ 51부터 100까지의 수에 대한 십진기수법의 개념을 이해한다. 2 여러 가지 수 세기의 방법의 활용 ① 수 세기가 필요한 문제상황에서 묶어세기, 뛰어세기의 방법을 활용할 수 있다.		

1 학 년

영역	항목	현 행	개 정	비 고
수와 연산	자연수의 덧셈과 뺄셈	2 간단한 수의 덧셈과 뺄셈 ① 생활에서 덧셈과 뺄셈이 이루어지는 상황을 알고, 덧셈과 뺄셈의 의미를 이해한다. ② 합이 9 이하인 한 자리 수끼리의 덧셈을 익숙하게 할 수 있다. ③ 한 자리 수끼리의 뺄셈을 익숙하게 할 수 있다 3 한 자리 수의 덧셈과 뺄셈 ① 생활 장면에서 접하게 되는, 덧셈과 뺄셈이 관련된 문제상황을 여러 가지 방법으로 해결할 수 있다.	2 간단한 수의 덧셈과 뺄셈 ① 덧셈과 뺄셈이 이루어지는 상황을 알고, 덧셈과 뺄셈의 의미를 이해한다. ② 한 자리 수끼리의 덧셈과 뺄셈을 할 수 있다. ③ 합이 10이 되는 덧셈식과 10−(한 자리 수)인 뺄셈식을 통하여 10에 대한 보수를 찾을 수 있다. ④ '(두 자리 수)−(한 자리 수)'의 계산을 할 수 있다. ⑤ 덧셈과 뺄셈의 관계를 이해한다. ⑥ 한 자리 수인 세 수의 덧셈과 뺄셈을 할 수 있다. 3 두 자리 수의 덧셈과 뺄셈 ① 두 자리 수의 범위에서 받아올림이 없는 덧셈을 할 수 있다. ② 두 자리 수의 범위에서 받아내림이 없는 뺄셈을 할 수 있다. ③ 덧셈과 뺄셈을 활용하여 실생활 문제를 해결할 수 있다.	내용 진술 상세화 위치이동(두 자리 수의 덧셈과 뺄셈 ⇨ 한 자리 수의 덧셈과 뺄셈)
		4 두 자리 수의 덧셈과 뺄셈 ① 두 자리 수 범위에서 받아올림이나 받아내림이 없는 덧셈과 뺄셈을 익숙하게 할 수 있다. ② 덧셈과 뺄셈의 관계를 이해한다. 5 덧셈과 뺄셈의 활용 ① 생활 장면에서 덧셈과 뺄셈이 관련된 문제를 여러 가지 방법으로 해결할 수 있다.		
	용어와 기호	덧셈, 뺄셈, +, −, =, …보다 크다, …보다 작다, >, <	덧셈, 뺄셈, +, −, =, …보다 크다, …보다 작다, >, <	

1 학년

영역	항목	현 행	개 정	비 고
수와 연산	학습지도상의 유의점	① '더한다', '합한다', '~보다 얼마 큰 수', '뺀다', '덜어낸다', '차', '~보다 얼마 작은 수' 등의 일상적 용어를 사용하여 덧셈과 뺄셈의 개념에 친숙하게 한다. ② 덧셈과 뺄셈의 문제해결에서는 구체물, 그림, 식 등 여러 가지 방법을 활용하여 해결할 수 있게 한다.	① '더한다', '합한다', '~보다 얼마 큰 수', '뺀다', '덜어낸다', '차', '~보다 얼마 작은 수' 등의 일상적 용어를 사용하여 덧셈과 뺄셈의 개념에 친숙하게 한다. ② 덧셈과 뺄셈을 지도할 때 구체물, 그림, 식 등 여러 가지 방법을 활용하여 해결할 수 있다. ③ 받아올림이나 받아내림이 없는 두 자리 수끼리의 덧셈, 뺄셈을 여러 가지 방법으로 하고, 암산할 수 있도록 한다.	내용 삭제
		① 받아올림이나 받아내림이 없는 두 자리 수끼리의 덧셈, 뺄셈을 다양하게 알아보고, 암산으로 해결할 수 있게 한다. ② 덧셈과 뺄셈의 관계를 생활 속의 구체적인 상황을 통하여 이해시키며, 기계적인 방법을 강조하지 않는다. ③ 100은 99 다음의 수로서만 지도한다.		
	심화과정	① 수 세기가 필요한 실제장면에서 여러 가지 방법으로 수를 셀 수 있다. ② 덧셈과 뺄셈 계산에서 여러 가지 방법을 생각해 내고, 그 방법을 설명할 수 있다.		심화 삭제
도형	입체도형	1 입체도형의 모양 ① 여러 가지 물건을 관찰하여 직육면체, 원기둥, 구의 모양을 찾을 수 있다. ② 여러 가지 재미있는 모양을 만드는 활동을 통하여 기본적인 입체도형에 대한 감각을 익힌다.	1 입체도형의 모양 ① 여러 가지 물건을 관찰하여 직육면체, 원기둥, 구의 모양을 찾을 수 있다. ② 여러 가지 모양을 만드는 활동을 통하여 기본적인 입체도형에 대한 감각을 익힌다.	
	평면도형	1 평면도형의 모양 ① 여러 가지 물건을 관찰하여 사각형, 삼각형, 원 모양을 찾을 수 있다. ② 구체물을 이용하여 기본적인 평면도형을 만들고, 여러 가지 모양을 꾸밀 수 있다.	1 평면도형의 모양 ① 여러 가지 물건을 관찰하여 사각형, 삼각형, 원 모양을 찾을 수 있다. ② 구체물을 이용하여 기본적인 평면도형을 만들고, 여러 가지 모양을 꾸밀 수 있다.	

1 학년

<table>
<tr><th>영역</th><th>항목</th><th>현 행</th><th>개 정</th><th>비 고</th></tr>
<tr><td>도형</td><td>공간감각</td><td>2 공간감각
① 점판에서 여러 가지 삼각형, 사각형을 만들 수 있다.
② 점판에 제시된 도형을 보고 그대로 만들 수 있다.</td><td></td><td>'평면도형의 모양' 학습내용과 중복되므로 삭제</td></tr>
<tr><td rowspan="3">측정</td><td>양의 비교</td><td>1 양의 비교
① 구체물의 길이, 들이, 무게, 넓이를 비교하여 각각 '길다, 짧다', '많다, 적다', '무겁다, 가볍다', '넓다, 좁다' 등의 말로 나타내고 구별할 수 있다.</td><td>1 양의 비교
① 구체물의 길이, 들이, 무게, 넓이를 비교하여 각각 '길다, 짧다', '많다, 적다', '무겁다, 가볍다', '넓다, 좁다' 등의 말로 나타내고 구별할 수 있다.

2 시각 읽기
① 시계를 보고 '몇 시', '몇 시 30분'까지의 시각을 읽을 수 있다.</td><td>내용 진술 수정</td></tr>
<tr><td>시각읽기</td><td>1 시각읽기
① 시계를 보고 '몇 시', '몇 시 30분'까지의 시각을 읽을 수 있다.</td><td></td><td>내용 추가</td></tr>
<tr><td>용어와 기호</td><td>시, 분</td><td>시, 분</td><td></td></tr>
<tr><td></td><td>학습지도상의 유의점</td><td>① 생활 주변에서 직관적인 비교활동을 통하여 여러 가지 종류의 양감을 느낄 수 있도록 지도한다.

② 시각 읽기는 학생들의 일상적인 경험을 소재로 하여 지도한다.</td><td>① 실생활에서 직관적인 비교활동을 통하여 양감을 느낄 수 있도록 지도한다.
② 시각 읽기는 학생의 경험을 소재로 하여 지도한다.</td><td>시간과 시각 구분에 대한 내용 추가</td></tr>
<tr><td></td><td>심화과정</td><td>① 생활에서 양의 크기 비교에 사용되는 여러 가지 말을 찾아본다.
② 여러 가지 물건을 양의 크기에 따라 순서대로 늘어놓을 수 있다.

① 시각을 이용하여 하루의 생활계획을 말할 수 있다.</td><td></td><td>내용 삭제</td></tr>
</table>

1 학년

영역	항목	현 행	개 정	비 고
확률과 통계	표와 그래프	1 분류하기 ① 사물이나 사람을 미리 정한 한 가지 기준에 따라 분류하여 각각의 개수를 셀 수 있다.	1 분류하기 ① 사물이나 사람을 미리 정한 한 가지 기준에 따라 분류하여 각각의 개수를 셀 수 있다.	
	용어와 기호			
	학습지도상의 유의점	① 분류의 기준이 되는 특징은 분명하고 간단한 것으로 한다.	① 분류의 기준이 되는 특징은 분명하고 간단한 것으로 한다.	
	심화과정	① 사물이나 사람을 미리 정한 두세 가지 기준에 따라 분류하여 각각의 개수를 셀 수 있다.		내용 삭제
규칙성	미지항	1 □를 사용한 식 ① □가 사용된 덧셈식이나 뺄셈식에서 □의 의미를 이해한다.	1 □를 사용한 식 ① □가 사용된 덧셈식이나 뺄셈식에서 □의 의미를 이해한다. 2 문제해결방법 ① 실제로 해보기, 그림 그리기, 식 만들기 등의 여러 가지 방법으로 문제를 해결할 수 있다.	문자와 식, 규칙성과 함수 영역과 문제해결을 규칙성이라는 이름으로 통합 * 내용 진술 수정
	문제해결	2 문제해결방법 ① 덧셈, 뺄셈과 관련된 문제를 실제로 해보기, 그림 그리기, 식 만들기 등 여러 가지 방법으로 해결할 수 있다.		
	규칙성	1 규칙찾기 ① 생활 주변의 여러 가지 물체나 무늬 등의 규칙적인 배열에서 그 규칙을 찾을 수 있다. 1 규칙찾기 ① 사물이나 무늬 등의 규칙적인 배열에서 규칙을 찾고, 자신이 정한 규칙에 따라 다시 배열할 수 있다. ② 100까지 수 배열표에서 가로, 세로 등으로 배열된 수의 규칙을 찾을 수 있다.	1 규칙찾기 ① 여러 가지 물체나 무늬의 배열에서 규칙을 찾고, 그 규칙에 따라 물체나 무늬를 배열할 수 있다. ② 자신이 정한 규칙에 따라 물체나 무늬를 배열할 수 있다. ③ 100까지의 수 배열표에서 수의 규칙을 찾고 말할 수 있다.	내용 진술 세분화 규칙말하기 내용 추가

1 학년

<table>
<tr><th>영역</th><th>항목</th><th>현 행</th><th>개 정</th><th>비 고</th></tr>
<tr><td rowspan="6">규칙성</td><td rowspan="3">학습지도상의 유의점</td><td>① □ 대신에 △, ○, ( ), … 등의 다른 기호를 사용할 수 있다.
② 문제해결에 관한 기초 경험 단계이므로 문제해결에 대한 자신감과 흥미를 가지도록 지도한다.</td><td rowspan="3">① 규칙찾기에서는 물체의 크기, 위치, 방향, 색깔 등 단순한 소재를 이용한다.
② □ 대신에 △, ○, ( ), … 등의 다른 기호를 사용할 수 있다.
③ 문제해결에 관한 기초 경험 단계이므로 문제해결에 대한 자신감과 흥미를 가지도록 지도한다.</td><td rowspan="3">내용 삭제</td></tr>
<tr><td>① 규칙찾기에서 이용되는 물체의 속성은 크기, 위치, 방향, 색깔 등 학생들의 경험과 관련된 범위에서 간단한 것을 다룬다.</td></tr>
<tr><td>① 수 배열표에서 규칙을 찾는 활동은 색칠하기, 붙이기, 빈칸 채우기 등 다양한 활동을 통하여 전개한다.</td></tr>
<tr><td rowspan="3">심화과정</td><td>① 간단한 덧셈식이나 뺄셈식에 적합한 문제를 만들 수 있다.</td><td rowspan="3"></td><td rowspan="3">내용 삭제</td></tr>
<tr><td>① 여러 가지 무늬에서 규칙을 찾아 설명할 수 있다.</td></tr>
<tr><td>① 규칙적인 배열에서 규칙을 찾고, 그 배열을 여러 가지 방법으로 나타낼 수 있다.</td></tr>
</table>

2 학년

영역	항목	현 행	개 정	비고
수와 연산	0과 자연수	1 1000까지 수 ① 일, 십, 백의 자리 값의 의미와 위치적 기수법을 이해하여 1000까지의 수를 읽고 쓸 수 있다. ② 세 자리 수의 계열을 이해하고, 세 자리 수의 크기를 비교할 수 있다.	1 1000까지의 수 ① 일, 십, 백의 자릿값의 의미와 위치적 기수법을 이해하고, 1000까지의 수를 읽고 쓸 수 있다. ② 세 자리 수의 계열을 이해하고, 크기를 비교할 수 있다.	
	자연수의 덧셈과 뺄셈	2 두 자리 수의 덧셈과 뺄셈 ① 두 자리 수의 범위에서 받아올림이 있는 덧셈과 받아내림이 있는 뺄셈을 익숙하게 할 수 있다. ② 두 자리 수의 범위에서 세 수의 덧셈과 뺄셈을 익숙하게 할 수 있다. ③ 덧셈과 뺄셈의 관계를 이해한다. 4 덧셈과 뺄셈의 활용 ① 덧셈과 뺄셈을 활용하여 여러 가지 실생활 문제를 해결할 수 있다. 2 세 자리 수의 범위에서 덧셈과 뺄셈 ① 세 자리 수의 범위에서 덧셈과 뺄셈을 할 수 있다. ② 세 자리 수의 범위에서 세 수의 덧셈, 뺄셈을 익숙하게 할 수 있다. 3 덧셈, 뺄셈, 곱셈의 활용 ① 덧셈, 뺄셈, 곱셈을 활용하여 여러 가지 실생활 문제를 해결할 수 있다.	2 두 자리 수의 덧셈과 뺄셈 ① 두 자리 수의 범위에서 받아올림이 있는 덧셈과 받아내림이 있는 뺄셈을 할 수 있다. ② 두 자리 수의 범위에서 세 수의 덧셈과 뺄셈을 할 수 있다. ③ 덧셈과 뺄셈의 관계를 이해한다. 3 세 자리 수의 덧셈과 뺄셈 ① 세 자리 수의 범위에서 덧셈과 뺄셈을 할 수 있다. ② 세 자리 수의 범위에서 세 수의 덧셈과 뺄셈을 할 수 있다. ③ 덧셈과 뺄셈을 활용하여 실생활 문제를 해결할 수 있다.	
	자연수의 곱셈	3 곱셈의 도입 ① 실생활 장면에서 같은 수 더하기와 배의 개념을 통하여 곱셈을 이해한다. 1 곱셈구구 ① 곱셈구구를 이해하고 한 자리 수의 곱셈을 익숙하게 할 수 있다.	5 곱셈 ① 곱셈이 이루어지는 상황을 알고, 곱셈의 의미를 이해한다. ② 곱셈구구를 이해하고 한 자리 수의 곱셈을 할 수 있다.	내용 진술 수정

2 학 년

<table>
<tr><th>영역</th><th>항목</th><th>현 행</th><th>개 정</th><th>비고</th></tr>
<tr><td rowspan="4">수와 연산</td><td>분수</td><td></td><td>6 분수의 이해
① 영역의 등분할을 통하여 분수를 이해하고, 읽고 쓸 수 있다.</td><td>분수 개념을 3-가에서 이동
내용 진술 수정</td></tr>
<tr><td>용어와 기호</td><td>곱, 곱셈, ×
곱셈구구</td><td>곱, 곱셈, ×, 곱셈구구, 분수</td><td>분수 용어 3-가에서 이동</td></tr>
<tr><td>학습지도상의 유의점</td><td>① 1000은 999 다음의 수로서만 지도한다.
① 1의 단 곱셈구구와 0의 곱은 실제 생활과 관련지어 지도한다.
② 세 자리 수의 덧셈은 합이 1000 미만인 범위에서 한다.
③ 계산하기 전에 답을 어림해 보게 한다.</td><td>① 세 자리 수의 덧셈은 합이 1000 미만인 범위에서 한다.
② 덧셈과 뺄셈을 하기 전에 답을 어림해 보게 한다.
③ 곱셈의 의미는 같은 수 더하기와 배의 개념을 통하여 지도하고, 1의 단 곱셈구구와 0의 곱은 실제 생활과 관련지어 지도한다.</td><td>내용 삭제
곱셈 관련 내용 추가</td></tr>
<tr><td>심화과정</td><td>① 두 자리 수의 덧셈과 뺄셈 그리고 곱셈이 관련된 문제를 만들어 보고, 이를 해결 할 수 있다.
① 덧셈과 뺄셈에서 여러 가지 방법을 생각해 내고, 그 방법을 설명할 수 있다.</td><td></td><td>내용 삭제</td></tr>
<tr><td rowspan="2">도형</td><td>평면도형</td><td>1 기본적인 평면도형
① 선분, 직선, 삼각형, 사각형, 원을 이해하고, 그 모양을 그리거나 만들 수 있다.
② 기본적인 평면도형의 구성요소를 알고, 서로 비교할 수 있다.</td><td>1 기본적인 평면도형
① 선분, 직선, 삼각형, 사각형, 원을 이해하고, 그리거나 만들 수 있다.
② 기본적인 평면도형의 구성요소를 알고 찾을 수 있다.</td><td></td></tr>
<tr><td>입체도형</td><td>1 입체도형의 구성
① 쌓기나무로 만들어진 입체도형을 보고 똑같이 만들 수 있다.
② 주어진 쌓기나무로 여러 가지 입체도형을 만들 수 있다.</td><td>2 입체도형의 구성
① 쌓기나무로 만들어진 입체도형을 보고 똑같이 만들 수 있다.
② 주어진 쌓기나무로 여러 가지 입체도형을 만들 수 있다.</td><td></td></tr>
</table>

2 학년

영역	항목	현 행	개 정	비고
	공간감각	2 공간감각 ① 구체물이나 그림의 옮기기, 뒤집기, 돌리기 등의 활동을 통하여 그 변화를 관찰할 수 있다.		학생의 수준과 내용 연계를 고려하여 3학년 내용과 통합
	용어와 기호	선분, 직선, 삼각형, 사각형, 원, 꼭짓점, 변	선분, 직선, 삼각형, 사각형, 원, 꼭짓점, 변	
	학습지도상의 유의점	① 여러 가지의 삼각형과 사각형을 그리고, 꼭짓점, 변의 개수를 세는 활동을 통하여 공통점을 학생 스스로 발견하게 한다. ② 공감 감각의 옮기기는 구체물 조작 활동을 통하여 간단히 다룬다. ---------- ① 제시되는 입체도형은 간단한 것으로 한다. ② 여러 가지 입체도형을 만드는 활동은 쌓기나무 5~6개 정도로 한다.	① 여러 가지의 삼각형과 사각형을 그리고, 꼭짓점과 변의 개수를 세는 활동을 통하여 공통점을 발견하게 한다. ② 제시되는 입체도형은 간단한 것으로 한다. ③ 여러 가지 입체도형을 만드는 활동은 쌓기나무 5~6개 정도로 한다.	내용 삭제
	심화과정	① 옮기기, 뒤집기, 돌리기 등의 활동을 통하여 제시된 구체물이나 그림이 어떤 과정을 거쳤는지 설명할 수 있다. ---------- ① 쌓기나무로 만들어진 간단한 입체도형에서 쌓기나무의 개수를 셀 수 있다.		내용 삭제
측정	시간	1 시각과 시간 ① 몇 시 몇 분까지 시각을 읽을 수 있다. ② 1시간은 60분임을 알고, 이를 활용하여 시간을 '시간', '분'으로 말할 수 있다. ③ 생활의 예를 통하여 1시간, 1일, 1주일, 1개월, 1년의 상호관계를 이해한다.	1 시각과 시간 ① '몇 시 몇 분'까지 시각을 읽을 수 있다. ② 1시간은 60분임을 알고, 시간을 '시간', '분'으로 말할 수 있다. ③ 1시간, 1일, 1주일, 1개월, 1년의 상호관계를 이해한다.	내용 진술 수정

2 학년

영역	항목	현 행	개 정	비고
	길이	2 길이 ① 1㎝ 단위를 알고, 길이를 잴 수 있다. ② 여러 가지 물건의 길이를 어림해 보고, 재어 봄으로서 양감을 기른다. 1 길이 ① 1m의 단위를 알고, 길이를 재어 ㎝, m로 말할 수 있다. ② 여러 가지 물건의 길이를 어림해 보고, 양감을 기른다. ③ 길이의 덧셈과 뺄셈을 할 수 있다.	2 길이 ① 1㎝와 1m의 단위를 알고, 길이를 잴 수 있다. ② 1m가 100cm임을 알고, 길이를 단명수 또는 복명수로 말할 수 있다. ③ 여러 가지 물건의 길이를 어림해 보고 재어봄으로써 양감을 기른다. ④ 길이의 덧셈과 뺄셈을 할 수 있다.	내용 추가
	양의 측정	2 측정값 나타내기 ① 길이재기에서 자의 눈금과 일치하지 않는 길이의 측정값을 '조금 더 된다', '조금 못 된다'로 판단하여 이를 '약'으로 표현할 수 있다.	3 측정값 나타내기 ① 길이재기에서 자의 눈금과 일치하지 않는 길이의 측정값을 '조금 더 된다', '조금 못 된다'로 판단하여 이를 '약'으로 표현할 수 있다.	
	용어와 기호	시간, 분, 일, 주일, 개월, 년, ㎝, 약, m	시간, 분, 일, 주일, 개월, 년, ㎝, 약, m	
	학습지도상의 유의점	① 여러 가지 단위 길이로 구체물의 길이를 재어 보게 함으로서 표준 단위의 필요성을 느끼게 한다. ① 복명수로 된 길이의 덧셈과 뺄셈은 문제 상황을 통하여 이해할 수 있도록 한다.	① 실생활의 예를 통하여 시간과 시각을 구분할 수 있게 한다. ② 여러 가지 단위 길이로 구체물의 길이를 재어 보게 함으로써 표준 단위의 필요성을 느끼게 한다. ③ 복명수로 된 길이의 덧셈과 뺄셈은 문제 상황을 통하여 이해할 수 있도록 한다.	시간과 시각 구분에 대한 내용 추가
	심화과정	① 신체 여러 부위의 길이를 알아보고, 이를 활용할 수 있다. ① 발걸음, 양팔을 이용한 신체활동을 통하여 길이를 재고, 비교할 수 있다.		내용 삭제

2 학년

영역	항목	현 행	개 정	비고
확률과 통계	표와 그래프	[1] 표의 작성 ① 실생활에서 찾을 수 있는 구체적인 자료의 크기를 조사하여 표로 나타낼 수 있다. ② 조사된 자료를 ○와 같은 간단한 그림을 이용하여 그래프로 나타내고, 자료의 크기를 견줄 수 있다. ③ 표나 그래프가 자료의 크기를 나타내고 비교하는 데 편리하다는 것을 알 수 있다.	[1] 표 만들기 ① 실생활에서 찾을 수 있는 구체적인 자료의 크기를 조사하여 표로 나타낼 수 있다. ② 조사된 자료를 ○와 같은 간단한 그림을 이용하여 그래프로 나타내고, 자료의 크기를 비교할 수 있다.	학습 지도상의 유의점으로 이동
	용어와 기호	표, 그래프	표, 그래프	
	학습지도상의 유의점	① 생활 주변에서 학생들과 관계가 있는 소재를 활용하여 지도한다.	① 실생활에서 학생들과 관계가 있는 소재를 활용하여 지도한다. ② 표나 그래프가 자료의 크기를 나타내고 비교하는데 편리하다는 것을 알게 한다.	학습 내용에서 이동
	심화과정	① 생활에서 활용되는 표나 그래프를 수집한다.		내용 삭제
규칙성	미지항	[1] □의 값 구하기 ① 어떤 수를 □로 나타내고, 이를 포함하는 간단한 덧셈, 뺄셈의 등식에서 어떤 수의 값을 구할 수 있다. [2] 미지항 구하기 ① 간단한 덧셈, 뺄셈, 곱셈의 등식에서 미지항을 구할 수 있다.	[1] 미지항 구하기 ① 어떤 수를 □로 나타내고, 이를 포함하는 간단한 덧셈, 뺄셈, 곱셈의 등식에서 그 어떤 수의 값을 구할 수 있다.	

2 학년

영역	항목	현 행	개 정	비고
	문제해결	[2] 문제 만들기 ① 식에 알맞은 문제를 만들 수 있다. [1] 식 만들기 ① 문장으로 된 문제를 보고, 이를 해결하기 위한 식을 만들 수 있다. [3] 문제 해결 방법 ① 덧셈, 뺄셈, 곱셈과 관련된 문제 상황을 표 만들기, 거꾸로 풀기 등 여러 가지 방법으로 해결할 수 있다.	[1] 문제 만들기 ① 문장으로 된 문제를 식으로 나타낼 수 있다. ② 식에 알맞은 문제를 만들 수 있다. [2] 문제 해결 방법 ① 규칙 찾기, 거꾸로 풀기 등의 여러 가지 방법으로 문제를 해결할 수 있다.	내용 진술 수정 학생의 수준을 고려하여 문제 해결전략 변경
	규칙성	[1] 규칙찾기 ① 물체나 무늬의 다양한 변화의 규칙을 찾아 설명한다. ② 1~100까지의 수 배열표에서 뛰어 세는 규칙을 찾을 수 있다. [1] 규칙찾기 ① 곱셈표에서 여러 가지 규칙을 찾을 수 있다.	[1] 규칙 찾기 ① 물체나 무늬의 다양한 변화 규칙을 찾고 설명할 수 있다. ② 수 배열표에서 여러 가지 규칙을 찾고 설명할 수 있다. ③ 곱셈표에서 여러 가지 규칙을 찾고 설명할 수 있다.	규칙 설명하기 내용 추가
	학습지도상의 유의점	① ㅁ 대신에 △, ○, ( ), … 등의 다른 기호를 사용할 수 있다. ① 여러 가지 방법으로 미지항을 구하게 한다. ② 문제 해결 전략은 이미 학습한 전략을 포함하여 지도한다. ① 수 배열표에서 규칙을 찾는 다양한 활동을 통하여 곱셈구구의 기초 경험이 되게 한다. ① 학생 스스로 다양한 규칙을 찾아보게 한다.	① 수 배열표에서 규칙을 찾는 다양한 활동이 곱셈구구의 기초 경험이 되게 지도한다. ② ㅁ 대신에 △, ○, ( ) 등의 다른 기호를 사용할 수 있다. ③ 여러 가지 방법으로 미지항을 구하게 한다.	
	심화과정	① 식을 보고 그 식에 알맞은 일상 생활과 관련된 문제를 두세 개 만들 수 있다. ① 식에 알맞은 문제를 만들 수 있다. ① 부분적으로 주어진 수 배열표에서 숨겨진 수를 찾을 수 있다. ① 규칙을 이용하여 12×12의 곱셈표를 완성한다.		내용 삭제

3 학년

영역	항목	현 행	개 정	비 고
수와 연산	0과 자연수	1 10000까지의 수 ① 일, 십, 백, 천의 자리 값의 의미와 위치적 기수법을 이해하고, 10000 까지 수를 읽고 쓸 수 있다. ② 수 계열을 이해하고, 크기를 비교할 수 있다.	1 10000까지의 수 ① 일, 십, 백, 천의 자릿값의 의미와 위치적 기수법을 이해하고, 10000 까지의 수를 읽고 쓸 수 있다. ② 수 계열을 이해하고, 크기를 비교할 수 있다.	
	자연수의 덧셈과 뺄셈	2 세 자리 수의 덧셈과 뺄셈 ① 세 자리 수의 덧셈과 뺄셈을 익숙하게 할 수 있다. ② 덧셈과 뺄셈을 실생활 문제에 활용할 수 있다. 1 네 자리 수의 덧셈과 뺄셈 ① 네 자리 수의 범위에서 덧셈과 뺄셈을 할 수 있다. ② 네 자리 수의 범위에서 세 수의 덧셈과 뺄셈을 할 수 있다.	2 덧셈과 뺄셈 ① 세 자리 수의 덧셈과 뺄셈을 할 수 있다. ② 네 자리 수의 범위에서 덧셈과 뺄셈을 할 수 있다. ③ 네 자리 수의 범위에서 세 수의 덧셈과 뺄셈을 할 수 있다. ④ 덧셈과 뺄셈을 실생활 문제에 활용할 수 있다.	
	자연수의 곱셈과 나눗셈	3 나눗셈의 도입 ① 생활에서 나눗셈이 이루어지는 경우를 찾아 나눗셈의 의미를 이해한다. ② 곱셈과 나눗셈 사이의 관계를 이해한다. 4 곱셈과 나눗셈 ① 두 자리 수와 한 자리 수의 곱셈을 익숙하게 할 수 있다. ② 곱셈구구 범위에서 나누어떨어지는 '(두 자리 수)÷(한 자리 수)'의 계산을 익숙하게 할 수 있고, 나눗셈에서 몫의 의미를 이해한다. 5 곱셈과 나눗셈의 활용 ① 곱셈과 나눗셈을 실생활 문제에 활용할 수 있다. 2 곱셈과 나눗셈 ① 세 자리 수와 한 자리 수, 두 자리 수끼리의 곱셈을 익숙하게 할 수 있다.	3 곱셈 ① '(두 자리 수)×(한 자리 수)', '(세 자리 수)×(한 자리 수)', '(두 자리 수)×(두 자리 수)'의 계산을 할 수 있다. ② 곱셈을 활용하여 실생활 문제를 해결할 수 있다. 4 나눗셈 ① 실생활에서 나눗셈이 이루어지는 경우를 찾아 나눗셈의 의미를 이해한다. ② 곱셈과 나눗셈 사이의 관계를 이해한다. ③ 나누어떨어지는 '(두 자리 수)÷(한 자리 수)'의 계산을 할 수 있고, 나눗셈에서 몫과 나머지의 의미를 이해한다. ④ 나눗셈을 활용하여 실생활 문제를 해결할 수 있다.	내용 진술 상세화

3 학년

영역	항목	현 행	개 정	비 고
		② '(두 자리 수)÷(한 자리 수)'의 계산을 익숙하게 할 수 있고, 나눗셈에서 나머지를 이해한다.		
	분수	6 분수의 이해 ① 등분할의 의미로서 분수를 이해하고, 읽고 쓸 수 있다. ② 주어진 분수의 양만큼 구체적인 형태로 표시할 수 있다. 3 단위 분수와 진분수 ① 단위분수와 진분수의 의미를 알고, 그 관계를 이해한다. ② 분모가 같은 진분수의 크기를 비교할 수 있고, 간단한 단위분수의 크기도 비교할 수 있다.	5 분수 ① 이산량의 등분할을 통하여 분수를 이해한다. ② 단위분수와 진분수의 의미를 알고, 그 관계를 이해한다. ③ 분모가 같은 진분수의 크기를 비교할 수 있고, 간단한 단위분수의 크기도 비교할 수 있다.	연속량에 대한 분수 개념은 2학년으로 이동 분수에 대한 이해에 포함되므로 삭제
	소수	4 소수(첫째 자리까지)의 이해 ① 분모가 10인 진분수를 통하여 소수를 이해한다. ② 소수를 읽고, 쓰고, 크기를 비교할 수 있다.	6 소수의 이해 ① 분모가 10인 진분수를 통하여 소수를 이해한다. ② 소수를 읽고, 쓰고, 크기를 비교할 수 있다.	
	용어와 기호	나눗셈, 몫, 분수, ÷ 나머지, 소수점(.), 소수, 나누어떨어진다	나눗셈, 몫, 나머지, 나누어떨어진다, 소수점(.), 소수	분수 용어 2학년으로 이동
	학습지도상의 유의점	① 나눗셈의 몫이 가지는 의미를 실생활의 예를 통해서 이해하게 한다. ① 실생활에서 분수나 소수로 쓰이는 경우를 찾아보게 한다. ② 혼소수는 (자연수)+(소수) 부분으로 나누어 지도하며, 분수와 관련지어 지도하지 않는다. ③ 나눗셈에서 몫과 나머지의 관계를 실생활의 예를 통해서 이해하게 한다. ④ 계산하기 전에 답을 어림해보게 한다.	① 실생활에서 분수나 소수로 쓰이는 경우를 찾아보게 한다. ② 소수의 지도는 소수 첫째자리로 한다. ③ 덧셈, 뺄셈, 곱셈, 나눗셈을 하기 전에 답을 어림해보게 한다.	내용 삭제 내용 삭제

3 학년

<table>
<tr><th>영역</th><th>항목</th><th>현 행</th><th>개 정</th><th>비 고</th></tr>
<tr><td></td><td>심화과정</td><td>① 주어진 조건을 이용하는 곱셈, 나눗셈이 관련된 문제를 만들어 보고, 이를 해결할 수 있다.
① 분수나 소수에 관련된 문제를 해결할 수 있다.</td><td></td><td>내용 삭제</td></tr>
<tr><td rowspan="4">도형</td><td>평면도형</td><td>1 각과 평면도형
① 생활의 예를 통하여, 각, 직각을 이해한다.
② 직각삼각형, 직사각형, 정사각형을 이해한다.
1 원의 구성요소
① 구체적 활동을 통하여 원을 알고, 중심, 반지름, 지름의 관계를 이해한다.
② 컴퍼스를 이용하여 여러 가지 모양을 그릴 수 있다.</td><td>1 각과 평면도형
① 각, 직각을 이해한다.
② 직각삼각형, 직사각형, 정사각형, 원을 이해한다.
2 평면도형의 이동
① 간단한 평면도형의 밀기, 뒤집기, 돌리기 활동을 통하여 그 변화를 이해한다.
3 원의 구성요소
① 원의 구성요소를 알고, 그들 사이의 관계를 이해한다.
② 컴퍼스를 이용하여 여러 가지 모양을 그릴 수 있다.</td><td>2학년 '공간감각' 학습 내용과 통합해서 지도
용어 수정
(옮기기→밀기)</td></tr>
<tr><td>공간감각</td><td>2 공간감각
① 모눈종이에 그려진 간단한 평면도형이나 무늬의 옮기기, 뒤집기, 돌리기 활동을 통하여 그 변화를 관찰할 수 있다.
2 공간감각
① 거울을 사용하여 거울에 비치는 상을 다양하게 만들어 볼 수 있다.</td><td></td><td>'공간감각'에서 '평면도형'으로 이동
연관된 내용과 통합해서 지도하기 위해 5학년 '대칭'으로 이동</td></tr>
<tr><td>용어와 기호</td><td>각, (각의) 꼭짓점, (각의) 변, 직각, 직각삼각형, 직사각형, 정사각형
원, 중심, 반지름, 지름</td><td>각, 직각, 직각삼각형, 직사각형, 정사각형, 원, 중심, 반지름, 지름</td><td></td></tr>
<tr><td>학습지</td><td>① 공간감각에서 옮기기는 구체물 조작 활동을 통하여 간단히 다룬다.</td><td>① 밀기, 뒤집기, 돌리기는 구체물이나 그림, 모눈종이에 그려진 평면도형</td><td>내용 수정</td></tr>
</table>

3 학년

영역	항목	현 행	개 정	비 고
	도상의 유의점	① 거울에 비치는 상을 탐구하는 활동은 놀이 중심의 흥미있는 활동으로 전개한다.	을 조작하는 활동을 통하여 간단히 다룬다.	내용 삭제
	심화과정	① 옮기기, 뒤집기, 돌리기 등의 활동을 통하여 제시된 평면도형이나 무늬가 어떤 과정을 거쳤는지 설명할 수 있다. ① 지름과 반지름을 이용한 문제를 해결하게 한다.		내용 삭제
측정	길이	1 길이 ① 1㎜와 1㎞단위를 안다. ② 1㎝와 1㎜, 1㎞와 1m의 관계를 이해하고, 길이를 단명수와 복명수로 말할 수 있다.	1 길이 ① 1㎜와 1㎞ 단위를 안다. ② 1㎝와 1㎜, 1㎞와 1m의 관계를 이해하고, 길이를 단명수와 복명수로 말할 수 있다. ③ 길이의 덧셈과 뺄셈을 할 수 있다.	내용 추가
측정	시간	2 시간 ① 구체적인 상황에서 시각과 시간의 의미를 이해하고, 분 단위까지 시간의 덧셈과 뺄셈을 할 수 있다.	2 시간 ① 시각과 시간의 의미를 이해한다. ② 1분은 60초임을 알고, 1초 단위까지 시각을 읽을 수 있다. ③ 초 단위까지 시간의 덧셈과 뺄셈을 할 수 있다.	초 단위와 초 단위 덧셈과 뺄셈 4학년에서 이동
측정	들이	1 들이 ① 1L, 1mL의 단위를 알고, 그 관계를 이해한다. ② 들이를 측정하여 L와 mL로 말할 수 있다. ③ 들이의 덧셈, 뺄셈을 할 수 있다. ④ 여러 가지 그릇의 들이를 짐작하고, 재어서 양감을 기른다.	2 들이 ① 1L, 1mL의 단위를 알고, 그 관계를 이해한다. ② 들이를 측정하여 L와 mL로 말할 수 있다. ③ 들이의 덧셈, 뺄셈을 할 수 있다. ④ 여러 가지 그릇의 들이를 어림하고 재어봄으로써 양감을 기른다.	
측정	무게		1 무게 ① 1g, 1kg의 단위를 알고, 그 관계를 이해한다. ② 여러 가지 물체의 무게를 측정하여 g, kg으로 말할 수 있다. ③ 무게의 덧셈과 뺄셈을 할 수 있다.	학습량 조정을 위해 4학년에서 이동

3 학 년

영역	항목	현 행	개 정	비 고
	용어와 기호	시각, mm, km L, mL	시각, 초, mm, km, L, mL, g, kg	초 단위, 무게 단위 4학년에서 이동
	학습지도상의 유의점	① 실생활의 예를 들어 단위의 필요성과 편리성을 느끼게 한다. ① 실제 측정 활동을 중심으로 수업을 전개한다. ② 들이의 계산은 단위 사이의 관계 이해에 중점을 두어 문제 상황을 이해하도록 한다.	① 실생활의 예를 들어 단위의 필요성과 편리성을 느끼게 한다. ② 실제 측정 활동을 중심으로 무게와 들이를 지도한다. ③ 복잡한 시간, 길이, 들이, 무게의 계산은 강조하지 않는다.	내용 수정
	심화과정	① 생활에서 사용되는 여러 가지 시간표를 수집하여 문제를 만들고 해결할 수 있다. ① 생활에 자주 사용되는 그릇의 들이를 알고, 이를 활용하도록 한다.		내용 삭제
확률과 통계	표와 그래프	1 자료의 정리 ① 생활에서 발생하는 실제적인 자료들을 수집, 분류, 정리하여 표를 만들고 이를 막대그래프로 나타내고 읽을 수 있다. ② 적절한 소재를 선택하여 자료를 수집하고, 이를 분류, 정리하여 알맞은 그래프로 나타내고 여러 가지 사실을 찾을 수 있다.	1 자료의 정리 ① 여러 가지 자료를 수집, 분류, 정리하여 표, 막대그래프, 간단한 그림그래프로 나타낼 수 있다. ② 표나 그래프에서 여러 가지 사실을 찾을 수 있다.	내용 수정 그림그래프 내용 추가 내용 수정
	용어와 기호	막대그래프	막대그래프, 그림그래프	용어 추가
	학습지도상의 유의점	① 조사한 자료의 항목 수를 적절하게 조정하는 능력을 기르게 한다.		내용 삭제

3 학년

영역	항목	현 행	개 정	비 고
	심화과정	① 같은 자료를 두세 가지의 표나 그래프를 사용하여 나타내고, 각 경우를 비교하여 설명할 수 있다.		
규칙성	문제해결	1 문제 해결 방법 ① 다양한 문제를 규칙 찾기, 예상과 확인 등 여러 가지 방법으로 해결할 수 있다. ② 문제의 해결과정을 설명할 수 있다.	1 문제 해결 방법 ① 표 만들기, 예상과 확인 등의 여러 가지 방법으로 문제를 해결할 수 있다. ② 주어진 문제를 해결하는 데 필요 없거나 부족한 정보를 찾을 수 있다.	문제해결 전략 수정 학습 내용 수정
	심화과정	① 하나의 문제를 다양한 전략으로 해결할 수 있다.		내용 삭제
	규칙성	1 규칙찾기 ① 스스로 규칙을 정하여 한 가지 도형으로 여러 가지 무늬를 꾸밀 수 있다.	1 규칙찾기 ① 규칙을 정하여 한 가지 도형으로 여러 가지 무늬를 꾸밀 수 있다.	
	용어와 기호			
	학습지도상의 유의점	① 문제 해결은 모든 영역에서 다룬다. ② 문제 해결 방법을 스스로 찾을 수 있게 한다. --- ① 무늬 꾸미기에서 사용하는 도형은 배열방법에 따라 다양한 무늬가 나타날 수 있는 것으로 한다.	① 무늬 꾸미기에서 사용하는 도형은 배열방법에 따라 다양한 무늬가 나타날 수 있는 것으로 한다. ② 문제 해결 방법은 관련된 모든 영역에서 다룬다.	
	심화과정	① 두 가지 종류의 도형으로 여러 가지 무늬를 꾸밀 수 있다.		내용 삭제

4 학 년

영역	항목	현 행	개 정	비 고
수와 연산	0과 자연수	[1] 다섯 자리 이상의 수 ① 10000 이상의 큰 수에 대하여 읽고, 쓰고, 크기를 비교할 수 있다. ② 수 계열을 이해하고, 십진기수법으로 나타낼 수 있다.	[1] 다섯 자리 이상의 수 ① 10000 이상의 큰 수에 대하여 자릿값과 위치적 기수법을 이해하고, 읽고 쓸 수 있다. ② 수 계열을 이해하고 크기를 비교할 수 있다.	
	자연수의 사칙계산	[2] 자연수의 사칙계산 ① 곱하는 수가 두 자리 수인 곱셈을 익숙하게 할 수 있다. ② 나누는 수가 두 자리 수인 나눗셈을 익숙하게 할 수 있다. ③ 덧셈, 뺄셈, 곱셈, 나눗셈이 섞여 있는 계산 문제를 해결할 수 있다.	[2] 자연수의 사칙계산 ① 곱하는 수가 두 자리 수인 곱셈을 할 수 있다. ② 나누는 수가 두 자리 수인 나눗셈을 할 수 있다. ③ 덧셈, 뺄셈, 곱셈, 나눗셈이 섞여 있는 계산 문제를 해결할 수 있다.	
	분수	[3] 여러 가지 분수 ① 진분수, 가분수, 대분수를 이해하고, 그 상호 관계를 알 수 있다. ② 분모가 같은 분수의 크기를 비교할 수 있다.	[3] 여러 가지 분수 ① 진분수, 가분수, 대분수를 이해하고, 그 상호 관계를 알 수 있다. ② 분모가 같은 분수의 크기를 비교할 수 있다.	
		[1] 분수 ① 두 양의 크기를 비교하여 분수로 나타낼 수 있다. ② (자연수)÷(자연수)를 분수로 나타낼 수 있다.		5학년 '비와 비율'로 이동 5학년 '분수의 나눗셈'으로 이동
	분수의 사칙연산	[4] 분모가 같은 분수의 덧셈과 뺄셈 ① 분모가 같은 분수의 덧셈과 뺄셈을 할 수 있다.	[4] 분모가 같은 분수의 덧셈과 뺄셈 ① 진분수, 가분수, 대분수를 이해하고, 그 상호 관계를 알 수 있다. ② 분모가 같은 분수의 덧셈과 뺄셈을 할 수 있다.	진분수, 가분수, 대분수 이해 첨가
	소수	[2] 소수 ① 자리잡기의 원리를 바탕으로 소수 세 자리 수를 이해한다. ② 소수를 읽고, 쓰고, 크기를 비교할 수 있다.	[5] 소수 ① 자리잡기의 원리를 바탕으로 소수 세 자리 수를 이해한다. ② 소수를 읽고, 쓰고, 크기를 비교할 수 있다.	
		[3] 분수와 소수의 크기 비교 ① 분수끼리, 소수끼리 크기를 비교할 수 있다.		중복 내용이므로 삭제

4 학년

영역	항목	현 행	개 정	비 고
	소수의 사칙연산	4 소수의 덧셈과 뺄셈 ① 소수의 덧셈과 뺄셈을 할 수 있다.	6 소수의 덧셈과 뺄셈 ① 소수의 덧셈과 뺄셈을 할 수 있다.	
	용어와 기호	진분수, 가분수, 대분수,	진분수, 가분수, 대분수	
	학습지도상의 유의점	① 자연수의 사칙계산은 이 단계에서 완성되도록 계산방법을 일반화한다. ② 구체물 조작 활동을 통하여 여러 가지 분수 사이의 관계를 이해하도록 한다. ③ 계산하기 전에 답을 어림해 보게 한다. ① 분수의 의미는 구체적인 상황을 통하여 이해하도록 한다. ② 분수와 관련지어서 혼소수를 지도한다.	① 자연수의 사칙계산은 이 단계에서 완성되도록 계산방법을 일반화한다. ② 괄호가 중첩된 복잡한 식의 계산은 다루지 않는다. ③ 자연수, 분수, 소수의 사칙계산에서 계산하기 전에 답을 어림해 보게 한다. ④ 혼소수는 분수와 관련지어 지도한다.	괄호 사용에 대한 내용 추가 내용 삭제 내용 삭제
	심화과정	① 큰 수와 관련된 자료를 모아 문제를 만들고, 해결할 수 있다. ① 분수와 소수가 관련된 실생활의 문제를 찾아 해결할 수 있다.		내용 삭제
도형	평면도형	1 각과 여러 가지 삼각형 ① 이등변삼각형과 정삼각형을 이해한다. ② 예각과 둔각의 뜻을 알고, 예각삼각형과 둔각삼각형을 이해한다. 2 내각의 크기 ① 삼각형과 사각형의 내각의 크기의 합을 구할 수 있다. 1 여러 가지 사각형 ① 수직과 평행의 관계를 이해하고, 평행선의 성질을 안다. ② 사다리꼴, 평행사변형, 마름모, 직사각형 등의 개념을 이해하고, 사각형의 성질을 안다. ③ 간단한 다각형과 정다각형을 이해한다.	1 각과 여러 가지 삼각형 ① 이등변삼각형과 정삼각형을 이해한다. ② 예각과 둔각의 뜻을 알고, 예각삼각형과 둔각삼각형을 이해한다. ③ 삼각형의 내각의 크기의 합을 구할 수 있다. 2 다각형의 이해 ① 수직과 평행의 관계를 이해한다. ② 사다리꼴, 평행사변형, 마름모, 직사각형 등의 개념을 알고, 그 성질을 이해한다. ③ 간단한 다각형과 정다각형을 이해한다. ④ 주어진 도형으로 여러 가지 모양을 만들 수 있다.	항목 조정 중학교 1학년 내용과 중복되므로 학습자 수준을 고려하여 삭제 공간감각에서 이동

4 학년

영역	항목	현 행	개 정	비 고
	공간감각	2 공간감각 ① 주어진 도형으로 여러 가지 모양을 만들 수 있다.		평면도형으로 이동
	용어와 기호	이등변삼각형, 정삼각형, 예각, 둔각, 예각삼각형, 둔각삼각형, 내각 수직, 수선, 평행, 평행선, 사다리꼴, 평행사변형, 마름모, 대각선, 다각형, 정다각형	이등변삼각형, 정삼각형, 예각, 둔각, 예각삼각형, 둔각삼각형, 내각, 수직, 수선, 평행, 평행선, 사다리꼴, 평행사변형, 마름모, 대각선, 다각형, 정다각형	
	학습지도상의 유의점	① 구체적인 조작 활동을 통하여 도형의 성질을 파악할 수 있도록 한다. ① 여러 가지 사각형의 관계를 통합적으로 이해할 수 있도록 한다.	① 구체적인 조작 활동을 통하여 도형의 성질을 파악할 수 있도록 한다. ② 여러 가지 사각형의 관계를 이해하도록 지도한다.	
	심화과정	① 삼각형의 각과 관련된 여러 가지 문제를 해결할 수 있다. ① 실생활에서 여러 가지 사각형이 활용된 예를 찾을 수 있다.		내용 삭제
측정	시간	1 시간 ① '1분=60초'인 관계를 이해하고, 1초 단위까지 시각을 읽을 수 있다. ② 초 단위까지 시간의 덧셈과 뺄셈을 할 수 있다.		학습자의 실생활을 고려하여 3학년으로 이동
	무게	3 무게 ① 1g, 1kg 단위를 알고, 그 관계를 이해한다. ② 여러 가지 물체의 무게를 측정하여 g, kg으로 말할 수 있다. ③ 무게의 합과 차를 구할 수 있다.		학습량 조정을 위해 3학년으로 이동
	넓이	2 각도 ① 각의 크기의 단위인 1도를 알고, 각도기를 이용하여 각의 크기를 측정할 수 있다. ② 주어진 각의 크기에 맞는 각을 그릴 수 있다. ③ 각도와 관련된 문제를 해결할 수 있다.	1 각도 ① 각의 크기의 단위인 1도(°)를 알고, 각도기를 이용하여 각의 크기를 측정할 수 있다. ② 주어진 각도와 크기가 같은 각을 그릴 수 있다.	학습량 감축 위해 삭제

4 학년

영역	항목	현 행	개 정	비 고
	각도		2 평면도형의 둘레의 길이와 넓이 ① 간단한 평면도형의 둘레의 길이를 구할 수 있다. ② 넓이를 이해하고, 1㎠, 1㎡의 단위와 그 관계를 이해한다. ③ 직사각형과 정사각형의 넓이를 구할 수 있다.	학습량 조정을 위해 5학년에서 일부 학습 내용 이동
	어림하기	1 어림하기 ① 반올림, 올림, 버림의 뜻을 안다. ② 어림의 의미를 알고, 이를 생활에 활용할 수 있다.	3 어림하기 ① 반올림, 올림, 버림의 의미를 알고, 이를 생활에 활용할 수 있다.	내용 수정
	용어와 기호	도(°), 반올림, 올림, 버림	도(°), 반올림, 올림, 버림, cm2, m2	넓이 단위 추가
	학습지도상의 유의점	① 시간과 무게의 계산은 문제 상황에서 해결하도록 하며 형식적인 계산은 지도하지 않는다. ① 반올림, 올림, 버림이 쓰이는 예를 통하여 그 의미와 필요성을 알게 한다.	① 1㎠와 1㎡의 관계는 활동을 통하여 이해하게 한다. ② 반올림, 올림, 버림은 실제로 사용되는 예를 통하여 지도함으로써 그 필요성을 알게 한다.	내용 삭제 넓이 관련 내용 5학년에서 이동
	심화과정	① 우리나라 고유의 무게 단위에 대하여 조사한다. ① 어림으로 나타낸 실생활의 통계 자료를 수집하여 그 의미를 이해한다.		내용 삭제
확률과 통계	표와 그래프	1 꺾은선 그래프 ① 연속적인 변량에 대한 자료를 만들고, 이를 바탕으로 꺾은선그래프를 그릴 수 있으며, 여러 가지 사실을 찾아낼 수 있다. ② 막대그래프와 꺾은선그래프를 비교하여 그 차이점을 이해하고, 각각의 특성과 용도를 안다. 2 여러 가지 그래프로 나타내기 ① 실생활에서 찾을 수 있는 여러 가지 자료를 목적에 맞는 그래프로 나타내고, 여러 가지 사실을 알 수 있다.	1 꺾은선 그래프 ① 연속적인 변량에 대한 자료를 수집하여 꺾은선그래프로 나타낼 수 있다. ② 막대그래프와 꺾은선그래프를 비교하여 각각의 특성과 용도를 안다. ③ 실생활에서 찾을 수 있는 자료를 목적에 맞는 그래프로 나타내고 해석할 수 있다.	내용 수정

4 학년

<table>
<tr><th>영역</th><th>항목</th><th>현 행</th><th>개 정</th><th>비 고</th></tr>
<tr><td rowspan="3"></td><td>용어와 기호</td><td>꺾은선그래프</td><td>꺾은선그래프</td><td></td></tr>
<tr><td>학습지도상의유의점</td><td>① 자료의 특성을 잘 나타낼 수 있는 그래프를 선택할 수 있도록 한다.</td><td>① 자료의 특성을 잘 나타낼 수 있는 그래프를 선택할 수 있도록 한다.</td><td></td></tr>
<tr><td>심화과정</td><td>① 실생활에서 필요한 자료를 수집하고 정리하여 표로 작성하고, 그 자료의 특성을 잘 나타내는 그래프로 표현하는 활동을 계획하고 실천할 수 있다.</td><td></td><td>내용 삭제</td></tr>
<tr><td rowspan="4">규칙성</td><td>문제해결</td><td>1 문제 해결의 방법
① 다양한 문제를 단순화하기 등 여러 가지 방법으로 해결할 수 있다.
② 문제 해결과정을 설명할 수 있다.
1 문제 해결 방법
① 다양한 문제를 적절한 방법을 선택하여 해결할 수 있다.
② 문제 해결의 과정을 설명할 수 있다.</td><td>1 문제 해결의 방법
① 단순화하기, 논리적 추론 등의 여러 가지 방법으로 문제를 해결할 수 있다.
② 문제 해결 과정을 설명할 수 있다.</td><td>문제해결전략 수정
난이 수준을 조정을 위해 삭제</td></tr>
<tr><td>대응</td><td>1 규칙과 대응
① 간단한 대응표를 통하여 대응을 이해하고, 그 규칙을 설명할 수 있다.</td><td>2 규칙과 대응
① 두 양 사이의 대응 관계를 나타낸 표에서 규칙을 찾고, □, △를 사용하여 식으로 나타낼 수 있다.</td><td>내용 진술 수정</td></tr>
<tr><td>규칙성</td><td>1 규칙찾기
① 다양한 변화의 규칙을 수로 나타내고 설명할 수 있다.
② 규칙 알아 맞추기 놀이를 통하여 규칙을 추측하고 말이나 글로 표현할 수 있다.</td><td>1 규칙 찾기
① 다양한 변화 규칙을 수로 나타내고 설명할 수 있다.
② 규칙 찾기 놀이를 통하여 규칙을 추측하고 말이나 글로 표현할 수 있다.</td><td></td></tr>
<tr><td>용어와기호</td><td></td><td></td><td></td></tr>
</table>

4 학년

<table>
<tr><th>영역</th><th>항목</th><th>현 행</th><th>개 정</th><th>비 고</th></tr>
<tr><td rowspan="8">규칙성</td><td rowspan="4">학습지도상의유의점</td><td>① 문제 해결은 모든 영역에서 다룬다.
② 문제 해결 방법은 스스로 찾아내게 한다.</td><td rowspan="2">① 문제 해결은 관련된 모든 영역에서 다룬다.</td><td rowspan="2">내용 삭제</td></tr>
<tr><td>① 문제 해결은 모든 영역에서 다룬다.
② 문제 해결 방법을 스스로 찾아 내게 한다.</td></tr>
<tr><td>① 규칙 알아 맞추기 놀이는 간단한 연산이 적용되는 경우로 한다.</td><td rowspan="2">① 규칙 찾기 놀이는 간단한 연산이 적용되는 경우로 한다.
② 두 양 사이의 대응 관계는 한 양이 변할 때 다른 양이 그에 종속하여 변하는 관계를 바탕으로 한다.</td><td rowspan="2">내용 삭제
내용 추가</td></tr>
<tr><td>① 대응 규칙은 말로 설명하는 수준에서 지도한다.</td></tr>
<tr><td rowspan="4">심화과정</td><td>① 간단한 혼합 계산과 관련된 문제를 만들어 해결할 수 있다.</td><td rowspan="4"></td><td rowspan="4">내용 삭제</td></tr>
<tr><td>① 하나의 문제를 두세 가지 방법으로 해결하고, 그 방법을 비교할 수 있다.</td></tr>
<tr><td>① 수로 나타낸 다양한 변화의 규칙을 다시 구체물로 배열할 수 있다.</td></tr>
<tr><td>① 두 양 사이에서 대응 규칙을 찾아 이를 활용하여 문제를 해결할 수 있다.</td></tr>
</table>

5 학년

영역	항목	현 행	개 정	비 고
수와 연산	약수와 배수	1 약수와 배수 ① 약수, 공약수, 최대공약수의 의미를 알고, 이를 구할 수 있다. ② 배수, 공배수, 최소공배수의 의미를 알고, 이를 구할 수 있다. ③ 약수, 공약수, 최대공약수, 배수, 공배수, 최소공배수 사이의 관계를 이해하고, 이를 문제해결에 활용할 수 있다.	1 약수와 배수 ① 약수, 공약수, 최대공약수의 의미를 알고, 이를 구할 수 있다. ② 배수, 공배수, 최소공배수의 의미를 알고, 이를 구할 수 있다. ③ 약수, 공약수, 최대공약수, 배수, 공배수, 최소공배수 사이의 관계를 이해하고, 이를 문제해결에 활용할 수 있다.	
	분수와 소수의 사칙계산	2 약분과 통분 ① 분수의 성질을 이용하여 크기가 같은 분수를 만들 수 있다. ② 분수를 약분, 통분할 수 있다. 3 분모가 다른 분수의 덧셈과 뺄셈 ① 분모가 다른 분수의 덧셈과 뺄셈을 할 수 있다. 4 분수의 곱셈 ② 분수와 자연수, 단위분수끼리의 곱셈, 진분수끼리의 곱셈, 대분수끼리의 곱셈을 할 수 있다. 1 분수, 소수의 곱셈과 나눗셈 ① 소수와 자연수, 소수끼리의 곱셈을 할 수 있다. ② '(분수)÷(자연수)'의 계산 원리를 이해하고, 그 계산을 할 수 있다. ③ 몫이 소수인 '(자연수)÷(자연수)'의 계산을 할 수 있다. ④ 소수의 나눗셈의 계산 원리를 이해하고, '(소수)÷(자연수)'의 계산을 할 수 있다.	2 약분과 통분 ① 분수의 성질을 이용하여 크기가 같은 분수를 만들 수 있다. ② 분수를 약분, 통분할 수 있다. 3 분모가 다른 분수의 덧셈과 뺄셈 ① 분모가 다른 분수의 덧셈과 뺄셈을 할 수 있다. 4 분수의 곱셈과 나눗셈 ① 분수와 자연수의 곱셈, 단위분수끼리의 곱셈, 진분수끼리의 곱셈, 대분수끼리의 곱셈을 할 수 있다. ② (자연수)÷(자연수)를 분수로 나타낼 수 있다. ③ '(분수)÷(자연수)'의 계산 원리를 이해하고, 그 계산을 할 수 있다. 5 소수의 곱셈과 나눗셈 ① 소수와 자연수, 소수끼리의 곱셈을 할 수 있다. ② 소수 나눗셈의 계산 원리를 이해하고 몫이 소수인 '(자연수)÷(자연수)', '(소수)÷(자연수)'의 계산을 할 수 있다. 6 소수와 분수 ① 소수와 분수의 관계를 이해하고, 분수를 소수로, 소수를 분수로 나타낼 수 있다. ② 소수와 분수의 크기를 비교할 수 있다.	내용 연계성을 위해 4학년에서 이동 학습량 조정을 위해 6-가에서 이동

5 학년

영역	항목	현 행	개 정	비 고
	용어와 기호	약수, 공약수, 최대공약수, 배수, 공배수, 최소공배수, 약분, 통분	약수, 공약수, 최대공약수, 배수, 공배수, 최소공배수, 약분, 통분, 기약분수	용어 추가
	학습지도상의 유의점	① 두 수에서만 최대공약수, 최소공배수를 구한다. ① 소수의 계산은 계산 원리를 이해할 수 있는 수준에서 간단히 다룬다.	① 최대공약수, 최소공배수는 두 수에서만 구한다. ② 소수의 계산은 계산 원리를 이해할 수 있는 수준에서 간단히 다룬다. ③ 문제 상황에서 분수와 소수의 편리한 점을 알도록 지도한다.	내용 추가
도형	평면도형	[1] 합동과 대칭 ① 도형의 합동의 의미를 이해하고, 합동인 도형을 식별할 수 있다. ② 자와 컴퍼스를 이용하여 조건에 맞는 삼각형을 그릴 수 있다. ③ 선대칭도형이나 점대칭도형의 의미를 알고 그릴 수 있다.	[2] 합동 ① 도형의 합동의 의미를 알고, 합동인 도형을 식별할 수 있다. ② 자, 컴퍼스, 각도기를 이용하여 조건에 맞는 삼각형을 그릴 수 있다. [3] 대칭 ① 선대칭도형과 점대칭도형의 의미를 알고 그릴 수 있다. ② 선대칭 위치에 있는 도형과 점대칭 위치에 있는 도형을 그릴 수 있다. [4] 도형 덮기 ① 주어진 평면도형을 여러 가지 모양으로 덮을 수 있다.	각도기 추가 학습 내용 추가 공간감각에서 이동
	입체도형	[1] 직육면체와 정육면체의 성질 ① 직육면체와 정육면체의 구성 요소를 알고, 여러 가지 성질을 찾아낼 수 있다. ② 직육면체와 정육면체의 전개도를 그릴 수 있다.	[1] 직육면체와 정육면체의 성질 ① 직육면체와 정육면체의 구성 요소를 알고, 여러 가지 성질을 찾을 수 있다. ② 직육면체와 정육면체의 겨냥도와 전개도를 그릴 수 있다.	내용 추가
	공간감각	[2] 공간 감각 ① 여러 가지 모양으로 주어진 도형을 덮을 수 있다.		평면도형으로 이동

5 학년

<table>
<tr><th>영역</th><th>항목</th><th>현 행</th><th>개 정</th><th>비 고</th></tr>
<tr><td rowspan="3"></td><td>용어와 기호</td><td>직육면체, 면, 모서리, 꼭짓점, 밑면, 옆면, 정육면체, 전개도
합동, 대칭, 선대칭도형, 점대칭도형</td><td>직육면체, 면, 모서리, 꼭짓점, 밑면, 옆면, 정육면체, 겨냥도, 전개도, 합동, 대칭, 선대칭도형, 점대칭도형, 대응점, 대응변, 대응각, 대칭축, 대칭의 중심</td><td>용어 추가</td></tr>
<tr><td>학습지도상의 유의점</td><td>① 직육면체의 전개도를 다양하게 그리도록 지도한다.
① 생활과 관련이 깊은 구체적인 조작 활동을 통하여 선대칭도형이나 점대칭도형의 의미를 알도록 한다.</td><td>① 직육면체의 전개도를 다양하게 그리도록 지도한다.
② 구체적인 조작 활동을 통하여 선대칭도형이나 점대칭도형의 의미를 알도록 한다.
③ 선대칭도형을 지도할 때 거울의 상을 이용할 수 있다.</td><td>3학년에서 이동</td></tr>
<tr><td>심화과정</td><td>① 직육면체와 관련된 여러 가지 문제를 해결할 수 있다.
① 선대칭도형, 점대칭도형과 관련된 여러 가지 문제를 해결할 수 있다.</td><td></td><td>삭제</td></tr>
<tr><td rowspan="2">측정</td><td>길이</td><td>1 평면도형의 둘레
① 기본적인 평면도형의 둘레의 길이를 구할 수 있다.</td><td></td><td>학습량 조정을 위해 4학년으로 이동</td></tr>
<tr><td>넓이</td><td>2 넓이
① 넓이를 이해하고, 1㎠, 1㎡ 단위를 안다.
② 넓이를 측정하여 ㎠와 ㎡로 말할 수 있다.
③ 직사각형, 정사각형의 넓이를 구할 수 있다.
④ 평행사변형의 넓이를 구할 수 있다.
⑤ 삼각형의 넓이를 구할 수 있다.
2 여러 가지 도형의 넓이
① 사다리꼴 및 마름모의 넓이를 구할 수 있다.</td><td>1 평면도형의 넓이
① 평행사변형의 넓이를 구할 수 있다.
② 삼각형의 넓이를 구할 수 있다.
③ 사다리꼴의 넓이를 구할 수 있다.
④ 마름모의 넓이를 구할 수 있다.</td><td>학습량 조정을 위해 일부 학습 내용 4학년으로 이동, 삭제</td></tr>
</table>

5 학년

영역	항목	현 행	개 정	비 고
	여러 가지 단위	[1] 여러 가지 단위 ① 무게와 넓이의 새로운 단위를 알고, 이들 사이의 관계를 이해할 수 있다. ② 새로운 단위가 쓰이는 경우를 찾을 수 있다.	[2] 여러 가지 단위 ① 무게와 넓이의 새로운 단위를 알고, 이들 사이의 관계를 이해할 수 있다.	내용 삭제
	용어와 기호	밑변, 높이, ㎠, m^2 t, a, ha, ㎢	밑변, 높이, t, a, ha, ㎢	넓이 단위 4학년으로 이동
	학습 지도상의 유의점	① 1㎠와 1m^2의 관계는 실제 활동을 통해서 이해하게 한다. ② 삼각형의 넓이는 높이가 내부, 외부에 있는 것을 함께 지도한다. ① 생활 장면에서 새로운 단위의 필요성을 느끼게 하며, 복잡한 단위 환산은 지도하지 않는다.	① 삼각형의 넓이는 높이가 내부, 외부에 있는 것을 모두 지도한다. ② 실생활에서 새로운 단위의 필요성을 느낄 수 있도록 지도한다. ③ 복잡한 단위 환산은 지도하지 않는다.	넓이 단위 관련 내용은 4학년으로 이동
	심화과정	① 몇 개의 기본 도형으로 이루어진 복합도형의 둘레와 넓이를 구할 수 있다. ① 몇 개의 기본도형으로 이루어진 복합도형의 넓이를 여러 가지 방법으로 구할 수 있다.		내용 삭제
확률과 통계	표와 그래프	[1] 자료의 표현 ① 자료를 정리하여 이를 줄기와 잎 그림으로 나타내고 자료의 특성을 파악할 수 있다. ② 평균의 의미를 알고, 주어진 자료의 평균을 구할 수 있다.	[1] 자료의 표현 ① 자료를 정리하여 줄기와 잎 그림이나 그림그래프로 나타내고 자료의 특성을 파악할 수 있다. ② 평균의 의미를 알고, 주어진 자료의 평균을 구할 수 있다. ③ 목적에 맞게 자료를 수집하고 정리하여, 적절한 그래프로 나타내고 자료의 특성을 설명할 수 있다.	그림그래프 내용 추가 심화과정 내용을 기본과정으로 이동
	용어와 기호	줄기와 잎 그림, 평균	줄기와 잎 그림, 평균	

5 학 년

영역	항목	현 행	개 정	비 고
	학습지도상의유의점	① 자료를 목적에 맞게 정리하고, 알기 쉽게 표현하는 것이 중요함을 알도록 한다.	① 목적에 맞게 자료를 정리하고, 알기 쉽게 표현하는 것이 중요함을 알도록 한다.	
	심화과정	① 과제를 통하여 목적에 맞게 자료를 수집하고, 정리하여 알맞은 그래프로 나타내고 자료의 특성을 설명할 수 있다.		기본과정으로 이동
규칙성	규칙성	[1] 규칙적인 무늬 만들기 ① 한 가지 무늬를 옮기기, 뒤집기, 돌리기 등의 방법을 이용하여 새로운 무늬를 만들 수 있다.	[1] 규칙적인 무늬 만들기 ① 한 가지 무늬를 밀기, 뒤집기, 돌리기 등의 방법을 이용하여 새로운 무늬를 만들 수 있다.	용어 수정 (옮기기→밀기)
	비와비례		[2] 비와 비율 ① 두 수량 사이의 비와 비율의 의미를 이해한다. ② 비율을 여러 가지 방법으로 나타낼 수 있다.	타교과 학습과의 연계를 위해 6학년에서 이동
	문제해결	[1] 문제 해결 방법 ① 문제 해결의 여러 가지 방법을 비교하여, 문제 해결을 위한 적절한 방법을 선택할 수 있다. ② 문제 해결의 과정에 대하여 그 타당성을 검토할 수 있다. [1] 문제 해결 방법 ① 문제 해결의 여러 가지 방법을 비교하여, 문제 해결을 위한 적절한 방법을 선택할 수 있다. ② 문제 해결의 과정에 대하여 그 타당성을 검토할 수 있다.	[1] 문제 해결 방법 ① 문제 해결의 여러 가지 방법을 비교하여, 문제 해결을 위한 적절한 방법을 선택할 수 있다. ② 문제 해결의 과정의 타당성을 검토할 수 있다.	
	용어와기호		기준량, 비교하는 양, 비, 비율, 할푼리, :, %	비와 비율 관련 용어 6학년에서 이동

5 학년

영역	항목	현 행	개 정	비 고
규칙성	학습지도상의유의점	① 문제 해결은 모든 영역에서 다룬다. ② 문제 해결 방법을 스스로 찾아내게 한다.	① 타교과 및 실생활에서 사용되는 비율 개념의 예를 찾아보고, 관련된 문제를 해결해 보게 한다. ② 문제 해결은 관련된 모든 영역에서 다룬다.	내용삭제
		① 문제 해결은 모든 영역에서 다룬다. ② 문제 해결을 위한 종합적인 접근에 초점을 맞추어 지도한다.		비율의 활용 관련 내용 추가
		① 무늬 만들기에서 사용하는 도형은 배열 방법에 따라 다양한 무늬가 나타날 수 있는 것으로 한다.		
	심화과정	① 하나의 문제를 두세 가지의 방법으로 해결하고, 그 방법을 비교할 수 있다.		삭제
		① 주어진 문제에서 조건을 바꾸어 새로운 문제를 만들고 해결 할 수 있다.		6학년 기본과정으로 이동
		① 두 가지 종류의 무늬를 옮기기, 뒤집기, 돌리기 등의 방법을 이용하여 새로운 무늬로 만들 수 있다.		내용 삭제

6 학년

영역	항목	현 행	개 정	비 고
수와 연산	분수와 소수의 계산	1 소수와 분수 ① 소수와 분수의 상호관계를 이해하고, 분수를 소수로, 소수를 분수로 나타낼 수 있다. ② 소수와 분수의 크기를 비교할 수 있다.		5학년으로 이동
		1 분수와 소수의 나눗셈 ① 나누는 수가 분수인 나눗셈을 할 수 있다. ② 나누는 수가 소수인 나눗셈을 할 수 있다. ③ 간단한 분수와 소수의 혼합 계산을 할 수 있다.	1 분수의 나눗셈 ① 나누는 수가 분수인 나눗셈을 할 수 있다. 2 소수의 나눗셈 ① 나누는 수가 소수인 나눗셈을 할 수 있다. 3 분수와 소수의 계산 ① '(소수)÷(분수)', '(분수)÷(소수)'의 계산을 할 수 있다. ② 간단한 분수와 소수의 혼합 계산을 할 수 있다.	항목 및 학습 내용 세분화
	용어와 기호			
	학습지도상의 유의점	① 문제 상황에서 분수와 소수의 편리한 점을 알도록 지도한다.		5학년으로 이동
		① 나누는 수가 분수인 나눗셈의 지도는 계산 원리의 이해에 중점을 두도록 한다.	① 나누는 수가 분수인 나눗셈의 지도는 계산 원리의 이해에 중점을 두도록 한다. ② '(소수)÷(소수)'에서는 몫만 구하고 나머지는 구하지 않도록 하여 간단하게 지도한다.	내용 첨가
	심화과정	① 분수, 소수의 곱셈과 나눗셈이 관련된 생활 장면의 문제를 만들고 해결할 수 있다.		내용 삭제
		① 분수와 소수의 혼합 계산이 적용되는 실생활의 문제를 만들고 해결 할 수 있다.		

6 학년

영역	항목	현 행	개 정	비 고
도형	입체도형	[1] 각기둥과 각뿔의 성질 ① 각기둥과 각뿔을 이해하고, 구성 요소와 성질을 알 수 있다. ② 각기둥의 전개도를 그릴 수 있다. ――― [1] 여러 가지 입체도형 ① 원기둥과 원뿔을 알고, 구성 요소와 성질을 이해한다. ② 원기둥의 전개도를 이해한다. ③ 회전체를 이해한다.	[1] 각기둥과 각뿔의 성질 ① 각기둥과 각뿔을 이해하고, 구성 요소와 성질을 안다. ② 각기둥의 전개도를 그릴 수 있다. [2] 원기둥과 원뿔의 성질 ① 원기둥과 원뿔을 알고, 구성 요소와 성질을 이해한다. ② 원기둥의 전개도를 이해한다. ③ 회전체를 이해한다. [3] 여러 가지 입체도형 ① 쌓기나무로 여러 가지 모양을 만들고 규칙을 찾을 수 있다. ② 쌓기나무로 만든 입체도형의 위, 앞, 옆에서 본 모양을 표현할 수 있다. ③ 쌓기나무로 만든 입체도형을 보고 사용된 쌓기나무의 개수를 구할 수 있다.	공간감각에서 이동
	공간감각	[2] 공간감각 ① 주어진 모양을 보고 쌓기나무로 만들 수 있다.		입체도형으로 이동
	용어와 기호	각기둥, 각뿔 ――― 원기둥, 원뿔, 회전체, 회전축, 구	각기둥, 각뿔, 원기둥, 원뿔, 모선, 회전체, 회전축, 구, 단면	용어 추가
	학습지도상의 유의점	① 각기둥의 전개도는 다양하게 그릴 수 있도록 한다. ――― ① 실생활에서 여러 가지 회전체를 찾아보게 한다.	① 각기둥의 전개도는 다양하게 그릴 수 있도록 지도한다.	내용 삭제
	심화과정	① 앞, 옆, 위에서 본 그림을 보고 쌓기나무로 만들 수 있다. ――― ① 도형의 성질을 이용하여 생활 속의 문제를 해결 할 수 있다		내용 삭제

6 학년

영역	항목	현 행	개 정	비 고
측정	이와부피	1 겉넓이와 부피 ① 직육면체와 정육면체의 겉넓이의 의미를 알고, 이를 구할 수 있다. ② 부피를 이해하고, 1㎤와 1㎥ 단위를 알고, 그 관계를 이해한다. ③ 직육면체와 정육면체의 부피를 구할 수 있다.	1 원주율과 원의 넓이 ① 원주율을 이해하고, 원주와 원의 넓이를 구할 수 있다. 2 겉넓이와 부피 ① 직육면체와 정육면체의 겉넓이를 구할 수 있다. ② 부피를 이해하고, 1㎤와 1㎥ 단위를 알고, 그 관계를 이해한다. ③ 직육면체와 정육면체의 부피를 구할 수 있다	내용 수정
		1 원주율과 원의 넓이 ① 원에서 그 지름과 원주의 측정을 통해 원주율을 이해하고, 원주와 원의 넓이를 구할 수 있다. 2 원기둥의 겉넓이와 부피 ① 원기둥의 겉넓이와 부피를 구할 수 있다.	④ 부피와 들이 사이의 관계를 안다. 3 원기둥의 겉넓이와 부피 ① 원기둥의 겉넓이와 부피를 구할 수 있다.	내용 추가
	양의측정	2 측정값 ① 이상, 이하, 초과, 미만의 뜻을 알고, 수의 범위를 나타낼 수 있다.	4 측정값 ① 이상, 이하, 초과, 미만의 뜻을 알고, 수의 범위를 나타낼 수 있다.	
	용어와기호	이상, 이하, 초과, 미만, 겉넓이, 부피, ㎤, ㎥	겉넓이, 부피, ㎤, ㎥, 원주, 원주율, 이상, 이하, 초과, 미만	
		원주, 원주율		
	학습지도상의유의점	① 측정값의 처리는 용어를 이해하는 수준에서 지도한다.		내용 추가
		① 원의 넓이는 구체적인 조작활동을 통하여 여러 가지 방법으로 구하도록 지도한다.	① 원주율은 원의 지름과 원주를 측정하는 활동을 통해 지도한다. ② 원의 넓이는 구체적인 조작활동을 통하여 여러 가지 방법으로 구하도록 지도한다.	
	심화과정	① 몇 개의 직육면체와 정육면체로 이루어진 복합도형의 부피를 구할 수 있다.		내용 삭제
		① 원, 원주율 등에 관련된 실생활 속의 여러 가지 문제를 해결할 수 있다.		

6 학년

영역	항목	현 행	개 정	비 고
확률과 통계	표와그래프	1 비율그래프 ① 띠그래프와 원그래프의 의미를 알고, 이를 활용할 수 있다.	1 비율그래프 ① 띠그래프와 원그래프의 의미를 알고, 이를 활용할 수 있다. ② 비율그래프로 나타낸 통계 자료에서 여러 가지 사실을 찾아내고 자료의 특성을 설명할 수 있다.	그래프 해석 능력 강화를 위해 심화과정에서 이동
	확률	1 경우의 수와 확률 ① 경우의 수의 뜻을 알고, 이를 구할 수 있다. ② 경우의 수를 바탕으로 확률의 뜻을 안다.	1 경우의 수와 확률 ① 경우의 수의 뜻을 알고, 이를 구할 수 있다. ② 경우의 수는 간단한 경우만 다룬다. ③ 경우의 수를 바탕으로 확률의 의미를 이해한다.	내용 추가
	용어와기호	띠그래프, 원그래프, 경우의 수, 확률	띠그래프, 원그래프, 경우의 수, 확률	
	학습지도상의유의점	① 중심각의 크기를 이용하여 원그래프를 나타내도록 한다. ① 확률의 의미를 실생활의 예를 통하여 간략히 알아보도록 한다.	① 원그래프를 지도할 때에는 눈금이 표시된 원을 사용하도록 한다. ② 확률의 의미는 실생활의 예를 이용하여 지도한다.	내용 수정
	심화과정	① 비율그래프로 나타낸 실생활의 통계 자료를 수집하여, 여러 가지 사실을 찾아내고 자료의 특성을 설명할 수 있다.		기본과정으로 이동
		① 실생활에서 경우의 수와 관련된 문제를 찾아 해결할 수 있다.		내용 삭제
	미지항		1 방정식 ① 미지항을 x로 나타낼 수 있다. ② 등식의 성질을 이해하고, 이를 이용하여 간단한 방정식을 풀 수 있다.	중학교 학습 내용과 연계를 위해 내용 추가

6 학년

영역	항목	현 행	개 정	비 고
규칙성	비와 비율	1 비와 비율 ① 두 수량 사이의 비와 비율의 의미를 이해한다. ② 비율을 여러 가지 방법으로 나타낼 수 있다.		5학년으로 이동
		2 비례식 ① 비례식을 이해하고, 이를 활용할 수 있다.	2 비례식 ① 비례식을 이해하고, 이를 활용할 수 있다.	
		2 연비와 비례배분 ① 연비의 뜻을 알고, 세 양의 관계를 연비로 나타낼 수 있다. ② 비례배분의 뜻을 알고, 주어진 양을 비례배분할 수 있다.	3 연비와 비례배분 ① 연비의 뜻을 알고, 세 양 사이의 관계를 연비로 나타낼 수 있다. ② 비례배분의 뜻을 알고, 주어진 양을 비례배분 할 수 있다.	
	대응	1 규칙과 대응 ① 두 수의 대응 관계를 □, △를 사용하여 식으로 나타낼 수 있다.	4 정비례 ① 두 수 사이의 대응 관계를 x, y를 사용하여 식으로 나타낼 수 있다. ② 정비례 관계를 이해하고, 그 관계를 표나 식으로 나타낼 수 있다. ③ 정비례 관계를 활용하여 실생활 문제를 해결할 수 있다. 5 반비례 ① 반비례 관계를 이해하고, 그 관계를 표나 식으로 나타낼 수 있다. ② 반비례 관계를 활용하여 실생활 문제를 해결할 수 있다.	중학교 학습 내용과 연계를 위해 내용 추가
		1 문제 해결 방법 ① 문제 해결의 여러 가지 방법을 비교하여 적절한 방법을 선택할 수 있다. ② 문제 해결 과정을 정리하고, 그 타당성을 설명할 수 있다. 1 문제 해결 방법 ① 문제 해결의 여러 가지 방법을 비교하여, 문제 상황에 적절한 방법을 선택할 수 있다. ② 문제 해결의 과정을 정리하고, 그 타당성을 설명할 수 있다.	6 문제 해결 방법 ① 여러 가지 문제해결 방법을 비교하여 문제 상황에 적절한 방법을 선택할 수 있다. ② 문제 해결 과정의 타당성을 설명할 수 있다. ③ 주어진 문제에서 조건을 바꾸어 새로운 문제를 만들고, 그 문제를 해결할 수 있다.	문제 만들기 관련 내용 추가

6 학년

영역	항목	현 행	개 정	비 고
규칙성	용어와 기호	기준량, 비교하는 양, 비, 비율, 할푼리, 비례식, :, %, 연비, 비례배분	x, 등식, 방정식, 비례식, 연비, 비례배분, 관계식, 정비례, 비례상수	비와 비율 관련 내용 5학년으로 이동 방정식, 정비례, 반비례 관련 용어 추가
	학습지도상의 유의점	① 문제 해결은 모든 영역에서 다룬다. ② 문제 해결의 종합적인 접근에 초점을 맞추어 지도한다.	① 등식의 성질은 구체물을 이용하여 지도한다. ② 비례식은 간단한 경우에 한하여 지도한다. ③ 연비와 비례배분은 간단한 경우에 한하여 지도한다. ④ 대응 관계와 정비례 관계는 실생활의 예를 통하여 지도한다. ⑤ 문제 해결은 관련된 모든 영역에서 다룬다.	방정식 관련 내용 추가
		① 문제 해결은 모든 영역에서 다룬다. ② 문제 해결을 위한 종합적인 접근에 초점을 맞추어 지도한다.		내용 수정
		① 비와 비율의 지도는 실생활의 장면을 들어 지도하고, 여러 가지 비율 사이의 관계는 강조하지 아니한다. ② 비례식은 간단한 경우에 한하여 지도한다.		정비례 관련 내용 추가 비와 비율 관련 내용 5학년으로 이동
		① 대응 관계의 지도는 생활 장면의 예를 통하여 지도한다. ② 연비와 비례배분은 간단한 경우에 한하여 지도한다.		
	심화과정	① 여러 가지 자료를 보고 문제를 만들고 해결할 수 있다.		내용 삭제
		① 주어진 생활 장면에서 소재를 찾아 문제를 만들고 해결할 수 있다.		5학년 기본 내용에 통합
		① 실생활에서 여러 가지 비율의 예를 찾아보고, 관련된 문제를 해결할 수 있다.		내용 삭제
		① 식으로 나타낸 대응 관계를 보고, 문제를 만들 수 있다.		

3. 교수 · 학습 방법

현 행	개 정	비 고
가. 국민 공통 기본 교육 기간의 수학은 1 학년부터 10 학년까지를 10단계로 하고, 각 단계별로 두 개의 하위 단계를 두어 편성한다. 각 하위 단계별로 기본 과정, 심화과정으로 나누어 구성한다.	가. 교육과정에 제시된 내용은 학생들이 학습해야 할 필수 요소로, 능력, 적성, 흥미 등 학생의 특성과 지역 및 학교의 여건을 고려하여 운영한다.	교육과정의 일반적인 운영 방안 제시
나. 단계별 내용의 제시 순서가 반드시 교수학습의 순서를 의미하는 것은 아니므로, 학습자료의 개발이나 교수학습 계획의 수립시에는 내용의 특성과 난이도를 고려하여 내용 및 순서를 재구성할 수 있다.	나. 교육과정의 학년별 내용 제시 순서가 교수학습의 순서를 의미하는 것은 아니므로, 교수학습을 계획하거나 학습 자료를 개발할 때 학습 내용의 특성과 난이도를 고려하여 내용, 순서 등을 재구성할 수 있다.	
다. 단계별 내용은 학생들이 학습하여야 할 최저 기준을 제시한 것이다. 따라서 학생의 능력과 수준, 단계간의 연계성, 지역성 및 현실성을 고려하여 보충, 심화학습의 기회를 제공한다.	다. 수학과 수업은 단원의 성격과 학생들의 특성을 고려하여 설명식 수업, 소집단 활동 수업, 발표 및 토론 수업 등 다양한 방법을 동원할 수 있다.	다양한 수업방법
라. 단계별 수준별 교육 과정을 효율적으로 운영하기 위하여 다음 사항에 유의한다. (1) 개인차에 따른 학습 능력을 고려하여 수준별로 분단이나 학급을 편성하고, 이를 적절히 운영한다. (2) 개인차에 따라 교수학습을 개별화하여 학습의 효율을 높인다. (3) 소집단 협력 학습 체제를 적절히 운영하여 서로 도우며 학습할 수 있도록 한다.	라. 수학과 교수학습은 다음 사항에 유의하여 지도한다. (1) 생활 주변 현상이나 구체적 사실을 학습 소재로 하여 수학의 기초적인 개념, 원리, 법칙을 지도한다. (2) 구체적 조작활동과 사고과정을 중시하고, 학생 스스로 원리나 법칙을 발견하는 즐거움을 맛볼 수 있도록 한다. (3) 학생들의 경험과 욕구를 바탕으로 창의적으로 문제를 해결할 수 있도록 한다. (4) 학생들의 인지 발달과 경험을 고려하여 창의적으로 사고할 수 있도록 가능하면 열린 형태로 발문하고, 그에 대한 반응을 의미 있게 처리한다. (5) 수학적 개념이나 원리와 그 학습과정을 말하기, 듣기, 읽기, 쓰기와 같은 다양한 방법으로 표현함으로써 수학적 의사소통 능력을 기르도록 한다. (6) 실생활이나 다른 교과에서 접할 수 있는 수학과 관련된 내용을 다룸으로써 수학	수학 교수·학습에 대한 유의사항 의사소통 추가

현 행	개 정	비 고
	에 대한 흥미와 관심을 가지게 하고 수학의 필요성을 느낄 수 있도록 한다. (7) 수학의 활용성, 타 분야와의 관련성, 가치 등에 대한 올바른 인식을 가지도록 하여 바람직한 수학적 태도를 지닐 수 있도록 한다.	
마. 보충 과정, 심화 과정 학습을 효율화하기 위해 다음 사항에 유의한다. (1) 보충과정의 내용은 기본 과정의 내용 중, 최소 필수가 되는 내용요소들을 추출하여 구성한다. 여기서의 최소 필수는 내용의 기본 요소, 연계성, 다음에 학습할 내용과의 관계 등에 중점을 두되 학생, 단원에 따라 또는 보충과정에 할애할 수 있는 시간에 따라 유동적일 수 있다. (2) 보충과정의 내용은 기본과정의 내용을 더 낮은 난이도로 하향 초등화하여 구성한다. 예를 들면, 어떤 정리와 이에 대한 증명이 기본과정에 포함되어 있다고 할 때, 형식적인 증명은 난이도가 높으므로 생략하고 몇 개의 수치를 대입해 봄으로써 정리가 성립함을 확인해보는 경우가 이에 해당한다. (3) 심화과정의 내용은 기본과정에서 습득한 수학적 지식을 실생활에 활용하는 다양한 방법을 찾아보게 하고, 문제 해결을 배양하는데 그 중점을 둔다. (4) 심화과정의 내용을 다룰 때에는 상위 단계에서 학습할 수학적 개념, 원리, 법칙을 도입하거나 탐구하게 해서는 안 된다.	마. 문제 해결력을 신장시키기 위하여 교수학습 과정에서 다음 사항에 유의한다. (1) 문제 해결은 실생활에 활용하도록 하고 전 영역에서 지속적으로 지도한다. (2) 수학적 지식과 사고 방법을 토대로 구체적인 해결전략을 적절히 사용하여 문제를 해결하도록 한다. (3) 문제 해결력을 신장시키기 위하여, 문제 해결의 결과뿐만 아니라 문제 만들기, 문제해결 방법과 과정도 중시하도록 한다.	문제 해결력에 문제 만들기 추가 모델링 학습 과정 제시
바. 다양한 교수학습을 위해서는 다음 사항에 유의한다.	바. 실세계 현상을 이용한 수학 학습 지도는 다음과 같은 과정으로 진행할 수 있다. (1) 실세계 현상을 관찰하고 그 현상에서 나	

현 행	개 정	비 고
(1) 생활주변 현상이나 구체적 사실을 학습 소재로 하여 수학의 기초적인 개념, 원리, 법칙을 지도하고 실생활과 관련된 문제를 해결할 수 있는 능력을 길러 주도록 한다. (2) 구체적 조작활동과 사고과정을 중시하고, 원리나 법칙을 학생 스스로 발견하고 해결할 수 있는 기회를 제공하여 학생으로 하여금 발견의 즐거움을 맛볼 수 있도록 한다. (3) 학생들의 경험과 욕구를 바탕으로 하여 수학의 기초적인 개념과 원리를 간단하고 구체적인 것에서 추상적인 것의 순서로 교수학습함으로써 스스로 발견하게 하고, 창의적으로 문제를 해결할 수 있도록 한다. (4) 생활 주변이나 다른 교과에서 접할 수 있는 수학과 관련된 여러 가지 형태의 문제를 다루어 수학에 대한 흥미와 관심을 가지게 하고 수학의 필요성을 느낄 수 있도록 한다. (5) 발문은 학생들의 인지 발달과 경험을 고려하여 적절하게 선택하게 하고, 그에 대한 반응을 의미 있게 처리함으로써 학생들이 효율적인 학습을 하도록 할 수 있도록 한다. (6) 발문은 창의적인 답이 나올 수 있도록 되도록 열린 형태의 질문을 사용하도록 한다. (7) 수학의 활용성, 타 분야와의 관련성, 가치성 등에 대한 올바른 인식을 가지도록 하여 수학에 대하는 바람직한 태도를 지닐 수 있도록 한다.	타나는 문제 상황을 파악하여 문제에 영향을 주는 요소들을 찾아내게 한다. (2) 문제에 영향을 주는 요소들 사이의 관계를 추출하고 그 관계를 수학적으로 해석하여 현상에 대한 모델을 얻도록 한다. (3) 모델을 분석하여 문제를 해결하게 한다. (4) 해결한 결과를 실세계 현상에 비추어 재해석함으로써 결론을 끌어낼 수 있도록 한다.	수준별 수업 운영 방법 보충 과정, 심화 과정의 내용과 제시 방법 설명
사. 문제 해결력을 신장시키기 위하여 교수 학습 과정에서 다음 사항에 유의한다. (1) 문제 해결력을 신장시키기 위하여 문제해결과정(문제의 이해→해결 계획의 수립→계획실행→반성)에서 구체적인 해결전략(그림 그리기, 예상과 확인, 표 만들기, 규칙성 찾기, 단순화하	사. 수학 교수·학습 과정에서 교육기자재의 활용은 다음 사항에 유의한다. (1) 교수·학습의 전 과정을 통하여 적절하고 다양한 교육 기자재를 활용하여 학습의 효과를 높이도록 한다. (2) 교수·학습 과정에서 계산 능력 배양이	

현 행	개 정	비 고
기, 식 세우기, 거꾸로 풀기, 논리적 추론, 반례들기 등)을 적절히 사용하며, 문제 해결의 결과뿐만 아니라 해결 과정과 그 방법도 중시하도록 한다. (2) 습득된 수학적 지식과 사고 방법을 토대로 문제를 발견하고, 문제해결을 위한 전략을 자주적으로 세워 이를 해결할 수 있도록 한다. (3) 문제 해결은 전영역에서 정형문제 및 비정형문제를 통하여 지속적으로 지도되어야 하며, 여기서 습득된 문제 해결전략이 실생활의 문제 해결에 활용될 수 있도록 한다.	목표인 영역을 제외하고, 복잡한 계산, 수학적 개념 · 원리 · 법칙의 이해, 실생활 활용 능력 증진, 문제 해결력 향상 등을 위하여 계산기, 컴퓨터와 같은 공학적 도구와 다양한 교구를 활용할 것을 권장한다.	영역별 교수 · 학습방법은 영역 내에서 안내
아. 각 영역의 내용에서는 다음 사항에 유의하여 지도하도록 한다. (1) 수와 연산 수 개념에 대한 올바른 이해를 바탕으로 기본적인 계산 영역을 함양하여 문제해결과 타 영역에서도 활용할 수 있도록 한다. (2) 도 형 직관에 의한 관찰이나 여러 가지 구체적 조작물 및 적절한 컴퓨터 프로그램을 활용하여 도형의 기초적인 성질을 알고 도형의 아름다움을 찾아볼 수 있도록 배려하며, 추론은 간단한 소재로부터 복합적인 소재로 발전시켜 연역적 추론이 통합적으로 완성되도록 유의한다. (3) 측 정 임의 단위에 의한 측정활동을 통하여 표준단위의 필요성을 인식하게 하고, 이를 바탕으로 국제 단위계에 익숙하도록 하여 실생활에 활용할 수 있게 한다. (4) 확률과 통계 현실적인 과제 즉 실생활에서 접하는 자료를 효율적으로 조사, 정리, 분석해 봄으로써 유용한 정보를 얻는데 효과적인 도구가 통계적 방법임을 알 수 있게 하며, 창의적인 문제 해결에 적용할 수	아. 학생들의 특성과 요구에 부합하도록 다음 사항에 유의하여 수준별 수업을 운영할 수 있다. (1) 수준별 수업에서는 내용 요소를 차별화하기보다는 내용의 깊이나 접근 방법에 차이를 두어 지도한다. (2) 수준별 수업은 학교의 상황이나 학생들의 특성 등을 고려하여 학급간 또는 학급내에서 다양한 방법으로 운영할 수 있다.	초 · 중등 영역명이 달라 여기서는 쓰지 않음

현 행	개 정	비 고
있도록 실제적이면서 통합적인 지도를 한다. (5) 문자와 식 수학적 의사소통이나 문제 해결을 위해서는 문자의 도입이나 식의 활용이 효과적이라는 사실을 인식할 수 있도록 문자와 식의 유용성을 강조한다. (6) 규칙성과 함수 주위 사물의 상호 관련성에 주목하여 관계나 규칙을 찾아내고자 하는 태도를 기르는 데 주안점을 두고 이러한 과정에는 문자와 식의 활용이 유용한 것임을 인식하도록 지도한다.		
자. 국민 공통 기본 교육 기간의 수학 교수·학습 과정에서 교육기자재의 활용은 다음 사항에 유의한다. (1) 교수·학습의 전 과정을 통하여 적절하고 다양한 교육 기자재를 활용하여 학습의 효과를 높이도록 한다. (2) 교수·학습 과정에서 계산 능력 배양이 목표인 영역을 제외하고는 복잡한 계산이나 수학적 개념·원리·법칙의 이해, 문제 해결력 향상 등을 위하여 가능하면 계산기나 컴퓨터를 적극 활용하도록 한다.	자. 기본 과정 내용을 지도한 후 학습 결손이 있는 학생들에게는 보충 과정, 우수한 학생들의 학습 요구를 충족시키기 위한 심화 과정을 다음 사항에 유의하여 운영할 수 있다. (1) 보충 과정의 내용은 기본 과정의 내용 요소와 다음에 학습할 내용과의 관계, 학생의 특성, 보충과정에 할애할 수 있는 시간 등을 고려하여 유동적으로 조절할 수 있다. (2) 보충 과정의 내용은 기본과정의 내용을 하향 초등화하여 구성한다. 예를 들면, 어떤 정리와 이에 대한 증명이 기본과정에 포함되어 있다고 할 때, 형식적인 증명은 난이도가 높으므로 생략하고 몇 개의 수치를 대입해 봄으로써 정리가 성립함을 확인해보는 형태로 제시할 수 있다. (3) 심화 과정의 내용은 기본과정에서 습득한 수학적 지식을 활용하여 좀더 심도 있는 문제를 해결하고, 실생활에 활용할 수 있는 다양한 방법을 찾는데 중점을 둔다. (4) 심화 과정에서는 다음 학년에서 학습할 수학적 개념, 원리, 법칙을 도입하거나 탐구하지 않도록 한다.	

4. 평가

현 행	개 정	비 고
수학 학습의 평가는 획일적인 방법을 지양하고, 수학 수업의 전개 국면에 따라 진단평가, 형성평가, 총괄평가 등의 적절한 평가 방식을 택하여 실시하되, 다음과 같은 사항을 고려하여 수업목표에 충실한 평가가 될 수 있도록 한다.		
가. 수학학습의 평가는 학생 개개인의 전인적인 성장과 수학학습을 돕고, 교사 자신의 수업방법을 개선하기 위한 것이어야 한다.	가. 수학 학습의 평가는 학생들의 발달 상태, 학습 활동, 성취 수준 등에 대한 유용한 정보를 제공하여 학생 개개인의 수학학습과 전인적인 성장을 돕고, 교사 자신의 교수활동과 수업방법을 개선하기 위한 것이어야 한다.	평가 목적 통합하여 제시
나. 학생의 학습 활동 측면에 대한 평가뿐만 아니라 수학학습의 지도를 담당하는 교사의 지도 활동 측면에 대해서도 자발적인 평가를 함으로서 발전적인 수학 학습 지도 개선의 참고 자료로 사용한다.	나. 수학 학습의 평가는 획일적인 방법을 지양하고 수학 교수·학습을 향상시킬 수 있는 다양한 평가 방법을 택하여 실시한다.	평가방법의 다양화 수업국면에 따른 평가 실시
다. 학생의 인지발달 수준을 고려하고, 교육과정에 제시된 내용의 수준과 범위를 준수하여 평가한다.	다. 수학 학습의 평가는 수학 수업의 전개 국면에 따라 진단평가, 형성평가, 총괄평가 등의 적절한 평가 방식을 택하여 실시하되, 지속적인 평가를 통하여 다양한 정보를 수집하고 수업에 활용하도록 한다.	
라. 인지적 영역에 대한 평가에서 사고력 신장을 위하여 결과보다는 과정을 중시해야 하며, 기본적인 지식, 개념의 이해, 기본적인 계산 기능 등을 평가한다.	라. 인지적 영역에 대한 평가는 학생들의 사고력 신장을 위하여 결과보다는 과정을 중시하며, 계산능력, 이해능력, 추론능력, 문제해결능력 등을 포함한다.	사고능력의 구체화
마. 문제 해결력에 대한 평가에서 결과뿐만 아니라 문제의 이해능력과 문제 해결과정을 파악할 수 있도록 한다.	마. 수학적 사고력을 신장시키기 위하여 수학과 학습에서 전반적으로 요구되는 다음 사항을 강조하여 평가한다. (1) 수학의 기본적인 성질, 개념, 원리, 법칙을 이해하고 적용하는 능력 (2) 수학적 표현의 의미를 정확하게 이해하고 사용하는 능력	계산, 이해 표현 의사소통 추론

현 행	개 정	비 고
	(3) 수학적 사고 과정과 결과를 합리적으로 의사소통하는 능력 (4) 수학적 지식과 기능을 활용하여 타당하게 추론하는 능력 (5) 수학 내·외적 문제를 수학적으로 사고하여 해결하는 능력 (6) 수학의 가치를 인식하고 실생활 현상을 수학적으로 관찰, 분석, 조직하는 능력	문제해결 수학화 정의적 영역의 평가
바. 수학적 성향에 대한 평가는 학생들의 수학에 대한 바람직한 가치관이나 수학학습에 대한 관심과 흥미의 정도를 파악할 수 있도록 한다.	바. 수학적 성향에 대한 평가는 수학 및 수학 학습에 대한 학생들의 흥미, 관심, 자신감, 가치 인식 등을 포함한다.	구체적인 평가 방법 공학적 도구와 교구 사용
사. 학생 스스로 문제해결을 위한 전략을 세우고, 논리적인 추론을 통하여 문제를 해결해 나가는 과정에서 유연하고 다양한 사고력과 창의성을 발휘하고 있는가를 평가할 수 있어야 한다.	사. 수학 학습의 평가는 지필 검사, 관찰, 면담, 자기평가 등의 다양한 평가 방법을 종합적으로 활용한다.	성취수준 설정 안내
아. 수학과 학습에서 전반적으로 요구되는 다음 사항을 강조하여 평가한다. (1) 수학의 기본적인 개념, 원리, 법칙의 이해 (2) 수학의 용어와 기호를 정확하게 사용하고 표현하는 기능 (3) 수학적 지식과 기능을 활용하여 문제를 수학적으로 사고하여 해결하는 능력 (4) 실생활 현상을 수학적으로 관찰, 분석, 조직, 사고하는 태도	아. 수학 학습의 평가는 평가하는 학습 내용에 따라 계산기, 컴퓨터와 같은 공학적 도구와 다양한 교구를 이용할 수 있는 기회를 제공할 수 있다.	수준별 평가 권장 평가 결과의 활용
	자. 수학 학습 평가의 성취수준은 학습 목표, 학습 내용의 복합성, 지식과 기능의 종류와 활용 범위, 수학적 가치와 유용성 등의 정도에 따라 구분한다.	
	차. 수학 학습의 평가는 수준별 수업에 따라 수준별로 실시할 것을 권장한다.	
	카. 수학 학습의 평가 결과는 학생, 교사, 학부모, 교육 관련 관계자에게 유용한 정보를 제공하도록 다양한 양식과 체계로 보고하여 교육적 의사결정에 활용될 수 있도록 한다.	

DISCUSSION •••

[1] 수학과 교육과정 개정의 주요 내용을 요약하여라.

[2] 개정 교육과정의 성격에 대하여 논술하여라.

[3] 개정 교육과정의 목표에 대하여 설명하여라.

[4] 현행 교육과정과 개정 교육과정을 내용체계에 따라 비교 설명하여라.

03

수학적 개념 형성

3.1 수학적 개념형성

1. 개념의 의미

우리가 수학의 학습시간에 행해지는 학습지도는 모두 수학적 개념을 형성시키는 일이라고 말할 수 있다.

그러면 개념의 참 의미는 무엇일까? 어떤 사람은 개념을 대개의 지식으로 받아드리는 사람도 있고, 또 어떤 사람은 개념을 사고의 대상에 대한 윤곽으로 받아드리는 사람도 있다. 그러나 개념이 대개의 지식이 되어서도 아니 되고, 또 윤곽적인 성격을 가져서도 아니 된다. 왜냐하면, 만약 개념이 대개의 지식이나 윤곽적인 성격을 갖는다면 수학적 개념형성은 수학의 학습을 통하여 수학적인 완전한 지식을 얻는 것이 아니라, 대개의 지식을 얻는 꼴이 되어 학습하는 의의에 모순이 된다. 즉, 사건이나 사물을 분류하는데 쓰이는 단어나 구를 말한다.

바꾸어 말하면, 개념이란 비슷한 사건, 아이디어, 사람 또는 물건들을 묶는 데 사용하는 범주이다.

개념이 무엇인가 알아보기 위하여 교육학용어사전[15)]을 찾아보면 사고나 판단의 결과로서 형성된 여러 생각의 공통된 요소를 추상화하여 종합한 보편적인 관념. 경험론에서는 감각적 자료에 의해서 형성된 경험적 표상(表象)들의 공통된 내용을 추상적으로 파악하여 획득된 것이라고

15) 현종익 · 이학춘 공저, 교육학용어사전, 동남기획, 2002, pp.20-21.

주장하고, 합리론에서는 인간의 선천적 이성 혹은 오성(悟性)의 소산일 수도 있다고 주장한다. 개념의 형성되는 원천에 따라서 경험적(혹은, 감각적)과정을 통하여 획득된 경험적 개념과, 경험에는 관계없이 순수한 사유(思惟)의 과정을 통하여 획득된 순수개념으로 구별될 수 있고, 지시하는 대상의 성격에 따라서 구체물을 가르키는 구체적 개념과 추상적 특성을 나타내는 추상적 개념으로도 구별된다. 비트겐슈타인(Wittgenstein, L)은 시간적 · 공간적 상황에 의존하여 성립된 생각으로서의 관념들이 가지고 있는 「일군(一群)의 유사성」이 개념형성의 내용이 된다고 하였다. 즉, 개념은 그것이 성격상 시간적 · 공간적 상황을 초월한다는 것을 일단 상정할 때 성립되는 것이라는 뜻이다.

이는 곧, 수학의 지도내용에서 밝힌 추상화와 같은 뜻으로 개념 곧, 추상이라고 할 수 있다.

또, 우리가 일상생활에서 흔히 쓰는 수개념, 양의 개념, 도형개념, 물질개념, 빛의 개념 등의 말에서 생각되는 뜻은 "지식"과 같은 뜻으로 받아들일 수 있는데 그렇게 생각하면 수개념은 수에 관한 지식, 양의 개념은 양에 관한 지식으로 각각 생각할 수 있으며, 일반적으로 기초개념이란 기초지식으로 바꾸어 해석할 수 있다.

따라서 개념이란 추상을 의미하고, 또 지식을 의미하기 때문에 지식은 곧, 추상이며 구체일 수는 없다. 만약, 지식이 구체적인 것이라면 우리가 생활하는데 매우 불편할 것이 분명하다.

따라서 수학의 학습장면에서 생각되는 수학적 개념형성은 수학적 대상을 추상화하고 기호화하여 논리적 과정을 거쳐 그 대상의 성질이나 원리, 법칙을 알아보고, 이론의 통합화와 확장화를 기하는 일 등, 수학적 방법에 의하여 얻어지는 지식은 모두 수학적 개념을 형성시키는 일이라 할 수 있다.

2. 개념형성의 유의점

교사가 수학의 학습시간에 학습지도를 행할 때 개념형성을 하는데 어떤 점에 유의하여야 할 것인가에 대하여 알아보자.

1) 언어사용의 명확화

우리가 일상생활에서 사용하는 언어는 의사전달의 도구이다. 학습지도시 교사가 사용하는 언어도 의사전달의 도구로써 아동들의 사고를 자극하고, 개념형성의 단계로 이끌어가는 매우 중요한 역할을 하므로 교사가 사용하는 언어는 아동들에게 알아듣기 쉬어야 하겠고, 논리적으로 명확히 전개되지 않으면 아니 된다.

만약 교사가 사용하는 언어가 아동들에게 너무 어렵게 받아들여지거나, 또는 논리성이 없이 아동들은 수학에 학습흥미를 잃고 학습결과를 거둘 수 없다. 또 언어는 말하는 사람의 태도나 액센트의 강약에 따라 같은 언어라 하더라도 그 뜻이 달리 전달되어지는 언어 자체가 갖는 모순이 있으므로 수학에서는 이 모순점을 바로잡기 위하여 언어 중 특별한 것은 정의를 내려 사용하게 되는데 이것이 곧, 수학에서 말하는 용어이다. 따라서 수학적 용어는 말하는 사람이 태도나 액센트의 강약에 따라 그 뜻이 변하지 않는다.

그러면 우리가 사용하는 언어와 용어는 어떻게 다른지 구체적인 보기를 들어 알아보자.

가령, 직사각형의 「가로」와 「세로」에 대해서 알아보자.

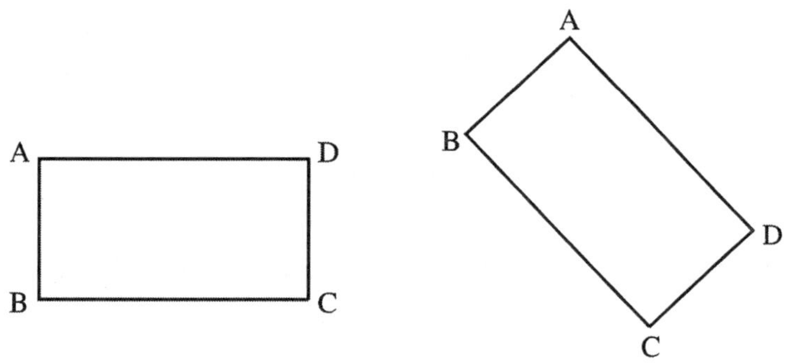

〈 그림 3-1 〉

〈그림 3-1〉에서와 같이 직사각형이 바른 위치에 있을 때 가로와 세로는 다음과 같이 말할 수 있다.

Mathematics Education

가로; AD 또는 가로 BC
세로; AB 또는 세로 CD

그러나 직사각형이 불안전한 위치에 놓여 있을 때는 가로와 세로를 쉽게 말할 수 없다.

그래서 수학에서는 가로와 세로에 대한 새로운 정의를 내리게 되는데, 곧 "직사각형의 직각을 낀 두 변 중에서 한 변을 **가로**라 하면 다른 한 변을 **세로**이다"로 상대적 개념에 의한 정의가 내려지게 되어 앞의 〈그림 3-1〉에서 생각한 「자기가 서 있는 위치에서 수평적으로 또는 좌우로 뻗어 있는 변을 「가로」라 하고, 수직적으로 또는 상하로 뻗어 있는 변을 「세로」라고 생각하는 국어적인 정의에서 발전하여 수학적인 정의가 내려지게 된다.

다른 보기를 또 하나 들어보자.

삼각형의 넓이를 구할 때 사용되는 「밑변」과 「높이」에 대한 개념도 상대적 개념으로 국어적인 정의와 수학적인 정의는 다르다.

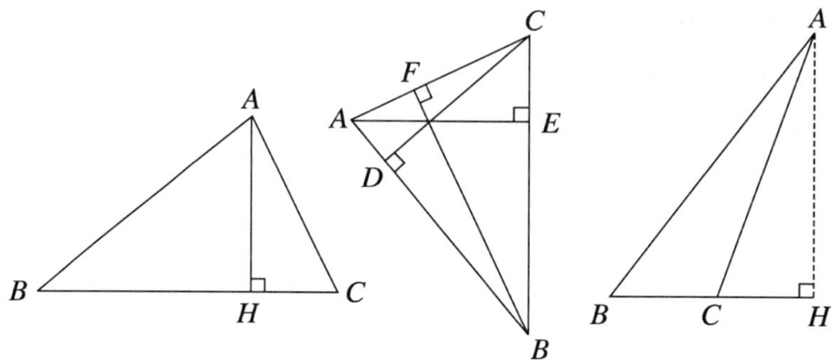

〈 그림 3-2 〉

〈그림 3-2〉에서 보는 바와 같이 삼각형이 바른 위치에 놓여 있을 때는 밑에 변 BC가 밑변이고, 높이는 밑변 BC에 수직으로 세워진 AH가 되어 우리가 일상생활에서 사용하는 산의 높이, 지붕의 높이와 같은 뜻으로 받아들일 수 있으나, 〈그림 3-2〉에서 보는 바와 같이 삼각형이 바른 위치에 놓여 있지 않을 때는 국어적인 정의로는 「밑변」과 「높이」의 개념이 형성될 수 없다.

그래서 수학적인 정의가 필요하게 되는데, 곧, 삼각형의 세 변은 어느 것이나 **밑변**으로 받아들일 수 있고, **높이**는 꼭짓점에서 밑변 또는 밑변의 연장선 위에 수선을 그릴 때의 수선의 길이가 된다.

위의 보기에서 알 수 있는 바와 같이 일상생활에서 국어적으로 사용하는 언어는 수학적 개념을 형성하는데 필요한 도구가 되지만, 언어사용의 명확화(수학적정의)를 기하지 않았을 경우에는 오히려 개념을 형성하는데 있어 장애가 되는 경우가 있다.

따라서, 아동과 교사는 수학적 개념을 바르게 파악하고, 또 이를 형성하기 위하여 일상생활에서 사용하는 언어 또는 용어를 명확히 그리고 유효 적절하게 사용할 줄 알아야 한다.

2) 개념의 외연과 내포

수학적 개념을 형성하는데 있어 교사가 꼭 알아두어야 할 일은 개념의 외연과 내포관계에 따른 지도이다. 가령, 초등학교 아동들에게 다음과 같은 문제를 제시했을 때 어떤 반응이 나타날 것인지 예측해보자.

〔문제〕 〈그림 3-3〉의 도형에서 직사각형과 정사각형은 각각 몇 개 있습니까?

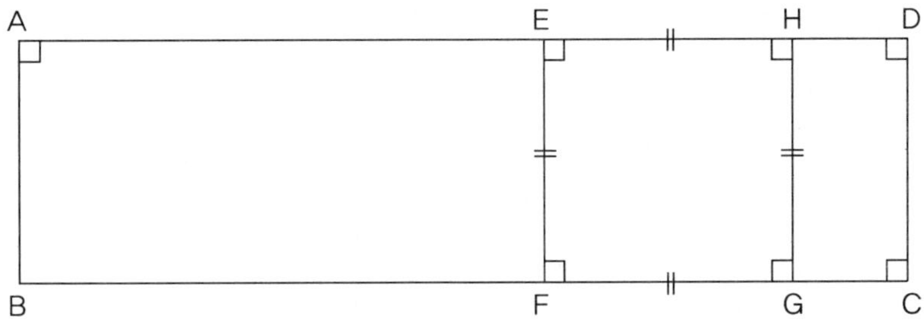

〈 그림 3-3 〉

이 질문에 대하여 어떤 아동은 곧장 3개라고 대답 할 수도 있겠고, 보다 깊이 생각하여 대답하는 아동들은 4개, 5개, 또는 6개라고 점차 수정을 가해서 대답하는 반응을 보일 것이다.

이 문제에 대한 해답을 아동들이 각자 설명할 것을 예상해 보면 대체로 다음과 같은 반응을 보일 것이다. 직사각형의 개수를 3개, 4개로 대답한 아동은 문제에 대한 주의력이 희박한 아동이라 볼 수 있고, 직사각형의 개수가 5개라고 대답한 아동은 사각형 EFGH가 정사각형이므로 직사각형의 개수에서 정사각형의 개수 1개를 빼면 5개라고 주장이고, 또, 직사각형의 개수가 모두 6개라는 주장은 사각형 EFGH가 정사각형이지만 정사각형은 직사각형의 집합에 속하게 되므로 직사각형의 개수는 6개이고, 정사각형의 개수는 1개가 된다고 주장할 것이다. 그러므로 정사각형과 직사각형을 항상 별개의 것, 또는 다른 것으로만 구분하여 지도할 것이 아니라, 어느 관점에서는 같은 것으로 볼 수 있다는 사실을 지도할 필요가 있다.

개념의 **외연**이란 일정한 개념이 지시하는 전 범위 곧, 그 개념이 적용될 수 있는 전체의 범위를 만족시킬 수 있는 개체의 집합을 말하는 것으로서 직사각형의 외연은 {직사각형, 정사각형}이며, 사다리꼴의 외연은 {사다리꼴, 평행사변형, 직사각형, 마름모, 정사각형}이다.

따라서 아동들을 지도할 때 교사는 사다리꼴의 모델을 흑판에 그릴 때, 항상 정위치에 있는 사다리꼴만을 그릴 것이 아니라 필요에 따라서는 정위치에 있지 않는 사다리꼴을 그리거나, 평행사변형, 직사각형, 마름모, 정사각형들도 사다리꼴의 집합에 품긴다는 생각을 갖게 하여 아동들에게 종래와는 다른 사다리꼴의 외연관계의 상(象)이 머리속에 그려지도록 지도하는 것이 바람직하고, 이는 발전하여 어느 목적하에서는 나란한 두 직선을 겹치는 두 직선으로, 또 곡선의 개념 속에는 직선의 개념이 포함된다는 생각도 하여야 한다.

한편, 개념의 **내포**란 그들 개념이 갖고 있는 공통적(또는 본질적)인 성질의 집합관계를 말한다. 가령, 직사각형과 정사각형의 성질을 각각 살펴보면 다음과 같다.

Mathematics Education

〈 직사각형의 성질〉

① 네각의 직각이다.

② 마주보는 변은 나란하고 같다.

③ 맞모금은 서로 다른 것을 2등분한다.

〈 정사각형의 성질〉

① 네각의 직각이다.

② 마주보는 변은 나란하고 같으며, 네 변의 길이가 같다.

③ 맞모금은 서로 다른 것을 수직2등분한다.

이들 성질을 자세히 검토해 보면 직사각형의 모든 성질은 정사각형의 모든 성질 속에 들어 있음을 확인할 수 있다. 곧, 직사각형과 정사각형의 내포관계는 정사각형이 직사각형을 포함하는 것이 된다.

다음에는 두 개의 개념이 있을 때 양자의 외연과 내포에는 어떤 관계에 있을 것인가 알아보자.

직사각형의 개념 속에들어 있는 도형의 집합은 정사각형의 개념 속에 들어 잇는 도형의 집합보다 그 범위가 넓다. 다시 말하여 어느 개념 갑(甲)이 개념 을(乙)을 특수한 것으로 품을 때는 갑(甲)의 외연은 을(乙)의 외연을 부분집합으로 품는다.

이와 같이 개념의 외연과 내포관계를 생각한 학습지도의 방법은 수학적 대상을 집합적으로 보고 생각하는 태도를 낳게 하고, 더 나아가 학습의 구조화를 꾀하게 된다.

3) 구체에서 추상으로

개념 그 자체는 추상이기 때문에 학습지도에서는 구체적인 실험·실측이 뒤따라야 한다.

가령, 평면과 곡면의 지도를 할 때 이들 개념은 어떻게 형성되는 것인지 알아보자, 대개 교사들은 교과서에 나와 있는 평면과 곡면의 예시적 정의인 「흑판의 면과 같이 평평한 면을 **평면**이라 하고, 공의 면과 같이 구부러진 면을 **곡면**이라 한다.」를 읽어 주고, 또 아동으로 하여금 구체적인 생활 장면에서 평면과 곡면을 가려낼 수 있으면 이들의 개념이 형성되었다고 생각한다.

가령, 교과서에 나타난 예시적 정의에 의하여 평면인 것을 흑판, 유리창, 천장 등으로 가려내고, 곡면인 것을 공의 면, 물병의 옆면 등으로 가려냈다고 하여 평면과 곡면을 명확히 이해하도록 하기 위하여 아동이 가려낸 흑판, 유리창, 천장 등은 왜 평면인가? 이들은 과연 평평한 면을 가졌다고 할 수 있을 것인가? 그리고, 공의 면과 물병의 옆면은 정말 구부러진 면인가?를 논리적인 엄밀성 밑에서 실험 · 실측이 이루어지지 않으면 아니 된다.

흑판의 면이 평평한가 또는 평평하지 않는가를 알아보기 위해서는 한쪽 면을 주의 깊게 보아 정말로 평평한가를 살피는 경우도 있겠고, 손으로 흑판의 면이 평평한가를 알아보는 방법도 있겠으나 이들은 훌륭한 실험 · 실측의 방법은 못된다.

이 때 한 아동이 삼각자를 들고 나와 삼각자는 직선을 긋는데 사용되므로 삼각자로 직선을 긋는 곳을 흑판의 면에 대고 스쳐보아 틈이 생기는가 또는 생기지 않는가를 살펴보고 평면인가 곡면인가를 판정하는 방법도 있을 수 있다.

그러나 한 가지 주의할 일은 삼각자로 직선을 긋는 곳을 흑판의 면에 대고 스쳐 볼 때 평행이동의 방법으로 스쳐보아 틈이 생기지 않으면 평면이라고 생각하는 것은 너무 성급한 판단이다.

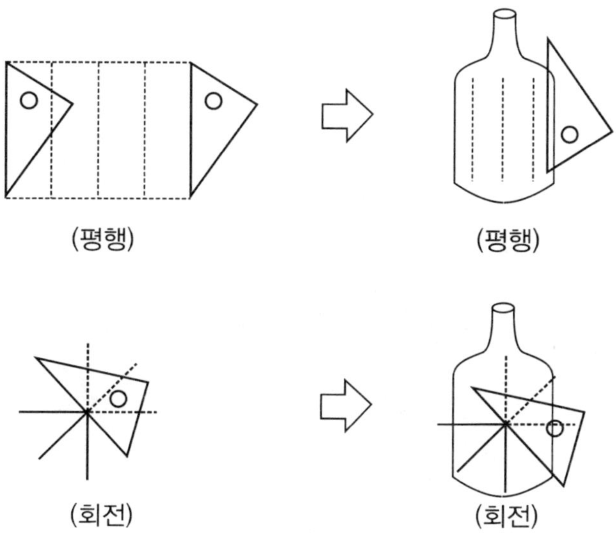

〈 그림 3-4 〉

그래서 이번에는 다른 방법으로 실험·실측이 이루어지게 되는데 곧, 삼각자를 흑판의 면위에 대고 스칠 때 평행이동이 아닌 회전이동으로 스쳐보아 빈틈이 생기지 않으면 **평면**이라 판정하고, 물병의 옆면도 삼각자를 대고 회전하여 스쳐 볼 때 틈이 생기게 되므로 **곡면**으로 판정하기에 이른다.

이상의 평면과 곡면을 이해하도록 하는 보기에서 알 수 있는 바와 같이 국어적인 의미에서 수학을 이해해서는 아니 되고 또, 추상적인 내용을 추상적인 방법으로 지도해서도 아니 된다.

수학적 개념은 추상화된 수학의 지식이기 때문에 저학년 아동에는 구체적인 실험·실측이 뒤따라야 하고, 이는 물리나 화학에서처럼 구체적 실험·실측을 통하여 대상을 이해하도록 하는 **실험실법**(Laboratory method)[16]을 수학의 학습에서 적용하는 것이 필요하다. 따라서 이러한 실험실법의 적용은 아동들의 과학적 탐구정신을 길러주며, 수학을 만들어 가는 방법을 길러주게 되므로 창조성의 개발과 직결된다.

DISCUSSION •••

[1] 다음 용어를 정의하여라.

(1) 개곡선 · 폐곡선

(2) 평행과 수직

(3) 다각형

(4) 원

[2] 1에서 5까지의 자연수의 개념형성에 대해서 설명하여라.

[3] 실험실법이란 무엇이며, 이를 수학교육에 어떻게 이용할 것인가 구체적인 보기를 들어 설명하여라.

16) 동경교육대학교, 연구자료, Vol.XI. No.3. 1970. pp.30~40.

3.2 수학적 사고

1. 사고의 의미

어떤 문제를 해결하기 위해서는 생각하는 힘, 곧 사고력이 작용되어야 하므로 사고의 의미부터 알아보기로 하자.

교육학용어사전[17]에서 **사고**의 의미를 알아보면 "넓은 뜻으로는 인간의 지적작용을 총괄하여 이르는 말이지만, 일반적으로는 감성의 작용과 구별하여 개념 · 판단 · 추리의 작용을 가리키는 말. 우리는 사고에 의하여 감정적으로 주어진 소재를 총괄하여 대상의 여러 측면을 인식한다. 사고에 관하여는 두 가지의 서로 다른 입장이 있는데, **경험론**은 사고의 독자성을 과소평가하고, **합리론**은 사고만으로 진리를 인식할 수 있다고 주장한다. 사고는 또 대상 인식에 있어서뿐만이 아니라, 목적 설정이나 수단과 방법과의 관계, 또는 활동과 목적과의 관계 등의 인식에도 작용된다. 그러나 이 경우에도 사고의 본질적인 기능은 사태의 법칙적인 연관을 파악하는 데 있다"고 하였고, 또 철학사전에서는 과제 상황에 대처하는 정신기능을 **사고**로 정의하였으며, 고전논리학의 체계를 완성한 아리스토텔레스(Aristoteles)는 논리적 추론을 이끌어 내는 법칙을 **사고법칙**이라 하였고, 여기에서 **개념, 판단, 추리**의 삼요소가 사고활동의 요소가 된다고 하였다.

사고활동의 요소인 **개념**의 의미는 문제해결을 위해 필요로 하는 과거의 경험, 지식, 정보 등의 현재의 정신작용 속에 파고드는 것을 의미하고, **판단**은 문제해결의 착상을 갖게 하는 것으로 대상을 비교, 분석, 종합하는 사고작용에서 얻어지며, **추리**는 개념, 판단에 의한 기초 밑에 실제로 문제를 해결해 가는 방법으로 귀납추리, 연역추리, 유비추리를 의미한다.

이러한 고전논리학적 사상은 오늘날에까지 계승되고 있지만 근대심리학인 「Gestalt 심리학」에서는 사고의 정의를 재생적 사고가 아닌 생산적 사고에서 찾으려 하였고, 통찰과 장의 이론을 중요시하였다. 피아제(Piaget,J)도 이론적인 이론법칙에 이르는 발달과정의 해명을 사고의 제일로 하고, 조작활동이나 구조화로서 사고를 연구하려고 하였다.

사고에 대한 연구는 아직도 끊임없이 계속되고 있지만 고대심리학자들은 사고를 정신기능면에서 찾으려는 노력이 다를 뿐으로 이는 정신과 행동의 대결이 사고의 진의를 찾는 데 역점이 됨을 의미한다.

---

17) 서울대학교 사범대학 교육연구소편, 교육학 용어사전, 배영사, 1995. p.256.

2. 수학적 사고의 의미

그러면 수학적 사고의 의미는 무엇일까?

수학적 사고에 대한 연구는 계속하여 왔지만 수학적 사고를 정의하는 면은 학자에 따라 서로 다르지만 여기에 종합하여 설명하고자 한다.

1) 수학적 착상의 생산

종래의 수학교육에서는 문제를 해결함에 있어 답을 산출하는 방법에 몰두하였지만 앞으로의 수학교육에서는 문제를 해결할 때 배후에 있는 수학적 착상을 찾고, 이를 보다 아름답게 다듬어 나가는 「만들어 가는 수학적 체계」를 갖추자는 것이다.

2) 수학적 방법의 활용

대상을 수학의 세계로 끌어들여 추상화, 형식화, 일반화, 특수화하는 일 등은 수학적 방법인데 이는 순수 수학적인 입장에서뿐만 아니라 자연과학적 방법에 있어서도 이를 널리 이용하는 것을 뜻한다.

3) 수학교육의 목적달성

수학교육의 목적달성을 위하여 현장의 구체적 학습지도의 개선을 요구한다.

따라서 **수학적 사고**란 「대상을 수학적으로 보고 생각하며 수학을 만들고 다듬어 가는데 근원이 되는 생각」이라고 할 수 있다.

「수학을 만든다」는 뜻은 옛날 수학을 그대로 받아들인다는 뜻이 아니고, 수학의 내용은 아주 옛날 것이라 하더라도 이를 배우고 가르치는 사람은 새로운 수학적 착상을 일깨워 새로운 관점에서 수학을 만든다는 뜻으로 창조성의 개발과 직결되며, 수학을 만드는 데 있어서는 수학만이 갖게 되는 수학의 특성과 추론의 방법, 공리론적 방법 등이 고려되어야 하고, 수학교육을 통한 인간형성에 있어서는 수학교육의 목적인 창조성 있는 인간상, 유용성 있는 인간상, 심미감 있는 인간상이 구연되어야 하겠으며, 수학의 내용면의 특성에 따라서도 수학적 사고는 생각되지 않으면 아니 된다.

이러한 관점에서 수학적 사고가 갖는 의미를 요약하면 다음과 같다.

Mathematics Education

수학적 사고

1. 수학교육의 목표달성면에서 생각되는 수학적 사고
   ① 자주적으로 수학화 하는 일
   ② 수학화를 통한 수학의 기초적인 개념, 원리, 법칙을 이해하는 일
   ③ 대상을 간결, 명확, 통합적으로 처리하는 일
   ④ 논리적으로 사고하는 태도와 기능을 기르는 일
   ⑤ 대상을 합리적으로 처리하는 기능을 기르는 일
2. 수학의 특성이나 수학적 방법면에서 생각되는 수학적 사고
   ① 수학의 특성면에서 추상성, 형식성, 일반성, 특수성, 계통성, 직관성, 논리성
   ② 수학적 방법면에서 귀납적 방법, 연역적 방법, 유추적 방법, 확장화의 방법, 공리론적 방법, 구조화의 방법 등
3. 수학의 내용면에서 생각되는 수학적 사고
   ① 수와 연산 영역에서 본 수학적 사고
   ② 도형 영역에서 본 수학적 사고
   ③ 측정 영역에서 본 수학적 사고
   ④ 확률과 통계 영역에서 본 수학적 사고
   ⑤ 규칙성 영역에서 본 수학적 사고

DISCUSSION • • •

[1] 수학적 사고가 갖는 의미를 요약하여라.

[2] 공리란 무엇이며, 어떤 공리가 있는지 조사하여라.

[3] "왜냐?"의 발문은 논리성과 관계가 있다.
"직사각형의 넓이=가로×세로"에서 "왜냐?"라는 발문을 하였을 때 아동의 예상되는 반응과 지도대책을 써라.

3.3 수학학습의 구조화

1. 구조화의 의미

수학적 구조를 처음으로 부르짖은 프랑스의 수학 학파인 부루바키(Bourbaki)는 구조를 설명하는데 있어 먼저 집합이 있고, 그 집합에 공리를 적용하여 새로운 집합을 만드는 것을 **구조**라 하였으며, **공리**는 형식적 공리계를 생각하는 것이 아니고, 수학적 이론을 만들어 가는데 필요한 가정이나 조건, 전제가 되는 것을 뜻하며, 이 공리가 어떻게 주어지느냐에 따라 수학적 구조인 대수적 구조, 순서적 구조, 위상적 구조가 각각 만들어진다.

가령, $S = \{1, 2, 3, 4\}$에 다음과 같은 가정, 또는 전제(공리)가 주어질 때 만들어지는 수학적 구조에 대해서 생각해 보자.

(1) 주어진 집합 S에 공리인 「약수관계」를 정의해 보자.

"2는 4의 약수이다"를 $2 \rightarrow 4$로 나타내기로 하면, 1은 각각 2의 약수, 3의 약수, 4의 약수가 되므로, 〈그림 3-5〉에서 보는 바와 같이 **대수적 구조**가 만들어진다.

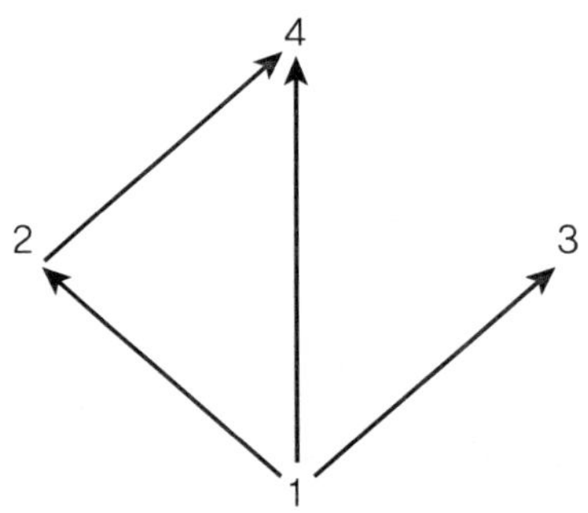

〈 그림 3-5 〉

부루바키(Bourbaki)는 대수적 구조를 설명하는데 있어 "대수학의 목적은 하나 또는 여러 개의 집합의 원소 사이의 내적 또는 외적인, 하나 또는 그 이상의 결합의 법칙에 의하여 지정되어지는 구조"로 설명하고 있는데 이는 곧, 몇 개의 집합 사이의 관계에서 결합관계에 중점을 둔 구조로 받아들일 수 있다.

(2) 다음에는 주어진 집합 S에 공리인 「대소관계」를 정의해 보자.

이들 대소관계를 하나의 <그림 3-6>와 같이 수직선상에 표시해 보면 윗줄과 같은 순서적 구조가 만들어진다.

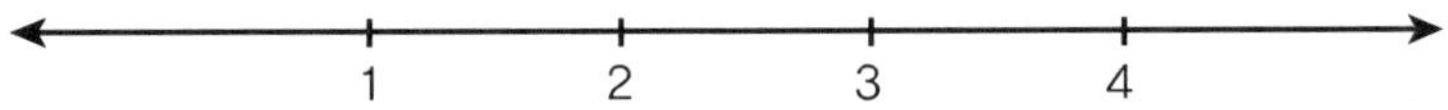

< 그림 3-6 >

이 **순서적 구조**는 집합의 원소 사이의 대소관계, 전후관계를 알아보는 구조로써 받아들일 수 있다.

(3) 끝으로, 주어진 집합 S에 「맺는다」의 관계를 정의해 보자.

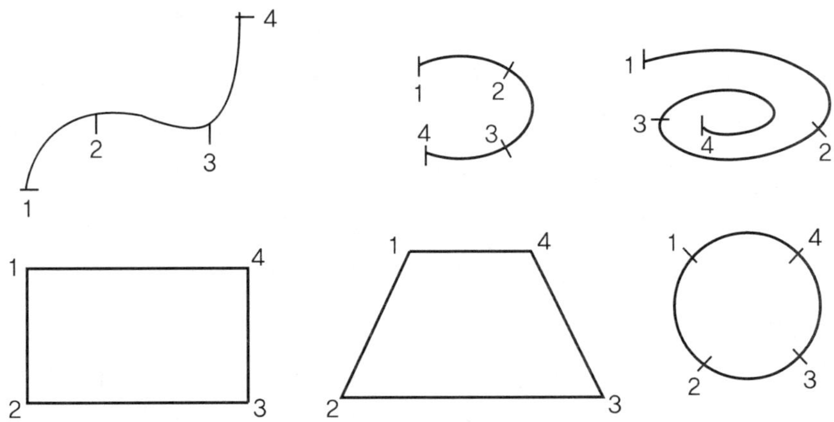

< 그림 3-7 >

1에서 2를 맺는 것을 기호 1→2로 나타내기로 하면, <그림 3-6>와 같이 1→2→3→4인 경우에는 개곡선이 만들어지며, 1→2→3→4→1인 경우, 다시말하여, 4에서 다시 처음 시점인 1에 다시 되돌아오는 경우에는 폐곡선의 집합이 만들어진다.

이와 같이 공간의식에서 취급되는 근방, 내부, 외부, 경계 등 직관적인 개념을 형식화하는 구조를 **위상적 구조**라고 한다.

앞의 보기에서 알 수 있는 바와 같이 **구조**는 먼저 집합이 있고, 그 집합에 공리나 정의를 설정하여 (이것을 "집합에 구조를 넣는다"라고 표현하기도 한다) 새로운 집합을 만드는 것으로 수학적 구조 중 어느 구조가 형성되느냐 하는 문제는 공리나 정의의 설정에 따라 좌우되고,

또 이들은 같은 문제의 내용을 보아 나가는데 있어 대수적 구조, 순서적 구조, 위상적 구조의 어느 한 경우로만 보는 것이 아니라, 때로는 두 가지, 세 가지 경우로 보고 생각하려는 태도가 바람직하다.

2. 구조화의 교육적 가치

구조화의 교육적 가치는 무엇인가?

인간 역시 인간의 기계화에서 탈피하려는 뜻에서 창조성의 개발이 절실히 요망된다. 이러한 의미에서 구조화가 갖는 교육적 의의를 다음과 같은 관점에서 생각할 수 있다.

첫째, 전체와 부분간의 관계를 명확히 하기 위하여 구조화가 꾀해진다.

수학을 만들어가는 일은 설계도와 같이 미리 정해 놓은 일을 완성하는 것이 아니고, 어떤 문제를 처리함에 있어 연역적 추론의 방법에 따라 심미적 가치와 더불어 창조적 착상을 발굴하며 만들어간다. 그렇기 때문에 전문적으로 파고드는 부분적인 일을 처리함에 있어서도 항상 전체와 부분간의 관계를 맺어 전체구조 속에서 전문화된 부분을 인식하거나, 또는 부분적 전문 요소들에 의하여 전체구조를 인식하는 분석과 총합의 관계를 분명히 한다.

가령, 훌륭한 창문(부분)을 만들기 위해서는 창문을 만드는 일에만 마음을 둘 것이 아니라 집의 전체구조 밑에서 알맞는 창문, 쓸모있는 창문을 만드는 것이 바람직하다는 뜻이다.

구조화를 위한 관계의 생각은 전체와 부분간의 관계만이 아니고, 전시학습과 본시학습과의 관계에서 다른점, 같은점을 알아보는 일도 관계를 명확히 하는 것이며, 관계를 굳게 맺으며 학습을 이끌어 가는 일은 학습의 성취도를 높여주고 학습내용을 쉽게 잊어버리지 않게 하는 방법도 된다.

둘째, 사고의 절약을 위하여 구조화가 꾀해진다.

20세기에는 과학문명의 황금기라고 한다. 21세기에서는 과학문명의 발전내용이 지금에 비하여 어떻게 달라질까? 물론, 세기가 지남에 따라 눈부신 발전을 가져올 것이다. 그러면 오늘의 교육, 특히 수학교육에서는 어떠한 대책이 필요할까? 오늘날 수학교육에서 집합, 함수, 통계, 논리 등이 중요하다고 하는데 과연 이것들은 오늘날 사회에서도 필요하고 또 앞으로 다가올 21세기의 과학문명을 창조하는데 크게 이바지할 수 있는 요인이 될 것인지? 여기에 대한 대답은 "그렇다"하고 만족스러운 대답을 하기에는 어딘가 모르게 꺼림직 하다.

그래서 **브루너**(Bruner, J.S)는 그의 저서 「교육의 과정」에서 앞으로의 교육에서는 지금까지 개발된 학문의 내용을 어느 관점에서 통합, 정리하여 기초개념을 추출하고 이 기초개념에 중점을 둔 학습지도가 이루어질 때, 이를 이해한 아동들은 현시대에 능동적으로 적응할 것은 물론, 앞으로의 시대를 개척할 수 있는 능력을 가질 수 있다고 보고 있으며 구조화에 관한 자신의 네 가지 주장을 다음과 같이 내세우고 있다.

Mathematics Education

1. 학습에서 기본적인 구조를 이해하게 되면 그 교과를 쉽게 이해할 수 있다는 것.
2. 교과의 세세한 내용이 구조화된 전체의 형식 속에서 이해되지 않으면 그 내용은 쉽게 잊어버리게 된다는 것.
3. 기본적인 구조나 원리의 이해는 학습의 전이를 높여주는 효과를 가진다는 것.
4. 기본적인 구조의 이해는 상위개념과 하위개념 사이의 간격을 좁혀 그 관계를 쉽게 이해할 수 있다는 것이다.

따라서, 사고의 절약이 갖는 뜻은 간결성(또는 단순성)과 그 뜻이 일치되며, 학습지도에서는 통합화에 의한 기초개념 원리, 법칙을 이해하는데 중점을 두고, 이들은 보다 넓은 범위로 확장해가는 학습의 전이 면을 생각하는 것이다.

셋째, 창조성 개발을 위하여 구조화가 꾀해진다.

종래의 수학과 학습지도에서는 주어진 교과서의 내용을 아무 모순 없이. 또는 교과서나 지도지침서에 써 있는 내용 그대로를 지도하면 된다는 생각이 많았다. 그러나 이러한 지도방법은 창조성의 개발이란 관점에서 생각할 때 교과서나 지도서의 내용을 그대로를 지도하면 획일적 수업방법이라는 생각이 들어 과히 찬양할 바는 못된다.

우리가 교과서의 내용으로 주어진 이미 만들어진 수학을 지도할 때에도, 옛날 사람들이 그와 같은 내용을 처음으로 발견했을 때의 방법을 학습에 끌어들여 아동 개개인이 자신의 힘으로 문제를 해결해 가는 만들어 가는 수학적 지도방법을 택하고, 그 문제를 해결해 가는 방법에만 관심을 가질 것이 아니라 문제해결에 적용된 원리나 법칙에 중점을 둔 논리적인 지도가 항상 뒤따라야 하는 것이다.

3. 수학학습의 구조화과정

구조화를 꾀하는 학습지도과정에서 교사가 유의할 점에 대해서 몇 가지 찾아보자.

1) 기본적 학습모델을 선정하고 기본적인 개념(성질, 원리, 법칙)을 이해하도록 한다.

교과서의 어느 단원의 내용을 지도할 때에는 먼저 교과서의 내용을 조사·분석하여 단원목표의 도달에 필요한 기본문제, 즉 모델이 되는 문제를 선택하고, 이를 철저히, 그리고 여러 가지 방법으로 문제를 풀게하여 아동들의 창조성을 길러줌과 동시에 어느 아동이건 이 모델이 되는 문제는 잘 이해하도록 하고, 또 거기에 포함된 기초적인 성질이나 원리, 법칙을 이해하도록 하며, 기타의 토의문제는 모델이 된 문제와 상호 비교하여 유사점이 발견되면 유비추리의 방법에 따라 독자적으로 해결하게 하는 방법이 중요하다.

모델이 되는 기본문제의 선정요건은 학자에 따라 그 내용을 달리 생각할 수 있겠으나 대체적으로 다음 사항을 유의하여 기본문제를 선정하는 것이 필요하다.

첫째, 모델이 되는 문제는 단원목표를 도달시키는데 가장 적절한 문제이어야 한다.
둘째, 모델이 되는 문제는 아동들의 학습의욕을 낳게 하는 매력적인 문제로 다양한 관점에서 기초개념이나 원리, 법칙을 발견할 수 있는 문제이어야 한다.
셋째, 모델이 되는 문제는 응용력이 강한 문제로서 토의문제의 해결에 큰 도움을 줄 수 있어야 한다.

위의 요건을 갖춘 기본문제를 지도할 때에는 일반적 문제해결과정에 따라 주어진 문제의 대상이 된 집합은 무엇이며, 그 집합에 어떤 착상, 조건, 공리가 적용되었는지, 왜 그런 착상, 조건, 전제, 조작을 하였는지 논리적으로 검토하고, 실험조작을 통한 구체적 조작과정을 거쳐 기본문제에서 기초적인 성질을 발견하며, 발견된 성질을 알기 쉬운 용어로 언어적 일반화를 기해 보거나 문자로 표시된 일반화를 기하여 이론의 본질이 간결, 명확히 표현될 수 있도록 하는 것이 필요하다.

2) 기습(旣習)한 학습내용과 현재의 학습내용을 관련, 통합하고 이를 발전시킨다.

기본개념을 오랫동안 간직하고 자유자재로 활용할 수 있도록 하기 위해서는 기습(旣習)한 학습내용과 지금 학습하는 내용 사이에는 어느 점이 같고 ,다르며, 어떻게 관계하고 있는가를 명확히 분석하여 이들 사이에 직접 관계를 맺고, 또 같은 점을 착안하여 학습내용의 통합화[18]를

18) 강시중·황선형 공저, 집합·함수, 교육문화사. 1971, pp.70~100.

기하는 것이다.

3) 전체의 학습지도과정은 만들어 가는 수학적인 입장을 취한다.

만들어 가는 수학적인 입장이란 어떤 문제를 해결해 가는데 있어, 옛날 사람들이 그 문제를 해결할 때의 고충과 애로점을 오늘날의 입장에서 맛보며, 새로운 원리나 법칙을 발견하는 방법으로 발견학습의 방법과 직결된다. 따라서 아동 개개인은 독자성을 가지고 문제를 발견하고, 해결계획을 수립하며, 이를 실행에 옮겨 검증해 보는 태도는 창조성을 길러주는 면에서 매우 바람직하다.

4) 다양한 사고에 의하여 문제를 해결하도록 한다.

만들어 가는 수학적인 장면에서는 아동의 독자성, 자주성을 강조하고 있기 때문에 학습의 구조화를 형성할 때에도 구조의 양식이 어느 아동이건 꼭 같을 수 없다. 왜냐하면, 아동 개개인은 자기가 가지고 있는 지식과 생활환경이 다르고 또 생각하는 관점이 다르기 때문이다. 따라서 교사는 아동들의 독자성을 강조하며 같은 문제를 여러 가지 방법으로 풀게 하여, 다양한 사고의 유연성을 갖게 하고, 이를 각자 구조화 해 보도록 지도하는 것이다. 이렇게 하여 만들어진 구조들은 어느 관점에서는 잘된 구조, 또는 잘못된 구조로 나누어 생각할 수 있겠으나 아동의 독자성, 자주성을 강조하는 면에서 보면, 잘된 구조, 잘못된 구조를 일방적 견해에서 따지는 것은 바람직하지 못하다.

Mathematics Education

〔보기〕 도형의 넓이를 구하는 문제에서 구조화의 지도법을 알아보자.

지금까지 학습지도에서는 직사각형, 정사각형, 평행사변형, 사다리꼴, 삼각형, 원 등의 넓이를 구하는데 각각 그 공식이 교과서에 나와 있고, 또 이들을 지도하는데 있어서도 공식이 서로 다르다는 관점 하에서 공식을 외워 문제를 풀게 하는 지도법이 성행하였다. 그러나 수학은 앞에서 누차 강조한 바와 같이 **외우는 교과**가 아니고 **만들어 가는 교과**이기 때문에 이들 공식을 서로 다른 것으로 보지 않고 같은 것으로 묶어 구조화 하는 지도과정이 필요하다.

그러면 이들 도형의 넓이를 구하는 과정에서 직사각형을 모델로 하여 구조화를 꾀하는 지도법을 알아보자.

잘 알고 있는 바와 같이 직사각형의 넓이는 다음과 같이 그 공식이 주어진다.

Mathematics Education

(직사각형의 넓이) = (가로) × (세로)

정사각형의 넓이를 구할 때에는 한 변의 길이의 제곱으로 직사각형의 넓이를 구하는 것과 전연 무관하게 생각하는 것이 아니라, 정사각형은 직사각형의 집합에 포함되므로 정사각형의 넓이도 직사각형과 관련지워 (가로)×(세로)로 받아들일 수 있다. 곧,

Mathematics Education

(정사각형의 넓이) = (가로) × (세로)

또, 〈그림 3-8〉와 같이 평행사변형의 넓이를 구하는데 있어서도 평행사변형을 직사각형으로 등적변환하여 다음과 같이 설명할 수 있다. 곧,

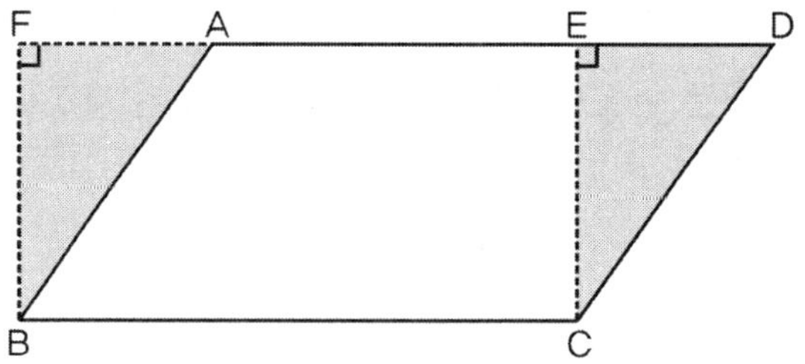

〈 그림 3-8 〉

Mathematics Education

(평행사변형의 넓이) = (밑변) × (높이) = (가로) × (세로)

사다리꼴의 넓이를 구하는 것도 앞에서와 마찬가지 방법으로 사다리꼴의 넓이를 직사각형의 넓이를 직사각형의 넓이로 등적변환하여 다음과 같이 그 넓이를 구할 수 있다.

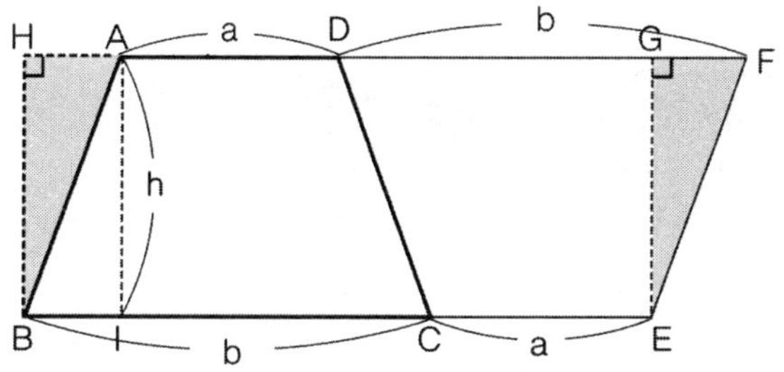

〈 그림 3-9 〉

〈그림 3-9〉와 같이 변AD, 변BC의 연장선상에 두 점 E, F를 □ABCD≡ □DCEF 되게 잡으면 □ABEF는 평행사변형이 된다.

따라서,

$$\square ABCD = \frac{1}{2}(\square ABEF) = \frac{1}{2}(\square HBEG)$$
$$= \frac{1}{2}\{(a+b)\times h\} = \frac{1}{2}(\text{가로})\times(\text{세로})$$

끝으로 원의 넓이를 구하는 것이나, 〈그림 3-10〉와 같이 단순폐곡선의 넓이를 구하는 방법도 단위면적을 기초로 하는 직사각형의 면적을 구하는 방법으로 통합하여 지도할 수 있다.

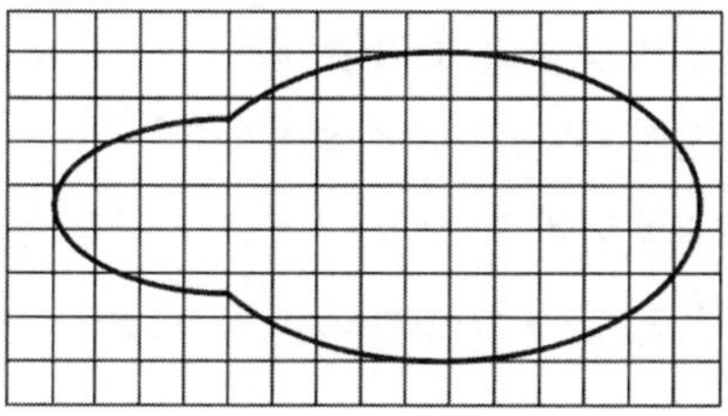

〈 그림 3-10 〉

앞의 [보기]에서 생각한 내용을 간단히 요약하면 다음과 같은 학습의 구조화 과정을 알 수 있다.

〈표 3-1〉 학습의 구조와 과정

model →	pattern →	structure →	mother structure
·가로, 세로의 길이가 각각 2cm, 3cm의 넓이는?	(직사각형의 넓이) = (가로)×(세로)	S=a×b (아래 4각형의 넓이는 직4각형의 넓이를 구하는 것에 통합한다.)	S=a×b를 보다 상위개념으로 발전하면 S=a※b인 연산구조를 생각할 수 있다.
·한변의 길이가 2cm인 정사각형의 넓이는?	(정사각형의 넓이) = (1변의길이)^2	S=a^2=a×a	
·밑변, 높이의 길이가 각각 2cm, 3cm인 평행사변형의 넓이는?	(평행사변형의 넓이) =(밑변)×(높이)	S=a×b	
·윗변, 아랫변,높이의 길이 각각 2cm, 3cm, 4cm인 사다리꼴의 넓이는?	(사다리꼴의 넓이)= {(윗변)+(아랫변)} ×높이÷2	S=(a+b)×h / 2	
·밑변과 높이의 길이가 2cm, 3cm인 삼각형의 넓이는?	(삼각형의넓이)= (밑변)×(높이)÷2	S=a×h / 2	
·주어진 단순 폐곡선의 넓이는?	생 략	생 략	

주의: ~~~~ 표는 S=a×b인 꼴로 보려는 것이다.

위의 학습의 구조화 과정을 살펴보면, Model→Pattern→Structure→Mother Structure[19]의 네 가지 단계를 밟게 되는데, 맨 끝의 모 구조에서 완전히 구조화가 끝나는 것이 아니고 모 구조에서 보다 높은 상위개념으로 통합이 가능하면, 이를 새로운 모구조로 받아들이는 동시에 이미 있었던 모 구조는 단순한 구조로 격하하게 된다.

한편, 수학과 개정교육과정에 적합한 학습의 구조화 과정을 현실(직관, 조작활동)단계→모델(그림, 식)단계→약속(기호, 용어)단계→방법(정리, 성질, 공식)단계로 제시하고자 한다.

DISCUSSION • • •

[1] 구조의 뜻과 수학적 구조의 형성과정을 설명하여라.

[2] 학습 모델로서 기본문제의 설정요건과 지도방법을 설명하여라.

[3] 적당한 지도내용을 선정하여 학습의 구조화 과정을 보여라

19) 동경교육대학교 수학교육연구회편, 수학교육현대화 자료(2), 1968. pp.1~16.

3.4 수학적인 생각·태도

수학의 교수-학습에서는 문제 해결의 과정을 거치는 경우가 대부분이다, 그래서 여기서는 N. C. T. M.을 비롯한 동서양의 여러 학자들의 주장을 바탕으로, 영역에 구애됨이 없이 수학적 활동에 주로 많이 이용되는 수학적인 방법을 "방법에 관련된 수학적인 생각"으로 규정하였으며, 마찬가지로 수학적 활동의 각 단계에서 주로 많이 이용되는 수학적인 아이디어를 "내용에 관련된 수학적인 생각"으로 규정하였다. "방법에 관련된 수학적인 생각"과 "내용에 관련된 수학적인 생각"은 모두 수학적인 태도에 의하여 발동되며, 수학적 활동에서는 이 두 생각이 동치에 작용한다. 또 이 두 생각을 묶어서 "수학적인 생각"이라고 부르기로 하였다.

그리고 수학적 활동의 각 단계에서 그 "방법에 관련된 수학적인 생각"이나 "내용에 관련된 수학적인 생각"을 떠올려 발동시키는 힘(Guiding Forces)에 해당하는 것, 즉 인지 심리학에서 말하는 Mathematical Meta-Think에 해당하는 것을 "수학적인 태도"로 규정하였다.

1. 수학적인 생각

1) 수학의 방법에 관련된 수학적인 생각

수학의 방법에 관련되는 수학적인 생각이란 아동 스스로 갖추고 있는 수학적인 지식이나 기능을 활용하여 문제를 해결할 때의 대처 방안이나 문제의 해결 방법에 주목하는 방법을 말한다.

(1) 귀납하려는 생각

문제의 해결에서 해결이 용이하지 않을 때, 단순하고 특수한 경우부터 알아보려는 생각에서,

① 몇 개의 구체적인 자료를 수집한다.
② 수집한 자료 사이에서 볼 수 있는 규칙이나, 성질을 찾아본다.
③ 찾아낸 규칙이나, 성질이 그 자료를 포함하는 대상 전체(변수의 변역 전체)에서 성립하리라는 추측을 한다,
④ 추측한 규칙이 "참"임을 확실히 하기 위하여 새로운(다른) 자료로 확인을 한다는 일련의 단계를 거치려는 생각이 "**귀납하려는 생각**"이며, 이를 간단히 "귀납적인 생각"이라고도 한다,

Mathematics Education

㉮ **도형, 응용문제의 해결**

㉮ 삼각형, 사각형의 꼭짓점이나 변의 수에 주목하여 오각형, 육각형, · · · · 의 꼭짓점이나 변의 수를 생각할 때. **(불완전 귀납)**

㉯ 「크기가 다른 두 닭장에 닭이 각각 9마리씩 들어 있다. 작은 닭장에서 큰 닭장으로 몇 마리 옮기면 큰 닭장의 마리 수가 작은 닭장의 마리 수의 2배가 되는가」라는 문제를, 표를 만들어 해결한 다음에, "두 닭장의 마리 수의 차가 2씩 변하고 있다."는 것을 알아차릴 때.**(완전 귀납)**

(2) 유추하려는 생각

문제의 해결에서 어떤 사상 A에 대한 법칙, 성질 또는 해결방법을 사상 A와 유사한 기지의 사상 A' (A'에 대해 알고 있는 법칙, 성질 또는 해결방법을 P'라하자.)를 생각해 내고, A에 대해서도 A'에서의 P'와 같이 성립하지 않을까 하는 생각을 해나가는 것이 "**유추하려는 생각**"이며, 이를 "유추적인 생각"이라고도 한다.

Mathematics Education

예 **규칙, 자연수의 합**

㉮ 바둑돌로 정사각형의 모양을 만들 때 소요되는 바둑돌의 수를 알아보는 방법으로 삼각형을 만드는 데 소요되는 바둑돌의 수를 알아보는 경우.

㉯ 1+2+3+ ... +10 = 55를 이용하여 11+12+13+14+ · · · +20의 답을 구할 때, 이와 같은 유추적인 생각은 문제의 해결 방안을 수립하는 단계나 해결을 실행하는 단계에서 하게 되며,

㉠ 이것과 비슷한 문제를 풀어 본 적이 없는가

㉡ 그 문제와 이 문제에서 공통적인 사실이 있는가

㉢ 그 문제를 풀었던 방법으로 풀 수 없겠는가

㉣ 그 문제를 풀었던 방법을 더듬어 보아라

라는 조언에 의하여 발동된다.

(3) 연역하려는 생각

기지의 사실이나 주어진 조건을 써서 어떤 사실이 항상 바르다는 판단이나 설명을 하려는 생각이 "**연역하려는 생각**"이며, 이를 간단히 "연역적인 생각"이라고도 한다,

Mathematics Education

예 1) 덧셈, 뺄셈

㉮ 예를 들면, 8+5의 계산 방법을 8의 10에 대한 보수, 5의 분해 합성 등을 이용하여 알아볼 때. (종합적 방법)

㉯ 14−8 = 6이 맞다는 것이나 14−8 = 5가 틀렸다는 것을 6+8이나 5+8의 계산 결과를 이용하여 밝힐 때. (해석적 방법)

예 2) 막대그래프, 분수의 대소, 자연수의 나눗셈

㉮ 막대그래프에서 볼 수 있는 특징을 읽을 때나, 자신이 판단한 특징을 설명할 때. (종합적 방법)

㉯ 단위 분수나 통분모 분수의 대소를 판단하거나 해명을 할 때, (종합적 방법)

㉰ 906÷3의 계산에서 그 몫이 32가 아님을, 900÷3이 300이므로 32일 수 없다고 판단을 할 때. (해석적 방법)

(4) 통합하려는 생각

이미 배운 개개의 사상을 그대로 두지 않고, 보다 넓은 관점에서 그들의 본질적인 공통 속성을 추상하여, 그들을 같은 범주의 것으로 보고 동일시하려는 생각이 "**통합하려는 생각**"이며, 이를 간단히 "통합적인 생각"이라고도 한다.

이 통합적인 생각은 주로 해결이 일단락 되었을 때에 하게 되며, "보다 세련되게 할 수는 없을까", "어떻게 보면 동일시 할 수 있을까", "어떤 점이 같은가" "종합적으로 정리하여 나타낼 수는 없을까"하는 생각에서 비롯되는 것이며, 식이나 그림 또는 문장으로 통합하여 나타낼 방법을 알아보려고 할 때 발동한다.

그리고 이와 같은 생각에 해당하는 것으로는,

① 개개의 사상(개념, 원리, 법칙, 이론이나 사고 방법 등)을 보다 넓은 관점이나 보다 높은 관점에서 그것을 볼 수 있는 고차원의 공통인 본질을 찾아내어 그 공통인 본질로 통합하는 경우. (**고차에의 통합**)

② 기존에 배운 S1, S2를 새로 배운 S3에의 통합하는 경우. (**포괄적 통합**)

③ 기존에 배운 S1의 적용 범위를 넓혀 새로 배우는 S2,, S3을 S1으로 포섭 통합 하는 경우 (**확장**)

(5) 발전시키려는 생각

대상(해결한 문제의 내용, 해결방법, 해결 결과)을 고정적인 것이나 종극적인 것으로 보지 않고, 통합한 것을 보다 넓은 범위에 적용해 보려거나, 어떤 결과를 구한 다음에 보다 나은 (또는 다른) 방법이나 보다 일반적인 새로운 것을 알아보는 등, 끊임없이 새로운 것을 창조하여 발전시켜 나가려는 생각이 "**발전시키려는 생각**"이며, 이를 간단히 "발전적인 생각"이라고도 한다.

Mathematics Education

예 문장제의 해결, 도형

㉮ 「곧은길을 따라 4m 간격으로 · · · 」라는 문제를 해결해서

(칸 수) = (그루 수) − 1 · (1)

과 같이 칸 수와 그루 수사이의 관계를 알아 낸 다음, 이 식은 길의 곧고 굽음, 간격의 거리, 나무의 그루 수에 관계없이 그 길이 곧은길과 동상(개곡선)이기만 하면 항상 성립한다는 것을 발견할 때나, 이를 바탕으로 길의 한 쪽 끝에는 나무를 심지 않는 경우, 또는 단순폐곡선 모양인 경우

(칸 수) = (그루 수) · (2)

임을 발견할 때, 또는 길의 양쪽 끝에 나무를 심지 않는 경우

(칸 수) = (그루 수) + 1 · (3)

이라는 칸 수와 그루 수 사이의 관계를 알아 낼 때, **(조건 변경에 의한 발전)**

그리고 다시 이들을 길에 의해서 완전히 둘러싸이는 면의 수에 주목하여

(칸 수) = (그루 수) + (길에 의해서 둘러싸인 면의 수) − 1

이라는 칸 수, 그루 수, 면의 수 사이의 관계를 알아 낼 때, **(조건 변경에 의한 발전)**

그리고, 또 위의 문제의 해결을 바탕으로 다음과 같은 문제도 위에서와 같은 방법으로 풀 수 있는 것이다.

㉠ 남자와 여자가 한 사람씩 건너 모두 19명이 정렬되어 있다. 남자와 여자의 수는 각각 몇 명인가?

㉡ 1부터 15사이에 짝수는 모두 몇 개인가?

㉢ 나비가 20cm인 종이에 한 변의 길이가 4cm인 정사각형 4개를 그 간격이 일정하게 그리려면 간격을 몇 cm되게 잡아야 하는가?

㉯ 복합도형을 기존에 배운 몇 개의 직사각형으로 분할하여 그 넓이를 구한 다음에 그 복합도형을 달리 분할해 보려 할 때, **(관점 변경에 의한 발전)**

발전적인 생각은 주로 해결이 일단락 되었을 때 하게되며 그 유형은 다음과 같다.

㉠ 주어진 조건의 일부를 완화하거나 다른 것으로 바꾸어서 새로운 문제를 만들어 보려는 경우나 문제의 장면을 다른 장면으로 바꾸어서 새로운 문제를 만들어 보려는 경우 **(조건 변경에 의한 발전)**

㉡ 사고의 관점을 바꾸어서(다른 점에 주목하여) 새로운 문제를 만들어 보려는 경우 **(관점 변경에 의한 발전)**

(6) 단순화하려는 생각

문제의 조건의 일부를 간단한 것으로 대치하여 해결방안의 실마리를 찾아보려는 생각이나, 문제의 조건을 모두 만족하는 해결이 곤란할 때 그 조건의 일부분에 만족하는 해답을 알아보고 이를 바탕으로 문제를 해결해 보려는 생각이 "**단순화하려는 생각**"이며 이를 간단히 "단순화의 생각"이라고도 한다.

Mathematics Education

예 수의 분해와 합성, 받아 올림(내림)이 있는 덧셈(뺄셈)

㉮ 예컨대 두 사람이 "가위 바위 보"를 통해 이긴 사람이 6개의 □중의 하나에 색칠(두 사람이 칠할 색깔을 달리 한다.)을 하는 놀이를 시킨 다음에 몇 대 몇으로 이겼는지(졌는지)를 발표시킨다. 그리하여 그 발표를 바탕으로 "6은 몇과 몇"을 알아 본 다음에 6을 분해 합성할 수 있는 경우 가운데 누락이나 중복된 것을 알아보기 쉽도록 한쪽 색깔(수)을 크기의 순으로 정리할 때.

㉯ 6+7과 13−7의 계산에서 이를 알고 있는 6+4와 13−3 또는 10−7로 보고 답을 계산한 다음에 이를 바탕으로 처음 문제의 답을 구하는 방법을 알아보려는 경우.

이 단순화하려는 생각은 문제를 파악 또는 형성하는 단계나 해결을 실행하는 단계에서 주로 하게 되며, "자신이 알 수 있는 문제로 손질해 보자"거나, "조건의 일부만을 만족하는 부분 해부터 구해 보자"는 생각에서 발동한다.

(7) 추상화하려는 생각

사고 대상의 범위를 고정시키고 그 성질을 분명히 하려는 생각 즉, 고찰 대상의 이질적인 속성은 도외시하고 공통인 속성을 분명히 하려는 생각이 "**추상화하려는 생각**"이며, 이를 간단히 "추상화의 생각"이라고도 한다.

Mathematics Education

예 수의 개념, 덧셈과 뺄셈의 의미

㉮ 쟁반 A에 있는 색깔이 다른 바둑돌 3개, 쟁반 B에 있는 크기나 모양이 다른 3개의 사과, 쟁반 C에 있는 색깔이나 모양이 다른 장미꽃 3송이 등을 동일시 할 때. (사상, 이상화하려는 생각)

㉯ 「토끼를 2마리 기르고 있다. 새로 3마리를 사서 들여놓았다. 지금은 모두 몇 마리를 기르고 있는가?」 …… (1)

「연필 2자루 있다. 3자루를 새로 샀다. 연필은 모두 몇 자루인가?」 …… (2)

「꽃밭에 나비가 3마리 앉아 있다. 3마리가 날아와서 앉았다. 꽃밭에 앉은 나비는 몇 마리인가?」 … (3)

라는 문제를 동일시할 때. (사상하려는 생각)

이 추상화하려는 생각은 문제를 파악 또는 형성하는 단계에서 주로 하게 된다. 그리고 몇몇의 사상에서 공통인 성질을 이끌어 내려고 하는 "추상화의 생각"을 할 수 있도록 하기 위해서는 다음과 같은 생각을 할 수 있도록 해야 한다.

㉠ 추상과 표리 관계에 있는 "사상하려는 생각"

㉡ 추상하는 과정에서 생각하게 되는 "구체화하려는 생각"

㉢ 일상의 문제장면의 여러 가지 조건이나 성질의 수학적인 원리 법칙에 만족시키려는 이상적인 상태의 것으로 보려는 "이상화의 생각"

㉣ 여러 가지 사상의 통합을 위해, 하나하나의 사상이 가지는 조건이나 성질을 명확히 하려는 생각 즉, "조건을 명확히 하려는 생각"

(8) 일반화하려는 생각

추상화의 경우와는 반대로, 사고 대상의 성질을 고정시키고 그 범위를 분명히 하거나 확장하려는 생각이 "**일반화하려는 생각**"이며, 이를 "일반화의 생각"이라고도 한다.

Mathematics Education

예 연산을 결정하는 key-word, 덧셈표의 규칙

㉮ 구체적인 조작을 통해 "··· 더하면 얼마인가"라는 말과 같은 뜻으로 생각할 수 있는 경우로 어떤 말로 표현되는 경우가 있는가를 생각할 때.("··· 합하면 몇 마리인가", "··· 모두 몇 마리인가", "··· 지금 가지고 있는 것은 몇 개인가", "··· 과 ···에 있는 것은 얼마인가", "··· 더하면 얼마인가")라는 경우 등을 생각할 수 있다.

㉯ 덧셈표에서 규칙을 발견할 때

이 일반화의 생각은 주로 일단락된 문제의 해결 과정이나 결과를 얻는 단계 또는 그것을 발전시키는 단계에서 귀납적인 생각이나 유추적인 생각과 함께 하게 된다. 그리고 범위를 고정시키고 성질을 명확히 하는 추상화와 더불어 개념의 형성에도 많이 이용되는 사고방법이다.

한편, 개념의 심화나 발전과 깊은 관련이 있는 추상화와 일반화의 사이에는 예를 들면 구체적인 장면에서 추상화한 2+3을 보다 고차적인 관점에서 일반화하여, 별개의 구체적인 장면에서 추상화 된 2/3+3/5 등을 같은 덧셈으로 보아 유리수의 덧셈이라는 보다 고차적인 추상 개념을 만들고, 이 유리수의 덧셈을 다시 일반화함으로써 별개의 구체적인 장면에서 추상화한 A∪B도 같은 범주로 포괄하는 이항연산이라는 보다 고차적인 추상개념인 새로운 연산의 개념을 낳는 상보적인 관계가 있다.

(9) 특수화하려는 생각

문제의 일반성이 보존되는 범위에서

① 문제의 이해나 해의 발견을 용이하게 하기 위해 문제의 변수 등을 특수한 수량으로 대체하려는 생각.
② 극단적인 경우를 생각하여 그 경우의 해결 결과나 방안을 본래의 문제 해결에 반영하려는 생각.
③ 극단적인 경우나 특수한 수로, 얻은 해를 검토하려는 생각,
④ 또는 해가 성립하지 않는다는 것을 입증(반례를 들어 반증)하려는 생각이 "**특수화하려는 생각**"이며, 이를 간단히 "특수화의 생각"이라고도 한다.

Mathematics Education

예 두 자리 수끼리의 덧셈

"24+35의 계산을 어떻게 하여야 하는가?"라는 질문만으로는 바람직한 지도가 될 수 없다. "이미 배운 것과는 어떻게 다른가?"라는 질문을 통해, 24+30이나 24+5이면 배운 것이므로 계산할 수 있다는 것을 깨닫고, 24+35를 이미 배운 24+30이나 24+5로 손질을 할 때.

(10) 기호화하려는 생각

처리할 대상을 기호나 수학적 용어를 써서 간결 명확히 나타내려는 생각과 함께 기호나 수학적 용어로 나타낸 것을 읽으려는 생각이 "**기호화하려는 생각**"이며, 이를 간단히 "기호화의 생각"이라고도 한다.

Mathematics Education

예 사각형의 구성요소, 식 읽기

㉮ 사각형의 성질 등을 알아보는 과정에서 나타내고자 하는 꼭짓점이나 변 또는 대각선 등을

간결 명확히 나타내려고 할 때.
㉯ 서로 달라 보이는 몇 개의 문제 장면을 재음미할 때.

이 기호화의 생각은 주로 문제의 형성파악의 단계나 해결방안의 구상 단계 또는 해결의 실행 단계에서 하게 되며, 다음과 같은 경우에 유효하게 이용된다.

㉠ 사상을 간결 명확하게 나타내려 할 때
㉡ 생각을 정리하여 엄밀하게 따져 보려 할 때
㉢ 생각을 일반화하려 할 때
㉣ 생각을 어떤 형식에 따라 조작하고자 할 때

(11) 수량화, 도형화하려는 생각

질적인 대상을 양적으로 파악하려거나, 문제의 장면이나 목적에 따라 적당한 양으로 대체하려거나 하는 생각이 "양화"의 생각이다. 그리고 그 양의 크기를 수로 나타내려는 생각이 "수화"의 생각이다, 이들을 통틀어서 "**수량화하려는 생각**"이라 하며, 간단히 "수량화의 생각"이라고도 한다,

한편, 수적인 대상이나 관계를 눈으로 볼 수 있게 도형이나 그림으로 나타내려는 생각이 "**도형화하려는 생각**"이며, 이를 간단히 "도형화의 생각"이라고도 한다.

Mathematics Education

예 밀도, 확률, 전체의 경향, 문장제

㉮ 인구 밀도나 공기의 오염 등의 정도를 수로 나타내려 할 때, (수량화의 생각)
㉯ 주사위의 1의 눈이 나올 가능성을 수치화 하려 할 때. (수량화의 생각)
㉰ 수집한 자료의 전체적인 경향을 평균으로 나타낼 때(수량화의 생각)나 그래프로 나타낼 때. (도형화의 생각)
㉱ 문장제의 해결에서, 어떤 연산이 적용되는 문제인가를 수직선의 조작이나 그림을 그려 알아보려고 할 때. (도형화의 생각)

2) 수학의 내용에 관련된 수학적인 생각

수학의 내용에 관련된 수학적인 생각이란 수학의 내용이 바탕이 되는 것으로서 문제의 해결에 필요한 수학의 내용을 떠올려 활용하도록 하는 아이디어이다.

수학의 문제를 해결할 때 필요한 수학적인 내용을 문제의 해결에 활용한다는 것은, 그 내용이 그 문제의 해결에 필요하고 활용할 가치가 있기 때문이며, 문제의 해결에 어떤 수학적 내용을 활용한다는 것은 그 내용이 그 문제의 해결에 유효할 것이라는 생각이 들었다는 뜻으로 해석된다. 그런데 어떤 내용이 그 문제의 해결에 유효할 것이라는 판단을 할 수 있으려면 그 내용의 바탕이 되는 어떤 아이디어(생각)가 떠올라야 한다. 이 아이디어(생각)를 여기서는 "수학의 내용에 관련된 수학적인 생각"이라고 규정한다.

(1) 단위의 생각

구성요소나 단위에 주목하거나, 구성요소의 수나 크기 또는 단위의 크기, 또는 구성요소나 단위사이의 관계에 주목하는 생각을 "**단위의 생각**"이라고 한다.

Mathematics Education

예 **99까지의 수, 비교 측정**

㉮ 사물의 집합에서 사물의 크기나 질에 상관하지 않고 하나 하나의 사물을 똑같은 1로 보아 집합수나 순서수를 추상할 때나, 사물의 수를 "열"자리의 수와 "낱"자리의 수로 나타내는 위치적 기수법에 따라 표기하거나, 표기된 수를 읽을 때. (**단위나 그들 사이의 관계에 주목**)

㉯ 아동이 가지고 다니는 보온병의 물의 양을 컵 등의 임의단위를 써서 비교 측정할 때. (**단위의 필요성에 주목**)

(2) 표현의 생각

표현의 기본 원리에 바탕을 두고 생각하려는 생각을 "**표현의 생각**"이라고 한다.

Mathematics Education

예 **99까지의 기호법, 문제 장면을 식으로 나타내기**

㉮ 대상의 수가 열개 이상이면 반드시 열씩 세어야 하며, 따라서 낱개는 많아서 아홉이라는 생각을 바탕으로 만들어진 위치적 기수법에 따라 대상의 수를 나타낼 때,

㉯ 「+」,「−」,「=」은 어떤 상황을 나타내는 기호이며, $a+b = c$에서 a, b, c의 자리는 어떤 수량을 나타내는 자리라는 규칙에 따라 문제의 장면을 그 기호를 사용하여 식으로 나타낼 때.

(3) 조작의 생각

대상이나 조작의 의미를 명확히 하려고 하거나, 확장하려고 하거나, 대상이나 조작의 의미에 바탕을 두고 생각하려는 생각을 "**조작의 생각**"이라고 한다.

Mathematics Education

예 **덧셈(뺄셈), 양의 대소 비교**

㉮ 두 수의 덧셈을 key-word에 의존하지 않고, 더하는 조작에 바탕을 두어 연속적으로 생각할 때.

㉯ 비교할 대상을 직접 맞대어 본다거나, 용기에 액량을 붓는 등의 조작을 바탕으로 비교 방법을 알아 볼 때.

(4) Algorithm의 생각

지식이나 기능 또는 조작의 방법을 그 의미나 원리 등을 생각하지 않고 능수능란 하게 사용하기 위해 형식화하려는 생각을 "**Algorithm의 생각**"이라고 한다.

Mathematics Education

예 **보편단위에 의한 측정, 문제의 해결방법**

㉮ 길이나 무게 또는 들이를 측정할 때 (**계기의 선택, 눈금읽기**)

㉯ 문제의 해결 방법을 익힐 때.

㉠ 문제의 의미를 파악한다.

㉡ 알고 있는 요소를 추출한다.

㉢ 필요한 요소로 그림을 그린다,

㉣ 부분과 전체가 무엇인가를 파악한다.

㉤ ㉣에 따라 식을 세운다.

㉥ 해를 구한다라는 순서를 밟는다.

(5) 개괄적 파악의 생각

대상이나 조작의 방법 또는 그 결과를 개괄적으로 파악하려고 하거나 그 결과를 이용하려는 생각을 "**개괄적 파악의 생각**"이라고 한다.

Mathematics Education

예 양의 비교 측정

양의 비교나 측정에서 사전에 어느 쪽의 양이 큰지, 어떤 방법으로 비교나 측정을 할 것인지, 또는 그 결과는 어떠할지에 대해 개괄적으로 생각할 때.

(6) 기본성질의 생각

기본적인 성질이나 원리 또는 법칙에 주목하려는 생각을 "**기본성질의 생각**"이라고 한다.

Mathematics Education

예 덧셈과 뺄셈, 도형의 구성

㉮ 받아 올림(내림)이 있는 덧셈(뺄셈)의 계산방법을 십진위치적 기수법의 원리를 써서 알아볼 때.

㉯ 꼭짓점과 변의 수에 주목하여 geoboard나 막대로 삼각형이나 사각형을 구성할 때.

(7) 함수적인 생각

"무엇을 정하면 무엇이 정해지는가?"라는 점에 주목하려고 하거나, 변수 사이의 대응 규칙을 발견하려고 하거나, 발견된 그 대응 규칙을 이용하려고 하는 생각을 "**함수적인 생각**"이라고 한다.

① 의존관계에 주목하려고 한다.
② 대응관계를 명확히 하려고 하거나 이를 이용하려고 한다,
③ 함수관계의 표현 방법을 생각한다.

Mathematics Education

예 나눗셈의 나머지, 간접 비교 측정, 두 수량 사이의 관계

㉮ 나눗셈의 나머지에 주목하여 그 나머지의 종류를 판단할 때.

㉯ 철사 길이의 비교 측정을 그 철사의 무게로 대신할 때.

㉰ 1m짜리 막대 18개로 만들어지는 여러 가지 직사각형의 가로와 세로의 길이 사이의 관계에 주목하거나, 그 관계를 △와 □를 이용한 식으로 나타내려고 할 때.

(8) 식에 대한 생각

사상이나 관계를 식으로 나타내려고 하거나, 식을 읽으려고 하는 생각을 "**식에 대한 생각**"이라고 한다.

① 식으로 나타내려고 한다.
② 식을 읽으려고 한다.
③ 식을 형식적으로 처리하려고 한다.

Mathematics Education

예 간접 측정

(시각) ± (시각)이나 (시간) ± (시간)과 같은 관계식을 써서 시각이나 시간을 구하려고 할 때나, 넓이를 구하는 공식을 써서 측정하려고 할 때.

2. 수학적인 태도

1) 스스로 자신의 문제나 목적·내용을 명확히 파악하려는 태도

수학의 특징은 "판단의 자주성"이 포함된다. 그러므로 수학은 자주적인 판단 능력이나 스스로 학습하려는 의욕과 태도의 육성에 크게 기여하는 교과이며, 스스로 자신의 문제나 행동을 명확히 하는 태도를 육성하기 좋은 교과이다.

그런데 스스로 자신의 문제나 목적, 내용을 명확히 하도록 하는데는 다음과 같은 태도를 취하도록 할 필요가 있다.

(1) 의문을 가지려는 태도

주어지는 사실을 아무런 의문도 없이 그대로 받아들이기만 하지 않고 "왜 그럴까?", "그것이 과연 옳은 것일까?", "주어진 조건은 모두 필요한 것일까?" 등의 의문을 가짐으로써 이 의문이 문제를 발견하는 계기가 되며 자신이 무엇을 하여야 하는가에 대한 목적을 명확히 하는 계기가 된다.

(2) 문제의식을 가지려는 태도

수학이 판단의 자주성이나 자주적인 사고 능력을 기르기에 알맞은 교과이긴 하지만 수학의 내용을 가르치기만 하거나 문제를 제대로 풀었는지에 대한 조언만으로는 아동이 문제의식을 가지지 못하며, 교사가 제시한 과제나 교과서의 문제가 모든 아동의 문제일 수는 없다.

문제를 자기 자신의 문제로 생각하고, 자신의 힘으로 해결하려는 의욕이 일어날 때 비로소 그 문제를 자신의 문제로 의식하게 되며 스스로 행동하려는 태도를 취하게 된다.

(3) 사상(事象) 가운데서 수학적인 문제를 발견하려는 태도

주어진 문제의 해결이나 해결된 문제를 단순히 발전시키는 수준에서 머무르지 않고, 일상의 사상 가운데서 새로운 문제를 발견하려거나 만들려는 태도가 필요하다.

이와 같은 태도는 "문제 해결형"의 인재보다 "문제 설정형"이나 "문제 발굴형"의 인재를 요망하는 21세기의 민주시민으로서의 자질 함양에도 필요하다.

Mathematics Education

예 덧셈과 뺄셈의 상호 관계

「놀이터에 어린이가 놀고 있다. 나중에 12명이 더 놀러 와서 모두 27명이 되었다. 놀이터에 먼저 와서 놀던 어린이는 몇 사람인가」라는 문제를 각자가 자신의 생각대로 해결하도록 하였을 때

㉮ 먼저 와 있던 어린이와 나중에 온 어린이를 각각 □와 △라하고 그림을 그리려고 하는데 □의 수를 몰라서 못 그리고 있는 어린이의 문제.

㉯ "모두"라는 말에 의존하여 12+27 = 39라고 착각하고 있는 어린이의 문제, 즉 동일한 문제에서도 각 아동이 느끼는 문제는 다를 수 있다. 그러므로 문제를 느끼고 있는 아동의 문제점에 따라 알맞은 예를 들면, ㉮의 경우의 아동에게는 "먼저 와 있던 어린이의 수를 큰 네모로 나타내면 어떤 그림이 나타날까" ㉯의 경우의 아동에게는 "네가 세운 식으로는 어떤 문제가 만들어질까" 또는 "먼저 와 있던 어린이와 나중에 온 어린이를 긴 네모로 하는 그림을 그리면 어떤 그림으로 될까"라는 조언을 줄 때, 아동은 자신의 문제가 무엇이었던가를 명확히 한다.

2) 조리 있는 행동을 하려는 태도

수학은 논리적으로 구성된 교과이므로 수학의 지도를 통하여 조리 있는 행동을 하려는 태도의 형성·정착을 꾀한다는 것은 너무나도 당연한 일이다. 그러나 논리적으로 구성된 수학을 지도하면 그와 같은 태도가 형성·정착된다고 볼 수는 없다. 즉 그와 같은 태도는 조리 있는 행동이나 사고의 경험의 축적이다. 자신의 행동이나 사고에 대한 반성을 통해 보다 합리적이 되도록 손질하는 경험의 축적을 통해 형성·정착되는 것이다.

그리고 여기서 말하는 조리 있는 행동이란 예컨대, 삼단논법에 따라 진술하거나 사고 또는 행하는 엄밀한 뜻으로서의 조리 있는 행동을 의미하지 않으며 오직 목적을 분명히 하여 그 목

적의 달성에 부합되는 그리고 지나친 비약이 없는 행동을 의미한다.

그런데 조리 있는 행동을 하게 하려면 다음과 같은 태도를 취하도록 할 필요가 있다.

(1) 목적에 부합되는 행동을 하려는 태도

귀납적으로 생각한다거나 연역적으로 생각하더라도 그것이 목적에 부합하지 않는다면 조리 있는 행동으로 볼 수 없다. 따라서 처음부터 목적을 분명히 하여 해결이 끝날 때까지의 행동하는 도중에 그 목적을 지속적으로 간직하며, 그 목적을 향하여 접근하고 있는지를 확 인하거나 경우에 따라서는 목적을 수정하는 태도가 필요하다.

(2) 개괄적인 구상이나 예상을 수립하려는 태도

해결에 착수하기 전에 대강의 해결 방법이나 해결 결과를 생각하려는 태도는 목적에 부합하는 조리 있는 행동에서 비롯되는 현상이다.

(3) 이용할 수 있는 자료나 사전 학습내용 또는 가정에 바탕을 두고 생각하려는 태도

목적을 명확히 한다는 것은 구하려는 것이 무엇인가를 분명히 파악하는 것이기도 하다. 그러므로 구하려는 것에 대해 "어떤 조건이나 자료가 주어졌는가", "이용할 수 있는 것으로는 어떤 것이 있는가"를 분명히 하고, 이를 바탕으로 생각해 나가려는 태도, 즉 유효한 사전 학습 내용을 활용하려는 태도가 필요하다.

Mathematics Education

예 곱셈의 구구단의 구성

5단의 구구에 대한 지도가 끝났을 때 1~5단까지의 구구가 적힌 곱셈 구구표와 1 ~ 9까지의 숫자가 한 개씩 적힌 카드 한 벌씩을 배부하여 준다. 그리하여 자기의 짝끼리 카드를 한 장씩 꺼내 보이고 보는 순간 먼저 그 두 카드에 씌힌 수의 곱을 말하는 사람이 이기는 놀이를 시킨다. 이때, 배우지 아니한 7×4의 곱을 사전 학습한 4×7에서 연역하여(내가 4를 내고 상대가 7을 낸 경우나 내가 7을 내고 상대가 4를 낸 경우가 같으니까) 7×4가 4×7과 같다거나, 8×7의 경우는 기습(旣習)사항을 바탕으로 생각하면 그 곱을 구할 수 있을 것이라는 판단을 하고, 기습사항을 바탕으로 스스로 알아내려는 조리 있는 태도를 취한다.

3) 내용을 간결·명확하게 나타내려는 태도

사고를 전개해 나갈 때, 대상이 되는 내용을 될 수 있는 대로 명확하게 파악하고, 이를 간결·명확하게 나타내는 것은 수학에서 뿐만이 아니라 일반 사회에서도 필요로 한다. 내용을 간결·명확하게 표현하지 못하여서 사고가 복잡했던 일이나 전달이 잘못되었거나 그래서 오류(또는 오해)를 불러 일으켰던 일이 누구에게나 있다. 이와 같이 내용을 명확하게 파악하고, 간결·명확하게 나타내려는 태도가 인간에게는 기본적이고 중요한 태도라 할 수 있다.

그런데 이러한 태도는 다음과 같은 태도에 의해서 형성된다.

(1) 문제를 해결한 결과(과정을 포함한)를 명확히 기록하거나, 전달하려는 태도(이런 태도로 인해 추상화한다거나, 기록하여 나타내거나, 수량화하여 나타내려는 생각으로 발전한다)

(2) 분류, 정리하여 나타내려는 태도

Mathematics Education

예 1) 받아 내림이 있는 뺄셈

15−3과 12−8의 문제를 해결하도록 하고, 그 두 문제의 답을 구하는 방법이 어떻게 다른가를 설명하도록 할 때, 자신의 생각을 명확히 나타내려는 태도를 갖는다.

예 2) 등분

「12개의 바둑돌을 세 사람에게 등분해 준다면 한 사람 몫이 몇 개가 되는가?」라는 문제를 해결한 자신의 방법을 발표할 때 나름대로 분명하게 나타내려는 행동을 한다.

4) 보다 나은 것을 구하는 태도

우리 생활 주변에서 배워야(알아야)할 것, 해결하여야 할 것이 많이 있다. 이런 것들을 능률적으로 처리하려면, 될 수 있는 대로 적은 노력이나 사고를 써서 될 수 있는 대로 많은 것을 처리하려는 생각이 없어서는 안 된다. 인간으로서 이런 생각을 하는 것은 당연한 일이며, 따라서 수학을 비롯한 모든 과학에서 이런 것을 목표로 삼고 있다.

개개의 대상을 별개의 것으로 보며 개개의 대상에만 사로잡힌다는 것은 대단히 많은 노력을 쏟게 될 뿐 아니라, 아름다워 보이지도 않는다. 그 방법이나 내용 또는 사고방식을 보다 세련되게 함으로써, 그 방법이나 내용 또는 사고방식이 보다 강력하며 보다 넓은 범위에서 작용할 수 있는 값진 것이 된다. 그리고 서로 무관한 것으로 여겼던 대상들로부터 어떤 질서가 발견되었을 때 보람을 느낄 뿐 아니라 유사한 다른 대상에 대해서도 그와 같은 질서가 있을 것이라는 판단을 할 수 있게 되며 그 질서가 아름다워 보이는 것이다.

이상의 사실에서 보다 나은 것을 구하려 하도록 하는 데는 다음과 같은 태도가 필요하다는 것을 알 수 있다.

(1) 사고를 구체적인 대상 중심에서 추상적인 조작 중심의 수준으로 높이려는 태도
(2) 자타(自他)의 생각이나 그 결과를 평가하고, 세련화하려는 태도

21세기의 국제화, 정보화, 미래화(개별화)사회에 대처할 수 있으려면, 보다 포괄적이고 보다 나은 법칙이나 방법을 찾아보고, 보다 고차의 개념을 창안하려는 꾸준한 노력을 기울이도록 해야 한다. 언제나 발전되어 가는 것 또는 자기 나름의 능력대로 발전시킬 수 있는 것이라는 생각이 들도록 해야 한다. 그런 맥락에서 보면 자신의 생각이나 남의 생각 또는 그 결과를 바르게 평가하여 보다 세련화하려는 태도의 중요성을 알 수 있다.

Mathematics Education

예 1) 이등변삼각형의 작도

이등변삼각형의 밑변에 5cm, 등변에는 7cm라고 인쇄한 용지를 나누어 주면서 이등변삼각형을 그려보도록 한다. 이때 각자가 그린 방법의 비교를 통해 "어떤 방법이 보다 그리기 쉬운가?", "다른 방법으로 그릴 수는 없을까?"하는 생각을 하는 것은 보다 나은 것을 알려보려는 태도로부터 우러난다.

예 2) 자연수, 소수, 분수의 혼합 계산

㉮ 자연수, 소수, 분수가 혼합된 계산을 분수 일색의 계산으로 손질하려는 것은 계산방법을 보다 세련되게 하려는 태도에서 나타난다.

㉯ 5사람이 모두 한 번씩 대전하는 방법으로 최강자를 가리는 바둑 대국에서, 대국의 총수를 알아 볼 때, 일일이 대국자의 이름을 나열하지 않고 기호를 써서 수형도로 나타낸다거나, 대국의 총수를 알아 본 다음에 대국의 총수를 다른 방법으로 알아 볼 수는 없을까 하는 생각을 하는 것 등은 보다 편리한 추상적인 조작방법으로 알아보려는 태도나, 다른 방법으로 알아보려는 태도에서 나오는 생각이다.

DISCUSSION

[1] 귀납하려는 생각에 대해서 사례를 들어 설명하시오.

[2] 유추하려는 생각에 대해서 사례를 들어 설명하시오.

[3] 영역하려는 생각에 대해서 사례를 들어 설명하시오.

[4] 통합하려는 생각에 대해서 사례를 들어 설명하시오.

[5] 발전시키려는 생각에 대해서 사례를 들어 설명하시오.

[6] 단순화하려는 생각에 대해서 사례를 들어 설명하시오.

[7] 추상화하려는 생각에 대해서 사례를 들어 설명하시오.

[8] 일반화하려는 생각에 대해서 사례를 들어 설명하시오.

[9] 특수화하려는 생각에 대해서 사례를 들어 설명하시오.

[10] 기호화하려는 생각에 대해서 사례를 들어 설명하시오.

[11] 수량화, 도형화하려는 생각에 대해서 사례를 들어 설명하시오.

[12] 수학의 내용에 관련된 수학적인 생각에 대해서 사례를 들어 설명하시오.

[13] 수학적인 태도에 구체적으로 내용별로 설명하시오.

04 수학과 교수-학습 방법

학습 지도과정을 명확하게 하기 위해서는 아동의 인식과정을 추구하는 것이 필요하다. 원칙적으로 말하면 학습지도의 흐름은 아동이 인식해 나가는 방법의 흐름에 대응된다. 따라서 이 장의 목적은 수학을 아동들에게 가르치기 위한 다양한 일반적인 지도방법을 선택하고 사용하도록 보조하는 데 있다. 여기서는 우선, 수학과 수업에 임하는 교사의 자세를 제시하고 구체적인 교수-학습 지도방법으로 개별학습 지도방법, 발견학습 지도방법, 문제해결학습 지도방법에 대해서 논의하고자 한다.

4.1 수업에 임하는 교사의 자세

수학적으로 사고하도록 가르친다는 것은 문제해결 능력을 개발하는 것이다. 지식과 기능습득을 위한 학습과 연습문제를 다루는 것으로 끝난다면 수학교육의 진정한 가치를 알 수 없다. 그러므로 수학을 가르친다는 것은 매우 중요하다.

여기에서 수업에 임하는 교사의 자세는 과연 어떠해야 하는가에 대하여 다음과 같이 고찰해본다.

1. 교재연구를 철저해 해야 한다.

교사는 우선 교과내용을 따분하게 생각해서는 안 된다. 즉, 교사는 자기 흥미를 가져야 한다는 것이다. 이것은 교재를 철저하게 분석하는 데서 나올 수 있다.

그러나 아무리 흥미가 많고 지도방법이 좋더라도 교사가 교과내용을 제대로 분석하지 못하여 분명히 이해 못한다면 지도에 어려움이 많다.

따라서, 교사는 교과내용을 분석하고 관련 자료를 찾아 학습목표를 정확히 알고 특성에 맞는 교수법을 찾아내야 한다. 또한, 단편적인 것뿐만 아니라 전체적인 구조를 알고 가르쳐야 한다. 그러므로 교사는 교재연구를 철저히 해야 한다.

2. 수업기술을 연마한다.

교사는 자기 자신의 연구 경험과 아동들에 대한 관찰로부터 학습과정을 인식하여 학습활동의 과정을 모색해야 하다. 수학은 추상성을 띄는 교과이기에 간혹 흥미를 잃거나 기피하는 경우가 생기므로 신속히 문제에 따른 대처 방안이 있어야 한다. **삐아제**(Piaget,J)에 의하면 초등학교 아동은 구체적 조작기나 형식적 조작기에 속해 있으므로 교사는 자신의 경험이나 아동에 대한 관찰을 주시하고, 구체물을 보여 주거나 교사의 행동과 아동들의 활동으로서 즉, 동작을 많이 함으로써 활동적인 학습활동이 되게 하며, 이것을 게을리 해서는 안 된다.

결국, 수학은 **무엇을 가르치는가**보다는 **어떻게 가르치는가**에 있으므로 수업기술을 연마하는 것은 중요하다.

3. 만들어 가는 수학적 입장에서 지도한다.

수학과의 학습지도에서는 특히 아동들의 창조성의 개발이 뒤따르지 않으면 아니 된다.

만들어 가는 수학적 입장이란 창조성 개발을 염두에 둔 말로서 지금까지의 교과서 해설식 수학교육의 입장에서 탈피하자는 슬로건(slogan)이기도 하다.

곧, 교과서에 주어진 문제를 교과서와 같이 그대로 풀이하는 것이 아니라, 보다 새로운 착상이나 idea밑에서 여러 가지 방법으로 문제를 풀어 현대적 감각이 살려질 수 있어야 하며, 이러한 새로운 idea의 개발에 의하여 아동들은 수학을 배우는 즐거움을 맛보게 하지 않으면 아니 된다.

다시 말하여, 우리에게 주어진 교과서의 내용들은 매우 오래 전에 창안한 것이지만, 이를 지도할 때에서는 옛날에 발견된 idea밑에서만 문제를 풀지 말고, 현대적 감각을 되살릴 수 있는 새로운 idea밑에서 문제를 해결하는 지도방법을 기대한다.

아직도 수학은 완전한 것이 못 되며 또 다시 새로운 수학체계를 만들어낼 수 있는 학문적 영역은 거의 무한하며, 그것을 찾아낼 수 있는 재능을 갖고 있음을 아동에게 인식시키는 것도 중요하다. 즉 수학은 절대적이고 영원한 진리를 추구하는 학문이 아니라 상대적 지리를 추구하는 학문이므로 주입식 교육이 아닌 공리(약속)를 토대로 하여 자신의 사고와 수학적 태도를 바탕으로 만들어 가는 학습자세가 필요하다.

4. 교사의 언행은 항상 교육적 가치가 있어야 한다.

교사는 모델로서의 역할이 무척 중요하다. 특히, 저학년인 경우는 교사는 무엇이든 할 수 있는 존재로 보며, 모두 옳게 여긴다. 그러므로, 교사는 인지적인 측면뿐만 아니라 교사의 언행은 아동에게 큰 영향을 미치게 된다. 이를테면, 아동이 문제를 풀었을 때 「맞았다」,「틀렸다」라고 함부로 이야기, 하지 말고 「어떻게 생각하느냐」, 「왜 이렇게 되었느냐」라는 식의 질문을 통해 아동 스스로 오류를 발견케 하여 교육의 질을 높여야 한다.

만약 교사가 틀렸다고 자주 말하면 아동은 수학을 싫어하거나 교사에 대한 감정이 좋지 않을 수 있다. 그러므로, 교사의 언행은 언어에 알맞는 행동이 적절히 나타나고 아동들과 어우러질 때 그 의미가 있으며 교육적으로 효과적이다.

이상과 같이 수업에 임하는 교사의 자세에 대해서 살펴봤는데, 교사는 항상 위에 제시한 사항에 명심하여 수학교육을 올바로 해야 할 것이다.

4.2 개별학습 지도방법

개별학습은 아동이 10명이 있으면 10명은 모두 다르다. 각각 다른 개성을 가지고 있다. 능력도 각 분야에 대하여 가지각색이다. 수학에 대해서도 잘 되는 아동, 잘 되지 않는 아동이 있고, 좋아하는 아동, 싫어하는 아동이 있다. 이들 아동들에 대하여 각각의 장점을 인정하여 이것을 한층 신장시켜 줌과 동시에 단점에 대해서는 될 수 있는 한 이것을 교정하는 한편, 다른 분야에 보충해 주는 교수-학습 지도과정이다.

개별학습을 하는 데 있어서는 다음 사항을 중요시해야 한다.

1. 아동 스스로 주체적으로 학습을 추진해야 한다.

스스로 노력하여 얻으려는 의욕을 갖고 학습에 힘을 쓴다면 아동 개개인의 능력에 알맞는 학습이 이루어져 반드시 학습목표를 달성할 것이다. 그 때에 아동 스스로 노력하면 된다고 하는 성취감을 맛보게 하는 것이 중요하다.

학습이 잘 되면 재미있게 되고, 재미있으면 좋아하게 된다. 좋아하면 또 새로운 학습에 도전하게 되는 것이다. 또 도전하면 성취한다. 이와 같은 순환이 이루어지도록 지도에 각별한 배려가 필요하다.

2. 교사는 아동의 지주가 되고, 아동의 유도와 상담에 힘을 써야 한다.

설득적이고 해설적인 지도도 중요하지만 그 이상으로 유도적, 상담적 지도가 중요하다. 교사가 아동의 질문에 응해주면 아동은 의지하게 된다. 의지하면 상담이 이루어진다. 상담이 되면 척척 학습하게 된다. 학습하면 질문에 응해주게 된다. 이와 같은 순환이 이루어지도록 지도해야 한다. 그러기 위해서는 교사가 아동의 능력, 수준까지 알고 상담에 응하는 자세가 교사에게 필요하다. 수학을 싫어하는 아동이 생기는 원인은 교사에게 이와 같은 자세가 부족하기 때문이라고 생각한다.

3. 어떠한 학습형태에서도 아동에 대한 개별지도에 항상 주의해야 한다.

학급 아동 전체가 같은 주제로 같은 사실을 생각을 하고 있을 때에도 아동 개개인은 능력에 맞게 독자적으로 생각하고 있다. 수학에 있어서는 전원이 똑같이 납득은 하지만, 수학적인 사고방법의 수용상태는 천차만별이다. 그래서 이것이 수학학습에 있어서 더욱 중요하다.

따라서, 교사는 항상 아동 개개인이 생각하고 있는 내용을 알아보고 노력을 아껴서는 안 된다. 내용이 누적적인 수학교과의 교재는 한 요소에서 좌절하게 되면 앞으로 만족하게 추진하지 못한다. 이 사실을 감안하여 낙오자가 생기지 않도록 개별지도의 배려가 필요하다. 이상 세 가지 점을 통하여 개별학습을 하는 데는 우선 구비되어야 할 조건으로서 기초적인 지식, 이해에의 대책이 세워져 있어야 한다.

한편, 개별지도의 한 수업방법으로 W.Rein **5단계 수업방법**을 제시하면 다음과 같다.

예비단계 ⇨ 제시단계 ⇨ 비교단계 ⇨ 총괄단계 ⇨ 적용단계

특히, 학습에 부진한 아동을 위해서는 다음 점에 유의하여 지도하는 것이 바람직하다.

1. 기본계산을 익히고, 기초적인 계산력을 확립해야 한다.
2. 일반적 내용을 이해하기 위해서는 반드시 구체적인 사례를 들어야 한다.
3. 일반화의 전단계로서 영상화에 유의해야 한다.
4. 길게 진술되는 명제는 개 조직으로 나누어서 제시하는 태도의 양성이 필요하다.

4. 어떠한 방법으로 학습시켜야 하는가?

수학을 공부하는 가장 좋은 방법은 교과서를 최소한 3번 이상 반복 학습하는 것이다. 교과서를 처음 풀어보는 것은 내용을 이해하는 것이고, 두 번째 풀어보는 것은 정확히 이해하고 있는가를 확인하는 과정이며, 3번 이상 학습하는 것은 정답을 구해가는 사고의 과정을 직관적인 사고에서 연역적인 사고로 소화하여 창의성을 신장하게 한다.

한편, 교사는 교사의 수준에서 학생들을 가르치지 말고 학생들의 수준에서 지도해야 한다. 수학 공부는 "생각하는 활동의 경험"입니다. 교사가 성급하게 상세히 설명하려고 하지 말고 학생들이 문제해결의 원리를 스스로 찾아 낼 때까지 기다리는 자세가 필요합니다. 교사가 공부하는 것이 아니고 학생들이 스스로 탐구해야 하는 점을 유념하여야 합니다.

왜냐하면 수학 문제는 여러 가지 창의적 방법에 의하여 해결할 수 있으며 학생들의 창의적 사고력을 개발하여야 합니다.

특히, 문장제지도의 경우는 학생들이 자주 틀리는 문제의 오류 유형을 분석하여 훈련함으로써 스스로 문제점을 발견하는 능력을 심어주어야 한다.

5. 수학을 체계적으로 공부하는 방법은 무엇인가?

수학에서 공식을 옳게 이해하고 학습하기 위하여 일부 학자들은 **학습카드**의 사용을 권장하고 있다. 학습카드의 사용은 양면을 모두 이용하는 것이 바람직하다. 앞면은 문제를 제시하고 이 문제를 해결하기 위한 핵심용어에 대한 내용을 적게 하고 뒷면은 구체적인 풀이과정을 적게 한다.

이 경우 수학 학습에 소모되는 시간이 많이 요구되므로 학생들이 많이 힘들어 하는 단원에 대한 오류 유형을 분석하여 교사가 카드에 문제를 만들어 주는 과정이 필요하다.

초등학교에서 학습카드를 작성하는 습관을 가지면 정답이나 공식보다는 풀이과장을 중요하게 생각하며 이로 인하여 논리적 사고력을 향상시킬 수 있다. 또한, 작성된 카드들의 규칙성을 조사하게 하면 수와 연산에 대한 공통된 원리와 개념을 이해하는데 도움을 줄 수 있으며, 도형 단원의 여러 가지 성질에 대한 상호간의 연계성을 공부하는 데 효율적이다.

4.3 발견학습 지도방법

발견학습은 **폴리아**(Polya. G)[20]가 말하기를 아동에게 스스로 발견하게 하는 생각에서 유래

된 것이라고 하였다. 그것에 의하면 극히 당연한 문제만이 아니고 독립심, 판단력, 창조력을 어느 정도 필요로 하는 문제를 푸는 능력을 기르는 학습이라고 말할 수 있다. 이와 같이 생각하면 수용적 학습이 아니고 아동 스스로 수학적인 사실을 발견하는 기쁨속에서 학습을 전개해 나가는 것이라고 말할 수 있다.

따라서, 발견학습의 뜻은 발견이란 단어 discovery를 분석하여 볼 때 분명해진다. 곧 교사는 주어진 문제의 답을 cover(덮는다)하고, 이 문제를 해결하는 단계에서 적절한 자료와 힌트를 아동 개개인에게 주어, 아동의 깊은 사고활동과 더불어 숨겨진 답을 찾아 한 겹 두 겹 차례로 dis(벗겨 가는)하여 문제의 답을 발견토록 하는 학습지도의 방법이라 생각해도 좋다.

즉, **발견학습**은 언어적 지식의 결론을 교사가 제시하여 기억시키는 지도가 아니고 과학의

---

20) 폴리아는 1887년 12월 13일 헝가리의 부다페스트에서 태어났다. 문학에도 심취했었던 그는 자신의 생일이 시인 하이네의 생일과 같다는 것을 늘 자랑스럽게 생각했었다.

폴리아는 부다페스트에서 대학 예비학교인 마르코 스트리트 김나지움(Marko Street Gymnasium)을 다녔다. 그 당시 폴리아는, 그 자신의 회고에 따르면, 상당히 문제를 잘 푸는 학생이었다.

그는 성적이 우수해 1905년 장학생으로 부다페스트 대학에 입학했다. 처음에는 어머니의 희망대로 법대를 지원해 한 학기를 마치긴 했으나 별반 흥미를 느끼지 못했다. 이 무렵 다윈의 저서를 읽고 생물학에 심취해 생물학을 전공해 보려고도 했었지만 이번에는 형의 반대로 뜻을 이루지 못했다. 그 후 어문학을 택해 라틴어와 헝가리어 교사 자격증까지 취득했지만 그것들을 써먹을 기회도 평생 오지 않았다. 이후 그는 다시 알렉산더(Alexander) 교수 밑에서 철학을 공부하기 시작했는데 이때 그 교수가 철학공부의 일환으로 물리학과 수학을 수강할 것을 권유한 것이 그의 일생을 바꾸는 전기가 되었다. 폴리아가 철학과 물리학을 공부했던 전력은 그 후 그의 학문세계 곳곳에 나타나게 된다.

폴리아는 비록 물리학을 좋아하긴 했지만 수학을 전공하게 된 것에 대해 자기 자신이 물리학을 하기에는 그다지 우수하지 않았고, 철학을 하기에는 너무 우수하다고 생각했기 때문에 회고하고 있다.

폴리아는 비엔나 대학에서 1년을 보낸 후 1912년 부다페스트 대학에서 박사학위를 취득하게 되는데 이때의 논문 주제는 확률 계산 및 그와 관련된 정적분 문제에 관한 것이었다. 박사학위 취득 후 폴리아는 다시 괴팅겐 대학(1912-1913)과 파리 대학(1914)에서 박사 후 과정을 이수하게 된다. 박사 후 과정을 마친 1914년 폴리아는 취리히에 있는 스위스 연방 공과대학에 부임하게 된다.

제1차 세계대전이 발발하자 폴리아는 조국 헝가리의 군대에 자진입대하려 했으나 어릴 때 다친 상처로 지원이 받아들여지지 않았다. 그러다가 전황이 불리해지자 헝가리 군대는 폴리아에게 입대할 것을 명령했다. 그러나 폴리아는 이미 전쟁의 참혹한 실상을 보고 있었기 때문에 입대명령에 따르지 않았다. 그 결과 폴리아는 징병 기피자가 되어 30년 동안 조국 헝가리에 가지 못하는 신세가 된다.

폴리아는 1918년 스위스 여성인 스텔라(Stella V. Weber)와 결혼, 자신이 사망할 때까지 67년간을 해로하면 살았으나 슬하에 자식은 없었다. 폴리아는 매우 창조적이고 행복한 인생을 영위했었는데, 그가 이러한 인생을 향유할 수 있었던 가장 중요한 요인은 바로 스텔라와의 행복한 결혼생활로 보는 사람들이 많다.

많은 유럽 사람들이 그랬듯이 폴리아도 히틀러의 압제를 피해 1940년 미국으로 이주하게 된다. 이주 후 처음 2년간은 브라운 대학의 방문교수로 있다가 그 뒤 팔로알토의 스탠포드 대학에 자리잡게 된다.

폴리아는 스탠포드 대학에서 정년 이후에도 명예교수로 활발한 연구활동을 하며 지냈다. 특히 자신이 맛보았던 발견의 기쁨을 다른 사람들도 경험할 수 있도록 가르치고 싶어했는데, 그것이 결국 그를 뛰어난 경영가, 저술가로 만들었다.

그는 90세가 될 때까지 강의를 할 정도로 건강했으나 말년에는 시력이 극도로 나빠져 특수확대기를 이용하지 않고서는 책을 볼 수 없었다. 폴리아는 오랜 세월 수학자로서 그리고 수학교육자로서 많은 영예를 누리다가 팔로알토에서 1985년 9월 7일 97세를 일기로 운명했다.

지식을 문제의 형으로 아동에게 주어 아동 자신이 생각하게 하고 아동 자신이 결론을 발견하게 하는 학습지도 과정이다. 이 과정의 모형을 제시하면,

문제를 인지하는 단계 ⇨ 가설을 생각하는 단계 ⇨ 개념을 높여주는 단계 ⇨ 적용단계

위 발견단계에서 중요시하는 단계는 2단계로서, 종종 교사의 안내 하에 다양하게 변화시키는 데 있다. 그림으로 도식[21]하면 다음과 같다.

학 습 형 태	교 사 역 할	아 동 역 할
순수한 발견	아무것도 행하지 않음	문제를 파악하고, 해결하려고 시도
의도적 발견	문제기술	해결시도
	문제기술 안내 제시	안내 따라 해결시도
순수한 설명	모든 것을 설명, 예시	듣고(?), 필기(?)

이 학습에 의하여 경험하고 체득한 태도는 문제해결을 위한 유력한 수단과 단서가 되는 것이다. 능동적으로 배워서 얻은 내용은 이미 얻어진 지식 또는 이해를 충분히 활용하는 요인으로도 된다. 발견학습에 있어서는 문제해결을 위한 절차이나 기법은 체험을 통하여 배울 수 있고 또, 어떤 수학적인 개념을 아동 자신의 힘으로 구성하여 가는 수준을 알게 된다.

더욱이 여러 가지 수학적사고 방법이 구체적인 장면에서 아동 자신의 사고 전개 중에서 쓰여지는 것도 발견학습의 특성, 귀납이나 유추의 방법의 요령, 추상화에의 절차, 일반과 특수의 관련의 추구 등이 현실의 장을 통하여 체득될 것이다.

그러나 발견학습에도 결함이 없는 것은 아니다. 첫째, 기초적인 지식과 이해를 충분히 가지고 있지 않으면, 발견에 연결되는 돌파구는 용이하게 얻어지지 않는다.

확고한 기반위에서 결실이 맺어지는 것을 알아야 한다. 둘째, 발견학습에 의한 지도에는 충분한 시간을 요한다. 매일 매시간이 교수-학습 방법을 이용하게 되면 시간 부족을 가져오게 된다. 발견의 단서는 통찰에 있다. 이것을 가장 유효하다고 생각되는 장면에서 체험시키고 발견학습을 효과적으로 도입하는 것이 바람직하다.

21) Rising,G.R.,Didactics and Mathematics,Palo Alto : Creative Publication, 1978.

4.4 문제해결학습 지도방법

1. 문제의 정의

아동들에게 문제를 푸는 방법을 가르치는 방법을 생각하기 이전에, 문제해결을 정의할 필요가 있다. 이에 대한 첫 번째 질문으로 「문제란 무엇인가?」.

문제(PROBLEM)의 어원은 PRO(앞으로) + BALLEIN(던지라) = 앞으로 던져진 것으로 '명료하지 않다', '모른다', '알고 싶다', '해결하고 있다' 등의 뜻을 내포하고 있다. 넓은 의미로서의 문제는 문제를 구성하고 있는 요소에 조건이 내포되어 있지 않은 문제로 이 건물의 높이를 알고 싶은데 어떻게 측정하면 될까와 같이 문제해결에 필요한 조건을 스스로 찾아서 그것을 사용하여 해결하는 것으로 다양한 사고활동이 요구된다. 좁은 의미로서의 문제는 문제를 구성하는 요소에 조건이 포함되어 문제 속에 포함되어 있는 조건을 유효하게 사용하면 해결할 수 있는 문제를 말한다. 예를 들면 "면적이 240㎡인 직사각형의 땅이 있다. 가로의 길이는 얼마인가?"와 같은 문제이다.

문제에 필요한 조건은 취급하는데 필요한 상황, 질문, 논점(issue)이 있다.

그러나 어떤 상황이 문제가 되는가는 그 상황에 직면한 사람이 그것을 어떻게 생각하느냐에 달려 있다. 오른손잡이 아동에게 오른손으로 글씨를 쓰는 것이 문제가 되지 않으나, 왼손잡이 아동이 오른손으로 글씨를 쓰는 것은 상당한 문제라 할 수 있다. 즉, 아동이 상황의 존재를 알고, 어떤 행동을 필요로 하고 있다는 것을 깨닫고, 그 상황을 해결할 필요를 느껴 행동을 취하는데, 즉시는 그 상황을 해결할 수 없는 경우이다. **레스터**(Lester,F.K.,1978)[22]는 **문제**란 개인이나 집단이 해결하려는 그러나 구체적이고 확실한 해결의 방법을 쉽게 얻을 수 없는 상황으로 정의하고 있다. 그러면 **문제의 특성**[23]은 무엇인가?

1. 학습자는 본인에게 문제가 되는 상황을 인식하여야 한다.
2. 학습자는 상황이 행동을 필요로 하고 있다는 사실을 인식하여야 한다.
3. 학습자는 상황에 행동하기를 원하거나 필요로 하여야 한다.
4. 학습자는 실제적으로 어떤 행동을 행하여야 한다.
5. 상황에 대한 해결이 그것을 행하는 학습자에게 즉시는 명확하지 않아야 한다.

---

22) Lester,F.K., Mathematical Problem Soving in Elementary School : Some Educational and Psychological Considerations, Ohio, 1978.

23) Brownell, W. A., The Psychology of Learning. Forty Five Year Book of The National Society for the Study of Education. Part Ⅱ,Chicago : The Society pp. 415-443.

2. 문제해결능력의 뜻

문제의 해결과정에서 작용되는 문제해결능력, 주어진 조건과 구하려는 것 사이의 관계를 파악하여 해결계획을 수립하는 능력, 연산능력, 검증능력, 일반화능력 등 수학의 기초개념, 원리 법칙을 발견하는 능력을 생각할 수 있고,또 얻어진 수학적 개념을 활용하여 창의적으로 응용문제를 해결하는 능력, 모두를 문제해결능력의 범주 속에 포함시켜야 한다. 따라서, 문제해결능력은 정확성, 신속성, 적용성이 요구 되고, 문제해결에 따른 깊은 사고와 아동자신이 많은 문제를 풀어 보게 하는 훈련에서도 생각할 수 있다.

3. 문제의 유형

지금까지 알려진 문제의 유형은 다음과 같이 다양한 관점에서 분류하고 있다.

1) Butts(1980)

(1) **기억확인의 문제**(recognition exercises) : 용어, 법칙, 정의 등의 인지 상태의 확인 문제
(2) **계산문제의 연습**(algorithmic exercises) : 수학적인 계산 문제.
(3) **응용문제**(application problem) : 수학적인 지식의 적용 문제.
(4) **오픈문제**(open-reseach problem) : 오픈형으로 제시된 문제.
(5) **문제장면**(problem situation) : 장면을 보여 주고 문제를 형식화 하는 문제.

2) Scriven(1980)[24)]

(1) **제1형의 문제 :** 어떤 기존의 개념체계에 속하는 문제로서 대체로 엄격한 법칙이나 개념체계를 바탕으로 하고 있는 문제.
(2) **제2형의 문제 :** 새로운 개념체계에 관한 문제로서 근본적으로 새로운 접근이나 개념의 체계, 이론, 통찰 또는 기술을 모색하는 문제.
(3) **제3형의 문제 :** 인문계 학문이나 실제 생활의 장면에서 통상적으로 접하게 되는 것과 같은 문제.

3) Kantowski(1981)[25)]

(1) **언어적 문제**(verval problem) : 문제의 구조를 인지한 다음 적절한 알고리즘을 선택하

---

24) Scriven, M, The Methodology of Educational Evaluation, in R. Srake(ed.), Chicago : Rand NcNally, 1980.
25) Kantowski, H.G., Processes Involving in mathematical Problem Solving, *JRME* vol. 8, 1981.

여 정확히 적용하기를 요구하는 문제.

(2) **비정형적 문제**(von routine problem) : 해결에 필요한 분명한 절차나 적절한 알고리즘이 곧 바로 부각되지 않으며 해결전략의 사용을 요구하는 문제.

(3) **실생활 응용문제**(real-life application problem) : 문제의 조건을 최적으로 만족시키는 독창적인 판단을 요구하는 실생활과 관련된 문제.

4) Charles와 Lester(1982)

(1) **드릴문제**(drill exercise) : 알고리즘을 사용한 반복 연습의 기회를 주는 문제로 주로 계산력을 신장시키는데 도움이 된다.

(2) **간단한 적용문제**(simple translation problem) : 문제 장면을 수학적인 표현(식)으로 나타내는 경험을 하게하고, 수학적 지식, 이해의 강화와 계산력을 활용하는데 도움이 된다.

(3) **복잡한 적용문제**(complex translation problem) : 계산과정 또는 사고의 단계가 2회 이상인 문제로서 간단한 적용문제 보다는 더 복잡한 수리적 사고력을 신장시키는 데 도움이 된다.

(4) **과정문제**(process problem) : 순서적인 사고과정이 중시된 문제로서 단계적인 사고를 하는데 도움이 된다.

(5) **응용문제**(application problem) : 수학적인 지식과 사고력을 활용할 기회를 아동에게 주는 문제이다. 이는 일상생활의 문제 장면 해결에서 수학의 가치와 유용성을 느끼게 하는데 도움이 된다.

(6) **퍼즐문제**(puzzle problem) : 레크레이션적인 수학을 소양으로서 해결해 보는 문제이다. 퍼즐문제를 해결 할 때는 사고의 유연성이 중요하며 여러 가지 관점에서 고찰해 볼 가치가 있는 문제이다.

5) 한국교육개발원(1985)[26)]

(1) **정형문제** : 창의적 능력이 요구되지 않는 이미 제시된 일반적인 알고리즘을 회상하고 그 변수에 특별한 수치를 대입함으로써 해결될 수 있는 문제 또는 이미 알려진 전형적인 보기문제의 해법에 따라 해결할 수 있는 연습문제 등 소위 교과서적인 문제.

(2) **비정형문제** : 독자적인 문제해결 전략의 사용을 요구하는 진정한 의미의 문제.

---

26) 한국교육개발원, 수학과 문제해결력 신장을 위한 수업방법 개선 연구,1985.

(3) **실생활문제 :** 문제에서 취급되는 소재가 실생활에서 얻어지는 것으로서 그 해결 방안은 정형 또는 비정형의 방안을 모두 포함한다.

6) 박성택(1992)[27]

수학적인 내용을 위계적으로 보고 단계적인 문제유형으로 분류하고 있다.

(1) **개념수준의 문제 :** 수학적인 용어나 기호 등의 이해 정도를 알아보는 단어 수준의 문제

(2) **원칙수준의 문제 :** 수학적인 원리, 법칙, 성질, 공식 등만 알고 해결할 수 있는 문장 수준의 문제

(3) **문제해결수준의 문제 :** 문장제와 같은 문제해결에서 수학적인 개념이나 원리, 법칙 등 다양하고 상호 복합적으로 관련된 수학적 지식을 바탕으로 하여 해결할 수 있는 고등 정신기능을 요구하는 문제.

이상에서 보는 바와 같이 문제해결의 내용은 수학적인 내용을 위계적으로 분류하여 구분한 것과 문제해결 방법상의 수준에 따른 구분으로 다음과 같이 정리할 수 있다.

〈 문제의 유형 〉

① 드릴 문제	① 개념 수준 문제	① 정형 문제
② 적용 문제	② 원칙 수준 문제	② 비정형 문제
③ 응용 문제	③ 문제해결 수준문제	③ 실생활 문제

4. 문제해결의 전략

전략(strategy)이란 문제해결에 도움이 되는 일반적인 절차나 해법 발견의 실마리를 얻도록 하는 방책을 뜻하는 것으로 대표적인 문제 해결 전략을 소개한다.

1) Charles와 Lester(1982)

문제를 처리하기 위한 전반적 계획에 관련되는 일반적 전략과 이를 돕는 성격의 보조전략으로 구분 제시하고 있다.

27) 박성택, 새로운 문제해결 지도, 수학교육학 세미나, 1992. pp.74.

일 반 적 전 략	보 조 적 전 략
① 규칙 찾기 : 일반화하기 ② 연역, 귀납, 추론하기 ③ 거꾸로 생각하여 풀기 ④ 추측하고 검토하기 ⑤ 유사문제 관련짓기 ⑥ 방정식 만들기	① 문제를 다시 읽어 보기 ② 단서가 될 만한 것 찾기 ③ 중요 정보 기록하기 ④ 정리하여 세목별 표 만들기 ⑤ 삽화, 교구, 그래프 만들어 사용하기 ⑥ 실험, 실현 해보기 ⑦ 단순화하여 생각하기

2) Lenchner(1983)[28)]

초등학교 아동의 문제해결을 위한 전략을 12가지로 구분 제시하고 있다.

1. 정리하여 목록을 만든다.(making organized list)
2. 그림이나 도식으로 만든다.(drowing a picture or diagram)
3. 규칙을 찾는다.(finding a pattern)
4. 표를 만든다.(making a table)
5. 문제를 단순화하여 생각한다.(solving a simple problem)
6. 시행하고 검토한다.(trial amd error)
7. 실연(극화) 한다.(actimg out the problem)
8. 실험을 한다.(experimenting)
9. 거꾸로 생각하여 푼다.(working blackwards)
10. 방정식을 만든다.(writing an eguation)
11. 관점을 변경하여 푼다.(changing your point of view)
12. 연역적으로 생각한다.(using deduction)

3) 한국교육개발원(1989)[29)]

(1) **식 만들기 :** 주어진 조건들 사이의 관계를 나타내는 식을 만들어 그것을 문 해결에 이용하는 전략.

(2) **예상과 확인 :** 어떤 문제를 해결하는 경우 미리 그 문제의 답을 얼마라고 예상해 보고 그것이 문제의 조건에 맞는지 확인해 보는 전략.

28) Lenchner, G.(1983), creative problem solving in school mathematics, Boston : Houghton Mifflin.
29) 한국교육개발원, 수학과 문제해결력 신장을 위한 교수-학습자료 개발연구, 1989.

(3) **그림 그리기 :** 어떤 문제를 풀 때에 그 문제에 포함되어 있는 정보 및 관계를 그림으로 나타내는 전략.

(4) **표 만들기 :** 주어진 문제의 정보들을 표로 나타냄으로써 그 정보들을 일목요연하게 볼 수 있을 뿐만 아니라 그 답을 구할 수 있는 전략.

(5) **규칙성 찾기 :** 문제에 주어진 조건을 분석하여 어떤 규칙성을 찾아내고 이 규칙성을 이용하여 문제를 해결하게 하는 전략.

(6) **단순화하기 :** 주어진 문제보다 좀 더 단순한 문제로 만들어 해결해보고 이 해결과정에서 사용된 원리를 본 문제를 해결하는데 사용하거나 원래의 문제를 몇 개의 부분적인 문제로 만들어 그들을 해결함으로써 원래의 문제를 해결하는 전략.

(7) **거꾸로 풀기 :** 문제의 구성을 가정과 결론으로 나누어 볼 경우 가정 부분에 찾고자 하는 요소가 있을 때에 결론에서 출발하여 가정에로 역순으로 생각해 봄으로써 문제를 해결하는 전략.

(8) **수형도 그리기 :** 경우의 수를 구할 때 흔히 사용되는 전략으로서 문제의 조건을 만족하는 경우의 수들을 수형도를 그려서 해결하는 전략.

(9) **논리적 추론 사용 :** 연역, 귀납, 유추 등의 추론을 사용하여 문제를 해결하는 전략.

이상에서 보는 바와 같이 문제해결의 전략은 다양하게 분류되고 있고, 주어진 문제를 효율적으로 해결하기 위해서는 적절한 전략을 개발하여 적용하는 것이 특징이다.

5. 문제해결의 과정

주어진 문제를 해결하는 데는 이미 알고 있는 지식만으로는 어려울 때가 많다. 그래서 Charles와 Lester(1982)는 문제해결의 과정에 영향을 주는 다음의 3가지 요인이 충분히 해결되어야만 성공적인 문제해결을 할 수 있다고 주장했다.

(1) **인지적 요인 :** 독해력, 기억력, 계산 기능, 공간적사고력, 분석적사고력, 논리적 사고력 등.

(2) **경험적 요인 :** 연령(보존개념 발달수준),이미 알고 있는 수학적 소양, 문제해결 방법 숙지도, 문제의 맥락과 문제에 대한 숙지도 등.

(3) **정의적 요인 :** stress, 압박감, 인내심, 관심, 흥미, 태도, 불안 동기 붙임 등.

문제해결의 과정에 대한 대표적 연구내용을 알아보기로 한다.

1) Polya(1957)

Polya는 그의 저서 「How to solve it- A New Aspect of Mathematical Method」에서 문제해결의 과정을 다음 4단계로 구분하고 있다.

(1) 문제에 대한 이해 ⇨ (2) 계획의 작성 ⇨ (3) 계획의 실행 ⇨ (4) 반성

2) Schoenfeld(1980)

Schoenfeld는 그의 저서 「Teaching-Problem-Solving Skills」에서 문제해결의 과정을 다음 4단계로 구분하고 있다.

(1) 분석 ⇨ (2) 탐구 ⇨ (3) 실행 ⇨ (4) 검증

3) NCTM(1983)

미국 NCTM의 1983년의 연보 「The Agenda for Action」에서는 문제해결의 과정을 5단계로 구분하고 있다.

(1) 의식 ⇨ (2) 이해 ⇨ (3)계획 ⇨ (4)실행 ⇨ (5)검증

4) 일본의 새로운 수학 연구(1984년 4월호)

새로운 수학 연구라는 일본의 수학교육 월간지에서는 문제해결의 과정을 6단계로 구분하고 있다.

(1) 문제의 파악 ⇨ (2) 예상계획 ⇨ (3) 자력해결 ⇨ (4) 비교, 검토 ⇨ (5) 적용 ⇨ (6) 정리

5) 한국교육개발원(1989)

한국교육개발원에서는 저(1,2학년), 중(3,4학년), 고(5,6학년)학년별로 문제 해결의 과정으로서 5단계로 구분하고 있다.

(1) 문제의식 ⇨ (2) 문제이해 ⇨ (3) 계획수립 ⇨ (4) 계획실행 ⇨ (5) 반성

이상에서 보는 바와 같이 문제해결 과정에 대해서는 주어진 문제를 대해서는 거의 공통적으로 주어진 문제를 파악하고 문제해결 계획을 수립하여 계획을 실행에 옮기고 난 뒤 반성, 검증의 절차를 거치고 있는 것이 특징이었다. 그리고 문제해결의 학습지도에서 학년별로 다음과 같은 기본적인 지도관점에 따라 지도하려는 것도 특징이었다.

저 학 년	⇨	중 학 년	⇨	고 학 년
·활 동 적 ·경 험 적		·시 각 적 ·직 관 적		·개 념 적 ·논 리 적

6. 문제해결 교수-학습방법

폴리아(Polya, G.)는 그의 저서 「How to solve it?」[30]에서 문제해결의 구체적인 장면을 해결하기 위하여 수행되어야 할 4단계를 제시하고 있다. 이 단계들은 다음과 같이 요약된다.

〈제1단계〉 : 문제이해의 단계

1) 주어진 조건과 구하여야 할 것은 무엇인가?
2) 주어진 조건은 구하여야 할 것을 찾는데 충분한가? 또 불충분한가?
3) 그림을 그리고 적당한 기호를 도입할 수 있는가?
4) 조건의 각 부분을 분리하여 쓸 수 있는가?

〈제2단계〉 : 해결계획수립의 단계

1) 앞에서 이와 같은 또는 유사한 문제를 풀어본 적은 없는가?
2) 유사문제를 풀었을 때 사용한 필요한 정리를 알고 있는가?
3) 유사문제를 푼 경험을 살려 그 방법이나 결과를 이용할 수 없을까?
4) 문제를 다른 말로 표현할 수 없을까?
5) 정의를 생각하라.
6) 만약 문제가 풀어지지 않으면 무엇인가 이와 관련한 쉽고 비슷한 문제, 특수한 문제, 일반적인 문제, 유추적인 문제는 풀 수 없을까? 문제의 일부분은 풀어질 수 있는가? 일부의 조건은 버리거나 또는 관련한 조건을 취할 때 문제는 풀어 질 수 있는가?

30) Polya, G., How to Solve it?, 2nd ed., New York : Doubledey, 1957, pp.1-2.

7) 주어진 조건은 모두 사용 되었는가? 문제에 숨겨져 있는 본질적 개념은 모두 고려되었는가?

〈제3단계〉 : 실행의 단계

1) 계획을 실행할 때에는 각 단계를 검토하고, 각 단계가 바르지 못 할 때에는 계획을 수정하라.

〈제4단계〉 : 검증의 단계

1) 결과를 검증할 수 있는가?
2) 이론의 근거를 가지고 설명할 수 있는가?
3) 결과를 다른 방법으로 구할 수 있는가?
4) 다른 문제에 이 결과나 방법을 응용할 수 있는가?

문제해결 방법을 가르치고 배우는데 단일한 접근방법은 없다. 어떤 경우에는 문제해결의 몇까지 단계가 조합되기도 하고, 삭제되기도 하고, 순서를 바꾸어 사용할 수도 있다. 기억하여야 할 주요원리는 문제해결 과정의 4단계를 수행하기 위해 제안된 행동들의 여러 가지는 학교 밖에서 여러 가지 다양한 문제해결 상황에서 연습되어져야 한다는 것이다. 요약하면 문제해결을 가르치는 데의 일반적인 원리를 다음과 같이 제시할 수 있다.

1) 아동들의 자기 자신의 문제해결 과정을 창조하도록 격려되어야 한다.
2) 확산적인 사고를 하도록 격려하여야 한다.
3) 집단적인 문제해결과 개인적인 문제해결 사이의 균형을 유지하여야 한다.
4) 아동들에게 많은 양의 문제해결 연습을 제공하여야 한다.
5) 많은 질문으로 격려한다.
6) 문제가 주어지기 이전에 아동들은 문제를 해결하는데 필수적인 수학적 내용을 얻었는가를 확신하여야 한다.
7) 아동들이 스스로 자신의 수학적 문제를 만든 다음, 그 문제를 해결 하도록 격려한다.
8) 교육적 추측과 직관을 하도록 격려한다.
9) 질문을 요청한 다음 아동들 스스로에게 발생될 수 있는 제안을 제공하여야 한다. 만일 교사들의 질문과 제안이 너무 혁신적이어서 아동들이 그들 스스로 사고할 기회가 적어지게 된다면, 아동들은 문제해결을 희망 없는 노력으로 간주할 수 있다.
10) 정확한 답을 획득한 아동뿐만 아니라 좋은 문제해결 방법을 사용한 아동에게도 보상을 하여야 한다.

리이(Lee,K.S.1982)[31]는 **폴리아**(Ploya,G.)의 발견법 목록으로부터 초등학교 아동들에 의해 사용되어질 발문과 권고를 채택 수정하여 4단계를 제시하고 있다.

〈제1단계〉 : 문제이해의 단계

1) 문제에 포함된 것은?
2) 포함된 것들 사이의 관계는 ?
3) 답해야 할 물음은?

〈제2단계〉 : 해결계획수립의 단계

1) 그림을 그리는 것이 도움이 될 수 있는가?
2) 표를 만드는 것이 좋은가?
3) 특별한 경우에 대해서 생각해 보고 규칙(Pattern)을 찾아라.
4) 비슷한 문제를 풀어본 적이 있는가?

〈제3단계〉 : 계획실행의 단계

1) 계획을 실천하여라.
2) 각 단계를 점검하여라.

〈제4단계〉 : 반성의 단계

1) 풀어낸 답이 합당한가?
2) 다른 풀이 방법을 찾아보아라.
3) 비슷한 문제를 만들어보아라.

워스(Worth,J.,1982)[32]도 폴리아(Polya,G.)의 발견법을 교실에서 사용하기에 적합하도록 각색하였는데, 그는 특히 폴리아(Polya,G.)의 4단계를 일반 골격(general frame work)이라 부르고, 개개의 전략적 발문이나 권고에 못지않게 이러한 일반 골격이 형성되도록 하는 것이 중요하다고 하였다.

버튼(Burton,L.,1984)[33]은 특히 폴리아(Polya)의 발견법 중 제4단계인 반성의 단계를 중시

31) Lee, K.S., Guiding Young Children in Sucessful Problem Solving, Arithmetic Teachers, Vol. 29. No. 5, Jan., 1982.

32) Worth, J., Problem Solving in the Intermediate Grades : Helping Your Students Learn to Solve Problems, Arithmetic Teacher, Vol. 29. No. 6, Feb. 1982. pp.16-17.

33) Burton, L., Mathematical Thinking : the Struggle for meaning, Journal for Research in Mathematics Education, No. 1., Jan., 1984. pp. 35-49.

하여 (1)도입(문제를 이해한다) (2)공략(문제를 푼다) (3)검토(문제를 검토한다) (4)확장(문제를 일반화한다)과 같은 4단계의 문제해결 방법을 제시한 바 있다.

7. 문제해결 수업 모형

문제제시 ⇨ 문제의식 ⇨ 문제이해 ⇨ 계획수립 ⇨ 계획실행 ⇨ 반성

〈단계1〉 : 문제의식

아동에게 어떤 문제 상황이 제시되었을 때 이 상황이 아동 개개인에게 진정한 문제가 되려면 아동 개개인이 그 상황이 쉽게 해결될 수 없다는 것을 깨달아야 한다.

〈단계2〉 : 문제이해

바르게 이해하지도 못한 문제에 대답한다는 것처럼 어리석은 일은 없지만 그러한 일을 학습-지도 상황에서 흔히 경험한다. 따라서 문제를 풀기 전에 반드시 그 문제를 이해하도록 하여야 한다.

〈단계3〉 : 계획수립

일단 문제가 이해되면 구하여야 할 것을 찾기 위하여 어떠한 계산을 어떻게 해야 할 것인가에 대한 계획을 세워야 한다.

〈단계4〉 : 계획실행

구체적인 사항들이 전체적인 윤곽 속에 적절히 배치되어 계획이 명백히 들어나고 실수를 범할 수 있는 모호한 부분이 생기지 않도록 하면서 세부적인 사항들을 하나하나 인내를 가지고 나가야 한다.

〈단계5〉 : 반성

아동이 자기의 계획을 실행하고 풀이를 기술하고 각 단계를 확인함으로써 그는 자기의 풀이가 옳다는 확신을 가질 수 있다. 그러나 실수는 언제나 있을 수 있으며 특히, 논증이 길고 복잡한 경우에는 더욱 그러하다.

그러므로, 확인이 필요한 것이다. 풀이 결과를 확인하여야 하며 증명을 확인해 보아야 한다.

8. 문제해결 수업을 위한 교사의 역할

문제해결을 다루는 수업에서는 해답 그 자체보다도 문제를 해결하는 과정을 중시하고 있기 때문에 수업의 형태도 이것을 반영하여 문제해결책을 촉진하는 수업이 되어야 한다.

1. 수업시간의 일부분은 교사의 주도하에 문제를 해결해 나가는 단계적인 사고과정을 아동들에게 경험시키기 위하여 전체 수업의 형태를 취한다.
2. 대부분의 시간은 아동 스스로 문제 해결하는 데 할애해야 한다.
3. 교사는 아동이 자발적으로 문제를 해결하려는 의욕 고취시키고, 끝까지 버티는 인내심을 아동에게 심어 주어야 한다.

문제해결을 위한 **쉐엔펠트**(Schoenfeld,1980)의 두 가지 수업 유형을 제시하고자 한다.

1) 교사와 아동의 토론에 의한 문제해결단계 및 전략

교사의 문제제시와 발문을 통해 각 단계를 거치도록 학습활동을 전개한다.

교사는 아동들이 문제를 해결하고자 하는 의욕을 고취시켜야 하며, 문제해결이 쉽지 않다는 것을 깨닫도록 해야 한다. 문제의식 단계를 거친 후에는 문제를 다시 읽어보거나 중요한 조건을 찾아보면서 문제이해 단계로 옮기게 되며 일단 전체 아동이 문제를 이해하게 되면, 문제를 해결하는 아이디어를 찾아보아야 한다. 이때 여러 가지 문제해결 특수 전략 즉, 규칙성 찾기, 식 세우기, 추측과 확인, 그림그리기, 목록이나 표 만들기, 단순화하기 등의 전략 중에서 어느 것을 선택하는 것이 좋은가를 판단해 보게 하고 그 전략에 의해서 문제를 해결해 보도록 한다. 문제를 해결한 후에도 여러 가지로 검증을 해 보며 반성단계를 갖도록 한다.

2) 소그룹별 문제해결

1. 교사는 각 소그룹을 순회하며 필요한 도움을 준다.
2. 각 소그룹별로 해결이 되면 발표를 시키고 정리 요약하도록 한다.
3. 다음 수업시간을 위한 문제제시를 한다.

이때의 문제는 모두 같은 해결전략 요구하는 문제가 되지 않도록 한다. 그 중 일부는 그 시간에 학습한 전략으로 해결될 수 있지만 한 두 문제는 다음 시간에 배울 전략에 의해 해결되는 문제가 좋다.

3) 문제해결 수업 모형

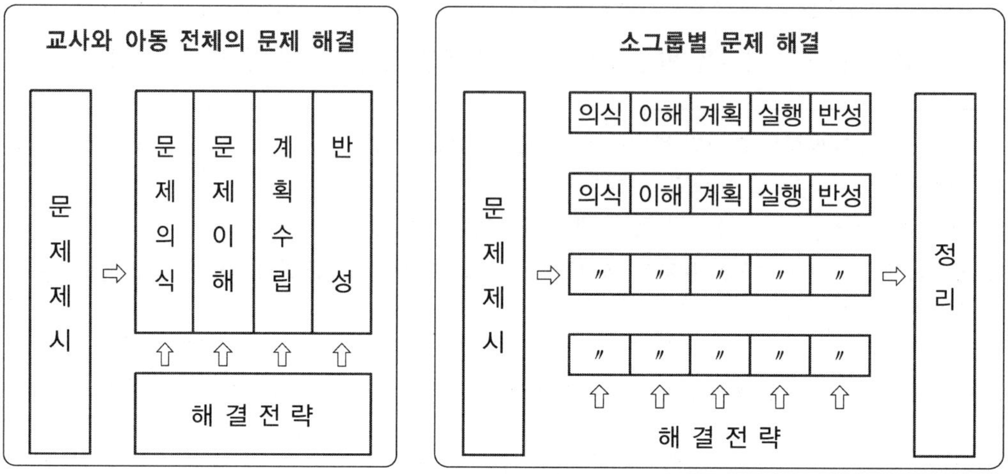

(1) 문제해결 수업에서 중요한 것은 교사는 기본적으로 안내자의 역할만을 담당해야 한다는 것이다. 즉, 교사는 문제해결 과정을 직접 제시해 주는 것이 아니라 아동 스스로 발견 하도록 도와주기만 해야 한다는 것이다.

(2) 교사 주도하에 문제를 해결해 나가는 아동들에게 문제해결을 위한 기본적인 사고 단계와 사고전략을 강조하도록 해야 한다. 그러나 문제해결은 일조의 인지 전략이나 한 두 시간의 학습이나 몇 주간의 학습으로 그 학습효과를 크게 기대하기는 어려운 것이다. 따라서 이 같은 사고전략을 학습시키기 위해서는 오랜 기간 동안 문제해결을 위한 사고훈련을 시켜야 한다. 그것을 위해서는 위에서 서술한 문제해결 전략의 사용을 예증할 수 있는 문제들을 충분히 준비해 두어야 한다.

오스번(Asbourme, A., 1957)의 브레인 스토밍(brain storming)은 아동들에게 사전 예고 없이 갑작스럽게 문제를 제시하고 가능한 많은 해결 방법을 찾아보도록 요구하는 기법이다.

이것은 정신에 갑작스런 충격을 제공하여 일상생활에서 익숙해진 것을 제거하고 새롭고 독특한 것만을 발표하게 하는 것이다. 그러나 이 때 주의해야 할 것은 아동들이 제시한 아이디어에 대한 비판이나 평가를 아이디어의 산출이 끝날 때까지 연기해야 한다는 점이다. 이와 같은 과정에서 아동 스스로가 발견한 해결 방안이 제시될 때는 강화가 충분하게 제공되어야 한다. 물론 아동 스스로가 성취했다는 내적 만족감도 생기겠지만 외적인 강화도 중요하다. 외적 강화가 내적 만족감을 더욱 자극할 수 있기 때문이다.

아동들이 보이는 창의적 사고와 성취에 대해 수업시간에 교사가 취해야 할 일반적 태도를 **김순택(1978)**[34]은 다음과 같이 제시하고 있다.

(1) 아동이 제기하는 질문은 어떤 것이든지 존중한다.
(2) 아동이 제시하는 아이디어나 해결안은 어떤 것이든지 존중한다.
(3) 아동들에게 그들이 제시한 아이디어도 가치 있음을 보이도록 한다.
(4) 아동 자신이 추진하는 학습의 기회를 제공하고, 그에 대해 높은 비중을 둔다.
(5) 아동들에게 직접적 평가를 하지 않는 상태에서 학습하고 사고하고 발견하도록 하는 기회를 제공한다.

우정호(1984)[35]는 아동들의 인지전략을 촉진하는 방안으로서 학습자를 가능한 한 현실적이고 흥미로우며 도전적인 문제 상황으로 이끌어야 한다고 주장하며, 인지적 전략의 발달에 유익하다고 판단되는 학습조건을 다음과 같이 제시하고 있다.

(1) 발산적 사고를 하도록 격려한다.
(2) 걱정을 없애고 이완된 분위기를 조성하며, 모험을 할 수 있도록 자신감과 용기를 북돋아 준다.
(3) 적합하지 않으나 독창적인 아이디어에 명백한 관심을 보인다.
(4) 잘못된 대답을 하더라도 긍정적인 방향으로 전환시키거나, 유머러스하게 대하거나, 모른다고 해서 아동을 좌절시키지 않도록 한다.
(5) 아동의 반응에 대한 평가를 보류하고 아이디어를 유발시킨다.
(6) 자동화된 사고과정을 파괴하고 겉보기의 파라독스(paradox)를 제시한다.
예를 들어, 정육면체는 면이 6개 있고 각 면에는 모서리가 4개씩 있으므로 모서리는 모두 24개라야 하는데 실제로는 12개뿐인 것은 어떻게 된 것인가 하는 겉보기의 파라독스를 제시할 수 있다.
(7) 아동 자신이 문제를 제기하거나 문제를 개발시키도록 하는 것도 좋으며, 아동이 자신의 아이디어를 세련시킬 수 있도록 주도적 논의를 촉진한다. 즉, 학습 과정이나 어떤 새로운 과제의 해결에서 오류는 말하자면 자연스러운 것으로 오히려 도움이 될 수 있다는 것, 그리고 오류를 충분히 시정하여 재발하지 않도록 하는 것이 중요하다는 것을 인식하도록 해야 한다.

---

34) 김순택, 목표별 수업, 교육과학사, 1978
35) 우정호외, 수학교육학개론, 서울대학교출판부, 1984

(8) 아동들이 궁지에 몰렸을 때 즉, 아동들이 무엇을 해야 할지, 또는 다음 단계에는 무엇을 해야 할지 모를 때 교사는 힌트를 주어 도와주어야 한다.

즈웽(Zweng,1979)[36]은 초등학교 3학년에서 6학년 아동들을 대상으로 한 조사 연구에서 아동들에게 어떠한 힌트를 주느냐에 따라 아동들의 성취도가 다르다는 사실을 알았다. 예를 들면, 그림을 그려주는 방법은 아동들로 하여금 문제를 해결하는 촉진자의 역할을 한다는 사실이 나타난다. 그러나 이 조사에서는 문제 자체가 간단한 경우이고 힌트의 종류를 8가지로 나누고 있으나 언어적 문제에만 국한하고 있기 때문에 일반화하는 데는 문제가 있다.

사반(Sabban,1985)[37]은 힌트를 크게 「부정적인 힌트」와 「긍정적인 힌트」로 나누고 **부정적인 힌트**는 아동들이 풀고 있는 것이 확실히 잘못 되었다고 인정될 때만 사용해야 하며, 그것도 유머러스하게 전달해야 한다고 주장하고 있다. 그리고 **긍정적인 힌트**를 다시 전략힌트, 원리힌트, 내용힌트의 세 가지로 나누고 있다. **전략힌트**는 아동이 문제를 해결하는 태도를 갖게 하고 다른 문제에도 그러한 전략을 사용할 수 있기 때문에 효과적이다. **원리힌트**는 아동들로 하여금 어떠한 원리를 회상하게 만든다. 이런 힌트는 문제를 분명히 이해하게 하고, 문제를 해결하는 접근방법을 알려준다는 의미에서 중요하다. **내용힌트**는 추상적인 것보다 구체적인 유용하다.

힌트의 효과를 결정하는 가장 중요한 요인은 힌트를 언제 제시해 주느냐 하는점이다. 힌트는 해결계획의 진전이 잘 안보일 때나 문제를 잘못 해결하고 있을 때, 해결 과정에 어려움이 있을 때 유용하다. 그러나 적절한 시기가 아닌 경우에 주어지면 오히려 자발적인 사고를 저해할 수도 있어 바람직하지 않을 경우도 생긴다.

사반(Sabban)은 문제 해결자가 문제를 파악하고, 힌트를 받아들여 이용할 준비가 되어 있을 때 힌트를 제공하는 것이 가장 효과적이라고 밝히고 있다.

결론적으로, 힌트는 잠재적이고 부정적인 효과를 갖고 있으므로 힌트의 종류, 시기, 기능에 따라 힌트를 효과적으로 사용할 줄 알아야 한다. 올바르게 사용하기만 한다면 힌트로 사고를 개발하고 아동들의 동기유발을 시키는 탁월한 도구가 될 수 있는 것이다.

36) Zweng,M.J.,Children's Strategies of Solving Verbal Problems, A final Report to the National Institute of Education on the Research Supported by grant number me.9.78.0094.

37) Sabban,Y.O.,Hints in Problem Solving,School Science and Mathematics, Vol.85.Jan. 1985, pp.37-53.

9. 문제해결 수업의 실제

1) 문제해결 수업용 교수-학습 자료

(1) 정형문제

[문제] 하나는 냇가에서 조약돌을 7개 주웠습니다. 다시 4개를 더 주웠습니다. 하나가 가지고 있는 조약돌은 모두 몇 개 입니까?

[의식]

① 문제를 풀 수 있겠읍니까?

[이해]

① 하나가 처음에 주운 조약돌은 몇 개 입니까?

② 하나가 나중에 주운 조약돌은 몇 개 입니까?

③ 무엇을 묻고 있읍니까?

[계획]

① 어떤 계산을 하여야 합니까?

② 식으로 나타내어 봅시다.

[실행]

① 7 + 4 = ?

② 답을 써 봅시다.

[반성]

① 답이 문제의 뜻에 맞습니까?

② 다른 풀이 방법은 없습니까?

[문제] 하나는 꽃 가게에서 한개에 1,250원하는 화분 2개와 2,750원 짜리 꽃 나무 한 포기를 샀다. 전부 얼마의 돈을 지불했겠는가?

[의식]

① 문제를 풀 수 있는가?

[이해]

① 화분은 몇 개 샀는가?

② 화분 하나의 값은 얼마인가?

③ 꽃나무의 값은 얼마인가?

[계획]

① 1단계 : 화분의 값을 구하여라.

② 2단계 : 하나는 전부 얼마의 돈을 지불하였는가?

[실행]

① 1단계 : 1,250 × 2 = ?

② 2단계 : 2,500 + 2,750 = ?

[반성]

① 구한 답을 점검하여 보아라.

(2) 비정형문제

[문제] 정환이는 동전을 3개 가지고 있습니다. 그 중에서 두 개는 같은 것입니다. 3개의 돈을 모두 합하면 210원이 됩니다. 정환이가 가지고 있는 동전은 각각 얼마짜리 입니까?

[문제] 두 수를 더했더니 4가 되었습니다. 어떤 수 들 일까요?

[문제] 닭과 소의 다리 합이 28입니다. 닭과 소는 각각 몇 마리 있습니까?

[문제] 100원짜리 동전과 50원짜리 동전으로 550원을 지불하는 데는 몇 가지 방법이 있겠는가?

[문제] 다음 빈칸에 1~16사이의 숫자를 써 넣어서 가로, 대각선의 합이 모두 같도록 하여라.

	3		13
5		11	
4	16		

(3) 실생활문제

[문제] 버스에 14명이 타고 있습니다. 정류장에서 7명이 탔습니다. 버스에는 몇 명이 타고 있습니까?

[문제] 우유 한 곽의 값은 200원이고, 우유 두 곽의 값은 390원 입니다. 우유 두 곽을 사는 것이 한 곽씩 살 때보다 얼마나 더 쌉니까?

[문제] 고속버스는 서울에서 대구까지 3시간, 대구에서 진주까지 2시간 걸린다. 서울에서 진주까지는 몇 시간 더 걸리는가?

[문제] 하나는 4송이의 노란 투울립 꽃을 960원에 사고, 5000원 짜리 종이 돈을 지불 하였다. 거스름돈은 얼마나 받아야 하는가?

[문제] 세 개의 종이 봉지가 있는데 각 봉지에 들어 있는 과일 표시가 모두 잘못되어 있다. 한 봉지에는 사과 두 개, 또 한 봉지에는 귤이 두 개, 나머지 한 봉지에는 사과 하나, 귤이 하나 들어있다. 세 봉지 중에서 한 봉지에 있는 과일 하나만을 꺼내보고 각 봉지에 들어 있는 과일을 알아 맞춰보아라.

2) 문제해결 수업 지도안

[문제] 7시 10분에 아침 식사를 하고, 12시 20분에 점심을 먹었다. 아침식사를 한 후 몇 시간 몇 분 뒤에 점심을 먹었는가?

- 문제의 유형 : 정형문제
- 중심 해결 전략 : 그림 그려서 풀기

〈표 4-1〉 수업 지도안

활동단계	교 사	아 동	비고
의 식	· 시간 셈의 필요성을 예를 들어 이야기 한다.		
이 해	· 문제를 크게 읽는다. · 아침 식사는 몇 시 몇 분에 하였는가? · 점심은 몇 시 몇 분에 하였는가? · 무엇을 물어 보고 있는가?	· 7시 10분 · 12시 20분 · 아침 식사와 점심식사 사이의 시간	
계 획	· 어떻게 풀면 좋겠습니까? (모형 시계)	· 여러 가지 해결 전략을 생각해 본다.	
실 행	· 계획을 세워서 풀어 봅시다. · 아동들이 푸는 모습을 잠시 관찰한다. · 7시 10분에서 8시까지는 몇 분 간인가? · 8시에서 12까지는 몇 시간인가? · 12시에서 12시 20분까지는 몇 시간 몇 분인가? · 7시 10분에서 12시 20분까지는 몇 시간 몇분 간인가?	(문제를, 계획대로 푼다.)	
반 성	· 이것은 문제의 뜻에 적합한가? · 어떻게 풀었는가? · 6시 15분에 저녁 식사를 한다면, 점심을 먹고 난 후 몇 시간 몇 분 더 있어야 하는가? · 아침 식사 후 저녁 식사까지는 몇 시간 몇 분 간 입니까? · 이와 비슷한 문제를 여러분이 스스로 만들어풀어 봅시다.	· 설명한다. · 5시간 55분 · 11시간 5분	

[문제] 오른쪽 그림에서 ○ 안에 1에서 9까지의 수를 한 번씩만 넣어 마주보는 두 수와 가운데 수의 합이 같게 되도록 만들어 보아라.

- 문제의 유형 : 비정형문제
- 중심 해결 전략 : 추측과 점검

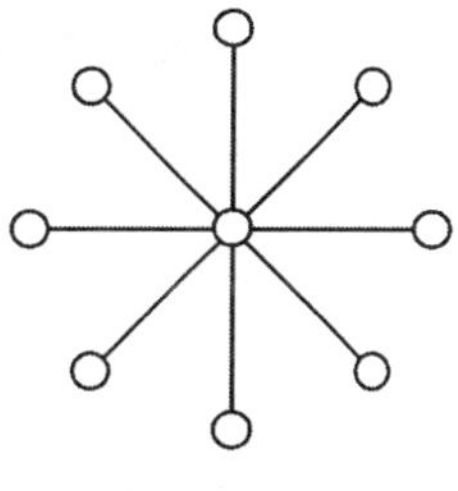

〈그림 4.1〉

〈표 4-2〉 수업 지도안

활동단계	교 사	아 동	비 고
의식	· 합이 10이 되는 두수 또는 세 수를 써 보게 한다.		
이 해	· 문제에서 ○의 개수는 몇 개입니까? · ○안에 사용되는 숫자는 어떤 것들이라야 합니까? · 10은 사용될 수 있습니까? · 0은 사용될 수 있습니까? · 같은 숫자가 두 번 사용되어도 좋습니까? · 1에서 9까지의 수 중에서 한 번도 사용되지 않은 수가 있어도 좋습니까? · 마주 보는 두 수를 찾아보세요. · 마주 보는 두 수는 몇 쌍 있습니까? · 몇 개씩의 숫자의 합이 같아야 합니까?	· 9개 · 1에서 9까지 · 사용될 수 없음 // · 한 번씩만 사용하여야 함. · 한 번씩만 사용하여야 함. · 각 자 찾아본다. · 4쌍 · 3개씩	
계 획	· 세 개씩의 숫자의 합이 같아야합니다 그런데 가운데 수는 어느 경우나 같습니다. 그러면 몇 개의 수의 합이 같으면 됩니까? · 어떤 수들의 합이 같으면 됩니까? · 1에서 9까지의 수 중에서 두 수의 합이 10로서 같은 경우를 찾아 보셔요. · 1에서 9까지의 수 중에서 두 수의 합이 9로서 같은 경우를 찾아 보셔요. · 바깥 ○와 가운데 ○중에서 어는 것을 먼저 정하는 것이 좋을까요? · 왜 그렇게 생각하나요? (가운데 ○을 먼저 결정함이 편리함을 인식하게 함)	· 두 개 · 마주 보는 두 수 · (1,9), (2,8) (3,7), (4,6) · (1,8), (2,7) (3,6), (4,5)	
실 행	· 아동들에게 학습지를 1장씩 나누어 준다. · 각자의 학습지에 ○안에 적당한 수를 넣어 문제를 해결해 보세요. · 답이 여러 개 있습니다. 계속해서 풀어 보세요. · 몇 가지 나왔습니까? · 더 이상 나오지 않음을 설명해 보셔요.	· 학습지에 문제해결 · 여러 가지 방법으로 계속 문제 풀이 · 세 가지 · 모든 경우를 조사	· 3가지의 답이 나오고
반 성	· 위의 문제의 답에는 어떠한 성질이 있는지 생각해 보셔요. · 위와 비슷한 다른 문제를 학습지에 만들어 보셔요. · 과제 제시	· 예상되는 문제 1-7까지의 7개의 숫자를 한 번씩 사용하여 아래 표 메우기 마주 보는 두 수의 합이 가운데 수와 같게 하기	더 이상 나오지 않음을 확인하게 함

[문제] 큰 공책은 300원 하고, 작은 공책은 200원 한다. 철수는 두 공책을 합하여 13권에 3,300원 받고 팔았다. 큰 공책을 몇 권 팔았겠는가?

· 문제의 유형 : 실생활문제

· 중심 해결 전략 : 추측과 점검

〈표 4-3〉 수업 지도안

활동단계	교 사	아 동	비 고
의 식	· 구체물로 위의 문제와 같은 상황을 만들어 공책 값을 구하여 보게 한다. 예)사과 : 20원 배 : 30원 사과 3개와 배 4개의 값은?		
이 해	· 철수는 무엇을 하고 있었나요? · 여러분은 무엇을 알아내려고 합니까? · 큰 공책은 한 권에 얼마입니까? 작은 공책은 얼마입니까? · 철수는 모두 몇권의 공책을 팔았습니까?	· 큰 공책을 판 권수 · 큰 공책-300원 작은 공책-200원 · 13권	
계 획	· 큰 공책을 2권 팔았다면 작은 공책은 몇 권 팔았겠습니까? 그 때 공책을 판돈은 모두 얼마입니가? · 큰 공책 2권과 작은 공책 11권을 판 돈은 3,300원 보다 많습니까? 적습니까? · 큰 공책은 2권보다 많아야 할까요? 작아야 할까요? · 그 이유를 말해 보시요.	· 11권 300원×2＋200원×11＝2,800원 · 적음 · 많아야 한다. · 비싼 공책을 많이 팔수록 돈이 많아지기 때문	· 이 부분은 아동들이 충분히 이해해야 함
실 행	· 그럼 큰 공책의 수는 얼마나 되어야 하는지 짐작해 보고 확인해 보셔요. · 큰 공책의 수를 알아맞혀 보셔요.	· 각자 여러 가지 수를 넣어 답을 찾는다. · 7권	· 작은 수에서 점차 큰 수를 넣어 보게 한다. · 반드시 자연수의 차례를 지킬 필요는 없음
반 성	· 위에서 구한 답 이외에도 다른 답이 있을까요? · 왜 그렇게 생각하나요? · 위와 비슷한 문제를 만들어 보셔요. · 다음 문제를 풀어 보자. 철수가 가진 색종이는 영희가 가진 색종이보다 8장이 더 많다. 이들이 가진 색종이의 합이 24장이라고 한다. 영희가 가진 색종이는 몇 장이겠는가?	· 없음 · 값이 점점 많아짐 · 문제해결	· 아동들이 만든 문제 중에는 답이 없는 경우가 있는지 확인하여 보고 아동들에게 답이 없음을 주지하여 준다.

DISCUSSION

[1] 수업에 임하는 교사의 기본자세에 대해서 서술하여라.

[2] 개별학습 과정에 중요시 할 사항에 대해서 논술하여라.

[3] 발견학습 관계를 학습 형태별로 설명하여라.

[4] 문제해결 학습에서 문제의 특성을 열거하여라.

[5] 문제해결 수업을 위한 교사의 역할에 대해서 논하여라.

[6] 정형문제, 비정형문제, 실생활문제에 대해서 정의하고 각각 알맞는 문제를 선정하여 학습 지도안을 구성하여라.

[7] 문제해결 교수-학습 방법을 논하여라.

[8] 학년별 문제해결 전략을 논술하여라.

05 수학과 학습평가

5.1 평가의 의의

학습평가는 교육에 관한 가치를 기준으로 하여 교육에 의해서 초래되는 아동의 인격이나 행동의 변화를 판정하는 행위이다. 평가라는 행위 속에는 관찰되는 현상과 관찰자의 가치의 척도와의 두 가지 요인이 포함되어 있다. 그러나 평가가 가치의 기준에 따른 판단이라고 하나 이 뜻을 좁게 해석해서는 안된다. 이를테면 지능검사와 같은 것은 반드시 가치적 견지에서 판단되는 것이 아니며, 또 성격, 행동과 같은 것도 항상 가치적으로만 보지 않고, 순수하게 심리학적 사실로써 이것을 보는 것이 유용한 경우가 많다.

학업성적의 평가조차도 오답분석과 같이 사실을 사실로써 진단적으로 평가하는 일이 오히려 지도하는 데 도움이 된다. 수학교육의 평가에 있어서는 특히 이러한 평가가 소득이 있다. 요컨대 교육에 관한 평가인 이상 결국은 교육목표와 관계가 되겠지만 그 과정 가운데에는 우선 가치와 관계없이 사실을 사실로써 파악한다는 것도 평가의 행위의 일부를 이루고 있다고 이해할 필요가 있다.

평가를 하기 위해서는 교사가 만든 테스트, 표준검사를 비롯한 여러가지 검사, 관찰, 기타의 방법이 있다. 그런데, 이들이 반드시 구비해야할 조건, 기준이 있다. 그것은 타당성과 신뢰성이다.

평가하려고 하는 경우, 평가의 방법이 그 목표를 어느 정도 정확하게 측정할 수 있는가 하는 문제가 있다. 이것이 타당성인데 그 타당성을 조사하는 관점으로는 다음의 4가지가 주로 생각된다.

1. 목표 : 평가의 목표가 학습지도 목표에서 볼 때 적절한가?
2. 내용 : 문제의 내용이 교육과정이나 교과서 등에서 볼 때 타당한가?
3. 곤란도 : 문제가 지나치게 어렵거나 지나치게 쉽지 않은가?
4. 변별도 : 하나 하나의 문제가 개인차를 분별할 수 있는가?

그리고, 지능검사나 적성검사 등이 검사하는 사람, 검사의 시기, 장소에 따라서 결과가 달라져서는 곤란하다. 이 안정성 또는 일관성의 문제가 신뢰성이다. 신뢰성은 타당성과도 관련이 있으며, 타당성이 낮아도 신뢰성이 높은 테스트는 있으나, 신뢰성이 낮고 타당성이 높은 테스트란 있을 수 없다. 신뢰성을 높이기 위해서는 다음과 같은 방법이 생각된다.

1. 채점의 객관성을 높이도록 연구한다.
2. 문제를 택할 때는 타당성이 높은 문제를 택하도록 한다.
3. 문제의 의미가 일의적으로 해석되고 하나가 되도록 연구한다. 신뢰성을 수치로 두고 다시 테스트 한다든지, 같은 종류의 문제를 테스트해 보거나 하여 그들 사이의 상관계수를 나타내는 것이 보통이다.

5.2 평가의 원리

체중기가 좋아야 체중을 정확하게 측정할 수 있는 것과 마찬가지로 시험문항이 좋아야 학력을 정확하게 측정할 수 있을 것이다. 그것이 아동들의 학력을 정확히 측정할 수 없는 것이라면 그것은 무가치한 것이 되어 버린다. 그러므로 교사들은 문항을 작성하기에 앞서 「어떻게 하여 우수한 문항을 작성해야 할 것인가?」에 대하여 충분히 고려를 하지 않으면 안된다. 그러면 여기서 학력측정 용구 즉 시험문항은 어떠한 특징을 가지고 있어야 좋은 것이라고 할 수 있겠는가?에 대하여 간단히 고찰해 보기로 한다.

1. 평가의 타당도

평가의 타당도란 측정하려고 하는 대상을 실제로 측정하는 정도를 의미한다. 즉, 측정하려는 「무엇」을 어느 정도로 충실히 측정하고 있는가를 가리키는 말이다. 바꾸어서 말하면 측정하려 한 이외의 것을 측정하지 않은 정도를 가리키는 말이다. 예를 들면 수학시험에서 글씨가 나쁘다고 하여 10점을 낮추어 채점하든가, 글씨가 좋다고 하여 10점을 올려 채점한다면 그 측정은 타당성을 잃고 있는 것이다. 말할 필요 없이 측정되어야 할 수학 학력만이 순수하게 측정되어야 함에도 불구하고 측정되어져서는 안 될 글씨 능력까지도 측정되고 있기 때문이다.

학력검사의 타당도를 높임에 있어서 가장 중요한 방법은 「논리적 타당도」를 높이는 것이다. 즉 교사는 자기가 가르친 과목에 있어서의 교수 목표를 구체적으로 인식하고 이것에 의거하여 아동들의 목표달성의 여하를 측정할 수 있게 하는 문항들을 목표 전반에 걸쳐서 구체적으로 작성해야 한다.

2. 평가의 신뢰도

평가의 신뢰도란 동일인이 같은 종류의 시험을 몇 번이나 되풀이 하여 받는다고 하면 그 때마다 얻게 될 점수의 상호유사의 정도를 뜻한다. 동일인이 같은 조건 하에서 같은 종류의 검사를 여러번 받는 경우에 어떤 때에는 높은 점수를 얻었고 다른 어떤 때에는 낮은 점수를 얻었다면 그 검사는 신뢰도가 낮은 검사가 되는 것이다. 그렇다면 신뢰도란 곧 측정의 정확성의 정도를 의미한다. 온도에 따라 팽창률이 심한 자(尺)는 신뢰도가 대단히 낮다. 이 자와 마찬가지로 학력검사에 있어서도 그 시험문항이 신뢰롭지 못한 경우가 허다하다.

그리고 교사는 시험범위에서 골고루 문항들을 작성해 내어야 할 것이며, 어떤 특수 부면에 편중한 문항들을 작성해서는 안된다. 그러므로 되도록이면 가능한 한 항수가 많아야 할 것이다. 또 답안 작성에 관한 지시나 설명은 모든 아동이 다 이해할 수 있도록 해야 하며, 시험시간도 엄수되어야 하고, 수험에 대한 동기도 균일화되어야 한다. 채점에 있어서 채점자의 주관이 작용해서도 안된다. 객관적 테스트에 있어서는 주관이 작용하는 경우가 드물지마는 논문체 테스트에 있어서는 주관이 심하게 작용하는 경우가 많다.

3. 평가의 객관도

평가의 객관도란 한 아동이 답안을 여러 교사들이 채점할 경우 그들의 각 측정치의 상호 유사성의 정도를 일컫는 말이다. 그들의 각 측정치가 서로 동일하다면 그 시험문제는 완전한 객관성을 지니고 있는 것이다. 객관도를 높이려면 교사는 시험문항 자체를 객관화시켜야 한다. 그렇게 되면 우리는 구태여 객관도를 문제삼을 필요가 없는 것이다.

4. 평가의 포괄성

평가의 포괄성이란 교수목표 도달 여부를 파악할 수 있게끔 교수한 내용 전반에 걸쳐서 고루고루 문항들이 작성되어 있는가 없는가의 정도를 가르키는 말이다. 물론 문항수나 배점의 무게는 각 목표의 중요성에 따라 달라야 한다. 만들어진 문항들은 교육목적에 포함된 내용이나 행동을 고루고루 표집한 것이라야 한다. 예를 들면 사고력을 따지는 문항들이라면 문제파악력, 가설형성력, 자료모집력, 검증력, 응용력 등에 관한 것을 고루고루 표집한 것이라야 한다. 포괄성의 정도가 높은 문제를 작성하려면 자연적으로 문항을 많이 만들지 않으면 안된다.

5. 평가의 변별도

평가의 변별도란 신뢰도에 관계되는 것으로서 문제가 피험자들 사이의 목표달성의 차이를 가리키는 말이다. 이를 테면 A아동과 B아동의 수학실력이 동등하다고 보자. 100점 만점의 수학시험에 있어서 한 문항 25점의 문항이 4개 출제되었는데, A아동은 100점을 얻었고, B아동은 약간의 부주의로 한 문항의 답에서 「+」를 「−」로 오기하여 75점을 얻었다고 하자. 이러한 경우 우리는 A와 B사이의 25점이란 커다란 차이를 인정할 수 없을 것이다. 변별도를 높이기 위해서는 교사는 되도록이면 배점이 적은 문항들을 많이 작성해야 할 것이다.

6. 평가의 실용도

평가의 실용도란 문제 작성에 있어서의 시간이나 노력의 절약정도, 평가실시와 채점의 용이점 실시 결과에 대한 해석이나 결과의 활용성을 의미한다. 그러나 시험이란 본래의 기능 또는 목적을 희생시켜 가면서 시간이나 노력을 절약하고자 한다든가 실시나 채점을 용이화 하고자 해서는 안된다. 또한 실시결과는 교육평가의 목적에 비추어 해석되고 활용되지 않으면 안된다.

이상에서 타당도, 신뢰도, 객관도, 포괄성, 변별도, 실용도에 대해서 간단히 언급해 보았다. 좋은 시험문항은 이러한 모든 면에서 높은 정도의 수준을 유지해야 한다. 특히 타당도, 신뢰도, 객관도는 필수 불가결의 조건이다. 타당도는 높아도 신뢰도나 객관도가 낮고 신뢰도가 높아도 타당도나 실용도가 낮아서 쓸모가 없는 시험문항은 얼마든지 있다.

쓸모는 좀 적고 재는 방법이 서툴러서 약간 잘못 쟀다손 치더라도 재는 알맹이만은 진짜를 재야하기 때문이다. 그러나 타당도를 올리기 위해서 신뢰도, 객관도, 실용도가 엉망이 되었다면 타당도를 약간 희생시켜서라도 이것들을 올려야 한다. 그러기 위해서는 교사들 자신이 문제를 재량껏 다루어 나가는 데에 필요한 기초지식과 소양이 절실히 요구된다.

5.3 평가의 시기와 방법

1. 평가의 시기

학습의 시기를 확정할 수 없는 것과 같이 평가의 시기를 정하는 것은 매우 곤란하다.

그러나 학습이 진행되는 과정에서 다음 세 가지 단계의 평가를 생각할 수 있고, 여기에 대해 기술하기로 한다.

1) 진단평가

진단평가란 아동의 학습사항의 이해의 정도를 조사하여 어디에 결함이 있는가, 그 원인은 무엇인가를 확인하고 다음 학습의 준비 또는 지도계획안의 자료를 얻기 위하여 시행하는 평가이다. 시기는 학년, 학기의 초나 단원의 지도전에 시행하는 경우가 많다. 필요한 복습사항의 이해도를 조사하는 것이 목적이므로 문제는 어렵지 않도록 하고 각 문항마다의 통과율이나 오답분석에 주안을 두는 것이 좋다. 또 아동의 장소(가장 잘 하는 점), 단소(가장 못 하는 점), 오류의 경향 등을 개인별 진단카드에 기입해 두면 오류를 개인적으로 수정 치료 지도할 때 이용할 수 있는 것이다.

2) 형성평가

형성평가란 수업의 진행중에 개별 혹은 집단으로서의 오류의 원인을 초기에 발견하여 학습의 진행 방법이나 지도법의 반성자료를 얻기 위하여 시행하는 평가이다. 다시 말하면 학습하면 평가하고, 평가하면 학습한다는 이 연속적인 반복은 매일의 학습에서 이루어지는 것이다.

교사는 분단과 분단사이를 지나 다니면서 학습의 장애가 되고 있는 곳을 하나하나 주의해서 본다든지, 과제의 제시방법을 바꾸어 본다든지, 거수로 반응을 확인한다든지, 간단한 시험(test)을 실시한다든지 또는 문답법(answer check list)을 쓴다든지, 다양한 평가방법으로 하는 것이 좋다. 평가의 결과는 곧 아동에게 피이드 백(feed back)할 필요가 있으므로 사전에 평가할 항목이나 방법을 명시하여 두는 것이 더욱 좋은 것이다.

3) 총괄평가

총괄평가란 어떤 단원이나 영역의 지도가 끝난 단계에 지도한 내용이 그 목표에비추어 아동들에게 충분히 파악되었는지 지도상에 반성할 만한 것은 없는지 확인하기 위하여 시행하는 평가이다. 또 여기에서 중간, 기말 시험의 학습의 성과를 판정할 수도 있는 것이다. 그러나 장기적으로 보면 지도법의 반성, 지도계획의 개선이나 아동의 학습의욕의 환기 등에 피이드 백 시키는 것도 할 수 있다. 어떤 학습의 일부분의 결함을 가지고 있는가를 조기에 발견하여 그 원인을 찾아 교정지도를 하지 않으면 안된다. 아동 누구 누구가 몇 점을 받았는지를 알기 위한 평가보다, 무엇을 알지 못했기 때문에 이 문제를 해결하지 못하였다는 정도까지 알 수 있는 평가를 시행하는 것이 수학 학습에서 바람직한 것이다.

이상에서 세 가지의 평가법의 상이점을 열거하였지만, 일련의 학습지도에 있어서 평가는 반드시 엄밀한 구별을 할 필요도 없으며 총괄평가로 하여 용의된 시험 문제는 다음 단원의 진단평가의 중요한 자료로 된다. 더욱 진단평가를 위한 시험은 수업중의 형성평가의 문제로서 활용된다.

따라서 사용시기나 용도에 따라 평가의 성격이 변한다는 것은 말할 필요도 없을 것이다.

2. 학습지도목표의 분류에 따른 평가방법

평가하는 관점은 당연히 학습지도 목표에 의하여 결정된다. 평가목표의 분류는 생각하는 데에 따라 여러 가지의 것을 들 수 있다. 여기에서는 학습지도 목표설정을 참고하여 이해(지식), 기능(능력), 태도(관심), 수학적 사고에 대하여 평가해야 할 목표를 고찰하면서 그에 대한 평가의 방법과 수단을 생각해 보기로 하자.

1) 이해(지식)의 평가

이해(지식)면의 평가할 내용을 대별하면 수량이나 도형에 관한 기초적인 개념이나 원리, 법칙의 이해, 수량이나 도형에 관한 기초적인 지식, 수학적인 용어나 기호의 이해 등을 들 수 있다. 이를 구체적으로 생각해 보면 다음과 같다.

(1) 어떻게 인식하고 있는가?

교사는 아동들의 심리에 알맞게 학습을 지도해야 하므로 먼저 아동이 어떻게 인식하고 있는가를 알아두어야 한다. 이것은 이해면과 관계가 깊다.

(2) 기초적인 개념을 어떻게 이해하고 있는가?

기초적인 개념은 추상화한 것이고 일반화한 것이라는 것을 이해하고 있는가 어떤가를 알아둘 필요가 있다. 이를테면 어떤 도형을 제시한 것을 보고 선대칭을 어느 정도 이해하고 있는가를 조사해 보면 조작에서 그치는 아동, 성질까지 말하는 아동 등이 있다. 이와 같이 선대칭의 개념을 어느 정도 이해하고 있는가를 알게 된다.

(3) 기초적인 원리나 법칙을 어떻게 이해하고 있는가?

원리나 법칙을 형식적으로 적용하는 것만 아니라 이해하고 있다는 사실을 발전적, 창의적인 역할을 할 수 있다는 것이며, 이와 같은 관점에서 평가를 요망하는 것이다. 이를테면 소수 계산을

$$7.5 + 3.8 + 6.2 = 7.5 + 10 = 17.5$$

와 같이 계산하는 아동은 가법의 결합법칙을 이해하고 있다고 보아도 될 것이다.

(4) 기초적인 지식, 용어, 기호를 올바로 파악하고 있는가?

아동은 예상 외로 불안정한 지식이나, 용어의 부정확한 사용이나, 기호를 잘못 사용하는 경우가 많으므로 이들의 평가도 중요한 것이다. 이를테면 점 P에서 직선L에 수선을 그으라고 했는데, 그려 놓은 것이 두 직선이 수직으로 만나지 않고 있으면 이 경우 아동은 수선이라는 용어를 바로 이해하고 있다고 볼 수 없을 것이다.

이해(지식)에 대한 평가는 필답고사에 의한 평가가 주가 되지만 그밖에 다음과 같은 평가의 수단이 이용되고 있음을 제시하고자 한다.

① **관찰에 의한 평가 :** 수업중에 아동의 얼굴 모양, 태도 등을 관찰하여 이해의 정도를 대체로 판단할 수 있는데, 이해하지 못 했을 때는 쓴 얼굴모양을 한다든지 정도로 판단을 한다. 그러나 하나 하나의 아동을 더욱 관찰하기 의해서는 분단과 분단 사이를 순시를 하는 것이 보통이다.

② **질문에 의한 평가 :** 관찰만으로는 평가의 자료를 얻기 어려울 때가 있는 경우 적당한 질문을 하여 그 지도내용의 의미를 어느 정도 이해하고 있는가를 판단할 수 있다. 잘못 대답했을 때에는 그 판단의 이유를 진술하게 해 보는 것도 유효하다. 질문은 관찰과 마찬가지로 손쉽게 수시로 사용할 수 있으므로 편리하다.

③ **구두발표에 의한 평가 :** 구두발표를 시켜서 용어의 사용이나 이해의 정도를 평가하게 된다. 이를 테면 용어를 바르게 사용할 때에는 그 용어의 의미를 이해했다고 보아도 된다고 생각한다. 또 문제를 아동에게 풀게 했을 때에 그 사고과정에 대해서 설명하게 하는 것이 이해의 정도를 판단하는 데 도움이 된다.

④ **토의 · 면접에 의한 평가 :** 교사가 적당한 질문이나 의견을 가미하여 아동에게 자립적인 발표를 시켜서 토의 형식으로 관찰 평가하는 경우도 있다. 아동에게 자기평가나 상호평가를 자주적으로 하도록 하는 것과 마찬가지로 아동이 이해를 심화하는 것도

가능하게 된다.

또 아동의 시험의 결과를 보고 어떻게 풀었는가를 알기 위하여 면접을 하는 경우도 있다.

2) 기능(능력)의 평가

평가할 내용으로서는 수나 식을 계산할 수 있는지, 길이와 무게를 측정할 수 있는지 그래프나 도형을 그릴 수 있는지 등을 알아보는 것이다.

지식이나 이해하고 있는 것을 구체적인 장면에 놓고 당면하고 있는 과제를 해결할 수 있는 힘을 일반적으로 **능력**이라고 하며, 이 문제를 해결하는 능력이 행동의 형을 취하여 표면화한 것을 **기능**이라고 말한다. 즉 지식과 이해는 기능의 기반이 되며, 행동 정형화의 방향 제기의 작용이 된다고 본다. 행동 정형화 속에는 정확성, 정착화, 원활성, 속도력, 활용성 등이 내포되어 있다.

기능평가의 수단으로는 지식과 이해의 평가와 마찬가지로 필답고사에 의하는 경우가 많지만 행동 정착화를 중시하는 경우에는 필답고사 외에 관찰법에 입각한 기술면, 이를테면 점검표(check list), 작업 관찰 노우트, 작품, 리포트의 검열 등으로 총합판정이 필요하게 된다.

3) 태도(관심)의 평가

평가할 내용은 수량이나 도형에 관한 사실에 관심을 품고 있는지 수량적인 사항이나 관계에 대하여 자주적, 합리적으로 처리할 수 있는지 수학적인 태도가 길러졌는지 수학을 일상생활에 활용하고 있는지 등을 알아보는 것이다.

태도와 관심의 평가는 수학 학습지도의 중요한 목표이지만 위의 두가지의 영역에 비하여 상당히 곤란한 면이 있다. 평가의 수단으로서는 어느 정도 필답고사에 의한 평가도 가능하지만, 그 밖의 방법으로는 관찰에 의한 방법, 질문지에 의한 방법, 일화기록법, 노우트의 검열에 의한 방법 등으로 아동의 태도와 관심의 정도를 판단하게 된다.

4) 수학적 사고의 평가

수학적 사고에 의한 평가 할 내용은 단순하지 않다. 즉 수학적 사고는 사고의 양식(pattern)과 사고의 내용의 두 가지의 면으로 나누어서 알아보기로 하자.

① **사고의 양식 :** 먼저 개념을 형성할 때에 작용하는 사고를 생각해 보면 다음과 같다.

(ㄱ) 추상화와 형식화

(ㄴ) 일반화와 특수화
(ㄷ) 통합화의 사고와 확장화의 사고
(ㄹ) 계통적, 논리적 사고
(ㅁ) 단순화의 사고와 구조화의 사고
(ㅂ) 함수적 사고와 집합적 사고

다음에는 문장제 해결에 있어서 작용하는 사고를 생각해 보자.
이것은 어떤 문장제(넓은 의미에서는 문제해결을 말함)에 당면했을 때 필요하다고 생각되는 사고, 다시 말하면 사고활동의 형식면과 사고활동의 모양이다. 즉

(ㄱ) 직관적 사고 (통찰)
(ㄴ) 유추적 사고 (귀납)
(ㄷ) 연역적 사고와 귀납적 사고
(ㄹ) 해석적 사고와 총합적 사고
(ㅁ) 적용, 응용의 경우에 활동하는 사고
(ㅂ) 검증, 실증, 관점을 변경하는 경우에 활동하는 사고

② **사고의 내용 :** 수학을 학습하는 사람은 어떤 사실을 사고할 때에 수학으로 또는 수학을 모델로 하여 생각하는 경우가 많다.
브루너(Brunner)는 다음과 같이 말하고 있다.

> 수학의 기본이 되는 내용에 대한 충분한 이해가 보다 중요하다. 여기에서 말하는 내용은 다만 가감이나 비, 비례, 삼각형의 합동, 닮음 등의 지식만이 아니고 이들의 지식을 구성하는 보다 기본적인 구조에 관한 것이다. 이를테면 가변적 사고, 양의 불변성, 전체는 부분으로부터 이루어진다고 하는 사고, 대응의 사고 등은 논리적 사고로서는 가장 기본적인 사고이며, 문장제 해결의 기본을 이루고 있는 사고이다.

③ **평가의 방법 :** 수학적 사고는 양식과 내용의 두 가지 면에서 평가하지 않으면 안된다. 내용은 간단한 지식, 기능의 유무만이 아니고, 그들을 어떠한 사고로 이해하고 있으며 또 사용하고 있는지의 관점에서 평가하여 전망하지 않으면 안된다. 내용을 떠나서 양식만을 평가하는 것은 불가능하지만 분석적으로 평가하기 위해서는 내용보다도 양식에 무게를 둘 수 있으며, 또 내용을 어떻게 분석해서 관련성을 발견해 내는지의 관점에서 내용을 중심으로 보는 것도 있다.

아동의 수학적 사고가 나타나는 것은 학습장면(수업중)과 문장제 해결과 일상생활에 있어서의 생활태도에서 나타나고 있음을 알 수 있다. 이들의 각 장면에 있어서 평가 방법은 동일하지 않으며 형에 짜인 형식적인 평가에서는 역시 정·부의 결과를 알 수 있는 경우이다. 수학적 사고의 어떤 면에 결함이 있는지를 알기 위해서는 더 분석적인 형식을 사용한다든지 또 그 위에 개인면담, 그룹토의, 학습연구를 시행하면 된다.

5.4 문제해결 학습과정에 따른 평가

오늘날 학교 수학교육에서 항상 강조되고 있는 것은 문제해결력 신장이다. 그러나 '문제해결'을 학교 수학에서 직접 다루어야 할 교육내용으로 도입했을 때 현실적으로 부딪치는 가장 큰 문제는 '문제해결력'을 어떻게 평가할 것인가이다.

문제해결 문제에서는 아동들이 해결한 문제의 해답뿐만 아니라 해답을 구하기 위한 방법도 생각하여야 한다. 그래서 문제해결은 두 가지 관점 즉 사고의 과정과 해답의 발견에 있다. 그러므로 사고의 과정 혹은 해답 하나만을 평가한다는 것은 충분하지 못하며 위의 두 가지 관점을 모두 고려할 때 좋은 평가가 된다.

그러나 문제를 해결한 아동들의 노력에 대한 평가는 문제해결 본질 즉 사고 과정에서 이루어지기 보다는 그 해결 결과의 옳고 그름의 판단에 중점을 두고 이루어져 왔다고 해도 과언이 아니다. 문제해결의 핵심은 결과로서가 아니라 과정으로서의 의미이다. 즉 아동들의 문제를 해결할 때 문제를 어떻게 이해하고 있으며, 어떤 전략을 선택하고, 어떤 연산을 적용하는가 등은 문제 해결 평가의 중요한 요소라 할 수 있다.

평가의 주된 목적이 교사들에게 아동들이 알고 있는 것을 더 잘 이해하고 수업 중에 내리는 결정을 의미있게 만드는데 도움을 주기 위한 것이라 할 때 평가는 교사와 아동들의 상호관계에서 다루어지는 아이디어에 아동들이 어떤 의미를 부여하는 가를 이해하는 과정으로 수업의 통합적인 요소여야 한다. 결국 아동이 어떻게 수학을 행하는가에 대한 명백하고 주의깊은 평가를 통해서만이 수업이 개인의 필요에 따라 조정될 수 있고 그렇게 될 때 아동들의 성공 가능성을 높일 수 있다고 본다.

1. 문제해결 평가의 내용

1) 문제를 구성하기

단순히 제시된 문제를 해결하는 능력뿐 아니라 주어진 상황에서 문제를 구성하는 능력도 평가해야 한다.

2) 문제의 질문을 이해하고 형식화하기

문제의 질문의 의미를 이해하는 것은 문제에서 제시된 특별한 단어의 의미를 이해하고 또한 질문이 그 문제 내의 다른 진술들과 어떻게 관련되어 있는지를 인식하는 것을 포함한다.

3) 그 문제 내의 조건과 변인 이해하기

문제해결자는 조건과 변인의 이해뿐 아니라 조건들과 변인들이 서로서로 어떻게 관련되는지 파악해야 한다.

4) 문제를 해결하는 데 필요한 자료 선택하기

문제해결자는 필요한 자료를 확인 할 수 있어야 하며 부적절한 자료를 무시하고 그래프, 표, 공식 또는 어떤 다른 양식으로 표현될 수 있는 자료들을 모아서 사용할 수 있어야 한다. 자료 선택 과정은 질문이나 조건 그리고 변인들을 이해하는 과정과 밀접하게 관련되어 있다.

5) 하부 목표를 형식화하고 수행할 해결 전략과 선택하기

문제해결을 계획하는 동안에 문제해결자는 해결되어야 할 하부문제가 있는지, 또는 하부목표가 있는지를 결정해야 하며, 이러한 하부목표들이 수행될 순서에 대해서도 결정해야 한다. 또한 수행할 해결전략을 적절히 잘 선택해야 한다. 전략수행은 계산하기, 논리적으로 추론하기, 등식풀기, 정보를 조직화하기 등을 포함한다.

6) 해결전략의 이행과 하부목표 도달하기

문제해결자는 선택된 전략을 정확히 수행할 수 있어야 한다. 또한 하부목표를 확인하고 순서화한 후에 문제해결자는 하부목표에 도달할 수 있어야 한다.

7) 문제에서 요구된 조건으로 해답을 해석하기

문제해결자는 한 문제에 대해 단순히 숫자상의 답을 얻는 것으로 충분하지 않다. 계산결과를 문제의 주어진 조건에 맞게 기술할 수 있어야 한다.

8) 해답의 합리성을 평가하기

문제해결자는 해답의 합리성 여부를 확인해야 한다. 이 과정은 문제를 다시 읽고 적절한 정보(질문, 조건, 변인)에 어긋나는지를 점검하는 것을 포함한다.

9) 해를 일반화하기

문제를 푸는 것을 넘어서 주어진 조건이 변화되었을 때 답이 어떻게 바뀌며 답이 어떻게 일반화될 수 있는지를 파악할 수 있다.

2. 문제해결 학습과정에 따른 평가

문제 해결력을 측정한다는 것은 그 능력을 양화한다는 것을 뜻한다. 일반적으로 문제 해결력 자체를 평가할 수 없고 문제 해결력을 평가하기 위한 많은 자료들을 문제 해결의 수행 정도를 측정하여 그 능력을 평가할 수 있도록 하고 있다. 문제 해결과정이나 문제 해결과정의 부분 기능에 대한 평가 방법에는 면담, 지필검사, 관찰을 통한 평정법이나, 점검표 사용법, 관찰지 사용법 등이 있다. 이 평가방법중 아동들의 수행을 좀더 정확하게 평가하려면 아동들이 문제를 풀고 있는 동안 또는 문제를 해결한 후 즉시 개인적인 아동들과의 일대일의 면담에 의하여 이루어지는 것이 좋으나, 아동 개개인과 면담을 하는데 있어 면담에 의한 평가는 학교 현장에서의 평가기법으로는 실제적으로 많은 제한점이 있다. 그래서 가장 많이 활용되고 있는 것이 지필검사이다. 문제를 이해하는 능력, 문제 해결전략을 선택하고 실행하는 능력, 풀이를 반성하는 능력에 대한 평가는 객관적 선다형의 지필검사를 이용할 수 있고 문제 해결 전반에 대한 평가는 평정법을 가미한 즉 평가의 척도를 정한 주관식 지필검사를 사용할 수 있다.

1) 객관적 선다형 지필검사 — IPSP측정 방법

IPSP측정 방법은 훌륭한 면담자가 얻을 수 있는 정보를 얻을 수는 없겠지만, 단지 문제 해결의 결과만을 측정하는 경우보다는 훨씬 값진 정보를 줄뿐만 아니라 활용이 용이하고 채점이 수월하며 비교적 높은 신뢰도를 갖는 이점이 있다. 이 검사는 Polya의 문제 해결과정의 4단계를 기본으로 하여 측정의 하위요소로 문제를 이해하는 능력, 선택된 해결 전략을 실행하는 능력, 풀이를 검증하는 능력으로 구분하여 측정하고 있다.

(1) **문제를 이해하는 능력의 검사문항 :** 아동들의 문제 구성에서 과잉 또는 과소 조건을 찾을 수 있거나, 문제에서 주어진 조건들을 사용하여 대답할 수 있는 능력을 요구한다.

[보기 1] 학교 식당에는 48명의 아동들에게 나누어 줄 230kg의 우유가 있다. 요리사는 각 아동들에게 우유를 몇 잔씩 나누어 주어야 하는지를 알고 싶어 했다. 이때 요리사는 다음 중 어느 사항을 알면 이 문제를 해결할 수 있겠는가?

① 1kg은 1000g이다.

② 컵에는 2kg의 우유가 들어간다.

③ 아동들은 모두 우유를 좋아한다.

④ 컵의 높이는 8cm이다.

(2) **문제를 실행하는 능력의 검사문항 :** 문제를 푸는데 사용하는 능력이나, 도표로 부터 자료를 계산하거나 추정하는데 필요한 올바른 연산을 선택하여 계산하는 능력을 요구한다.

[보기 2] 온도 읽기에서 화씨(F)를 섭씨(C)로 환산하기 위하여 다음공식을 사용하여라.

$$C = 5 / 9 \times (F - 32)$$

화씨 59 ° 는 섭씨 몇 도인가?

① 15 ° ② 27 ° ③ 74 ° ④ 180 °

(3) **문제를 풀이를 반성하는 능력의 검사 문항 :** 주어진 문제와 같은 방법으로 풀 수 있는 문제를 분류하는 능력이나 주어진 문제에서 조건을 변화 시킬 때 일어나는 결과를 조사하는 능력, 또는 주어진 해결전략을 점검하는 능력을 요구한다.

[보기 3] 철수는 75개의 구슬을 갖고 있는데 이것은 영희가 가진 것의 2배 보다 11개가 더 많다. 영희가 가진 구슬의 개수를 알기 위하여 철수는 75 + 11을 하여 86을 얻었다. 그리고는 철수는 영희가 43개의 구슬을 가지고 있다고 말했다. 철수의 풀이는 옳은 것인가?

① 그렇다.

② 아니다. 86 × 2 를 하여 172가 되어야 한다.

③ 아니다. 75 − 11 = 64이므로 32가 옳은 답이다.

④ 아니다. 11 × 2 = 22이므로 75 − 22 = 53이 옳은 답이다.

2) 주관식 지필검사의 평가

현 교육과정은 논리적 사고와 문제해결력을 강조하고 있으므로 평가방법은 사고, 비판, 종합을 통해 자기의 생각을 자기가 구성하여 표현하는 논술형이 바람직하다. 선다형, 단답형 등의 객관적 평가는 단편적 지식이나 암기력 등의 낮은 이해 수준을 측정하기에는 적절하나 적용, 분석, 종합 등의 고등정신 기능의 측정에는 적절하지 못하다. 따라서 교육평가의 목적이 교육개선의 자료를 제공하는데 있다고 보면 마땅히 문제해결 과정에 따른 평가 방안을 제시해야 한다.

(1) 형식적 평가방법

형식적 평가 방법은 일상의 논술형 평가에서 문제해결 과정상의 단계별 척도에 의하여 채점되는 평가방법이다. 즉 문제해결의 과정을 보고 특별한 준거에 따라 한가지 점수를 배점하는 방법으로 3~5 단계 평가법을 적용하는 경우가 많다.

문제해결 과정에서 문제를 전연 이해하지 못하며 해결의 실마리를 전연 잡을 수 없는 사람도 있고, 문제를 잘 이해하고 있는데 잠깐 실수로 관계식을 바르게 세우지 못하는 경우도 있을 수 있으며, 또 식은 바르게 세웠으나 실제로 계산하는 과정에서 틀리는 경우 등 여러가지 문제해결의 반응은 나타난다.

〈표 5.1〉 문제해결 측정방법

점 수	측 정 의 관 점
0	(시작도 않은 경우) 문제를 전혀 이해하지 못하여 해결의 실마리를 잡지 못하고 무의미한 기록만 제시되어 있다.
1	(접 근) 의미있게 문제에 접근하여 어느 정도 문제를 이해하고 있음을 나타내고 있으나 일찍 곤란에 부딪쳤다.
2	(본 질) 합리적인 답에 도달하였다는 충분한 세부적 증거는 있으나 잘못된 해석이 정답을 구하지 못하도록 하였다.
3	(결 과) 문제가 거의 해결되었으나 약간의 실수가 타당하지 않은 답을 유도하였다.
4	(완 성) 적절한 방법으로 문제를 바르게 해결하였다.

말론(Malone,J.A.,1980)[38]등은 문제해결 능력을 측정하기 위한 논술형 지필검사에 필요한 측정의 관점과 그 등급 평점에 대하여 〈표 5.1〉과 같은 5단계 평가방법을 제시하고 있다.

38) Malone,J.A.etc, Measuring Problem-Solving Ability : in Problem Solving in School Mathematics, 1980. pp.204~215.

다음은 Malone,J.A.의 5단계 평가방법에 의하여 점수를 매긴 문제이다.

[문제] 어느 학급에 어느날 아침 $\frac{1}{3}l$들이의 봉지로 $15l$의 우유가 배달되었다. 이 우유는 그 날 모두 아동들이 마셨다. 17명의 아동은 그 날 각자 2봉씩 마셨고, 나머지 아동은 한 봉지씩 마셨다. 이때의 이 학급의 아동수는 모두 몇 명인가?

(A아동의 풀이)	(B 아동의 풀이)	(C아동의 풀이)	(D아동의 풀이)
17명이 34봉지를 마셨다. 3 × 15 = 45 봉지 합계 45, 34 점수 : 1	우유봉지 ? = 45 17명이 45봉지를 마셨다. ? 명이 45봉지를 마셨다. $\frac{17}{1}\times\frac{45}{1}\times\frac{1}{34}=22\frac{1}{2}$ 점수 : 2	N은 아동수 45봉지의 우유 17명은 34봉지를 마셨다. N - 17 = 11 N = 28 점수 : 3	합계 45봉지 17명×2 =34봉지 34 + 11 =45 그래서 11명의 아동이 1봉지씩 마셨다. 17 + 11 = 28 점수 : 4

2) 비형식적 평가방법

비형식적 평가방법은 문제해결 단계인 문제이해단계→계획수립의 단계→실행의 단계→검증의 단계의 각 단계에서 부분적으로 평가되는 부분평가를 의미한다. 즉 문제해결의 각 단계에 점수를 할당하는 것이다. 첫 번째 단계는 문제 해결과정의 각 국면을 확인하는 것이고, 두 번째 단계는 각각의 국면에서의 점수 폭을 결정한다. 이 평가방법은 지필검사 뿐만 아니라 면접의 방법에서도 적용될 수 있으며 채점방법에 있어서도 4~5 단계 척도법이나 점검표의 방법이 적용될 수 있다.

부트(Putt,I.J.,1978)[39]는 문제해결 과정을 문제의 이해, 해결전략의 선택과 실행, 답하기의 세 단계별로 측정의 관점과 등급평정을 주어 문제해결 능력의 측정방법을 구안하였다.

39) Putt,I.J., An Exploratory Investigation of two Methods of Instruction in Mathematical Problem Solving of the Fifth Grade Level, Dissertation Indiana University 1978.

〈표 5.2〉

단 계	점수	측 정 의 관 점
문제의 이해	0	문제를 완전하게 오해한다.
	1	문제의 일부분을 오해한다.
	2	완전하게 이해한다.
전략의 선택과 실행	0	전혀 시도하지 않았거나 전혀 부적당한 전략
	1	올바르게 해석한 문제의 일부분에 대한 부분적인 올바 른 전략
	2	실수가 없다면 정답을 이끌어 낼 수 있는 전략
답 하 기	0	답을 하지 않았거나 부적당한 해결전략에 의한 틀린 답
	1	계산 잘못, 많은 답을 가지는 문제에 대한 부분적인 답, 틀리게 호칭이 된 답
	2	정답

다음은 Putt,I.J.의 방법에 의하여 점수를 매긴 문제이다.

[문제] 벽의 높이가 10m이다. 개구리는 낮에 5m를 올라갔다가 밤에 4m를 내려온다. 이 개구리가 벽의 바닥에서 출발하여 벽의 꼭대기에 올라가는데 며칠이 소요되는가?

[풀이]

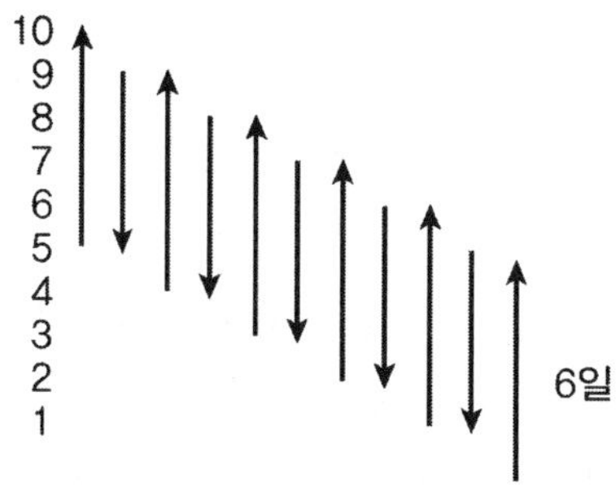

[점수]

이해 : 2점 (이 문제의 모든 부분을 이해했던 것이 나타났다.)

전략 : 2점 (적절한 전략을 선택하여 그것을 올바르게 실행하였다.)

답 : 2점 (그 답은 올바르다.)

또한 **찰스와 레스터**(Charles,R.I & F.K.Lester, Jr.,1984)[40]는 문제해결 과정, 문제해결 과정의 분석적 기능 및 정의적 영역을 평가하기 위하여 〈표-3〉과 같은 관찰지와 〈표-4〉와 같

40) Charles,R.I & F.K. Lester, Jr., An Evaluation of a Process Oriented Instructional Program in Mathematical Problem Solving in Grade 5 and 7, *JRME*, Vol. 15, No. 1, Jan., 1984

은 관찰을 통한 점검표를 사용하였다.

〈표 5.3〉 관찰지

현 정 환	현 하 나
10/20 : 문제를 해결하려는 의지가 높다. 11/3 : 매우 빨리 전략을 사용하는 것을 터득하였다.	10/8 : 열심히 노력하였지만 전략의 선택에 문제가 있다. 10/20 : 정확하고 완전한 표를 만드는 방법을 안다. 11/2 : 계속해서 점검하는 것을 잊어버린다.

〈표 5.4〉

아동 : 현 하 나
날짜 : 2012. 10. 5

	자주	때때로	결국안됨
1. 적절한 선택하기	—	√	—
2. 정확하게 해결전략실행하기	√	—	—
3. (교사의 도움없이)궁지에 달했을 때 다른 해결전략을 시도하기	—	√	—
4. 체계적인 방법으로 문제를 접근(질문의 명료화, 필요한 자료의 보유 해결전략의 전략과 실행하기, 재 점검하기)	—	—	√
5. 문제를 지도하려는 의지가 보인다.	—	√	—
6. 자신감을 나타낸다.	√	—	—

이상에서 알아본 평가 방안을 잘 생각하여 교사들은 문제해결 학습에서의 평가 방법을 스스로 구성해야 하겠는데, 다음 사항을 충족시킨다면 더욱 더 효과적일 것이다.

첫째, 이해의 증거와 풀이한 것에 대하여 아동에게 보상할 수 있는 충분한 신뢰성 즉, 공정성이 있어야 한다.
둘째, 점수는 애매하게 구성된 기준 등에 영향을 받지 말아야 한다.
셋째, 채점 시간의 효율성이 있어야 한다.
넷째, 아동의 문제 풀이를 위해 쏟은 노력에 대한 보상의 수단으로 평가를 인식해야 한다.

문제해결 평가는 성취도의 평가뿐만 아니라 아동들의 문제를 풀 때 어느 단계에서 곤란을 느꼈는가를 알아내는데 유용하다. 그러므로 아동들의 문제해결 성취에 대한 향상은 몇 달 동안 심지어 몇 년 동안 점진적으로 일어나므로 매 시간마다 문제해결 활동에서 모든 아동을 평가하는 것은 필요치 않다. 따라서 시간의 소요문제는 크게 문제가 되지 않는다.

한편 교사들은 여러 수준에서 아동들의 풀이 과정에서 유연성을 가지고 평가함으로써, 아동들은 한가지 방법으로 해답을 나타내기를 제안하지 말아야 한다. 또한 처음 전략으로 풀이를 이끌지 못했다면 문제를 풀기 위한 여러 가지 방법을 시도하도록 용기를 주어야 한다.

문제해결 성취도에 관한 평가는 등급을 매기는 것과는 그 뜻이 다르다. 평가는 아동들을 실망시키는 것이 아니다. 동기를 부여하는데 건설적으로 사용하여 아동들이 당황함이 없이 자연스러운 분위기에서 문제를 더 잘 해결하도록 하는 것이다. 다시 말해서 중요한 것은 정답을 점검하는 것보다 평가하는 것이다.

DISCUSSION ●●●

[1] 수학과의 학습평가의 원리를 요약 설명하여라.

[2] 평가의 시기를 지도단계에 따라 설명하여라.

[3] 형성평가를 사례를 들어 설명하여라.

[4] 관찰에 의한 평가, 질문에 의한 평가, 구두 발표에 의한 평가, 토의 · 면접에 의한 평가에 대해서 설명하여라.

[5] 문제해결에 있어서의 능력을 측정하는 검사문항에 대해서 논술하여라.

[6] 형식적 평가 및 비형식적 평가에 대한 측정의 관점과 평가방안을 구체적인 사례를 들어 논술하여라.

06

수와 연산

6.1 자연수와 자연수의 연산

1. 자연수

자연수는 가장 기본적인 수로서 집합수의 성격과 순서수의 성격을 나타내고 있다.

이를테면, **자연수**는 유한집합의 크기를 나타내는 수이다. 즉, 일대일 대응을 갖는 집합을 동치라는 것으로 유별하여 정해진 유한집합의 동치류라고 생각하는 것이다.

이 경우, 자연수 $a=n(A)$, $b=n(B)$에 대하여 $A\sim M\subset B$ 인 집합 M가 존재할 때 $a\leq b$ 라고 하여 자연수의 대소순서가 정해지는 것이다.

또 $A\cap B=\varnothing$일 때 $a+b=n(A\cup B)$로 하여 **가법**을 정의하고 $a\times b=n(A\times B)$로 **승법**을 정의한다.

이와 같이 자연수 전체의 집합 N에 있어서 대소의 순서관계와 가법, 승법의 두 가지 연산관계가 정해지므로 그들이 만족하는 조건을 밝혀서 자연수의 구조를 만들게 된다.

이와는 달리 자연수의 개념을 자연수의 다른 특성에 착안하여 그 개념을 정의한 것을 찾아볼 수 있다. 그것은 다음에 나타난 **페아노(peano)의 공리**를 근거로 하고 있다.

즉, 1) 1은 자연수이다.

2) x에 대하여 그의 후자 x^+는 꼭 하나 있다.

3) $x^+=y^+$이면 $x=y$

4) 1은 어떤 자연수의 후자도 아니다.

5) N의 부분집합 M에 있어서 다음 두 조건을 성립시키면 $M=N$이다.

(1) $1 \in M$

(2) $x \in M$이면 $x^+ \in M$

이것은 자연수를 그의 순서수라는 성격에 착안하여 정한 것이며, 5)는 수학적 귀납법의 원리가 되는 성질(귀납공리)로서 특히 중요하다.

여기에서 주목할 점은 **페아노**(peano)의 공리에서는 단지 후자라는 관계 개념만을 이용하여 자연수의 구조를 정의하고 있다는 것이다.

대소관계나 연산관계는 순서구조와는 달리 이 공리에 의해서 유도된다.

즉, 이 공리에서 이용하고 있는 후자라는 관계의 개념을 기초로 하여 다음과 같은 연산이나 대소를 정의할 수 있다.

먼저 x에 대하여 $x+1=x^+$라고 정하면 1을 더하는 가법이 정해진다.

이것을 적용하여 $1+1=2$, $2+1=3$, $3+1=4$, … 와 같이 하여 각 자연수에다 이름을 붙인다. 그리고 $x+2=(x+1)^+$, $x+3=(x+2)^+$, $x+4=(x+3)^+$, … 와 같이 하여 자연수의 **가법**을 정의하고, 또 **승법**도 $x \times 1=x$, $x \times 2 = x \times 1+x$, $x \times 3 = x \times 2+x$, … 와 같이 하여 어떠한 누가에 의하여 정의한다.

이것을 엄밀히 말한다면 수학적 귀납법을 반복하여 이용하고 있다고 볼 수 있다.

다음에는 x, y에 대하여 $x=y+z$ 가 되는 자연수 z가 존재할 때 $x>y$ 라는 **대소관계**를 정한다.

여하튼 **후자**라는 개념만 이용하며 자연수에 관해서 이용되고 있는 여러가지 개념이 모두 정의에 의하여 규정되는 것을 위에서 보았다.

따라서, 다음과 같은 **자연수의 성질**을 얻을수 있다.

1) 최소의 수는 1 이고 최대의 수는 없다.

2) 집합수이며 순서수이다.

집합수는 무엇이며, 또 순서수가 무엇인가를 쉽게 알아보기 위하여 다음에 주어지는 집합 A를 생각하자.

$$A = \{1,\ 2,\ 3,\ 4,\ 5\}$$

첫째, 주어진 집합 A 의 원소의 개수는 몇 개일까?

맨 끝의 원소를 셀 때 자연수 5가 대응하고 있으므로 5는 집합 A의 크기를 나타내는 추상개념의 **집합수**이다. 집합수란 대등한 모든 집합으로 된 동치류의 공통인 개념을 나타내는 수이며, 이는 양의 크기를 나타내는 수이므로 **계량수**라고도 한다.

둘째, 다음에는 주어진 집합 A의 배열 순서를 알아보는 방법으로 5는 앞에서부터 몇 번째의 원소일까?

이때 5번째의 5는 집합의 크기를 말하는 것이 아니고 배열의 순서를 말하고 있기 때문에 **순서수**라고 한다.

곧, 자연수 5는 집합수이며 순서수이다.

3) 자연수 중에서 기준이 되는 수는 1 이다.

왜냐하면, 모든 자연수는 1에 의하여 만들어질 수 있기 때문이다.

4) 인접하는 두 자연수 사이에는 다른 자연수는 존재하지 않는다.

이는 자연수가 개수를 나타내는 수로서 쪼각을 나타낼 수 없음을 뜻한다.

5) 자연수는 덧셈과 곱셈에 관하여 **폐쇄성**과 **일의성**이 있다.
6) 자연수는 덧셈과 곱셈에 관하여 각각 **교환법칙**이 성립한다.
7) 자연수는 덧셈과 곱셈에 관하여 각각 **결합법칙**이 성립한다.
8) 자연수는 덧셈에 관한 곱셈의 **배분법칙**이 성립한다.

2. 기수법

집합수 또는 순서수로서 정의된 자연수를 일정한 기호 또는 수자로 나타내는 방법이 **기수법**이다. 기수법에는 여러 가지를 생각할 수 있으나 보통 우리가 흔히 사용하는 방법은 10진기수법이다. 그러나 이 형태가 확장되기까지에는 여러 가지 변천과정이 있었다. 고대 이집트의 **상형문자**나 바빌로니아의 **설형문자**, 로마의 **로마수자** 등은 모두 가법적인 뜻을 지니고 있고, 중국의 **한수자**는 승법적인 뜻을 지니고 있으며 큰 수를 표현 하는데 많은 기호가 필요하기 때문에 매우 불편하다. 그러나 인도의 수자는 0을 사용하여 자릿값 기수법을 사용하였기 때문에 가법적 기수법의 결점을 보완하고, 10진기수법을 완성시켰다. 이들의 기수법에 대한 예를 들면 다음과 같다.

1) 이집트숫자

1	10	100	1,000	10,000	100,000	1,000,000
𓏺	𓎆	𓍢	𓆼	𓂭	𓆐	𓁨
막 대	발뒤꿈치	두루마리	연 꽃	집게손가락	올챙이	놀란 사람

2) 로마숫자

1	5	10	50	100	500	1,000
I	V	X	L	C	D	M
1,624		10	50	100	1000	500
MDCXXIV		+	ψ↓⊥	⊖	ↀ CIƆ	IƆ

3) 한숫자 : 一 二 ……… 五 ……… 十 …… 五十 …… 百 … 參百五十六

4) 인도숫자 : 1 2 ……… 5 ……… 10 …… 50 …… 100 … 356

여기에서 자릿값 기수법으로 나타낸 10진기수법이다. 사실 246은 그 숫자의 자리에 따라, 100이 2개 , 10이 4개, 1이 6개 있음을 뜻하고 다음과 같이 쓰여 진다.

$$246 = 2\cdot\boxed{100} + 4\cdot\boxed{10} + 6\cdot\boxed{1}$$

이 경우 □의 부분을 생략하여 246으로 약속하고 각각의 숫자를 쓰는 위치를 중요시 한다. 결국 자연수 a를

$$a = a_n\cdot 10^n + a_{n-1}\cdot 10^{n-1} + \cdots + a_1\cdot 10 + a_0(\text{단, } 0 \le a_i \le 9\text{이고 } a_n \ne 0).$$

이때 수 a를 기호 $a_n a_{n-1}\cdots a_1 a_0$으로 나타내는 방법이 **10진기수법**이다.

이것을 일반화시켜서 위의 10진기수법에서의 10 대신에 임의의 자연수 $p(>1)$를 사용하여 자연수 b를 전개한 $b = a_n\cdot p^n + \cdots + a_1\cdot p + a_0(0 \le a_i < p,\ a_n \ne 0)$에서 이 다항식의 개수를 뽑아서 만든 기호 $a_n a_{n-1} \cdots a_1 a_0$가 **p진기수법**에 의한 표현법이다. 이것을 10진기수법과 구별하기 위하여 $b = (a_n a_{n-1} \cdots a_1 a_0)_p$라고 쓴다. 이때 어떤 자연수든지 p진기수법으로 표현할 수 있는 사실이 다음 정리에 의하여 밝혀진다.

[정리 1] p를 1보다 큰 자연수라 하자 이때 임의의 자연수 a를 다음과 같은 꼴로 단 한 가지 방법으로 나타낼 수 있다.

$$a = a_n \cdot p^n + a_{n-1} \cdot p^{n-1} + \cdots + a_1 \cdot p + a_0 \, (0 \le a_i < p, \; a_n \ne 0)$$

[증명] (가능성) 자연수 a에 대한 수학적 귀납법으로 증명한다.

분명히 $a < p$이면 충분하다. (이때 $n = 0$, $a_n = a$)

이제 $a \ge p$라 하고 이 정리가 a보다 작은 모든 자연수에 대하여 성립한다고 가정하자. 나눗셈에 관한 정리에 의하여

$$a = pq + a_0 \qquad 0 \le a_0 < p$$

인 자연수 q와 a_0가 존재한다. 이때 $0 < q < a$이므로 귀납법의 가정에 의하여 q를 다음과 같이 나타낼 수 있다.

$$q = a_n \cdot p^{n-1} + a_{n-1} \cdot p^{n-2} + \cdots + a_2 \cdot p + a_1 \, (0 \le a_i < p, \; a_n \ne 0)$$

따라서, $a = a_n \cdot p^n + a_{n-1} \cdot p^{n-1} + \cdots + a_1 \cdot p^1 + a_0 \, (0 \le a_i < p, \; a_n \ne 0)$

즉, 위의 정리는 a에 대하여서도 성립한다.

(유일성) 자연수 a가 p에 관한 다항식의 꼴로 다음과 같이 두 가지로 나타내어진다고 하자.

$$a = a_n p^n + a_{n-1} p^{n-1} + , \cdots , + a_1 p + a_0 = b_m p^m + b_{m-1} p^{m-1} , \cdots , + b_1 p + b_0$$
$$(0 \le a_i < p, \quad a_n \ne 0, \quad 0 \le b_i < p, \quad b_m \ne 0)$$

n에 관한 귀납법을 이용한다.

$n = 1$ 일 때는 $a = a_1 p + a_0$,

$0 \le a_0 < p$인 a_1, a_0가 유일하게 정해짐은 분명하다.

이제 $0 \le k < n$인 k에 대하여 유일성이 성립한다고 가정하자.

이때 위의 등식에서 $a_0 \le b_0$라 생각하면

$$b_0 - a_0 = (a_n p^n + , \cdots , + a_1 p) - (b_m p^m + , \cdots , + b_1 p)$$

에서 우변이 p로 나누어지므로 $(b_0 - a_0)/p$, $0 \le b_0 - a_0 < p$이므로 $b_0 - a_0 = 0$, 즉, $a_0 = b_0$이다.

따라서, $a_n p^{n-1} + a_{n-1} p^{n-2} + , \cdots , + a_1 = b_m p^{m-1} + b_{m-1} p^{m-2} + , \cdots , + b_1$

그러므로 귀납법의 가정에 의하여 $n = m$이고 , $a_2 = b_2, \cdots , a_n = b_n$이다.

이 정리에 의하여 자연수 a가 정리에서와 같이 표현될 때

$$a = (a_n a_{n-1}, \cdots , a_1 a_0)_p$$

와 같이 p진법으로 유일하게 나타내어진다.

다음에 $0 < \alpha < 1$인 수 α는 10진법으로

$$\alpha = 0.a_1 a_2 a_3 \cdots = a_1 10^{-1} + a_2 10^{-2} + a_3 10^{-3} + \cdots \ (0 \le a_i < 10)$$

와 같이 유일하게 나타내어진다.

이제 이 α를 p진법 $(p > 1)$으로 나타내는 방법을 생각하여 보자.

우선 $0 < \alpha < 1$에서 $p\alpha < p$이므로 $p\alpha$의 정수부분을 b_1이라 하면 $0 \le b_1 < p$이고 $p\alpha = b_1 + \alpha_1$, $0 \le \alpha_1 < 1$로 나타내어진다.

다음에 $p\alpha_1$의 정수부분을 b_2라 하면 $0 \le b_2 < p$이고 $p\alpha_1 = b_2 + \alpha_2$, $0 \le \alpha_2 < 1$로 나타내어진다.

이 과정을 반복하여 다음과 같이 0 또는 자연수의 열 $b_1, b_2, b_3, \cdots \ (b_i < p)$가 구하여진다.

$$p\alpha = b_1 + \alpha_1 \qquad \alpha = b_1 p^{-1} + \alpha_1 p^{-1} \quad \cdots\cdots\cdots\cdots \ (1)$$

$$p\alpha_1 = p(p\alpha - b_1) = b_2 + \alpha_2 \qquad \alpha_1 = b_2 p^{-1} + \alpha_2 p^{-1} \quad \cdots\cdots\cdots\cdots \ (2)$$

$$p\alpha_2 = p(p\alpha_1 - b_2) = b_3 + \alpha_3 \mathrm{p} \qquad \alpha_2 = b_3 p^{-1} + \alpha_3 p^{-1} \quad \cdots\cdots\cdots\cdots \ (3)$$

$$p\alpha_3 = p(p\alpha_2 - b_3) = b_4 + \alpha_4 \qquad \alpha_3 = b_4 p^{-1} + \alpha_4 p^{-1} \quad \cdots\cdots\cdots\cdots \ (4)$$

이와 같은 계산을 반복한 다음 차례로 (4)를 (3)에, (3)을 (2)에 ,(2)를 (1)에 대입해 가면 α가 다음과 같은 꼴로 나타내어짐을 알 수 있다.

$$\alpha = b_1 p^{-1} + b_2 p^{-2} + b_3 p^{-3} + , \cdots ,$$

$0 \le b_i < p$이 α를 다음과 같은 기호로 나타낸다.

$$\alpha = (0.b_1 b_2 b_3 \cdots)_p$$

[보기 1] 346을 5진법으로 나타내려면 오른쪽과 같이 346을 5로 나누어 몫과 나머지를 구하는 과정을 반복한다.
이와 같이 하여 다음이 얻어진다.

$$346 = (2341)_5$$

$$\begin{array}{r|rl} 5 & 346 & \\ \hline 5 & 69 & \cdots 1 \\ \hline 5 & 13 & \cdots 4 \\ \hline & 2 & \cdots 3 \end{array}$$

[보기 2] 0.23을 5진법으로 나타내면 오른쪽 계산에 의하여 다음과 같이 순환소수의 꼴로 된다.

$$0.23 = (0.1033 \cdots)_5$$
$$= (0.10\dot{3})_5$$

$$\begin{array}{l} 0.23 \;(\times 5 \\ \hline 1.15 \;(\times 5 \\ \hline 0.75 \;(\times 5 \\ \hline 3.75 \;(\times 5 \\ \hline 3.75 \end{array}$$

[보기 3] 346.23을 5진법으로 나타내어라.
또, 위의 [보기 1]과 [보기 2]의 결과를 이용하면,

$$346.23 = 346 + 0.23 = (2341)_5 + (0.10\dot{3})_5 = (2341.10\dot{3})_5$$

3. 자연수의 개념 및 기수법의 지도

1) 1에서 5까지의 지도

(1) 결 집

사과, 바나나, 귤등 간단히 구별되는 물건(실물이 아니고 교구화 된 것이라도 좋다)을 준비하여, 그 몇 개씩을 혼합시켜 놓고 그들 중에서 「사과를 모아 보아라」,「귤을 모아 보아라 」등 지정된 물건을 뽑아내도록 할 때 이 과정을 **결집**이라고 한다. 이때, 사과의 결집, 귤의 결집 등이 얻어진다. 이 결집의 크기가 자연수(집합수)이다.

(2) 비 교

사과의 집합과 귤의 집합을 앞에 놓고 「어느 쪽이 많은가」 라고 묻는다. 물론 여기에서 아동

들은 수에 대해서나 세는 일에 대하여 하등의 예비적인 지식을 갖지 않는다고 본다. 이 과정은 다음의 일대일대응 예비과정이다.

(3) 일대일대응

「어느 쪽이 많은가」라는 집합의 대소를 정하기 위한 수단으로서 여기에 **일대일대응** 과정을 적용한다. 한 사과와 한 귤을 쌍지어 나간다. 쌍을 만든 결과 대응에 과부족이 생긴다. 나머지가 생긴 물건이 다른 쪽보다 「많다」로 된다. 또 과부족이 없을 때는 양자는 「**같다**」로 된다. 이 과정은 수의 대소관계, 상등관계의 도입과정이다.

(4) 유 별

크기(수) 가 같은 집합을 늘어놓아서 그들 집합이 일대일대응에 의하여 유(동치류)를 만드는 과정으로 이끌어 간다. 1~5의 범위에서 미리 준비한 물건 (같은 크기의 정사각형 꼴의 두꺼운 종이판을 사용하면 이 지도를 진행하기 쉽다)을 준비하여 「하나하나 손을 맞잡듯이 늘어 놓아 보자」라는 작업에 들어가 〈그림 6-1〉과 같은 배열을 완성시킨다.

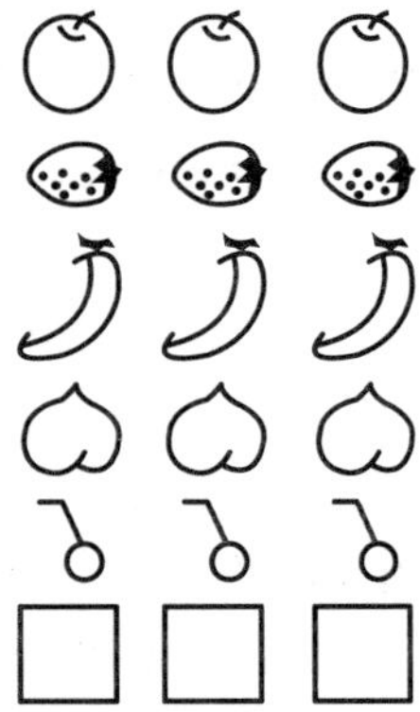

〈 그림 6-1 〉

「사과와 바나나는 어느 쪽이 많은가 또는 같은가」라고 물어서 「같다」라고 답하게 하면서 끝으로 「여기에 있는 것은 모두 같다」(대응)라고 마무리 지어준다.

다음에 한 변의 길이가 약 1.5cm인 정사각형 꼴의 두꺼운 종이판을 앞에서 만든 집합류의 끝에 〈그림 6-1〉과 같이 일대일 대응시켜 늘어놓아 종이판의 집합도 다른 집합과 같다(대등이다)는 것을 알려준다.

(5) 수사·수자

「여기에 있는 것은 모두 같다」(대등), 「사과는 몇 개인가」라고 물으면 「삼」이라 답하고 이것을 「3」이라고 써라 와 같이 **수사(언어)**와 **수자(기호)**를 지도한다.

이와 같이 1~5의 수사와 수자를 각각의 집합류(동치류)에 붙여 간다. 여기에서 하나하나의 수를 독립적으로 유도한다. 세는 일에서부터의 수의 지도에서는 먼저1, 다음에 2, 다음에 3, …와 같은 순서로 되겠으나 집합수로서 수를 유도하는 지도에서는 3이라 하면 다른 1, 2, 3, 4와 일단은 무관계인 것으로 존재한다는 인상을 주게끔 지도하는 것이 바람직하다. 물론 뒤에 가서 수의 계열을 유도하여 3의 앞에 2가 있고 뒤에 4가 있다는 지도를 하게 된다.

〈그림 6-2〉에서 집합의 끝에 붙인 종이판을 뽑아내면 5의 종이판이 생긴다. 이종이판의 집합에 일대일 대응하는 집합은 그 종이판 집합과 수가 같다.

「종이판의 수만 00을 늘어놓아라, 또 모아 보아라」라는 학습을 시킴으로써 종이판의 집합은 동치류의 대표원소로서 사용할 수 있다.

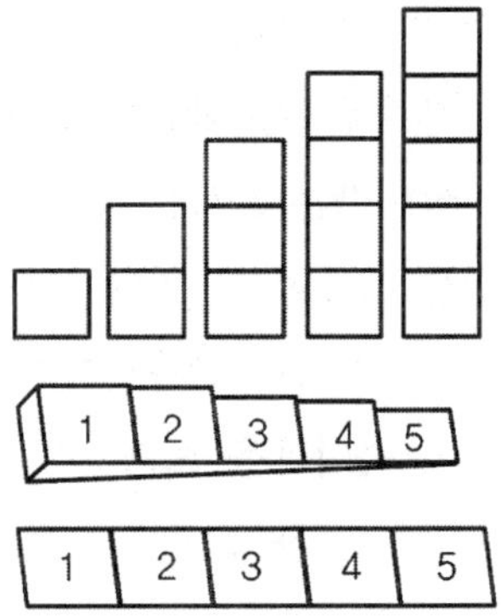

〈 그림 6-2 〉

(6) 계열화

1~5 까지의 수의 종이판을 준비 하여 그림과 같이 계단 꼴로 늘어놓는 것은 〈그림 6-2〉다. 완성된 것을 아동들에게 같은 것을 늘어 넣게 하여도 좋다. 이 종이판을 하나로 겹쳐놓아 1다음에 2, 2다음에 3,… 이 나타난다는 사실을 정리하여 1~5의 수의 계열을 만들어 이해시킨다. 이 과정은 집합수에서 순서수를 유도하는 과정에 해당한다.

(7) 세는일

이것은 자연수(집합수)가 크기에 의하여 수열을 이룬다는 사실을 기반으로 하여 센다는 조작을 유도하는 과정이다.

물건을 셀 때에는 먼저 이동할 수 있는 물건을 대상으로 한다. 하나씩 모아서 집합을 만들면서 그에 수사를 대응시키는 것이 편리하기 때문이다.

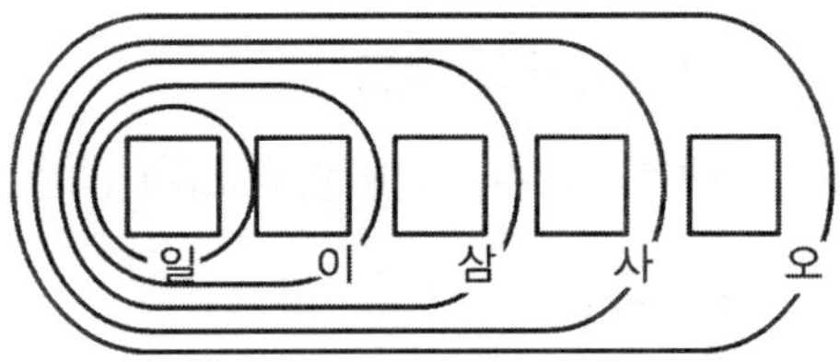

〈 그림 6-3 〉

이 사실을 그림으로 표현하면 〈그림 6-3〉와 같다. 이것은 순서수에서 집합수를 만들어 가는 과정을 나타낸다. 세는 일은 일, 이, 삼, … 과 같이 말로 표현해 갈 때, 최후에 불리어지는 수에 의하여 집합의 크기가 결정된다는 사실과 같은 뜻이라는 이유를 유도한 다음에 실제로 물건은 세는 연습을 시킨다.

(8) 집합·수사·수자의 삼자관계

수의 학습에서는 그 수를 낳게 하는 모체로 되는 물건의 집합, 그 수를 나타내는 언어(수사), 그 수를 표현하는 기호(수자)의 삼자가 올바르게 결합되어서 해석되어야 한다. 또 종래의 수사와 수자에 의존한 지도를 개선하여, 수의 실체를 영상으로 주어서 기억시키려는 생각이 이 삼자관계라는 학습을 낳게 한 것이다.

삼이라는 수사를 듣거나, **3**이라는 수자를 보았을 때, 아동의 두뇌 속에 있는 상으로써 그 수를 생각할 수 있다. 그와 같은 수의 상의 하나로써 앞에서 만든 **종이판**을 들 수 있다.

다시 말해서 삼자관계란,

① 종이판을 보고, 그 수를 말(수사)로 표현한다.

② 수사를 듣고, 그 수만큼 종이판을 늘어놓는다.

③ 종이판을 보고, 그 수를 기호(수자)로 표현한다.

④ 수자를 보고, 그 수만큼 종이판을 늘어놓는다.

⑤ 수자를 읽는다.

⑥ 수사를 듣고 그 수를 수자로 쓴다.

이 내용 특히 ① ~ ⑥의 내용을 반복하여 연습함으로써 집합수 1~5의 이해를 확실히 해 놓고 다음 지도를 진행한다.

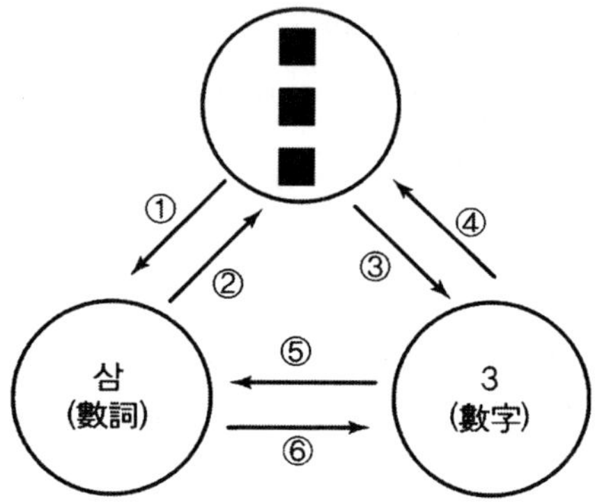

〈 그림 6-4 〉

2) 6에서 9까지의 지도

앞의 1~5의 지도를 기반으로 하여 6~9의 지도도 대략 다음과 같이 진행시킬 수 있다.

(1) 수의 정의

5와 몇, 몇과 5라는 형태로 6~9의 수를 정의한다. 즉,

6 ── 5와 1, 1과 5

7 ── 5와 2, 2와 5

8 ── 5와 3, 3과 5

9 ── 5와 4, 4와 5

여기에서 7은 6과 1, 8은 7과 1, 또는 6과 2, …와 같이 다루지 않는다

이들은 후에 연산으로 학습하기 때문이다.

이 지도에서도 교구로서 종이판을 이용하면 편리하다. 1의 종이판을 연결한 것과 같은 5의 종이판을 만들어 한

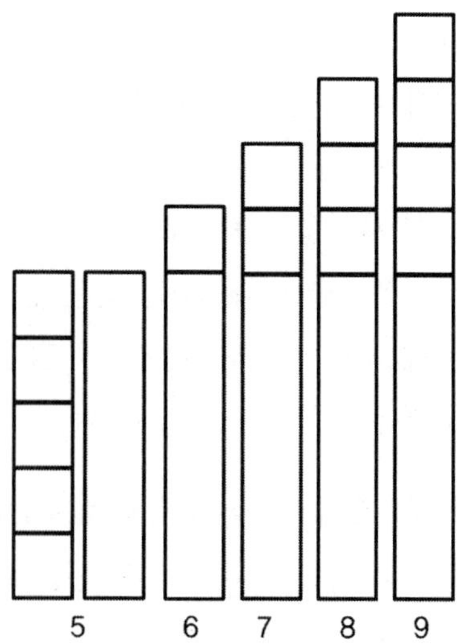

〈 그림 6-5 〉

면에는 간막이 (1 단위로)를 하고 이 면에는 간막이를 없앤다. 수의 정의에 따라서 6~9를 종이판으로 〈그림 6-5〉과 같이 나타낼 수 있다. 6~9를 위와 같이 정의하고, 이와 같이 종이판으로 영상화하면 다음 지도에서 다루는 집합수의 계산을 쉽게 이해시킬 수 있다.

(2) 수사와 수자

6~9의 학습은 6~9의 종이판을 유도하여 시작한다. 1~5의 지도에서와 같은 물건의 집합, 일대일 대응, 유별의 단계는 생략한다. 5의 종이판과 1의 종이판을 보여, 그를 결합하여 6의 종이판을 만들고, 이것을 6이라고 말하고 **6**이라 쓴다는 사실을 인식시킨다. 이와 같이 하여 수사와 수자를 조기에 도입한다.

다음에 그들 수의 개념을 명확히 하기 위하여 6~9의 종이판을 제시하여 그와 같은 수만큼의 물건을 늘어 넣게 하거나 또는 모으게 하여 대등인 집합을 만들게 하고, 「이들 집합은 모두 6을 나타낸다」는 사실을 강조한다.

(3) 세는 일

1~5의 경우와 마찬가지로 6~9의 수의 계단을 만들어서 6, 7, 8, 9의 수의 계열을 바탕으로 센다는 조작의 이해를 명확히 한 다음, 세는 연습을 시킨다.

(4) 삼자관계

집합, 수사, 수자의 삼자를 정확히 연관시켜서 이해시킨다. 학습의 내용은 1~5의 경우와 마찬가지이다.

3) 0의 지도

(1) 0의 기호에 쓰여 지는 경우와 그 뜻의 지도

동양 삼국에선 수를 기술할 때, 한수자 (一, 二, 三, …, 十, 百, 千, 萬, 億, 兆, 京, …)을 쓰고, 유럽제국에선 주로 로마수자 (Ⅰ(1), Ⅱ, Ⅲ,…, V(5)…, X(10), ……, , L[50], C[100], D[500], M[1000],….)을 썼다. 그러나 이들 수자에는 영의 기호가 없다. 그 이유는 아무것도 없는 것의 크기는 존재하지 않으므로 그것을 나타내는 기호는 필요하지 않았기 때문이다.

그런데 인도에서 발견되고, 아라비아인에 의해서 유럽제국에 전해진 인도-아라비아수자에는 영의 기호 0이 있다. 그 이유는 인도수자는 1~9까지의 9개의 수자와 무(無)를 나타내는 0의 수자와 합계 10개의 수자를 쓰면, 어떠한 큰 수라도 나타낼 수가 있기 때문이다.

이에 반하여 한 수자나, 로마수자에는 0의 기호가 없으므로 수가 커지면 커질수록 그들 수를 나타내는 수자는 한없이 많게 되는 것을 필요로 하게 된다.

0의 기호는 서기 876년경, 인도에서 발견된 것으로 0이 수학에서 쓰여 지는 경우를 대별하여 보면 다음과 같다.

Mathematics Education

① 처음에는 수량이 존재하였으나, 나중에는 아무것도 없게 되었을 때

즉, 처음에 있었던 수량이 없어져 버렸다는 것이다.

예 호주머니에 있는 돈 1만원을 써 버렸을 때

② 사물의 개수가 처음부터 아무것도 없었을 때

즉, 사람이든 물건이든 처음부터 없었다는 것이다.

예 공집합인 경우 { } = 0, 수의 0

③ 타에 비하여 미소한 기호로서 나타낼 때

즉, 어떤 수량이 있긴 하지만 다른 수량에 비하여 비교가 안 될 정도로 적으므로 없다고 보는 것이다.

예 통계표등에서 다른 수량이 백만이라든가, 10억의 단위로 나타내졌을 때, 어떤 양이 극히 작으면 0으로 표시한다.

④ 빈자리를 표시하는 기호로서 나타낼 때

즉, 수량 그 자체는 있지만, 가령 십의 자리가 없다는 것이다.

예 305란 수는 크기를 갖고 있지만, 10의 자리의 수가 1에서 9까지의 수가 아닐 때

⑤ 수직선상의 기준점을 나타낼 때

즉, 0의 수직선상의 기준점을 나타내는데 점 0에선 거리가 없다는 것이다.

예 수직선의 맨 왼쪽에 0을 쓴다.

실제로 존재하는 물건에 의하여 만들어지는 집합의 크기로서 수를 정의하였지만, 원소를 갖지 않는 공집합을 생각하는 것도 필요하게 된다. 이 공집합의 크기가 0이므로 0이란 수도 다른 수 1, 2, 3, …, 9와 마찬가지로 집합의 크기로서 유도하지 않으면 안 된다.

0의 지도의 어려움과 그 비결은 없는 것을 있는 것과 같이 생각시키는데 있다. 이 어려움을 해결하기 위하여 0을 단독으로 유도하는 지도라든가 점수 등에서 유도하는 지도는 삼가는 것이 좋다. 예를 들면, 접시위에 사과를 놓는다. 「사과는 몇 개 있는가」라 물어 **3**이라 답하게 하면 다음 장면에 들어간다.

접시위에 사과가 2개 들어있는 것은 3의 사과에서 1개를 덜어내어서 2개를 놓는 것이 좋다. 같은 방법으로 **몇 개인가**를 물어서 그 수를 답하게 한다. 이와 같이 3, 2, 1 이 얻어진 다음에

접시만을 제시하여 「이 접시에는 사과가 몇 개인가」 묻는다. 이때 사과의 수를 영이라 말하고 0이라고 쓴다는 사실을 유도한다. 이와 같이 함으로써 3, 2, 1을 매개로 하여 0을 올바르게, 그리고 쉽게 유도할 수 있다. 구체물을 사용한 후에 종이판을 이용하여 0을 유도하는 작업도 실시한다.

〈 그림 6-6 〉

(2) 순서수로서의 0의 지도

수의 예를 만들 때에는 0이 1의 앞의 자리를 잡게 된다. 이것이 순서수의 0이다. 순서수의 0을 유도하는 데는 길이, 무게 등의 연속량의 지도에서 다루는 것이 좋으나, 분리량의 지도에서 유도할 수도 있다. 〈그림 6-7〉과 같이 종이판의 계열을 생각하여 0의 위치를 정하면 된다.

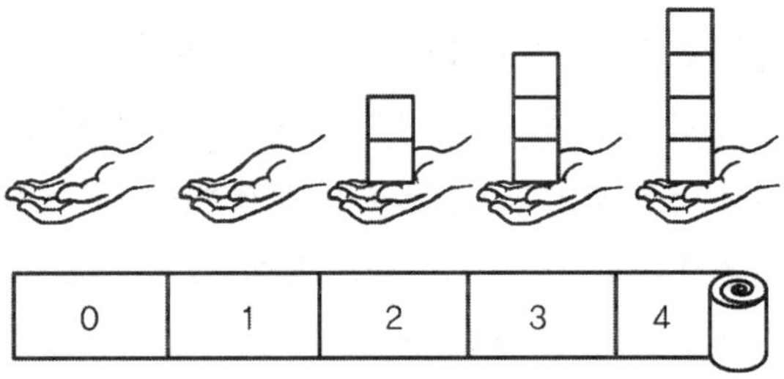

〈 그림 6-7 〉

4) 두 자리 이상의 수의 지도

두 자리 이상의 자연수 지도의 기본으로 되는 것은 세 자리 수의 지도이다. 그 이유는 두 자리 수는 세 자리 수의 특수한 경우라 볼 수 있고, 네 자리 이상의 모든 수에 나타나는 현상의 모두 세 자리 수의 경우에 나타나기 때문이다. 따라서 세 자리 수는 두 자리 이상의 수의 이른바 모델케이스라 볼 수 있고 세 자리 수가 이해되면 임의 자리수의 지도는 거의 완결된다고 보아도 좋다. 그런 뜻에서 여기에서는 세 자리 수에 대한 지도만 다루기로 한다. 먼저 10의 정의가 필요한데, 이 정의는 연산(덧셈)이 필요하기 때문에 뒤에서 논하기로 하고, 여기에서는 10의 지도가 되어 있다고 가정한다.

(1) 명수법

수의 크기를 어떤 말로 표현하는가. 다시 말해서 수의 크기에 어떤 이름을 붙이는가에는 어떤

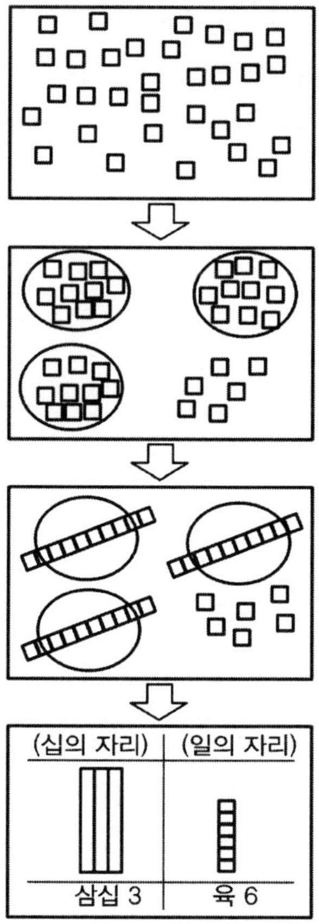

〈 그림 6-8 〉

규칙이 있다. 이것을 **명수법**이라 한다. 종이판을 이용하여 명수법과 기수법을 유도하여 보자. 여기에서는 두 자리수를 예로 잡는다. **5와** 5로서 얻어지는 수를 **십**이라고 말한다는 사실을 유도한 다음에 이 지도에 들어간다. 1의 종이판을 몇 개인가 흩뜨려 놓아 「여기에 있는 종이판은 몇 개인가 조사하여 보자」로 시작하여 다음 순서로 작업을 계속한다.

1의 종이판을 **십** 개씩 모아서 다발을 만든다. 십 개 모은 종이판을 한 줄로 연결한 것과 같은 종이판을 한 자루의 종이판(10의 종이판)이라 한다. 이와 같이 3자루와 1의 종이판 6개로 정리한다. 10의 종이판이 3자루이므로 **삼십**이고 1의 종이판이 6개이므로 **육**이어서 종이판은 전체 **삼십육**임을 명시한다. 이것이 **명수법**이다.

명수법이란 10의 종이판의 자루수, 1의 종이판의 개수를 읽으므로써 총수가 정해진다는 사실을 유도하면 그 지도가 완결된다. 그러나 이 명수법에는 특수한 경우가 있다. 예를 들면, 20이란 수에서는 **이십 영**이라고는 말하지 않기 때문이다. 따라서 특수하다는 것은 0을 발음하지 않는다는 뜻이다.

다음에 10의 종이판의 자루수와 1의 종이판의 개수를 수자로 그대로 써 늘어놓으면 그것이 종이판 전체의 개수를 수자로 표현한 것으로 된다. 이것이 기수법이다. 명수법에서는 0(없음)을 발음하지 않지만 기수법에서는 명확히 쓰지 않으면 안 된다. 또 명수법의 말을 수자로 써서 표현하여도 기수법으로는 되지 않는다는 점이 차이점이다. **이십 삼**을 그대로 수자로 표현하면 **203**으로 되어버린다. 명수법을 그대로 한자로 표현한 것이 **한수자**이다. 한수자에서 0이 사용되지 않는 것은 그 이유에서이다.

(2) 10진법

집합이 매우 크면, 원소를 10씩 묶는다는 구조화를 적용하여 그 집합의 크기를 말로 표현하거나 또는 기호나 수자로 써서 표현한다. 이와 같이 표현하는 방법이 **10진법**이다.

10진법에 있어서는 명수법과 기수법을 이해시키는 것을 목적으로 한다.

10진법에서는 1을 10만큼 모아 다발을 만들어서 그 다발을 **十**이라 이름붙이고, 10의 다발을 10만큼 모아 새로운 다발을 만들어서 그 다발을 **百**이라 이름붙이고, 백의 다발을 10만큼 모아 그 다발을 千이라 이름 붙인다. 이와 같이 해서 만들어진 **단위** 일, 십, 백, 천의 개수를 우측부터 표현하는 것이 10진법이다. 10진법은 수자를 쓰는 장소, 즉 자리에 따라서 그 크기가 다르다는 점이 특색이다.

그 원리를 **자리잡기의 원리**라 한다. 이 자리잡기를 표로 나타내면 아래와 같다.

兆	億	萬	一
千百十一	千百十一	千百十一	千百十一

(3) 세 자리 수의 지도

두 자리의 수는 세 자리의 수의 특수한 경우라 보고 여기에서는 세 자리 수의 지도에 대해서만 논하기로 한다.

다음과 같은 순서를 밟아서 지도하는 것이 한 방법이다.

① **구조화**

작은 종이판 10개를 연결한 꼴로 되어 있는 종이판 막대를 만들어 표면만 10 등분 하는 구획선을 긋고 이 면은 그대로 둔다. 이와 같은 1의 종이판, 10의 종이판, 100의 종이판을 여러 개씩 준비하여, 1의 종이판을 10개 모을 때마다 10의 종이판으로 바꾸고, 10의 종이판을 10개 모을 때마다 100의 종이판으로 바꾼다.

먼저 1의 종이판 234개를 흩트려 놓아, 아동의 여러 집단에게「이들 종이판을 10개씩 다발로 묶어라」하고 작업을 시킨다. 다음에 또 10의 종이판을 10자루씩 모아서 다발을 만들어라 하고 작업을 시킨다. 이때 생긴 큰 정사각형(100의 종이판)을 1매, 2매, … 와 같이 센다고 새로 약속하면 처음에 흩트려져 있는 234개의 종이판들은 **2매, 3자루, 4개**로 정리된다.

별도로 준비한 연결된 종이판으로 바꾸어 놓으면 다음과 같이 된다.

「이 큰 종이판을 **백**이라고 한다. 이것이 2매 있으므로 **이백**이다. 또 10의 종이판이 3자루이므로 **삼십**, 1의 종이판이 4개이므로 **사**이다」라고 말하며 종이판의 수를 정한다. 이것이 세 자리 수 명수법의 기본이다.

다음에 **몇 백 몇, 몇 백**이라는 특수한 경우를 종이판으로 만들어 그 수의 명수법을 유도한다. **2매 4개**이면 **이백사**로 되고, **2매**이면 **이백**으로 된다.

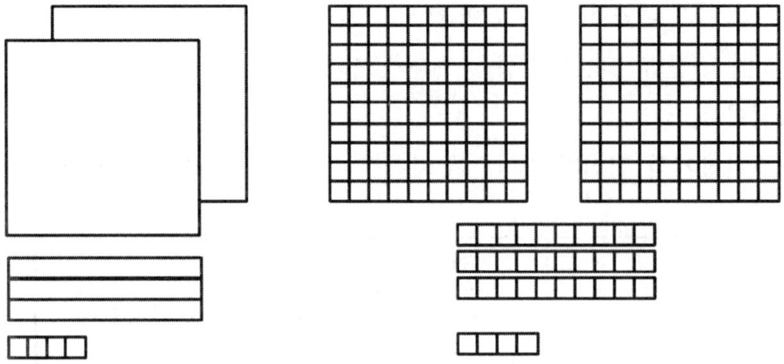

〈 그림 6-9 〉

② **숫자표산**

100의 종이판의 **매수**, 10의 종이판의 **자루수**, 1의 종이판의 **개수**를 차례로 써 234라 하면 이것이 **이백 삼십 사**를 숫자로 표현한 것이다.

204와 같은 수에서는 종이판이 **2매, 0자루, 4개**로 된다. 이때도 매수, 자루수, 개수를 그대로 쓴다는 사실을 일러준다.

③ **삼자관계**

세 자리 수까지는 종이판, 수자, 수사의 삼자가 정확히 연관될 수 있도록 지도하는 것이 필요하다. 그 지도는

㉠ 종이판을 보고 그 수를 말하기
㉡ 말로 주어진 수만큼 종이판을 놓기
㉢ 종이판을 보고 그 수를 수자로 표현하기
㉣ 수자를 보고 그 수를 종이판으로 표현하기
㉤ 수자를 읽기
㉥ 수사를 듣고 그 수를 수자로 쓰기

④ **대소 · 순서**

수자로 대소를 판단시키기 전에 수를 종이판으로 나타내서 판단시키는 지도를 하는 것이 바람직하다. 그때 「백의 자리에서부터 비교한다는 법칙」을 이해시킨다.

또 순서에 대해서도 종이판을 이용하여 크기의 순서를 설명하는 것이 필요하다.

4. 자연수의 연산

1) 연산의 의미

수학에서는 연산이 사용되는 장에 따라 다음과 같은 단계를 통하여 연산의 의미를 점차 이해하도록 한다.

먼저, 구체적인 행동이나 관계를 통하여 집합이나 양의 합병, 첨가, 비교, 제거, 동수누가, 동수누감, 등분제, 포함제 등을 양적으로 종합하여 이들을 $a+b$, $a-b$, ab, $a \div b$의 연산이란 수조작으로 추상화하고, 형식화하고, 일반화하며 적용 범위를 넓혀간다.

또 수조작을 높이기 위해서는 집합이나 양을 수화하는 것이 필요하기 때문에 수의 발전 확장 즉 「자연수 → 정수 → 유리수(초등학교에서는 수의 이름인 분수와 소수를 다름)」에 따라 가감승제의 의미도 발전 확장해 가는 학습이 이루어져야 한다.

다음은, 문제해결에서 $b \times x = a$이나 $x \times b = a$ 등에 의하여 해석적으로 사고시킬 경우에 가감승제의 상호관계를 이해함으로써 사칙의 의미를 한층 명확하게 하고 연산의 통일을 가한다.

끝으로, 연산의 처리과정에서 교환법칙, 결합법칙, 배분법칙 등을 이해하고 연산을 논리적으로 사고해 갈 수 있도록 한다.

(1) 덧셈의 의미

일반적으로 덧셈이 이용되는 경우를 다음과 같이 분류해서 사용할 수 있다.

① 합병(동시적)인 경우

집합수의 경우는 동시에 존재하고 있는 두개의 수량을 한데 합친 크기를 구하는 조작이다.
순서수의 경우는 하나의 계열 중에서 a번에서 b번 뒤에 있는 순위를 알아내는 조작이다.

② 첨가(계시적)인 경우

집합수의 경우는 하나의 부분에 나중에 다른 부분을 첨가시켜 전체를 알아내는 조작이다.(증가의 조작도 같음)

순서수의 경우는 한 계열 중에서 a번에서 b번 전진했을 때의 순위를 알아내는 조작이다.

간혹 아동에게 덧셈에 관한 작문을 시켜보면 「공책 3권과 연필 5자루를 샀습니다. 모두 몇 이나 됩니까?」라고 하는 경우가 있다. 이 경우 3+5로 해도 되느냐? 우리는 덧셈을 할 경우 '**단위가 같은 수치끼리 할 수 있다**'는 것을 주의해야 한다.

(2) 뺄셈의 의미

뺄셈이 이용되는 경우를 다음과 같이 분류하여 생각할 수 있다.

① 비교(동시적)인 경우

집합수의 경우는 두 부분을 알고 그들의 차이를 찾아내는 조작이다.

순서수의 경우는 한 계열 중에서 하나는 a번이고 다른 하나는 b번일 때 누가 몇 번 뒤인가를 알아내는 조작이다.

② 제거(계시적)인 경우

집합수의 경우는 전체에서 그 중 한 부분을 제거해서 나머지 부분을 알아내는 조작이다. (감소의 조작도 같음)

순서수의 경우는 하나의 계열 중에서 a번째에 있던 것이 b번만큼 후퇴했을 때의 순위를 알아내는 조작이다.

(3) 곱셈의 의미

① 동수누가

3 + 3 + 3 + 3 = 3 × 4 = 12로서 덧셈의 첨가의 경우와 결부시켜 곱셈을 도입한다. 즉, 곱셈은 덧셈에서 같은 수를 거듭 더하는 경우, 계산을 보다 간편하게 하기 위한 방법이라 할 수 있다.

② (기준량) × (기준량의 몇 개분) = (전체량)

이 문제의 모델은 “자동차 한 대에는 바퀴가 4개 있습니다. 같은 자동차 3대이면 모두 몇 개일까요?”로 생각할 수 있다.

이때, 「자동차 한 대에는 바퀴가 4개」는 **기준량의 크기**이고, 「같은 자동차 3대」는 **기준량의 수**(또는 몇 개분)이며, 「바퀴는 모두 몇 개?」는 **전체량**에 해당한다.

곤, (기준량) × 기준량의 몇 개분) = (전체량)

4 × 3 = 12

이 된다.

③ 배의 개념과 비율의 개념

앞의 ②에서 제시한 문제의 모델은 「기준량의 몇 개분」 쪽이 개수를 나타내는 정수가 되어 배의 뜻이 있을 수 있지만, 「기준량의 몇 개분」 쪽인 승수가 정수가 아닌 분수인 경우에는 배의 개념은 점차 비율의 개념으로 바뀐다.

예를 들면, 비율의 개념에 속한 문제의 모델로서 "1시간에 $4km$를 걷는 사람이 있습니다. 1시간 반, 2시간, 2시간 40분에는 각각 몇 km를 갈 수 있을까요?" 인 문제를 들 수 있다.

곧, 이 문제는

$$4\times1\frac{1}{2}=6(km) \cdots\cdots\cdots\cdots \text{(비율의 의미)}$$

$$4\times2=8(km) \cdots\cdots\cdots\cdots \text{(배의 의미)}$$

$$4\times2\frac{2}{3}=10\frac{2}{3}(km) \cdots\cdots\cdots\cdots \text{(비율의 의미)}$$

를 갖는다.

(4) 나눗셈의 의미

① 자연수에 있어서의 나눗셈

12 ÷ 4 = 3에 대한 양적 처리의 모델로서 동수를 누감하는 것으로 나눗셈을 도입한다. 즉, 12 - 4 - 4 - 4 = 0으로 뺄셈의 제거의 경우와 결부시켜 나눗셈을 도입한다. 이것은 「12개 중에서 4개씩 몇 번 포함되어 있는가?」라는 사실을 의미하고 있다. 이를 **포함제**라고 한다.

위의 장면을 4사람에게 등분하면 1사람 분은 얼마나 되는가라고 할 때에는 **등분제**가 된다.

이때 4사람에게 1개씩 나누어 가면 1회에 4개씩 든다. 이것을 반복하게 되면, 12 개를 4사람에게 나누어 가면 꼭 3개씩 돌아간다. 그래서 포함제든 등분제든 수에 대해서 말하면 같은 형식으로 통일되며, 12 ÷ 4 = 3 과 같이 표기한다.

이상을 배분한 결과에서 역으로 생각해 보면

$a\div b$의 연산은, $a=b\times q+r(0\leq r<b)$에 알맞는 자연수 q(정수의 몫), r(나머지)를 구하는 조작이라고 한다. 다만, 나머지 $r=0$가 되는 것이 있으면 이 경우를 a는 b로서 **나누어진다**라고 하고, $r\neq0$가 아닌 우에는 a는 b로서 **나누어지지 않는다**라고 말한다.

② 분수와 소수의 나눗셈

연속량의 양적 처리를 모델로 하여 곱셈의 역연산을 사용하면

$x\times b=a$에 알맞은 x를 구하는 조작으로 $x=a\div b$로 표기하는 것으로 해여 나눗셈이 도입된다.

다시 말해서, 어떤 양을 기준으로 하여 a를 측정한 측정치를 b라고 할 때에 기준으로 한 양을 구하는 조작으로 나눗셈을 도입한다.

2) 자연수의 연산의 지도

(1) 덧셈·뺄셈의 기본계산

한 자리 수끼리의 덧셈·뺄셈의 기본계산을 **덧셈구구 • 뺄셈구구**라 한다. 그리고 두 수를 세어 내려가면서 합 또는 차의 결과를 구하는 단계를 지나서 큰 수에 가서도 형식적으로 결과를 구할 수 있도록 지도하는 것이 계산지도의 목표이다.

기본계산은 반사적으로 말할 수 있도록 충분히 습득시키고 그 연습에서는 적당한 교구를 준비한다든지, 틀리기 쉬운 것에 중점을 두고 지도하는 것이 바람직하다.

기본계산 형식은 다음과 같다.

① 가가법

$$
\begin{aligned}
&7 + 5 \\
&= 7 + (3 + 2) \\
&= (7 + 3) + 2 \\
&= 10 + 2 \\
&= 12
\end{aligned}
$$

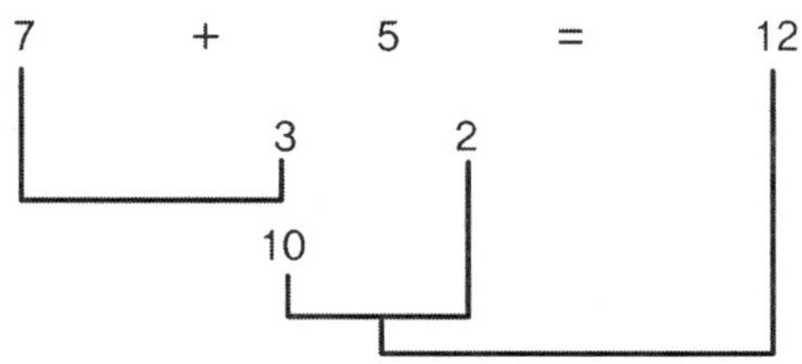

② 감가법

$$
\begin{aligned}
12 - 7 &= (10 + 2) - 7 \\
&= (10 - 7) + 2 \\
&= 3 + 2 \\
&= 5
\end{aligned}
$$

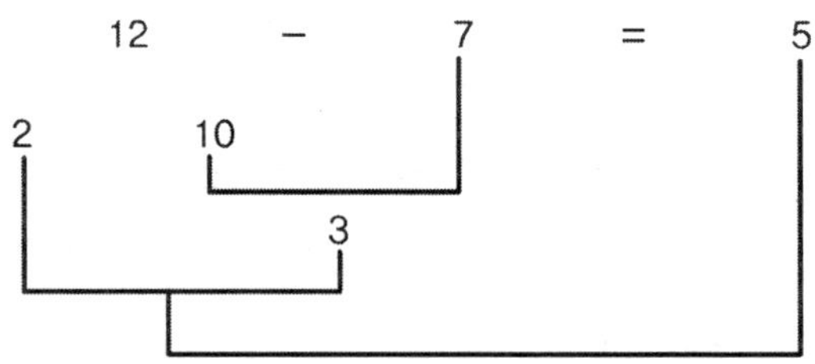

③ 감감법

$$
\begin{aligned}
12 - 7 &= 12 - (2 + 5) \\
&= (12 - 2) - 5 \\
&= 10 - 5 \\
&= 5
\end{aligned}
$$

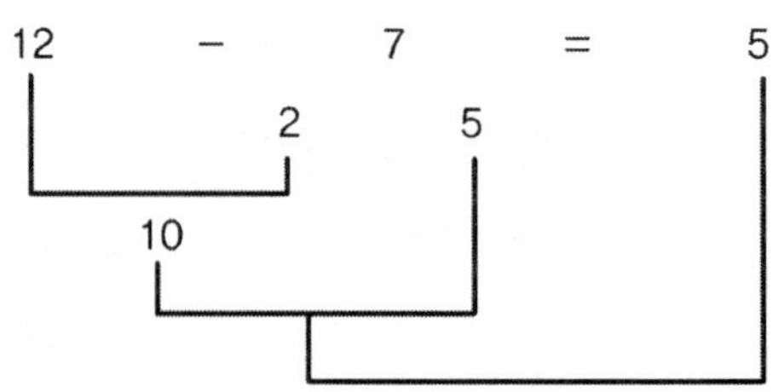

(2) 덧셈·뺄셈의 필산형식

앞의 덧셈·뺄셈의 기본계산을 바탕으로 해서 구체적인 계산 문제를 생각한다.

① (14 + 23) → (25 + 18) → (79 + 86) → (236 + 147) → (247 + 175) → (756 + 489)

② (34 − 21) → (33 − 16) → (326 − 213) → (243 − 125) → (527 − 384) → (345 − 178)

등의 하나하나의 계산과정을 체험하는 가운데 일반화된 덧셈·뺄셈의 필산원리를 발견하게 되는 것이다.

지금, 35 + 57 = □ 의 받아 올림이 있는 형식의 원리를 발견하게 되는 지도를 구상해 보자. 10 원짜리 동전과 1 원짜리 알루미늄 돈으로 두개의 집합을 만들어서 두 집합의 합병으로 두 자리수의 덧셈을 생각한다.

즉, 두 집합을 {{동전 3개},{알루미늄 돈 5개}},{{동전 5개},{알루미늄 돈 7개}}와 같이 만들어서 합병하면,

{{동전 8개},{알루미늄 돈 12개}}

인 집합으로 표시된다.

이때에, 돈을 가볍게 가지기 위하여 알루미늄 돈 10개와 동전 1개(10원)을 교환하자는 것이다.

즉, {{동전 9개},{알루미늄 돈 2개}}인 집합으로 재구성된다. 이 사실에서 **받아 올림의 원리**를 발견하게 한다.

한편, 33 − 16을 계산하는 과정을 생각해 보기로 한다.

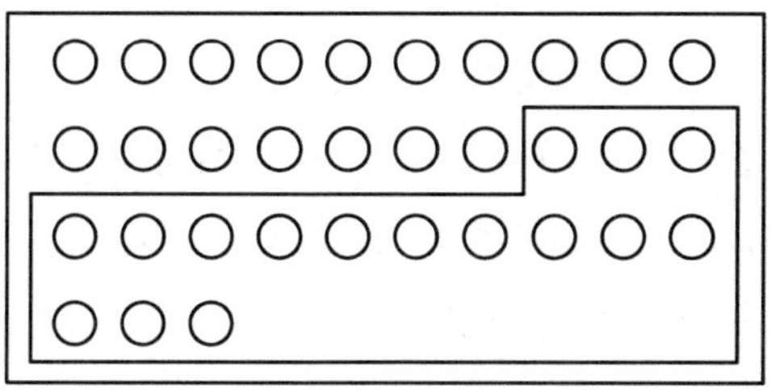

〈 그림 6-10 〉

〈그림 6-10〉에서와 같이 원소의 개수가 10씩 묶음과 낱개로 된 그의 부분집합을 덜어내는 경우 낱개가 부족할 때 10씩 한 묶음을 덜어내어 **받아 내림의 원리**가 있는 계산형식을 발견하도록 하여 이것을 추상화하여 일반화 한다.

즉, 자리 잡기의 원리에 의하여,

$$\begin{aligned} 33 - 16 &= (20 + 13) - (10 + 6) \\ &= (20 - 10) + (13 - 6) \\ &= 10 + 7 \\ &= 17 \end{aligned}$$

과 같이 33을 20과 13으로 분해하여 뺄셈이 이루어지도록 하고, 다음과 같은 필산형식의 원리를 알아내도록 한다.

$$\begin{array}{r} {\scriptstyle 2\,1} \\ 3\,3 \\ -\,1\,6 \\ \hline 7 \end{array} \qquad \begin{array}{r} {\scriptstyle 1} \\ 3\,3 \\ -\quad 6 \\ \hline 7 \\ 1\,0 \end{array} \qquad \begin{array}{r} {\scriptstyle 2\,1} \\ 3\,3 \\ -\,1\,6 \\ \hline 7 \\ +\,1\,0 \\ 1\,7 \end{array} \qquad \begin{array}{r} {\scriptstyle 2\,1} \\ 3\,3 \\ -\,1\,6 \\ \hline 1\,7 \end{array} \qquad \boxed{\begin{array}{r} {\scriptstyle 2\,1} \\ 3\,3 \\ -\,1\,6 \\ \hline 1\,7 \end{array}}$$

$$\boxed{13-6=7} - \boxed{20-10=10} - \boxed{7+10=17}$$

(3) 곱셈·나눗셈의 기본계산

곱셈·나눗셈의 기본계산은 한자리 수끼리의 곱셈(**곱셈구구**)이다. 곱셈구구는 보통 외워서 곱셈의 필산과 나눗셈의 필산(**곱셈의 역연산**)에 이용하고 있다.

여기에서는 곱셈·나눗셈의 기본계산을 도입하여 0의 곱셈을 알아보고, 곱셈의 역연산으로 나눗셈을 하기, 나눗셈의 몫을 동수누감으로 구하기, 곱셈의 여러 가지 연산법칙 등을 알아보고 곱셈·나눗셈의 계산형식의 기본을 확립하도록 한다.

첫째로, 0에 어떤 수를 곱하는 경우를 알아, 0의 곱셈의 기본계산을 이해한다.

이를테면 〈그림 6-11에서와 같이 수직선에 제자리(0의 자리)뛰기를 4번했습니다. 어디에 있겠습니까? 하면서 0의 동수누가에서 0에 어떤 수(뛰는 회수)를 곱하는 경우가 이루어져서 다음과 같아짐을 인식하도록 한다.

즉, $0 + 0 + 0 + 0 \Rightarrow 0 \times 4 = 0$

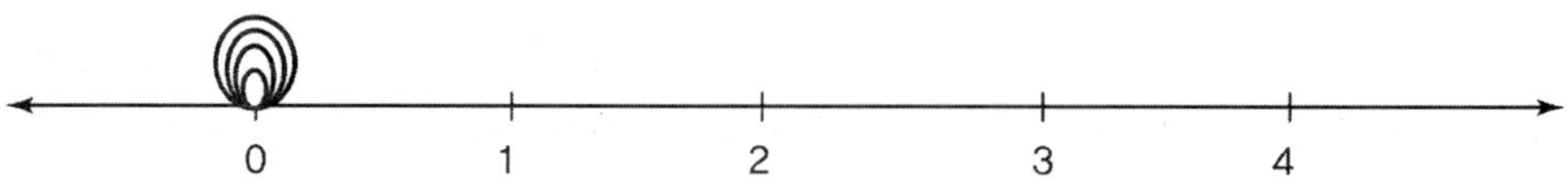

〈 그림 6-11 〉

이와 같이 하여 0의 곱셈의 기본계산을 이해하도록 한다.

둘째로, 세 인수의 곱셈을 통하여 곱셈의 결합법칙을 이해시키고, 곱셈의 결합법칙을 써서 곱셈을 구할 수 있도록 한다.

이를테면,

$$4 \times 2 \times 3 = (4 \times 2) \times 3$$
$$= 8 \times 3$$
$$= 24$$

$$4 \times 2 \times 3 = 4 \times (2 \times 3)$$
$$= 4 \times 6$$
$$= 24$$

이므로,

$$4 \times 2 \times 3 = (4 \times 2) \times 3$$
$$= 4 \times (2 \times 3)$$

이와 같이 세수의 곱을 구할 때는 "**묶기를 다르게 하여도 된다**"는 것을 인식시켜 곱셈의 결합법칙을 적용시켜 보는 것이 대단히 중요한 일이다.

셋째로, 전체를 분할하여 다시 분할된 것들을 결합시켜도 전체는 바뀌지 않는다는 것을 이해시켜 곱셈의 덧셈에 관한 배분법칙을 인식시키도록 한다.

이를테면, 다음 〈그림 6-12〉에서와 같이 구체물의 집합에서 보면,

4×5는 4×2와 4×3을 합한 것과 같음을 알아보게 하고, 다음 그림의 점은 4개씩 5줄이므로 $4 \times 5 = 20$, 오른쪽 그림의 점은 4개씩 2줄과 4개씩 3줄이므로

$$(4 \times 2) + (4 \times 3) = 8 + 12 = 20$$

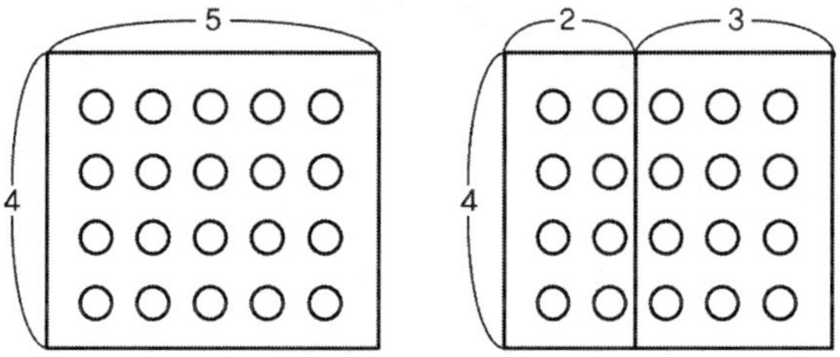

〈 그림 6-12 〉

그러므로 5줄을 2줄과 3줄로 나누어서 계산하여도 같다. 그래서

$$4 \times 5 = 4 \times (2 + 3)$$
$$= (4 \times 2) + (4 \times 3)$$

또, $4 \times 5 = 5 \times 4$ 이므로,

$$5 \times 4 = (2 + 3) \times 4 = (2 \times 4) + (3 \times 4)$$

를 이해시켜 배분법칙을 도입한다.

즉,

$$4 \times (2 + 3) = (4 \times 2) + (4 \times 3)$$
$$(2 + 3) \times 4 = (2 \times 4) + (3 \times 4)$$

가 되는 것도 알아보도록 한다.

넷째로, 동수누감과 관련시켜 나눗셈을 도입하고, (두 자리의 수) ÷ (한 자리의 수)의 계산 원리를 이해할 수 있도록 한다.

이를테면, 아래 〈그림 6-13〉에서와 같이 34 ÷ 2의 계산을 동수누감으로 계산하면, 34에는 2가 17번 들어있다는 것을 알았으므로 $34 \div 2 = 17$이 된다.

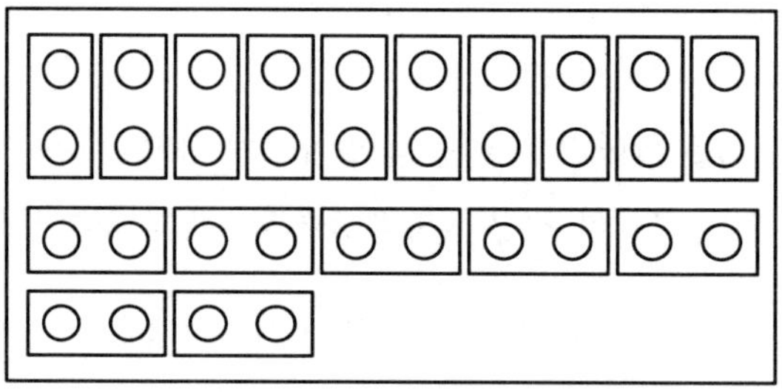

〈 그림 6-13 〉

여기에서 나눗셈의 계산 원리를 찾아보기로 하자.

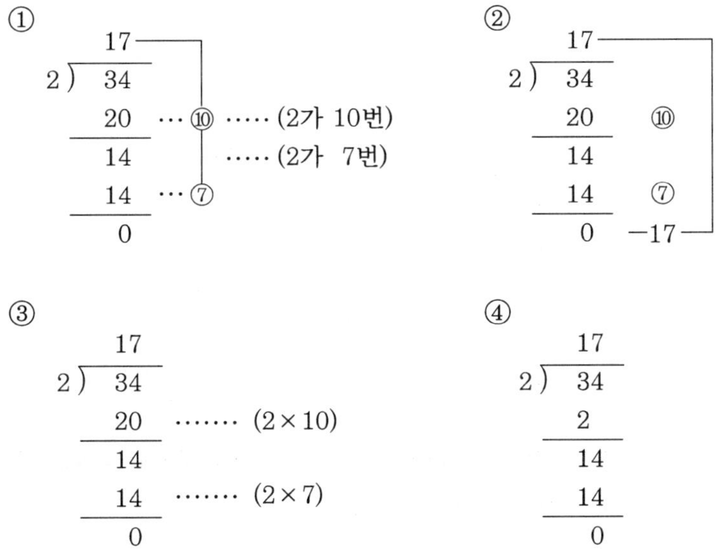

이 과정은 ④와 같이 간편하게 나타내면 능률적으로 나눗셈을 할 수 있다는 것을 이해시켜 나눗셈의 계산 원리를 형식화 한다.

(4) 곱셈·나눗셈의 필산 형식

곱셈·나눗셈의 필산형식은 몇 개의 덧셈·뺄셈의 기본계산과 곱셈·나눗셈의 기본계산을 조합해서 기계적으로 곱을 구하는 방법이다.

이를테면, 앞의 곱셈의 기본계산을 바탕으로 해서 구체적인 계산문제를 생각한다. 즉,

$$(42 \times 2) \rightarrow (37 \times 4) \rightarrow (236 \times 4) \rightarrow (46 \times 37) \rightarrow (376 \times 48) \rightarrow (436 \times 127)$$

등의 하나하나의 계산과정을 체험하는 가운데 형식화 된 곱셈의 필산원리를 발견하도록 하고, 또 앞의 나눗셈의 기본계산을 바탕으로 해서 구체적인 계산문제를 생각한다. 즉,

$$(84 \div 2) \rightarrow (670 \div 2) \rightarrow (608 \div 8) \rightarrow (614 \div 30) \rightarrow (257 \div 31) \rightarrow (2340 \div 43)$$

등의 하나하나의 계산과정을 체험하는 가운데 형식화된 나눗셈의 필산원리를 발견하도록 한다.

첫째로, 고대 이집트 사람들의 사용했던 계산방법을 알아보자.

이를테면, 43 × 82에서

	a	b
*	1	82
*	2	164
	4	328
*	8	656
	16	1312
*	32	2624
	64	5248

여기에서 a인 43을 만드는 수1,2,8,32을 취하고 이 수에 대응되는 b의 값 82, 164, 656, 2624를 모두 더하면 구하는 답을 얻을 수 있다.

즉, 82 + 164 + 656 + 2624 = 3526 = 43 × 82 가 된다.

둘째로, **보수 관계**를 이용하여 계산방법을 알아보자.

이를테면, 996 × 997에서

① 996의 1000에 관한 보수 4와 997의 1000에 관한 보수 3를 구한다.

② 996 - 3와 997 - 4하면 같은 수 993을 얻는다.

③ 993 × 1000와 두 수의 보수의 곱 12를 더하면 구하는 답을 얻을 수 있다.

즉, 993 × 1000 + 12 = 993,012 = 996 × 997이 된다.

셋째로, **격자법**을 이용하여 계산방법을 알아보자.

이를테면, 786 ×479에서

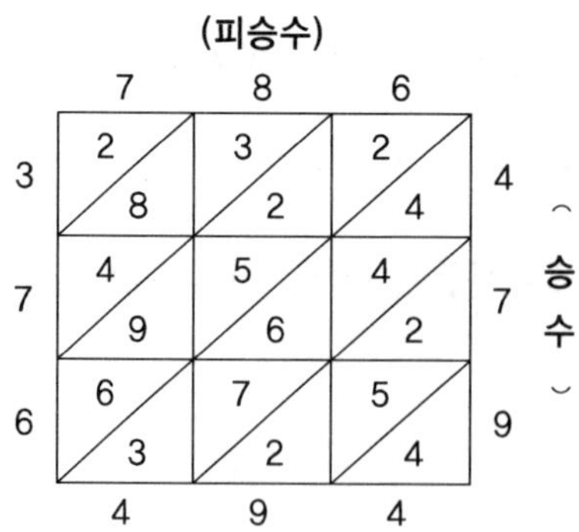

윗 표에 위해서 786 × 479는 376,494를 얻는다.

넷째로, 세 자리의 수를 덧셈에 대한 전개형으로 고쳐서 나타내고, 곱셈의 덧셈에 대한 배분법칙을 적용시켜 (세 자리의 수) × (한 자리의 수)의 계산 원리를 인식시키도록 한다.
이를테면, 236 × 4의 계산형식을 알아보도록 하자.

① $236 \times 4 = (200 + 30 + 6) \times 4$
$= (200 \times 4) + (30 \times 4) + (6 \times 4)$
$= 800 + 120 + 24 = 944$

②

236	236 × 4
× 4	= (200 + 30 + 6) × 4
24	= 200 × 4 + 30 × 4 + (6 × 4)
120	= 200 × 4 + (30 × 4) + 24
800	= (200 × 4) + 120 + 24
944	= 800 + 120 + 24 = (944)

③

$$\begin{array}{r} 236 \\ \times\quad 4 \\ \hline 4 \end{array} \Rightarrow \begin{array}{r} 236 \\ \times\quad 4 \\ \hline 44 \end{array} \Rightarrow \begin{array}{r} 236 \\ \times\quad 4 \\ \hline 944 \end{array}$$

이 과정은 ③과 같이 간편하게 나타내는 계산방법을 이해하게 되면 받아 올린 수를 암산 처리할 수 있도록 하는 것이 중요하다.

다섯째로, (세 자리의 수) × (두 자리의 수)의 계산 원리를 인식시키고 곱셈의 필산원리를 형식화 하도록 한다.

예를 들면, 265 × 34의 필산형식을 알아보도록 하자.

① $265 \times 34 = 265 \times (30 + 4)$
$= (265 \times 30) + (265 \times 4)$
$= 7950 + 1060 = 9010$

② $$\begin{array}{r} 265 \\ \times\ \ 34 \\ \hline 1060 \end{array} \Rightarrow \begin{array}{r} 265\ \\ \times\ \ 34\ \\ \hline 1060\ \\ 7950\ \ \ \end{array} \Rightarrow \begin{array}{rl} 265 & \\ \times\ \ 34 & \\ \hline 1060 & \cdots (265\times 4) \\ 7950 & \cdots (265\times 30) \\ \hline 9010 & \end{array} \Rightarrow \begin{array}{r} 265 \\ \times\ \ 34 \\ \hline 1060 \\ 7950 \\ \hline 9010 \end{array}$$

여섯째로, 고대 이집트 사람들이 사용했던 나눗셈의 계산 방법을 알아보자.

① 19 ÷ 8

	1	8
*	2	16
	1/2	4
*	1/4	2
*	1/8	1

그러므로 $19 \div 8 = 2 + \frac{1}{4} + \frac{1}{8}$가 된다.

② 16 ÷ 3

*	1	3
	2	6
*	4	12
	2/3	2
*	1/3	1

그러므로 $16 \div 3 = 1 + 4 + \frac{1}{3}$가 된다.

③ 4 ÷ 15

	1	15
	1/10	3/2
*	1/5	3
*	1/15	1

그러므로 $4 \div 15 = \frac{1}{5} + \frac{1}{15}$가 된다.

일곱째로, 먼저 나눗셈의 계산방법을 여러 가지 방법으로 알아보자.
이를테면, $128 \div 4$에서

① $128 \div 4 = (100 + 20 + 8) \div 4 = (100 \div 4) + (20 \div 4) + (8 \div 4)$

$= 25 + 5 + 2$

$= 32$

② $128 = 120 + 8 = (4 \times 30) + (4 \times 2) = 4 \times (30 + 2)$이므로

$128 \div 4 = 32$가 된다.

③

$$
\begin{array}{r|l}
4\overline{)\,128} & \\
36 & \cdots\cdots 9 \\ \hline
92 & \\
36 & \cdots\cdots 9 \\ \hline
56 & \\
36 & \cdots\cdots 9 \\ \hline
20 & \\
20 & \cdots\cdots 5 \\ \hline
0 &
\end{array}
$$

그러므로 $9 + 9 + 9 + 5 = 32$가 된다.

④

$$
\begin{array}{r|l}
4\overline{)\,128} & \\
100 & \cdots\cdots 25 \\ \hline
28 & \\
20 & \cdots\cdots 5 \\ \hline
8 & \\
8 & \cdots\cdots 2 \\ \hline
0 &
\end{array}
$$

그러므로 $25 + 5 + 2 = 32$ 가 된다.

⑤
```
     32
4 ) 128
    12
    ---
     8
     8
    ---
     0
```

여덟째로, (세 자리의 수) ÷ (한 자리의 수) = (두 자리 수)의 계산 원리를 이해하고, 그 계산을 형식화 할 수 있도록 한다.
이를테면, 234 ÷ 3 의 계산형식을 알아보도록 한다.

```
     78
3 ) 234 ····· 234 ÷ 3
    21  ····· 3 × 70 = 210
    ---
     24 ····· (230 − 210) + 4 = 24
     24 ····· 3 × 8 = 24
    ---
      0 ····· 24 − 24 = 0
```

아홉째로, (세 자리 수) ÷ (두 자리 수)의 몫이 두 자리의 수가 되는 계산과정 중, 특히 몫을 정하는 방법을 인식시키고 가로 및 세로형식에 의한 검산을 할 수 있도록 한다.
이를테면, 723 ÷ 34의 계산형식을 알아보도록 한다.

```
①               ②                  ③               ④
                       □                  2                  2
34 ) 723  ⟶  3□ ) 72□  ⟶  34 ) 72□  ⟶  34 ) 72□

   ⑤                ⑥               ⑦
         2                2□              21        (검산)
⟶ 34 ) 72□  ⟶  34 ) 723  ⟶  34 ) 723      ① 723 = 34 × 21 + 9
       68               68              68        ②    34
       ---              ---             ---           × 21
        4                43              43           ----
                                         34             34
                                         ---           68
                                          9           ----
                                                       714
                                                       + 9
                                                      ----
                                                       723
```

열 번째로, (네 자리 수) ÷ (두 자리 수)의 계산과정을 알아보고, 그것을 바탕으로 하여 피제수가 두 자리 이상의 수일 경우에도 처리할 수 있도록 한다.
이를테면, 2340 ÷ 43의 계산 형식을 알아보도록 한다.

```
①                 ②                  ③                    ④
                                          □                   5
43 ) 2340  →  4□) 23□□  →  4□) 23  □□  →  43 ) 234□

⑤                 ⑥                  ⑦                    ⑧
      5              5□                 54                   54
43 ) 2340  →  43 ) 2340   →  43 ) 2340     →  43 ) 2340
                    215               215                  215
                   ----              ----                 ----
                    190               190                  190
                                      172                  172
                                                          ----
                                                            18
```

(검산)

```
   43
 × 54
 ----
  172
 215
 ----
 2322
+  18
 ----
 2340
```

DISCUSSION • • •

[1] 덧셈이나 뺄셈은 어떤 수량에 대해서 합이나 차를 구하려고 하는지, 그것들이 같은 단위로 표시된 수인지 아닌지 확실하지 않으면 합이나 차는 의미가 없는 수치가 된다. 이와같은 사실에 관해서 다음의 경우에는 어떠한 지도를 해야 되는지 답하여라.

(예제) 교사가 「남자 아동 7명과 여자 아동 5명이 놀고 있습니다. 모두 몇 명 있습니까? 또 남자 아동은 여자 아동보다 몇 명 더 많습니까?」라고 발문 하였더니 한 아동이 「선생님! 남자 아동과 여자 아동은 더하거나 빼거나 할 수 없습니다.」라고 대답하였다고 한다.

[2] 1 이나 0(영)을 곱할 경우의 의미를 이해시키는 데에는 약간의 난점이 있을 것이다. 어떤 장면을 들어서 지도해야 되는가?

[3] 나눗셈의 구체적인 의미에서 등분제와 포함제의 두 경우를 들 수 있다. 이들은 각각 어떠한 의미를 가지고 있는지 구체적인 예를 들어 설명하여라.

[4] 다음 추론의 오류를 지적하여라.

50 ÷ 6 = 8 ………… 2
50 ÷ 6 = 25 ÷ 3 = 8 ………… 1
따라서 8 ……… 2 = 8 ………… 1

6.2 정수와 정수의 연산

1. 정수의 개념

1) 정수의 수학적 정의

자연수 집합에서는 $a > b$일 때 $a-b$는 가능하였으나 $b-a$는 그렇지 않았다. 이를 항상 가능하게 하기 위해서는 수를 확장하여 $b-a={}^{-}(a-b)$와 같은 수를 새로 만들어야 한다. 이와 같은 수 ${}^{-}(a-b)$를 **음의정수**라 한다. 이에 대하여 $(a-b)$를 **양의정수**라 한다.또 $a=b$일 때도 $a-b=0$이라는 새로운 수를 만들어야만 뺄셈이 가능하게 된다.

이러한 방법으로 정수가 도입되지만 자연수에서 정수가 유도된다는 이론이 정확하게 설명되려면 다시 정리되어야 하는데 다음과 같이 정의하면 된다.

즉, 임의의 두 자연수 a, b의 순서쌍 (a, b)의 모양으로 된 원소를 **정수**라고 하는 것은 $(a, b) = (c, d)$를 $a+d=b+c$로 정의하면 되는 것이다.

이 정의는 자연수를 바탕으로 하여 이론을 구성한 것이며 양음의 부호를 붙여 나타낸 정수는 $a > b$일 때 $(a, b)={}^{+}(a-b)$가 **양의정수**이고, $a=b$일 때는 $(a, b)=0$ 곧 **영**이며, $a < b$일 때는 $(a, b)=b-a={}^{-}(a-b)$가 **음의정수**이다.
이와 같이 놓으면 위 정의의 타당성을 이해할 수 있다.

더욱이 $a > b$인 경우 (a, b)는 자연수 $a-b$와 같은 성질을 가지기 때문에 $(a, b)={}^{+}(a-b)$

$=a-b$라고 하면 자연수는 **양의정수**라고 생각할 수 있다.

다음에는 정수의 성질을 들어보기로 한다.

(1) 정수에서는 최소의 수도 없고, 최대의 수도 없다.

(2) 정수는 집합수이며 순서수이다.

(3) 정수에서 대표가 되는 수는 0과 1이다.

흔히 잘못 생각하기를 0는 없는 것을 나타내는 수의 대표이며, 1은 있는 것을 나타내는 수의 대표, $^{-}1$는 음의 정수를 나타내는 수의 대표로 보는 경우가 있는데, 정수의 집합에서 원점에 의한 점대칭의 생각을 적용하면, 음의 정수 $^{-}1$, $^{-}2$, $^{-}3, \cdots$ 등은 각각 양의 정수 $^{+}1$, $^{+}2$, $^{+}3, \cdots$의 원점에 관한 대칭점으로 볼 수 있으므로 정수의 대표는 0과 1만 있으면 되는 것이다.

(4) 인접하는 두 정수 사이에는 다른 정수가 존재하지 않는다.

(5) 정수는 덧셈, 뺄셈, 곱셈은 닫혀있고, 이들 연산에 대해서 **일의성**이 보장되고 있다.

(6) 정수는 덧셈, 곱셈에 관하여 각각 **교환법칙, 결합법칙**이 성립한다.

(7) 정수는 덧셈에 관한 곱셈의 **배분법칙**이 성립한다.

(8) 정수는 덧셈, 곱셈에 관하여 **단위원**이 있다.

(9) 정수는 덧셈에 관한 **역원**이 유일하게 정해진다.

2) 정수의 실제적 의미

여기에서는 연산구조 관계와는 달리 자연현상이나 우리의 생활 장면을 소재로 하여 거기에서 정수의 개념을 추상하여 형성하고 있다. 즉, 다음〈그림 6-14〉에 나타낸 것과 같이 어느 마을의 시가지를 소재로 하여 정수의 개념을 추상한다.

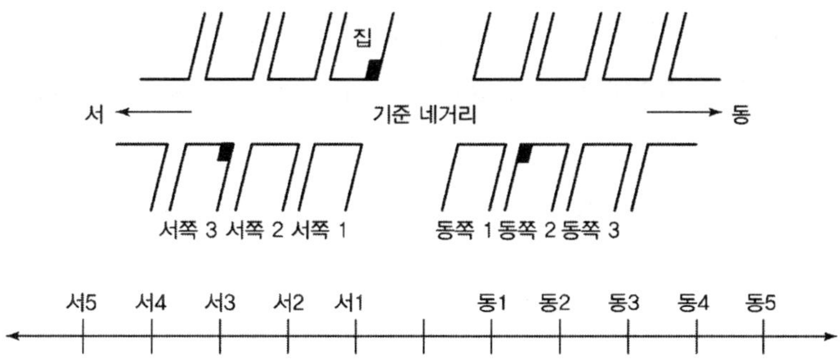

〈 그림 6-14 〉

지금 시가지의 네거리는 한 점을 기준으로 하고 거기에서 동쪽으로 한 구역씩 시가지를 지날 때마다 동쪽1, 동쪽2, 동쪽3, … 또 서쪽으로 지날 때마다 서쪽1, 서쪽2, 서쪽3, … 이라 하고 이들을 수직선상에 대응시킨다. 이때에 **동쪽2, 서쪽3** 등은 방향과 거리를 동시에 나타낸 것이다.

즉, 동쪽과 서쪽은 기준 네거리로부터 정 반대가 되는 방향을 나타내고 있으며, 또 1, 2, 3,… 의 수는 거리를 나타내고 있다.

이 시가지의 기준 네거리의 한 점을 원점으로 하고 수 0을 대응시키고 동쪽1, 2, 3, … 에 대응되는 점을 원점으로부터 오른쪽에 있다는 표시로 각각 $^{+}1$, $^{+}2$, $^{+}3$, …으로 대응되는 점을 원점으로부터 왼쪽에 있다는 표시로 각각 $^{-}1$, $^{-}2$, $^{-}3$, … 으로 나타낸다.

다음〈그림 6-15〉에 나타낸 것과 같이 온도계상의 기온을 소재로 하여 정수의 개념을 추상한다.

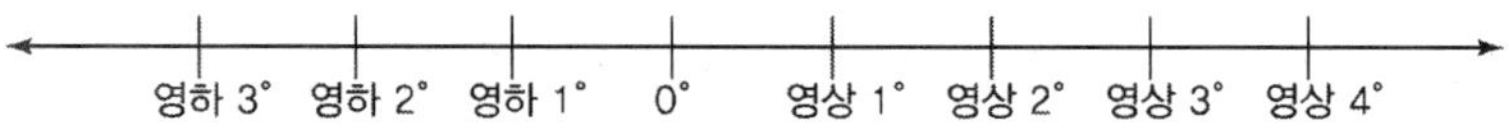

〈 그림 6-15 〉

이 경우, 온도계 상의 섭씨 0의 눈금을 원점으로 하여 수 0을 대응시키고 1°, 2°, 3°, …에 대응되는 점을 원점보다 오른쪽에 있다는 표시로 각각 $^{+}1$, $^{+}2$, $^{+}3$, … 으로 나타내고, 또 영하 1°, 2°, 3°, …에 대응되는 점을 원점보다 왼쪽에 있다는 표시로 각각 $^{-}1$, $^{-}2$, $^{-}3$, …으로 나타낸다.

이와 같이 나타낸 수 $^{+}1$, $^{+}2$, $^{+}3$, …등을 **양의정수**라 하고 $^{-}1$, $^{-}2$, $^{-}3$, …등을 **음의정수**라고 한다. 양의정수와 음의정수를 간단히 각각 **양수, 음수**라고도 말한다. 0과 양의정수와 음의정수를 통틀어서 말할 때에는 그냥 **정수**라고 한다. 0은 양수도 음수도 아니다.

이렇게 추상해서 형성된 수 개념이기 때문에 이들 정수에 대한 수자, 즉 기호로는 0, $^{+}1$, $^{+}2$, $^{+}3$, …과 $^{-}1$, $^{-}2$, $^{-}3$,…등과 수사 즉, 이름으로는 영, 양의정수 일, 양의정수 이, 양의정수 삼, …과 음의정수 일, 음의정수 이, 음의정수 삼, …등을 필요로 한다.

이와 같은 모든 정수를 원소로 하는 집합을 정수의 집합(Z)이라고 하고 다음과 같이 흔히 나타낸다.

$$Z = \{ \cdots\cdots, {}^{-}3,\ {}^{-}2,\ {}^{-}1,\ 0,\ {}^{+}1,\ {}^{+}2,\ {}^{+}3,\ \cdots\cdots \}$$

2. 정수의 연산

1) 정수의 덧셈[41)]

(1) (양의 정수) + (양의 정수)인 경우

이를테면, $^{+}3 + ^{+}5 = ^{+}8$

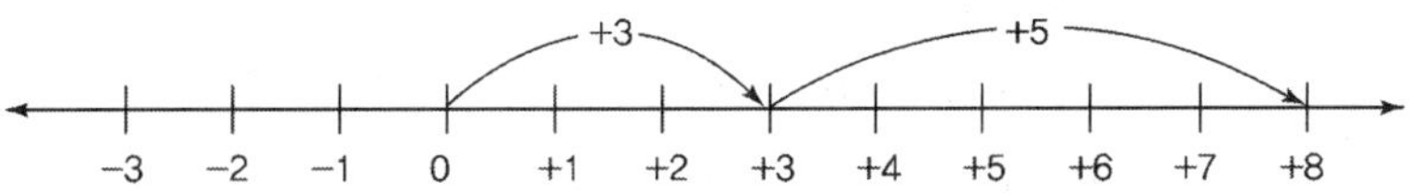

〈 그림 6-16 〉

(2) (음의 정수) + (음의 정수)인 경우

이를테면, $^{-}3 + ^{-}5 = ^{-}8$

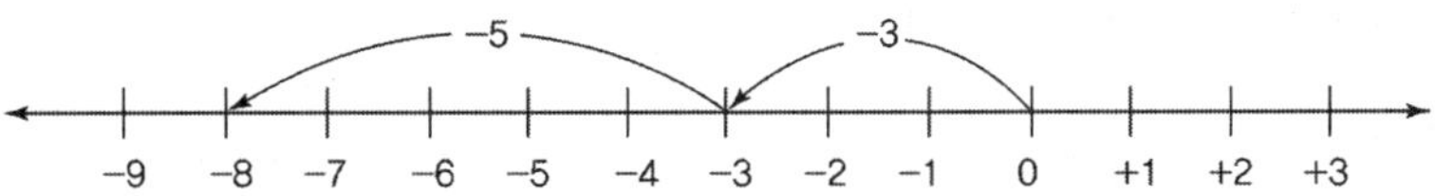

〈 그림 6-17 〉

(3) (양의 정수) + (음의 정수)인 경우

이를테면, $^{+}3 + ^{-}5 = ^{-}2$

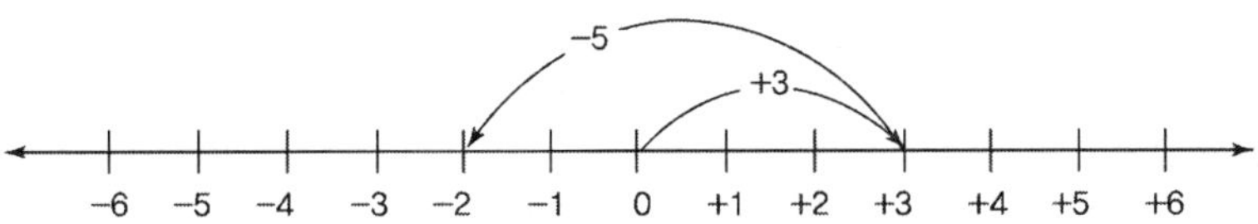

〈 그림 6-18 〉

(4) (음의 정수) + (양의 정수)인 경우

이를테면, $^{-}3 + ^{+}5 = ^{+}2$

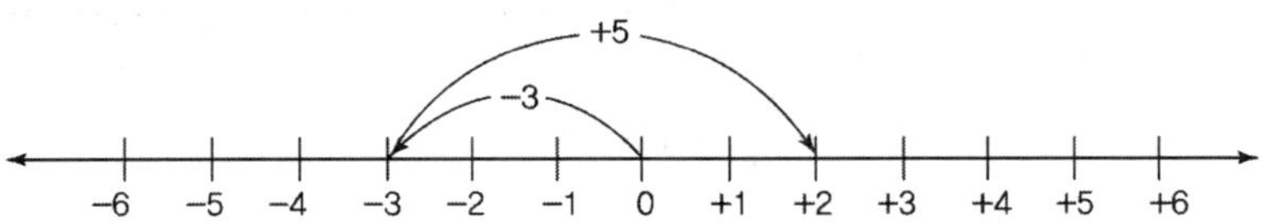

〈 그림 6-19 〉

41) 수직선 위에서 양의정수는 원점에서 오른쪽으로 가는 수이고, 음의정수는 원점에서 왼쪽으로 가는 수이며, 덧셈은 앞으로 나가는 것으로 하고 실선으로 표시한다.

위의 네 가지 경우의 수직선상에서의 덧셈하는 방법을 종합 정리하면 다음과 같다. 즉,「양의 정수, 음의정수에 대한 덧셈의 합은 수직선에서 피가수를 나타내는 점으로부터 가수가 양의정수이면 양의 방향으로, 음의정수이면 음의 방향으로, 가수의 부호를 떼어낸 수만큼 뛴 점에 대응되는 수가 같다」라고 할 수 있다.

다음에는 수직선상에서 얻은 덧셈식에서

즉,

$$^{+}3 + {}^{+}5 = {}^{+}8 \cdots\cdots ① \Rightarrow {}^{+}(3+5) = {}^{+}8$$
$$^{-}3 + {}^{-}5 = {}^{-}8 \cdots\cdots ② \Rightarrow {}^{-}(3+5) = {}^{-}8$$
$$^{+}3 + {}^{-}5 = {}^{-}2 \cdots\cdots ③ \Rightarrow {}^{-}(5-3) = {}^{-}2$$
$$^{-}3 + {}^{+}5 = {}^{+}2 \cdots\cdots ④ \Rightarrow {}^{+}(5-3) = {}^{+}2$$

임을 알 수 있다.

따라서 덧셈에 대한 계산형식을 정리하면,

Mathematics Education

① 부호가 같은 두 수의 합은 절대값의 합에 공통인 부호를 붙인 수이다.
② 부호가 다른 두 수의 합은 절대값의 차에 절대값의 큰 쪽의 부호를 붙인 수이다. 단, 두 수의 절대값이 같을 때의 합은 0이다.
③ 어떤 수와 0과의 합은 그 수 자신과 같다.

2) 정수의 뺄셈42)

(1) (양의 정수) – (양의 정수)인 경우

이를테면, $^{+}5 - {}^{+}3 = {}^{+}2$

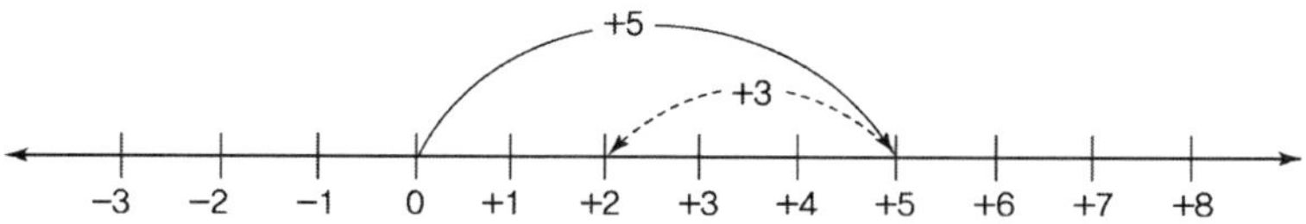

〈 그림 6-20 〉

42) 수직선 위에서 양의정수는 원점에서 오른쪽으로 가는 수이고, 음의정수는 원점에서 왼쪽으로 가는 수이며, 뺄셈은 뒤로 가는 것으로 하고 점선으로 표시한다.

(2) (음의 정수) − (양의 정수)인 경우

이를테면, ${}^{-}5 - {}^{+}3 = {}^{-}8$

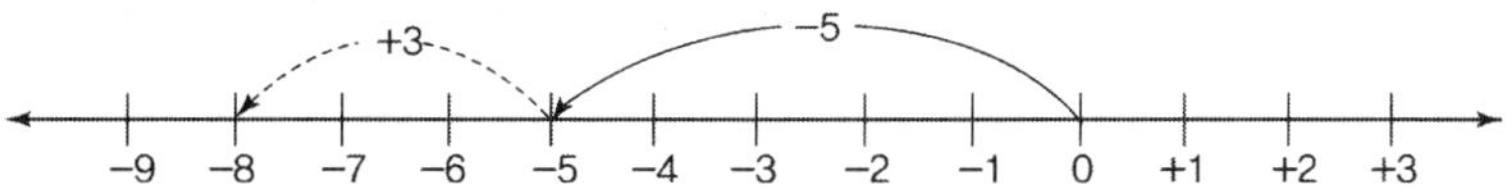

〈 그림 6-21 〉

(3) (양의 정수) − (음의 정수)인 경우

이를테면, ${}^{+}5 - {}^{-}3 = {}^{+}8$

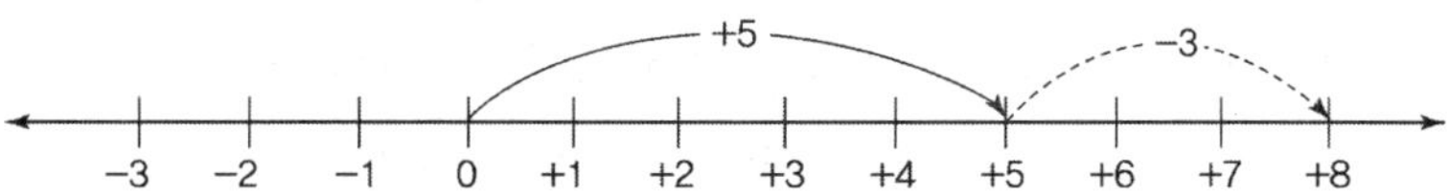

〈 그림 6-22 〉

(4) (음의 정수) − (음의 정수)인 경우

이를테면, ${}^{-}5 - {}^{-}3 = {}^{-}2$

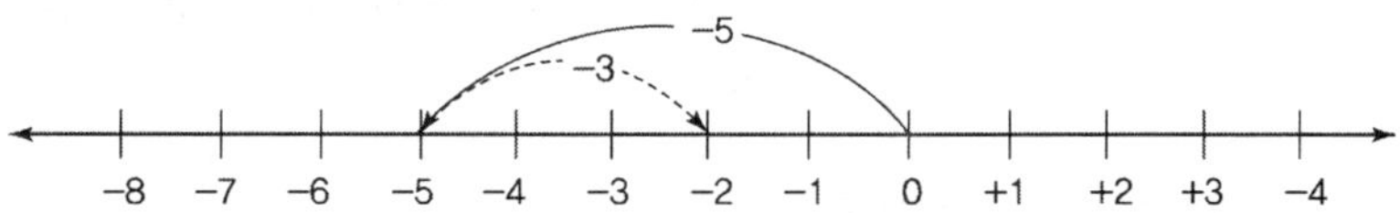

〈 그림 6-23 〉

위의 사실 (1), (2)에서는 「감수가 양의 정수인 뺄셈은 감수를 덧셈에 관한 역원으로 바꾼 덧셈으로 계산하면 된다」

그리고 (3), (4)에서는 「감수가 음의 정수인 뺄셈은 감수를 덧셈에 관한 역원으로 덧셈으로 하여 계산하면 된다」는 사실을 발견할 수 있다.

따라서 위의 사실에 의해서 양의 정수, 음의 정수의 뺄셈에 대한 계산형식을 정리하면,

Mathematics Education

① 어떤 수에서 양의 정수를 빼려면 빼는 수의 부호를 「−」로 바꾸어 더한다.
② 어떤 수에서 음의 정수를 빼려면 빼는 수의 부호를 「+」로 바꾸어 더한다.
③ 어떤 수에서 0을 빼면 그 수 자신이다.

3) 정수의 곱셈

$a \in N$이면 ^{+}a는 양의 정수, ^{-}a는 음의 정수이다.

이 표현법을 사용하여, 실제 문제에서의 의미를 연결시키면 정수의 곱셈은 다음과 같이 유도할 수 있다.

(1) (양의 정수) × (양의 정수)인 경우

이를테면, 물통에 물을 채우는데 수면이 매분 2cm씩 높아진다면 5분후의 수면의 높이가 어떻게 되는지 알아보자.

2cm 높아지는 것을 $^{+}2$, 5분후를 $^{+}5$로 나타낸다면

$^{+}2 \times {}^{+}5 = {}^{+}10 = {}^{+}(2 \times 5)$으로 해석되어 역시 10cm 높아졌음을 알 수 있다.

즉, $^{+}a \times {}^{+}b = {}^{+}(a \times b)$

(2) (음의 정수) × (양의 정수)인 경우

이를테면 물통에 물을 뺄 때 매분 3cm 씩 낮아진다면 3분후에는 9cm가 낮아진다. 여기서 3cm씩 낮아진다는 것을 $^{-}3$으로 나타내고, 3분후를 $^{+}3$으로 나타내면

$^{-}3 \times {}^{+}3 = {}^{-}9 = {}^{-}(3 \times 3)$로 해석되어 역시 9cm 낮아졌음을 알 수 있다.

즉, $^{-}a \times {}^{+}b = {}^{-}(a \times b)$

(3) (양의 정수) × (음의 정수)인 경우

(1)에서 5분전의 수면은 어떻게 되는지는 5분전을 $^{-}5$로 보면

$^{+}2 \times {}^{-}5 = {}^{-}10 = {}^{-}(2 \times 5)$으로 되어 역시 10cm 낮아졌음을 알 수 있다.

즉, $^{+}a \times {}^{-}b = {}^{-}(a \times b)$

(4) (음의 정수) × (음의 정수)인 경우

(2)에서 3분전의 수면의 높이는 어떻게 되는지 알아보자.

3cm 낮아진 것은 $^{-}3$, 3분전을 $^{-}3$으로 나타내면

$^{-}3 \times {}^{-}3 = {}^{+}9 = {}^{+}(3 \times 3)$ 이므로 수면의 높이는 지금보다 9cm 높아졌음을 알 수 있다.

즉, $^{-}a \times {}^{-}b = {}^{+}(a \times b)$

따라서 곱셈에 대한 계산 원리를 찾을 수 있다.

Mathematics Education

① 부호가 같은 두 수의 곱은 절대값의 곱에 양의부호를 붙인 수이다.
② 부호가 다른 두 수의 곱은 절대값의 곱에 음의부호를 붙인 수이다.
③ 어떤 수와 0과의 곱은 항상 0 이다.

4) 정수의 나눗셈

$a,\ b \in \mathbb{Z}$ 일 때, $b \times x = a$또는 $x \times b = a$에서 x를 구하여 보자.

x를 $a \div b$로 보면 곱셈의 뜻에서 다음과 같이 유도됨을 알 수 있다.

(1) ${}^{+}a \div {}^{+}b = {}^{+}(a \div b)$

(2) ${}^{-}a \div {}^{+}b = {}^{-}(a \div b)$

(3) ${}^{+}a \div {}^{-}b = {}^{-}(a \div b)$

(4) ${}^{-}a \div {}^{-}b = {}^{+}(a \div b)$ (단 a,b,c는 정수)

DISCUSSION • • •

[1] 가수가 양의정수인 경우 예를 들어 수직선을 이용해서 지도과정을 설명하여라.

[2] 가수가 음의정수인 경우 예를 들어 수직선을 이용해서 지도과정을 설명하여라.

[3] 감수가 양의정수인 경우 예를 들어 수직선을 이용해서 지도과정을 설명하여라.

[4] 감수가 음의정수인 경우 예를 들어 수직선을 이용해서 지도과정을 설명하여라.

[5] 다음을 음의정수와 양의정수의 합의 모양으로 나타내고 답을 구하여라.

① 3°에서 5°로 내려갔다.

② 영하 10°에서 3°로 올라갔다.

[6] 정수의 곱셈과 나눗셈에 대해서 구체적인 예를 들어 지도과정을 제시하여라.

6.3 유리수와 유리수의 연산

1. 유리수의 개념

유리수는 연속량을 통해서 우리 인류가 개발해 낸 수이다. 자연수나 정수로는 분리량은 나타낼 수 있지만 연속량 즉, 반이나 반의 반 등과 같이 단위 1보다 적은 양을 나타낼 수는 없다. 이 문제를 우리 인류는 두 정수의 비인 $\frac{1}{2}$, $\frac{1}{4}$과 같은 분수를 찾아내어 해결하였다. 분수의 역사는 아주 오래며, 여기에 정수에서와 같은 양의 유리수와 음의 유리수의 개념이 도입되어 오늘날에 보는 유리수의 체계가 완성되기에 이르렀다. 그러면 유리수란 어떤 수일까?

정수 $Z = \{ \cdots {}^{-}3,\ {}^{-}2,\ {}^{-}1,\ 0,\ 1,\ 2,\ 3,\ \cdots\}$의 범위에서는 나눗셈이 안 되는 경우가 있다. 즉, Z는 나눗셈에 관하여 닫히지 않는다. 이를테면 $4 \div {}^{-}2 = {}^{-}2$ 이고 $6 \div 2 = 3$ 이지만 $3 \div {}^{-}2$나 $3 \div 7$은 정수가 아니다. 그런데 Z에서 나눗셈이 되든 안되든 0으로 나누는 것만 피하여 나눗셈을 하되 $b \div a = \frac{b}{a}$ 로 나타내고 그 상등관계를

$$\frac{b}{a} = \frac{d}{c} \Leftrightarrow bc = ad$$

로 정의하면 다음과 같은 동치류가 형성된다.

$$\frac{1}{2}, \frac{2}{4}, \frac{3}{6}, \frac{4}{8}, \frac{5}{10}, \frac{{}^{-}2}{{}^{-}4}, \frac{{}^{-}8}{{}^{-}16} \cdots\cdots\cdots\cdots\cdots\cdots \ : \ \frac{1}{2}$$

$$\frac{{}^{-}1}{3}, \frac{2}{{}^{-}6}, \frac{5}{{}^{-}15}, \frac{{}^{-}10}{30}, \frac{{}^{-}3}{9}, \frac{4}{{}^{-}12}, \frac{{}^{-}5}{15}, \cdots\cdots\cdots \ : \ \frac{{}^{-}1}{3}$$

$$\frac{2}{1}, \frac{4}{2}, \frac{6}{3}, \frac{8}{4}, \frac{10}{5}, \frac{{}^{-}10}{{}^{-}5}, \frac{{}^{-}14}{{}^{-}7}, \frac{{}^{-}16}{{}^{-}8}, \cdots\cdots\cdots \ : \ 2$$

$$\frac{0}{1}, \frac{0}{2}, \frac{0}{{}^{-}2}, \frac{0}{5}, \frac{0}{6}, \frac{0}{{}^{-}3}, \frac{0}{{}^{-}4}, \frac{0}{{}^{-}5}, \cdots\cdots\cdots\cdots \ : \ 0$$

이 동치류가 바로 **유리수**이며, 이에 덧셈·곱셈 등의 연산을 도입하면 유리수 체계가 이루어진다. **유리수**란 한마디로 정수끼리 나눗셈을 하여 생긴 수라고 할 수 있다.

1) 분수의 개념

수의 발생과정에서 분수는 어느 관점에서 탄생되었을까를 생각해 보면, 사물의개수가 1보다

클 때에는 정수의 개념이 나타났을 것이고, 1보다 작은 쪼각을 나타내는 수의 개념에서는 분수가 발생했을 것이다. 곧, 1보다 작은 「반」이나 「반의 반」은 어떻게 수로 나타낼까? 하는 생각이 분수를 낳게 한 이론이 근거가 된다.

분수는 유리수를 수(number)로 볼 때에 이 수에 대한 수의 이름(numberal)이다. 그러나 분수의 도입에서는 두 정수에 비라는 정의보다도 **단위분수**를 먼저 도입하여 전개한다. 이 경우의 분수는 **등분할 분수**로 보는 것이다.

따라서 분수에 대한 의미는 생활 속에서 여러 가지 의미로 사용되고 있다.

첫째, 분수는 전체 중 부분을 나타내는데 쓰인다. 사과의 $\frac{2}{3}$, 감자 밭의 $\frac{1}{4}$, 우유 한 잔의 $\frac{3}{4}$ 등은 전체 중 부분을 나타내는 말이다. 사과의 $\frac{2}{3}$는 사과를 3등분한 것 중 2를 의미한다. 이와 같이 사용되는 분수를 보통 **등분할의 분수**라고 한다. 이 생각 속에는 3등분하여 그를 취한다는 조작을 의미하고 있으므로 **조작의 분수**라고도 한다. 이들의 생각은 분자와 분모를 분리하여 생각하게 되므로 유리수로 보는데 지장이 있을 것이다.

둘째, $\frac{3}{4}cm$, $\frac{2}{3}\ell$ 등으로 사용하는 방법은 양의 크기를 나타내고 있는데 이와 같이 사용되는 것을 **양의 분수**라고 한다. 이때의 $\frac{3}{4}$, $\frac{2}{3}$는 하나의 수로 보는 입장이다.

셋째, 분수는 사물을 비교하는데 쓰인다. 이를테면 정환이가 먹은 우유의 양은 하나가 먹은 양의 $\frac{3}{4}$ 만큼 먹었다고 할 때, 하나가 먹은 양을 기준으로, 즉 1로 하면 정환이가 먹은 양은 $\frac{3}{4}$에 해당한다. 이와 같은 생각은 기준량 4에 대한 3 의 비의 값 $\frac{3}{4}$을 나타낸다. 이와 같은 사용방법을 **비율의 분수**라고 하고, 분수의 곱셈과 나눗셈의 의미를 설명하는데 사용된다.

넷째, 분수는 나눗셈의 몫으로 쓰인다.

$1 \div 2 = \frac{1}{2}$, $3 \div 4 = \frac{3}{4}$로 나타내고 사용하는 경우이다. $\frac{2}{3}$를 $2 \div 3$의 몫을 나타내는 것이라고 보는 생각을 **수의 분수**라고 한다. 이와 같이 보게 되는 것은 분수를 유리수로 보는 측면에서 중요하다.

이러한 분수 지도에 있어서는 도입의 관점에 따라 다르지만 마지막 귀착점은 수의 분수에 있고 그럼으로써 수를 확장 지도해 나아가는데 결함을 일으키지 않는다. 다시 말하면 등분할의 분수나 비율의 분수의 의미로 도입하는 것은 지도 방법상의 문제이지 지도 내용 자체의 문제는 아니다. 결국 분수는 다음과 같이 정의 되어야 한다.

a가 정수이고, b가 0이 아닌 정수일 때 $\frac{a}{b}$를 **분수**라고 한다. 이 때 a는 **분자**, b는 **분모**라고 한다.

따라서, $\frac{2}{1}$, $\frac{4}{2}$, $\frac{6}{3}$, $\cdots$도 분수이다. 정수 2에 대한 수의 이름이 $\frac{2}{1}$, $\frac{4}{2}$, $\frac{6}{3}$, $\cdots$으로 주어진

다고 보면 된다. 다시 말하면, $\frac{4}{2}$, $\frac{6}{3}$은 수로서는 같지만 분수(이름)로서는 같지 않다. 이것이 앞서 밝힌 수와 수의 이름의 차이점이다. 여기에서 주의해야 할 점은 정수의 집합과 분수의 집합을 합쳐서 유리수의 집합이 된다고 보는 것은 마치 분수가 정수가 될 수 없다고 주장하는 것 같은 인상을 주기 때문에 피하는 것이 좋다.

그러면 분수와 유리수의 차이는 무엇인가? 분수이면 유리수이고 유리수이면 분수로 나타낼 수 있다. 따라서 분수와 유리수는 같은 것이라고 말할 수 있는가? 사실은 분수의 동치류가 유리수라고 보아야 옳다. 다시 말하면, 한 유리수에 무한개의 분수표현이 있기 때문에 분수의 집합과 유리수의 집합은 수의 동치로서 일대일 대응이 아니다.

분수 $\frac{a}{b}$는 표현의 모양에 따라 여러 가지로 부른다.

분자 a가 1인 **단위분수**, $0<a<b$인 경우에는 **진분수**, $0<b \le a$인 경우에는 **가분수**, 가분수인 경우 정수와 진분수의 합으로 나타낸 **띠분수**[43]등이 있다. 음의분수인 경우는 양의분수에 따라 함께 생각한다. 가분수와 띠분수에 있어 지도상의 유의점은

가분수 … 승제법이 용이

띠분수 … 가감법이 용이, 대소 판단이 용이

하므로 어느 한편을 강조해야 할 이유가 없다. 보통 초등학교에서는 띠분수, 중학교에서는 가분수의 표현을 많이 사용한다.

2) 분수의 연산

(1) 분수의 덧셈과 뺄셈

① 분모가 같은 분수의 덧셈 형식을 알아보자.

이를테면, $\frac{4}{9}+\frac{1}{9}$에서 $\frac{4}{9}$는 $\frac{1}{9}$가 4개이고, $\frac{1}{9}$은 $\frac{1}{9}$가 1개이다.

따라서 $\frac{4}{9}+\frac{1}{9}$는 $\frac{1}{9}$이 4개와 1개를 더한 5개, 즉, $\frac{5}{9}$이다.

또는 수직선 위에서 $\frac{4}{9}+\frac{1}{9}$의 계산을 알아보기로 하자. 먼저 수직선상의 구간[0,1]을 9등분해서 그 눈금을 차례로 $\frac{0}{9}$, $\frac{1}{9}$, $\frac{2}{9}$, $\frac{3}{9}$, ……, $\frac{9}{9}$와 대응 시킨다. 다음에는 $\frac{0}{9}$자리에서부터 단위분수 $\frac{1}{9}$에 해당하는 선분의 길이의 개수를 4개에서 1개를 더하여 5개가 되는데, 그 자리의 눈금이 바로 $\frac{5}{9}$이다.

이와 같이 분모가 같은 분수의 덧셈은 분모는 그대로 하고, 분자만을 더한 분모로 한다

43) 1984년 이후 저자는 대분수를 띠분수로 명명하고 있음

는 사실을 알게 된다.

이것을 형식화 하면, a, b, c는 정수이고 $a \neq 0$일 때 다음과 같이 나타낸다.

$$\frac{b}{a}+\frac{c}{a}=\frac{b+c}{a}$$

② 분모가 같은 분수의 뺄셈형식을 알아보자.

이를테면, $\frac{6}{7}-\frac{4}{7}$에서 $\frac{6}{7}$은 $\frac{1}{7}$이 6개이고, $\frac{4}{7}$은 $\frac{1}{7}$이 4개이다.

따라서 $\frac{6}{7}-\frac{4}{7}$은 $\frac{1}{7}$의 6개에서 $\frac{1}{7}$의 4개를 뺀 2개 즉, $\frac{2}{7}$이다.

또는 수직선위에서 $\frac{6}{7}-\frac{4}{7}$의 계산을 알아보기로 하자. 먼저 수직선상의 구간 [0,1]을 7등분해서 그 눈금을 차례로 $\frac{0}{7}$, $\frac{1}{7}$, $\frac{2}{7}$, ……, $\frac{7}{7}$과 대응 시킨다. 다음에는 $\frac{0}{7}$의 자리에서 부터 단위분수 $\frac{1}{7}$에 해당하는 선분의 길이의 개수를 6개에서 4개를 빼내면 2개가 되는데, 그 자리의 눈금이 바로 $\frac{2}{7}$이다.

이와 같이 분모가 같은 분수의 뺄셈은 분모는 그대로 하고, 분자만 빼서 분자로 한다는 사실을 알게 된다.

이것을 형식화 하면, a, b, c는 정수이고, $b>c$, $a \neq 0$일 때 다음과 같이 나타낸다.

$$\frac{b}{a}-\frac{c}{a}=\frac{b-c}{a}$$

③ 분모가 다른 분수의 덧셈형식을 알아보자.

이를테면 $\frac{1}{2}+\frac{1}{3}$에서 먼저 $\frac{1}{2}$, $\frac{1}{3}$의 두 분수와 동치인 분수를 수직선을 이용하여 찾아보자.

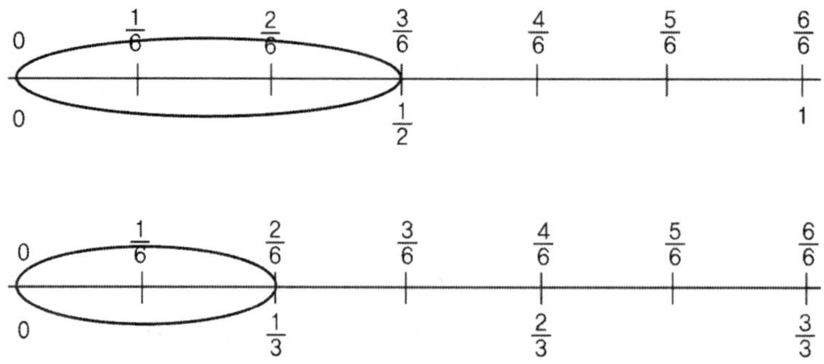

〈 그림 6-24 〉

위 〈그림 6-24〉에서 보면 $\frac{1}{2}=\frac{3}{6}$, $\frac{1}{3}=\frac{2}{6}$ 이므로

즉, $\frac{3}{6}$, $\frac{2}{6}$이 계산에 이용된다.

$$\frac{1}{2}+\frac{1}{3}=\frac{3}{6}+\frac{2}{6}=\frac{3+2}{6}=\frac{5}{6}$$

이와 같이 분모가 다른 분수를 분모가 같은 분수로 나타내어서 분모가 같은 분수의 계산 원리를 적용하면 된다는 사실을 알게 된다.

이것을 형식화하면, a, b, c, d는 정수이고 $a \neq 0$, $c \neq 0$

$$\frac{b}{a}+\frac{d}{c}=\frac{b\times c}{a\times c}+\frac{d\times a}{c\times a}=\frac{(b\times c)+(d\times a)}{a\times c}$$

④ 분모가 다른 분수의 뺄셈형식을 알아보자.

이를테면, $\frac{1}{2}-\frac{1}{3}$에서 먼저 $\frac{1}{2}$, $\frac{1}{3}$을 각각 수직선을 이용하여 같은 분수를 찾아보자.

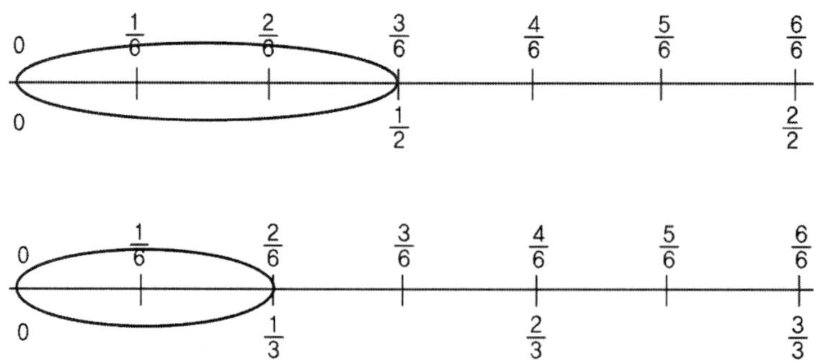

〈 그림 6-25 〉

위 〈그림 6-25〉에서 보면 $\frac{1}{2}=\frac{3}{6}$, $\frac{1}{3}=\frac{2}{6}$이므로 다음과 같은 형식들이 나타난다.

즉, $$\frac{1}{2}-\frac{1}{3}=\frac{3}{6}-\frac{2}{6}=\frac{3-2}{6}=\frac{1}{6}$$

위와 같이 분모가 다른 분수의 뺄셈은 분모가 같은 분수의 뺄셈으로 바꾸어서 계산하면 된다는 사실을 알 수 있다.

이것을 형식화 하면, a, b, c, d는 정수이고 $a \neq 0$, $c \neq 0$

$$\frac{b}{a}-\frac{d}{c}=\frac{b\times c}{a\times c}-\frac{d\times a}{c\times a}=\frac{(b\times c)-(d\times a)}{a\times c}$$

(2) 분수의 곱셈과 나눗셈

① 단위 분수끼리의 곱셈형식을 알아보자.

이를테면, $\frac{1}{3}\times\frac{1}{2}$에서

ㄱ. 그림을 통해서 알아보면

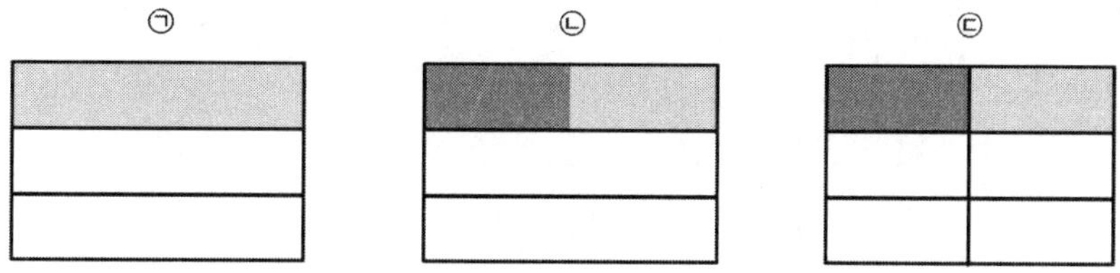

$\frac{1}{3}$ $\frac{1}{3}$의 $\frac{1}{2}$ $\frac{1}{6}$

〈 그림 6-26 〉

위의 그림에서 ⓒ의 빗금친 부분은 $\frac{1}{3\times 2}=\frac{1}{6}$이며, 이것은 ⓛ의 빗금친 부분과 같다.

따라서 (ⓛ의 빗금 부분) = (ⓒ의 빗금 부분)

즉, $$\frac{1}{3}\times\frac{1}{2}=\frac{1}{3\times 2}=\frac{1}{6}$$

이와 같이 단위분수끼리의 곱셈은 분모끼리의 곱한 수를 분모로 한 단위분수가 됨을 알 수 있다.

ㄴ. 수직선상에서 알아보면,

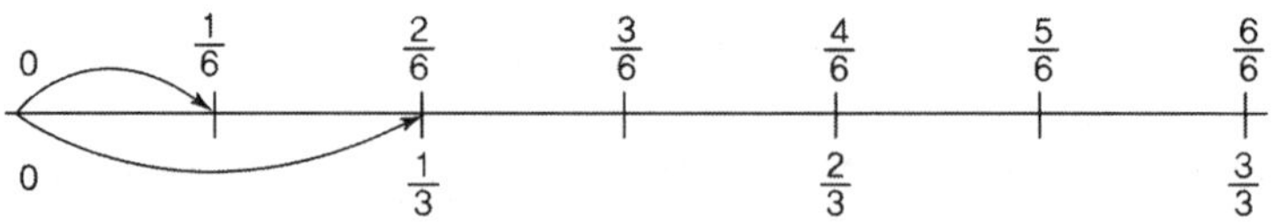

〈 그림 6-27 〉

위의 그림처럼 먼저 $\frac{1}{3}$만큼 오른쪽으로 뛰게 하고, 그의 $\frac{1}{2}$만큼 처음부터 다시 뛰게 하면 된다. 여기에서는 단위분수끼리의 곱셈은 분모끼리 곱한 수를 분모로 하는 단위분수임을 발견하게 된다.

② **단위분수가 아닌 두 분수의 곱셈형식을 알아보자.**

이를테면, $\frac{5}{6}\times\frac{3}{4}$에서

ㄱ.

$$\begin{aligned}\frac{5}{6}\times\frac{3}{4} &= \frac{1}{6}\times5\times\frac{1}{4}\times3\\ &= \frac{1}{6}\times\frac{1}{4}\times5\times3\\ &= \frac{1}{6\times4}\times5\times3\\ &= \frac{1}{24}\times15\\ &= \frac{15}{24}=\frac{5\times3}{6\times4}\end{aligned}$$

그러므로, $\frac{5}{6}\times\frac{3}{4}=\frac{5\times3}{6\times4}$

ㄴ. 단위 사각형을 등분할 해서 알아보면

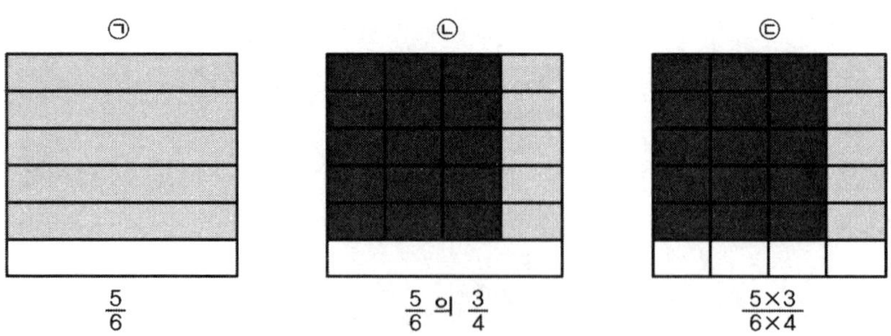

〈 그림 6-28 〉

위 그림에서 ㉢의 빗금 친 부분은 $\frac{5\times4}{6\times4}$이며, 이것은 ㉡의 빗금친 부분과 같다. 따라서 $\frac{5}{6}\times\frac{3}{4}=\frac{5\times4}{6\times4}$이 된다.

그러므로 ㄱ, ㄴ를 종합하여 정리하면,

두 분수의 곱셈은 분모끼리의 곱은 분모로 하고, 분자끼리의 곱은 분자로 한다.

즉, a, b, c, d는 정수이고 $a\neq0$, $c\neq0$일 때

$$\frac{b}{a}\times\frac{d}{c}=\frac{b\times d}{a\times c}$$

③ **분수의 나눗셈형식에 대하여 알아보자.**

ㄱ. 분수의 곱셈과의 관계에서 알아보면,

이를테면,

$$\frac{2}{5}=\frac{2}{5}\times\left(\frac{3}{4}\times\frac{4}{3}\right)$$

$$\rightarrow\ \frac{2}{5}=\left(\frac{2}{5}\times\frac{3}{4}\right)\times\frac{4}{3}$$

$$\rightarrow\ \frac{2}{5}\div\frac{4}{3}=\frac{2}{5}\times\frac{3}{4}$$

위와 같은 사실에서 $\frac{2}{5}\div\frac{4}{3}$는 $\frac{2}{5}$에 $\frac{4}{3}$의 곱셈에 관한 역원을 곱하면 된다는 것을 알 수 있다.

ㄴ. 포함제의 경우를 들어서 알아보면,

㉠ 길이가 6m인 리본은 $\frac{1}{3}$m씩 자르면 몇 개가 되는가?

$$6\div\frac{1}{3}=18=6\times3=6\times\frac{3}{1}$$

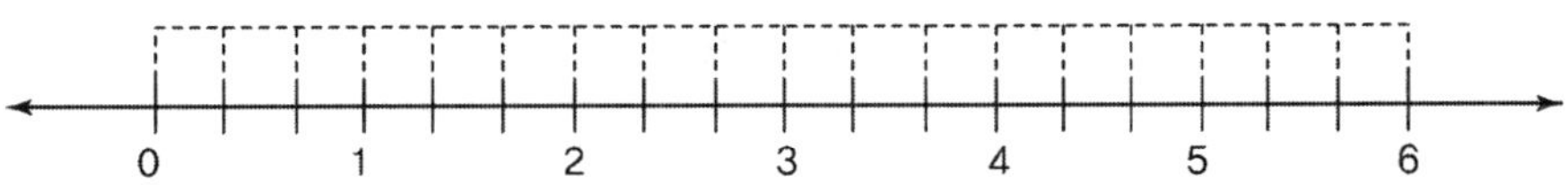

〈 그림 6-29 〉

앞 그림에서 $6 \div \frac{1}{3}$은 6에 $\frac{1}{3}$의 곱셈에 관한 역원 $\frac{1}{3}$을 곱하면 된다는 것을 알 수 있다.

㉡ 8에는 $\frac{2}{3}$가 몇 번 들어 있는가?

$$8 \div \frac{2}{3} = 12 = \frac{24}{2} = \frac{8 \times 3}{2} = 8 \times \frac{3}{2}$$

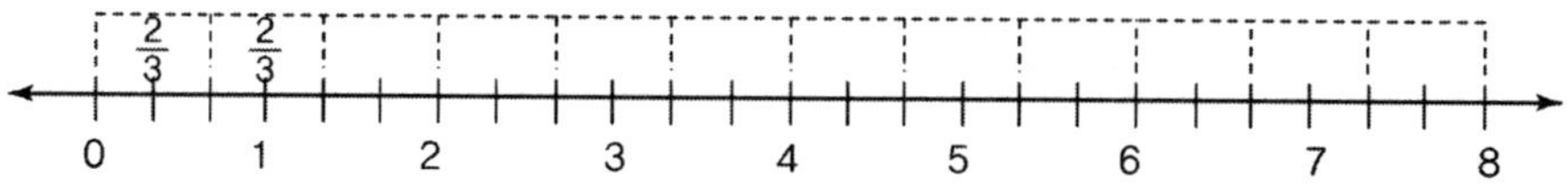

〈 그림 6-30 〉

위 그림에서 8의 길이에는 $\frac{2}{3}$의 길이가 12번 들어 있으므로 다음과 같이 생각할 수 있다.

즉, $$8 \div \frac{2}{3} = 12 = \frac{24}{2} = 8 \times \frac{3}{2}$$

여기에서도 $8 \div \frac{2}{3}$는 8에 $\frac{2}{3}$의 곱셈에 관한 역원 $\frac{3}{2}$를 곱하면 된다는 사실을 알 수 있다.

㉢ $\frac{10}{6}$에는 $\frac{2}{3}$이 몇 번 들어 있는가?

$$\frac{10}{6} \div \frac{2}{3} = \frac{5}{2} = \frac{30}{12} = \frac{10 \times 3}{6 \times 2} = \frac{10}{6} = \frac{3}{2}$$

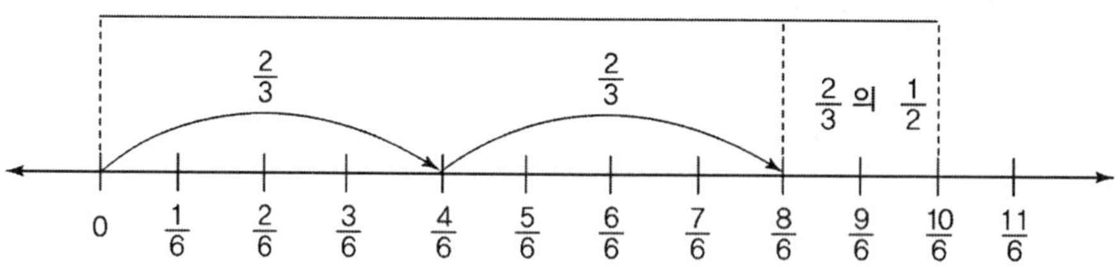

〈 그림 6-31 〉

위 그림에서 $\frac{10}{6} \div \frac{2}{3}$는 $\frac{10}{6}$에는 $\frac{2}{3}$의 곱셈에 관한 역원 $\frac{3}{2}$를 곱하면 된다는 사실을 알 수 있다.

그러므로 ㄱ, ㄴ를 종합하면, 분수끼리의 나눗셈은 제수의 곱셈에 관한 역원을 피제수에 곱한다는 사실을 알게 된다.

즉, a, b, c, d는 정수이고, $a \neq 0$, $c \neq 0$, $d \neq 0$일 때

$$\frac{b}{a} \div \frac{d}{c} = \frac{b}{a} \times \frac{c}{d}$$

2. 소수[44)]

1) 소수의 개념

소수의 발생은 역사적으로 볼 때 분수보다 늦다. 고대 Egypt, Babylonia, Greece 의 분수는 12진법, 60진법을 택하여 천문학에 관한 계산을 하는데 이용되어 왔다. 이들 분수 중에서 분모가 10^n 가 되는 분수 곧, 소수를 생각하게 된 것은 인도-아라비아수자의 표기방법인 10진기수법과 관계를 맺으려는 생각이 소수를 낳게 한 근본적인 아이디어이다.

소수에 관한 이론체계를 처음으로 발표한 사람은 **스테빈**(Stevin, 1548~1620, 벨기에)으로 그는 1585년 소수에 관한 논문을 발표하였는데 이는 종래의 60진법적 분수의 생각과 아라비아 기수법에서의 자리 잡기의 원리를 관계 지으려는 것이 논문에서의 핵심이 되는 생각이다.

그는 논문에서 소수의 성격에 대해서 다음과 같이 논술하였다.

(1) 소수는 10진법으로 전개한다.
(2) 기수법은 보통 아라비아기수법에 따른다.
(3) 소수를 사용할 때에는 분수의 도움 없이 어떤 수라도 기록할 수 있다.
(4) 소수를 사용할 때에는 실무상 어떤 계산을 하는데 있어서 분수의 도움 없이 계산 할 수 있다고 설명하고 있으며,

또 소수의 표기법에 대하여도

(1) 정수부분의 첫째자리를 ⓪의 기호로 표시한다.
(2) 소수부분의 첫째자리를 ①의 기호로, 둘째자리를 ②의 기호로 표시하고 이하 마찬가지 방법으로 표기한다고 약속하고 있다.

그럼에도 불구하고 그의 실제 소수에 관한 표기법을 보면 가령, 3.14를 표기하는 데 있어서는

44) 벨기에의 시몬-스테빈(1548-1620)이 처음 사용함.

ⓞ ① ②

314①　　　　　3ⓞ1①4②　　　　　3　1　4

와 같이 통일되지 않는 여러 가지 방법의 표기법을 사용하고 있었는데, 오늘날과 같이 소수점을 찍어 표기하는 방법은 1592년 **뷰에지이**(Burgi)가 처음으로 시도한 방법이다.

a는 정수, $b \neq 0$인 정수일 때, 나눗셈 $a \div b$가 닫혀지도록 하기 위해서 두 정수의 비 $\frac{a}{b}(b \neq 0)$을 도입하였으므로 분수 $\frac{a}{b}$는 나눗셈의 연산을 전제로 하고 있다. **따라서 $a \div b$의 나눗셈을 실시하면 그 몫은 소수가 나오게 된다.**

그러므로 소수는 다음의 두 가지 관점으로 사용되어 왔다.

(1) 소수는 분수의 다른 표현이다.

(2) 소수는 정수표기(10진기수법)의 연장이다.

(1)의 뜻은, 소수는 분수 $\frac{1}{10}$, $\frac{1}{10^2}$, $\frac{1}{10^3}$, … 를 사용하여 합으로 나타낼 수 있다는 뜻이고 (2)는 소수를 정수표기의 10진기수법 모양으로 표시할 수 있다는 뜻이다.

이를테면, 소수 0.321이면

$$0.321 = \frac{3}{10} + \frac{2}{10^2} + \frac{1}{10^3}$$ ……………………………………(1)의 관점

$$0.321 = 3 \times 10^{-1} + 2 \times 10^{-2} + 1 \times 10^{-3}$$ ………………………(2)의 관점

따라서 소수의 지도에서는 분수로서 도입하는 경우와 10진기수에 따라 도입하는 경우로 대별한다. 즉,

① 추상수 $\frac{1}{10}$을 할, $\frac{1}{100}$을 푼, … 등을 소수 0.1, 0.01, … 등으로 표현

② 분수(소수)의 다른 이름으로써 소수(분수)로 표현

즉, $\frac{7}{10}$을 0.7 로, $\frac{53}{100}$을 0.53 등으로 …

($2.3 = \frac{23}{10}$, $2.3 = \frac{230}{100}$, $2.3 = \frac{2300}{1000}$ …등으로)

③ 연속량의 표현으로써 복명수를 단명수로 나타내는 경우 소수를 표현

즉, 4m50cm = 4.50m, 2kg258g = 2.258kg

④ 10진수를 직접 소수를 사용하는 경우

즉, 0.5m, 0.1kg, …

위에서 ①②는 (1)의 관점에서, ③④는 (2)의 관점에서 다루고 있는데 이러한 도입법은 각 나라에 따라 다르다. 그러나 가장 중요한 것은 10진기수법을 강조하는 데에 있다. 어떠한 방법으로 소수가 도입되고 지도된다고 하더라도 10진기수법을 강조하고 순수한 소수로 개념을 형성시킨 후 분수와의 차이에 역점을 두어 지도되어야 한다. 그러기 위하여 다음의 소수와 분수에 대한 특징을 생각해 둔다.

소수의 특징 : 10진기수법, 가감법의 간편, 대소 비교의 용이

분수의 특징 : n진기수법, 승제법의 간편, 전체에 대한 비율 판단 용이, 나누어지지 않는 수의 표현.

그러나 소수와 분수는 수의 범위에서 생각할 경우는 전연 다른 수가 된다. 소수나 분수는 유리수의 다른 표현으로 간주되지만 소수는 분수와는 달리 유리수만을 표현하는 것이 아니고 무리수까지 표현한다. 이때의 표현은 유한표현이 아니고 유한소수를 확장하여 무한표현으로 가능하다.

2) 소수의 연산

(1) 소수의 덧셈과 뺄셈

① 소수의 덧셈형식에 대하여 알아보자.

이를테면,

$$\begin{aligned}
&34.8+0.008+73.74+147\\
&=34+\frac{8}{10}+\frac{8}{1000}+73+\frac{74}{100}+147\\
&=(34+73+147)+\left(\frac{8}{10}+\frac{74}{100}+\frac{8}{1000}\right)\\
&=(34+73+147)+\left(\frac{8}{10}+\frac{7}{10}\right)+\frac{4}{100}+\frac{8}{1000}\\
&=(34+73+147+1)+\frac{5}{10}+\frac{4}{100}+\frac{8}{1000}\\
&=255.548
\end{aligned}$$

위와 같이 소수를 분수로 나타내어 정수는 정수끼리, 분수는 분수끼리 계산을 하는데,

분수에서는 분모가 같은 것끼리 모아서 계산을 하고, 분자가 한 자리 수가 되도록 계산한다.

이번에는 소수점 이하에는 끝자리의 수 아래에 0을 아무리 붙여도 동치인 소수이므로 끝자리를 맞추어 자릿값을 혼동하지 않도록 하기 위하여 다음과 같이 생각한다.

$$34.8+0.008+73.74+147=34.800+0.008+73.740+147.000$$

이와 같이 소수점을 기준으로 해서 모두 자릿값을 맞추어서, 세로로 계산하는 형식을 이용하면 착오를 방지할 수 있고 편리하게 할 수 있다.

$$\begin{array}{r} 34.800 \\ 0.008 \\ 73.740 \\ +\ 147.000 \\ \hline 255.548 \end{array}$$

지금 위에서 계산한 과정을 정리하면

㉠ 소수점 이하의 자리의 수가 맞도록 0 을 붙인다.

㉡ 소수점을 무시하고 자연수의 경우와 같이 아래 자리부터 더해서 받아 올림이 생기면 받아 올림해서 계산한다.

㉢ 계산한 결과에서 ㉠에서 맞춘 자리의 수를 세어 소수점을 찍는다.

② 소수의 뺄셈형식을 알아보자

이를테면,
$$6.82-2.65=\left(6+\frac{8}{10}+\frac{2}{100}\right)-\left(2+\frac{6}{10}+\frac{5}{100}\right)$$
$$=(6-2)+\left(\frac{8}{10}-\frac{6}{10}\right)+\left(\frac{2}{100}-\frac{5}{100}\right)$$

위에서 분모를 같은 것끼리 모았을 때 $\frac{2}{100}-\frac{5}{100}$는 계산할 수 없다.

그래서

$$\frac{8}{10}+\frac{2}{100}=\frac{7}{10}+\frac{12}{100}$$

위의 식을 고쳐서 계산하면 다음과 같다.

$$\begin{aligned} 6.82-2.65 &= \left(6+\frac{7}{10}+\frac{12}{100}\right)-\left(2+\frac{6}{10}+\frac{5}{100}\right) \\ &= (6-2)+\left(\frac{7}{10}-\frac{6}{10}\right)+\left(\frac{12}{100}-\frac{5}{100}\right) \\ &= 4+\frac{1}{10}+\frac{7}{100} \\ &= 4.17 \end{aligned}$$

이번에는 세로형식의 계산을 해 보면,

$$\begin{array}{r} 6.82 \\ -\ 2.65 \\ \hline 7 \end{array} \rightarrow \begin{array}{r} 682 \\ -\ 265 \\ \hline 17 \end{array} \rightarrow \begin{array}{r} 6.82 \\ -\ 2.65 \\ \hline 4.17 \end{array} \rightarrow \begin{array}{r} 6.82 \\ -\ 2.65 \\ \hline 4.17 \end{array}$$

$$\uparrow \qquad\qquad \uparrow \qquad\qquad \uparrow$$

$$\boxed{\frac{12}{100}-\frac{5}{100}=\frac{7}{100}} \quad \boxed{\frac{7}{10}-\frac{6}{10}=\frac{1}{10}} \quad \boxed{6-2=4}$$

지금 위에서 계산한 과정을 정리하면,

㉠ 소수점의 자리를 맞추어야 한다.

㉡ 소수점을 무시하고 자연수의 경우와 같이 아랫자리부터 빼어서 받아 내림이 생기면 받아 내려서 계산한다.

㉢ 뺀 결과에서 소수점의 위치는 본래의 소수점의 위치에 찍는다.

(2) 소수의 곱셈과 나눗셈

① 소수의 곱셈형식을 알아보자

이를테면,

㉠
$$2.65 \times 3.5 = \frac{265}{100} \times \frac{35}{10} = \frac{265 \times 35}{100 \times 10} = \frac{9275}{1000} = 9.275$$

그러므로, $2.65 \times 3.5 = 9.275$

㉡
$$0.5 \times 0.73 = \frac{5}{10} \times \frac{73}{100} = \frac{5 \times 73}{10 \times 100} = \frac{365}{1000} = 0.365$$

그러므로, $0.5 \times 0.73 = 0.365$

㉢
$$2.1 \times 0.032 = \frac{21}{10} \times \frac{32}{1000} = \frac{21 \times 32}{10 \times 1000} = \frac{672}{10000} = 0.0672$$

그러므로, $2.1 \times 0.032 = 0.0672$

위의 ㉠, ㉡, ㉢의 소수끼리의 곱셈결과는 모두 분수로 고쳐서 계산한 후 다시 소수로 고쳐서 얻은 것이다.

따라서 소수의 곱셈을 형식화하면,

㉠ 우선 소수점을 없애고 자연수의 경우와 같이 계산한다.

㉡ 계산결과에 소수점을 찍는데, 그 소수점 이하의 자리수가 피승수와 승수의 소수의 자리수의 합과 같도록 한다. 만일 자리수가 모자라면 왼편에 0을 보충하여 소수점을 찍는다.

② 소수의 나눗셈 형식을 알아보자.

㉠
$$\begin{aligned} 4.8 \div 0.6 &= \frac{48}{10} \div \frac{6}{10} \\ &= \frac{48}{10} \times \frac{10}{6} \\ &= 48 \div 6 \end{aligned}$$

㉡
$$\begin{aligned} 9.223 \div 0.23 &= \frac{9223}{1000} \div \frac{23}{100} \\ &= \frac{9223}{1000} \times \frac{100}{23} \\ &= \frac{9223}{230} \\ &= 9223 \div 230 \end{aligned}$$

㉢
$$\begin{aligned} 1.072 \div 0.4 &= \frac{1072}{1000} \div \frac{4}{10} \\ &= \frac{1072}{1000} \times \frac{10}{4} \\ &= \frac{1072}{400} \\ &= 1072 \div 400 \end{aligned}$$

위의 ㉠, ㉡, ㉢의 계산에서와 같이 소수의 나눗셈은 자연수의 나눗셈으로 고쳐서 계산하게 된다는 사실을 알 수 있다.

또, 소수끼리의 나눗셈의 계산 순서를 알아보기로 하자.

이를테면, $4.8 \div 0.6$에 대한 계산을 위해서 $48 \div 6$임을 알아보자.

$$0.6\overline{)\,4.8} \quad\rightarrow\quad 0.6\overline{)\,4.8} \quad\rightarrow\quad \begin{array}{r} 8 \\ 6\overline{)\,48} \\ \underline{48} \\ 0 \end{array} \qquad\qquad \boxed{\begin{array}{r} 8 \\ 6\overline{)\,48} \\ \underline{48} \\ 0 \end{array}}$$

위의 계산방법을 종합해 보면,

㉠ 제수와 피제수의 소수점을 같은 자리의 수만큼 오른쪽으로 옮기는데 제수가 자연수가 되도록 한다(피제수는 자연수가 되지 않아도 된다)

㉡ 소수점을 무시하고 자연수와 같이 계산한다.

㉢ 몫의 소수점을 ㉠에서 피제수에 찍은 소수점과 자리가 일치되도록 찍는다.

㉣ 마지막에 나머지가 생길 경우에는 피제수의 끝에 0을 붙여서 계산을 계속해 나간다(다만 필요에 따라 적당한 곳에서 계산을 그치고 나머지를 처리한다).

DISCUSSION

[1] 분모가 같은 분수의 덧셈형식과 뺄셈형식을 인식시키기 위한 지도과정을 설명하여라.

[2] 분모가 다른 분수의 덧셈형식과 뺄셈형식을 인식시키기 위한 지도과정을 설명하여라.

[3] 소수의 덧셈의 계산과정과 뺄셈의 계산과정을 서술하여라.

[4] 단위 분수끼리의 덧셈의 지도과정을 그림을 통해서 수직선상에 두 부분으로 나누어서 설명하여라.

[5] 분수의 곱셈과 나눗셈의 지도과정을 설명하여라.

[6] 소수의 덧셈 · 뺄셈의 계산문제를 가로식의 형식으로 주어졌을 때 이것을 세로식의 계산으로 옮겨서 계산한 아동들의 오답을 조사한 것은 다음과 같다.
그들 각각에 대해서 원인을 측정하고 그것을 토대로 하여 소수의 덧셈 · 뺄셈의 지도요점을 열거하여라.

(1) $0.29+2.1$　　(2) $2.9+0.26$　　(3) $14-8.25$

① $\begin{array}{r} 0.29 \\ +\ \ 2.1 \\ \hline 2.30 \end{array}$　② $\begin{array}{r} 0.29 \\ +\ 21 \\ \hline 0.50 \end{array}$　③ $\begin{array}{r} 2.9 \\ -\ 0.26 \\ \hline 1.83 \end{array}$　④ $\begin{array}{r} 14 \\ -\ 8.25 \\ \hline 6.25 \end{array}$

[7] 다음 나눗셈의 결과가 일치되는지 확인하여라.

(1) $\left(\frac{3}{4}+\frac{1}{3}\right)\div\frac{3}{7}$ 과 $\left(\frac{3}{4}\div\frac{3}{7}\right)+\left(\frac{1}{3}\div\frac{3}{7}\right)$

(2) $\left(\frac{3}{4}-\frac{1}{3}\right)\div\frac{3}{7}$ 과 $\left(\frac{3}{4}\div\frac{3}{7}\right)-\left(\frac{1}{3}\div\frac{3}{7}\right)$

6.4 합동수와 그 연산

1. 합동수

합동수에 대한 개념을 형성하기 위해서는 일상생활면에서 사용되고 있는 사실들을 소재로 하여야 한다.

이를테면, 어떤 열차의 출발 시각이 14시, 15시, 17시,23시 등으로 기록되어 있는 시간표가 있다고 하면, 이들 각각의 경우에 있는 시계의 문자판 위에서는 2 시,3시,5시,11시 등으로 나타내게 된다. 즉, 14시와 2시, 15시와 3시 …가 동치로 사용되고 있다. 시각과 시계의 문자판 위에서는 다음과 같은 사실을 발견할 수 있다.

〈표 6-1〉

시각 (a)	시계의 문자 (b)	a 와 b의 관계
14 시	2 시	$14 = 12 \times 1 + 2$
26 시	2 시	$26 = 12 \times 2 + 2$
38 시	2 시	$38 = 12 \times 3 + 2$
.	.	.
.	.	.
a	b	$a = 12 \times n + b$

이 사실은 a를 12시로 나누면 나머지는 b가 되고 이 b는 시계의 문자판 위에서는 시각 a와 같은 시각임을 뜻한다. 즉, 14시는 2시, 26시는 2시 등으로 사용하고 있는 것은 시각과 시계의 문자판 위에서의 시각과는 동치임을 뜻한다.

일반적으로 a, b를 각각 12시로 나누면 나머지가 동치라는 의미로 수학에서는 다음과 같이 나타낸다. 즉, $a \equiv b(\mathrm{mod}12)$

이것은 다음과 같이 쓸 수 있다.

즉,

$$14 \equiv 2(\mathrm{mod}12),\ 26 \equiv 2(\mathrm{mod}12),\ 38 \equiv 2(\mathrm{mod}12)$$

다음에는 달력에서 날짜와 요일 사이의 관계에 대해서 알아보기로 하자.

예를 들면, 어느 달의 3일이 제 1 토요일 이다. 10일은 제 2 토요일, 17일은 제 3 토요일, … 이들의 날짜와 요일과의 관계를 알아보면 다음과 같다

〈표 6-2〉

날 짜 (a)	요 일(b)	a 와 b의 관계
3	3 (토요일)	$3 = 7 \times 0 + 3$
10	3 (토요일)	$10 = 7 \times 1 + 3$
17	3 (토요일)	$17 = 7 \times 2 + 3$
24	3 (토요일)	$24 = 7 \times 3 + 3$
.	.	.
.	.	.
a	b	$a = 7 \times k + b$

위의 〈표 6-2〉에서 발견된 $a = 7 \times k + b$ (k는 정수)는 a를 7로 나누었을 때 나머지가 b가 된다는 뜻이다.

즉, a와 b를 각각 7로 나누면 나머지가 같다는 뜻이므로 $a \equiv b(\text{mod}7)$과 같이 나타낼 수 있다.

예를 들면, $10 \equiv 3(\text{mod}7)$, $17 \equiv 3(\text{mod}7)$, $24 \equiv 3(\text{mod}7)$

여기에서 우리는 7로 나누었을 때 나머지가 3(토요일)이 되는 날짜 10일, 17일, 24일은 모두 같은 요일, 즉 토요일이 된다는 사실을 알 수 있다.

따라서 어떤 날짜를 나타내는 수들은 7로 나누었을 때 나머지가 같아지면 그들은 같은 요일이 된다는 사실을 알 수 있다.

다음에는 나머지가 같은 수의집합에 대해서 생각하여 보자.

지금 0과 모든 자연수를 5로 나누고 그 나머지를 그들 수가 대응된 수직선 점에서 대응시키면 다음과 같다.

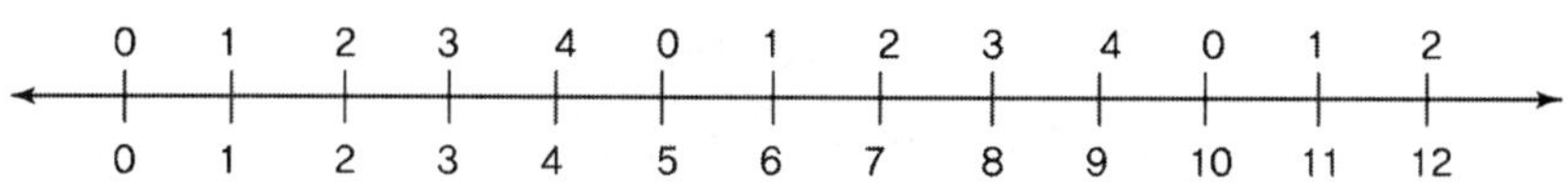

〈그림 6-32〉

이 수직선을 0이 대응된 점에서 잘라 그 끝점을 5가 대응된 점에 오도록 둥글게 이으면 다음과 같이 된다.

이때, 6은 1의 눈금에 대응되고, 7은 2의 눈금에 대응된다. 이와 같이 0에서 차례로 0과 모든 자연수를 원의 눈금에 대응시키면 모두 이 원의 눈금에 대응된다. 같은 눈금에 대응되는 수끼리 집합을 만들어 보기로 하자. 이 경우에 생기는 집합들을 0과 모든 자연수의 집합 W = {0,

1, 2, 3, 4, 5, ⋯ }의 각 원소를 5로 나누었을 때 생기는 나머지 0, 1, 2, 3, 4에 의해서 분류되는 나머지가 같은 수의 집합 R_0, R_1, R_2, R_3, R_4가 다음과 같이 만들어 진다.

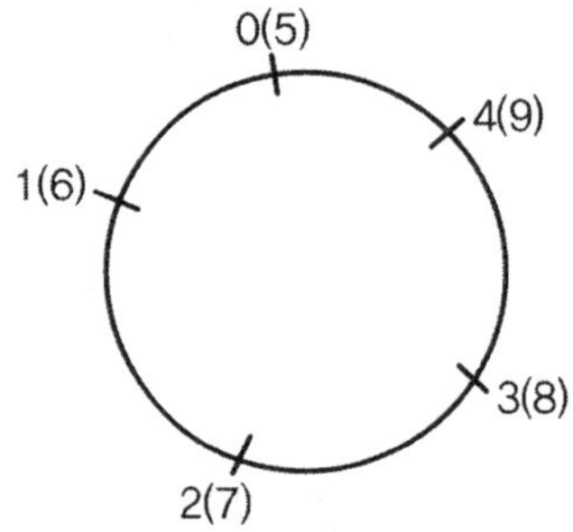

〈그림 6-33〉

$R_0 = \{0,\ 5,\ 10,\ 15,\ ...\}$

$R_1 = \{1\ ,6,\ 11,\ 16,\ ...\}$

$R_2 = \{2,\ 7,\ 12,\ 17,\ ...\}$

$R_3 = \{3,\ 8,\ 13,\ 18,\ ...\}$

$R_4 = \{4,\ 9,\ 14,\ 19,\ ...\}$

위의 나머지와 같은 수의 집합을 **잉여류의 집합**이라고 한다. 이 잉여류의 집합에서 각각 최소인 한 원소씩 택하면 0, 1, 2, 3, 4등의 5개의 원소가 된다.

이들 원소들로 구성되는 집합을 **잉여계의 집합**이라 하고, {0, 1, 2 ,3, 4}로 나타낸다. 바꾸어 생각하면, 이 잉여계의 각 원소에는 5로 나누었을 때의 나머지가 같은 동치류의 원소가 무한히 많이 대응되어 있다. 이들 원소에는 앞에서의 잉여류의 집합 R_0, R_1, R_2, R_3, R_4에서 찾아 볼 수 있다.

그리고 나머지가 같은 수의 집합,

R_0에 속하는 모든 수를 0

R_1에 속하는 모든 수를 1

R_2에 속하는 모든 수를 2

R_3에 속하는 모든 수를 3

R_4에 속하는 모든 수를 4

로 나타낸다고 하자. 이 때 잉여계의 집합 {0, 1, 2, 3, 4}는 0과 모든 자연수를 원소로 한다고 볼 수 있다.

따라서 이와 같은 정의 밑에서는 $15 \equiv 0$, $16 \equiv 1$, $17 \equiv 2$, $18 \equiv 3$, $19 \equiv 4$와 같이 나타낼 수 있다.

그러나 수학에서는 다음과 같이 쓴다.

$$15 \equiv 0(\mathrm{mod}5),\ 16 \equiv 1(\mathrm{mod}5),\ 17 \equiv 2(\mathrm{mod}5),\ 18 \equiv 3(\mathrm{mod}5),\ 19 \equiv 4(\mathrm{mod}5)$$

즉, 「19를 5로 나누었을 때 나머지와 4를 5로 나누었을 때 나머지는 같다」라는 뜻으로 쓰고 「19와 4는 법5에서 **합동**이다」라고 읽는다. 이와 같은 의미에서 나머지가 같은 수를 **합동수**라고 한다.

2. 합동수의 연산

먼저 mod5에서 잉여계의 집합 {0, 1, 2, 3, 4}에 속하는 모든 원소에 대하여 연산 구조를 밝혀 보기로 하자.

지금 $a \equiv 4(\mathrm{mod}5)$, $b \equiv 3(\mathrm{mod}5)$인 임의 자연수를 a, b라 하면

$$a = 5k_1 + 4,\ \ b = 5k_2 + 3\ \ (k_1,\ k_2\text{는 정수})$$

이다.

이 두수 a, b의 합을 구하면

$$a + b = (5k_1 + 4) + (5k_2 + 3) = 5(k_1 + k_2) + (4 + 3)$$

따라서 $(k_1,\ k_2)$는 정수이므로

$$a + b \equiv 4 + 3(\mathrm{mod}5)\ \ \cdots\cdots\cdots\ \ (\text{합의 성질})$$

또, 이 두 수의 곱 a, b를 구하면

$$\begin{aligned} a \times b &= (5k_1 + 4) \times (5k_2 + 3) = 25k_1k_2 + 15k_1 + 20k_2 + (4 \times 3) \\ &= 5(5k_1k_2 + 3k_1 + 4k_2) + (4 \times 3) \end{aligned}$$

따라서 $(5k_1k_2 + 3k_1 + 4k_2)$는 정수이므로

$$a \times b \equiv 4 \times 3(\mathrm{mod}5)\ \ \cdots\cdots\cdots\ \ (\text{곱의 성질})$$

다음에는 mod5 에서의 잉여계의 집합 { 0, 1, 2, 3, 4 }에 속하는 원소로서 덧셈표와 곱셈표를 다음과 같이 작성하여 연산 구조에 대한 성질을 밝혀보자.

덧셈표(mod 5)

+	0	1	2	3	4
0	0	1	2	3	4
1	1	2	3	4	0
2	2	3	4	0	1
3	3	4	0	1	2
4	4	0	1	2	3

곱셈표(mod 5)

×	0	1	2	3	4
0	0	0	0	0	0
1	0	1	2	3	4
2	0	2	4	1	3
3	0	3	1	4	2
4	0	4	3	2	1

1) 유일성(일의성)

잉여계의 집합 {0, 1, 2, 3, 4}의 각 원소로 만든 덧셈표와 곱셈표의 각 칸에는 꼭 하나씩의 원소가 들어 있으므로 임의의 두 원소 사이에 덧셈과 곱셈은 언제나 **유일성**을 보장한다.

2) 폐쇄성

표에서 그들의 합과 곱의 결과인 원소는 어느 것이나 mod5의 잉여계의 집합에 속해있는 원소이므로 집합 {0, 1, 2, 3, 4}는 덧셈과 곱셈에 관하여 닫혀있다.

3) 교환법칙

덧셈표를 보면 임의의 두 원소를 a, b라고 하면 $a+b$와 $b+a$는 그의 합이 한 대각선에 관하여 대칭인 위치에 같은 원소가 들어있음을 확인할 수 있으므로 덧셈의 **교환법칙**이 성립된다.

예를 들면,

$$4+3 \equiv 2(\text{mod}5),\ \ 3+4 \equiv 2(\text{mod}5)$$

$$\therefore\ \ 3+4 \equiv 4+3(\text{mod}5)$$

곱셈표에서도 같은 방법으로 $a \times b$와 $b \times a$는 그의 곱셈이 같은 원소를 가지게 되므로 곱셈의 **교환법칙**도 성립한다.

예를 들면,

$$4\times3\equiv2(\text{mod}5),\ \ 3\times4\equiv2(\text{mod}5)$$
$$\therefore\ \ 4\times3\equiv3\times4\equiv2(\text{mod}5)$$

4) 결합법칙

위의 표들을 한 번에 보아서는 이 성질의 성립여부는 알 수 없다. 다만 하나하나 조사해 보던가 연역적 방법으로 증명하는 수밖에 없다. 지금 r_1, r_2, r_3를 mod 5에서의 잉여계에 속하는 임의의 세 원소라면 0과 모든 자연수 중에서 이들 mod 5에서 나머지가 같은 수는 반드시 존재한다. 그 수를 각각 a, b, c라고 하면

즉, $$a\equiv r_1(\text{mod}5),\ \ b\equiv r_2(\text{mod}5),\ \ c\equiv r_3(\text{mod}5)$$

위의 mod5 에서의 합의 성질에 의해서

$$a+(b+c)\equiv r_1+(r_2+r_3)(\text{mod}5)$$
$$(a+b)+c\equiv(r_1+r_2)+r_3(\text{mod}5)$$

자연수에서는 $a+(b+c)=(a+b)+c$이 성립함으로 mod5 에서는

$$r_1+(r_2+r_3)\equiv(r_1+r_2)+r_3$$

예를들면,

$$3+(4+2)\equiv3+1\equiv4(\text{mod}5)$$
$$(3+4)+2\equiv2+2\equiv4(\text{mod}5)$$
$$\therefore\ \ 3+(4+2)\equiv(3+4)+2(\text{mod}5)$$

또, 마찬가지로 mod5 에서의 곱의 성질에 의해서

$$a\times(b\times c)\equiv r_1\times(r_2\times r_3),$$
$$(a\times b)\times c\equiv(r_1\times r_2)\times r_3(\text{mod}5)$$

자연수에서는 $a\times(b\times c)=(a\times b)\times c$이 성립하므로 mod 5에서는

$$r_1\times(r_2\times r_3)\equiv(r_1\times r_2)\times r_3$$

예를 들면,

$$3\times(4\times2)\equiv3\times3\equiv4(\text{mod}5),\ \ (3\times4)\times2\equiv2\times2\equiv4(\text{mod}5)$$

$$\therefore\ \ 3\times(4\times2)\equiv(3\times4)\times2(\text{mod}5)$$

5) 배분법칙

r_1, r_2, r_3를 mod 5에서 잉여계의 집합에 속하는 임의의 세 원소라 하면, 0과 모든 자연수 중에서 이들과 mod 5에서 나머지가 같은 수는 반드시 존재한다.

즉, $a\equiv r_1(\text{mod}5),\ b\equiv r_2(\text{mod}5),\ c\equiv r_3(\text{mod}5)$

위의 mod5 에서의 합의 성질과 곱의 성질에 의하여

$$a\times(b+c)\equiv r_1\times(r_2+r_3)(\text{mod}5)$$

$$a\times b+a\times c\equiv r_1\times r_2+r_1\times r_3(\text{mod}5)$$

자연수에서는 $a\times(b+c)=a\times b+a\times c$이 성립함으로 mod5에서는

$$r_1\times(r_2+r_3)\equiv r_1\times r_2+r_1\times r_3$$

예를 들면,

$$2\times(3+4)\equiv2\times2\equiv4(\text{mod}5)$$

$$2\times3+2\times4\equiv1+3\equiv4(\text{mod}5)$$

$$\therefore\ \ 2\times(3+4)\equiv2\times3+2\times4(\text{mod}5)$$

6) 단위원(항등원)

위의 덧셈표에서 단위원의 역할을 하는 원소는 0이다.

즉, mod5 에서의 잉여계의 집합에 속하는 임의의 한 원소를 a라 하면,

$a+0\equiv0+a\equiv a(\text{mod}5)$가 항상 성립하므로 이 원소 0은 덧셈에 관한 **단위원**이 된다.

예를 들면, $0+0\equiv0,\ 1+0\equiv1,\ 2+0\equiv2,\ 3+0\equiv3,\ 4+0\equiv4(\text{mod}5)$

또, 곱셈표에서 단위원의 역할을 하는 원소는 1이다.

mod 5 에서의 잉여계의 집합에 속하는 임의의 한 원소를 a라 하면,

$a\times1\equiv1\times a\equiv a(\text{mod}5)$가 항상 만족하므로 원소 1은 곱셈에 관한 **단위원**이 된다.

이를 테면,

$$0\times1\equiv0,\ 1\times1\equiv1,\ 2\times1\equiv2,\ 3\times1\equiv3,\ 4\times1\equiv4(\text{mod}5)$$

7) 역원

위의 덧셈표(mod5)를 보면 각 행이나 4열에는 덧셈에 관한 단위원 0이 하나씩 다 들어 있음을 볼 수 있다. 따라서 mod5 에서의 잉여계의 집합에 속하는 임의의 한 원소를 a라 하면, $a+a' \equiv 0(\text{mod}5)$이 되는 a'가 항상 존재하므로 각 원소의 **덧셈에 관한 역원**이 모두 존재한다.

예를 테면, $0+0\equiv0,\ 1+4\equiv0,\ 2+3\equiv0,\ 3+2\equiv0,\ 4+1\equiv0(\text{mod}5)$이므로 0, 1, 2, 3, 4의 덧셈에 관한 역원은 각각 0, 4, 3, 2, 1임을 나타낸다.

또, 곱셈표(mod5)를 보면 0을 제외한 각 행이나 열에는 곱셈에 관한 단위원 1이 하나씩 다 들어 있음을 볼 수 있다.

따라서 mod5 에서의 임의의 원소를 a라 하면, $a\times a'\equiv1,\ a\not\equiv0(\text{mod}5)$이 되는 a가 항상 존재하므로 0을 제외한 각 원소의 **곱셈에 관한 역원**이 존재한다.

이를 테면, $1\times1\equiv1,\ 2\times3\equiv1,\ 3\times2\equiv1,\ 4\times4\equiv1(\text{mod}5)$이므로 1, 2, 3, 4의 곱셈에 관한 역원은 각각 1, 3, 2, 4임을 나타낸다.

이상으로 mod5 에서의 연산에 관한 구조와 여러 가지 성질을 조사해 보았다.

다음에는 뺄셈은 덧셈의 역연산이므로 위에서 만든 덧셈표를 이용하여 뺄셈을 할 수 있다.

이를테면,

$4+3\equiv2(\text{mod}5)$에서 $2-3\equiv4(\text{mod}5)$

$3+2\equiv0(\text{mod}5)$에서 $0-2\equiv3(\text{mod}5)$

또, 다른 방법으로 mod5에 대한 잉여계의 집합에 속하는 임의의 원소 a, b에 대하여 b의 반수 $-b$가 존재하므로 $a-b=a+(-b)$라고 정의 한다.

즉, a에서 b를 뺀다는 것은 a에다 b의 덧셈에 관한 역원을 더해주면 된다.

이를 테면, $3-4\equiv3+1(\text{mod}5)$ 이것은 $3-4$에서는 3에다 덧셈에 관한 역원 1을 더한다는 것이다.

같은 방법으로, $1-4\equiv1+1\equiv2(\text{mod}5)$, $2-3\equiv2+2\equiv4(\text{mod}5)$

따라서 mod5 에서의 잉여계의 집합에 속하는 모든 원소가 덧셈에 관한 역원을 가지고 있으므로 항상 뺄셈은 가능하게 된다.

다음으로 나눗셈은 곱셈의 역연산이므로 위에서 만든 곱셈표에서 나눗셈을 할 수 있다.

이를테면,

$$3 \times 4 \equiv 2(\text{mod}5)\text{에서} \quad 2 \div 4 \equiv 3(\text{mod}5)$$
$$2 \times 3 \equiv 1(\text{mod}5)\text{에서} \quad 1 \div 3 \equiv 2(\text{mod}5)$$

또, 다른 방법으로 mod5에 대한 잉여계의 집합에 속하는 임의의 원소 a, b에 대하여 곱셈에 관한 $b(b \neq 0)$의 역원 b^{-1}가 존재하므로 $a \div b = a \times b^{-1}$로 정의한다.

즉, 4의 역원은 4 이므로, $3 \div 4 \equiv 3 \times 4 \equiv 2(\text{mod}5)$
3의 역원은 2 이므로, $2 \div 3 \equiv 2 \times 2 \equiv 4(\text{mod}5)$

따라서 mod5 에서의 잉여계의 집합에 속하는 0을 제외한 모든 원소가 다 곱셈에 관한 역원이 존재하므로 항상 나눗셈은 가능하게 된다.
앞에서 mod5에서의 잉여계에 속하는 원소로서 사칙연산이 닫혀 지게 됨을 알아 보았다.

일반적으로, modm(m∈Z)에서의 잉여계의 집합에 속하는 원소로서 사칙연산이 닫혀 진다고 할 수 없다.

다음에는 mod4 에서의 잉여계의 집합 {0, 1, 2, 3}에 속하는 원소로서 덧셈표와 곱셈표를 다음과 같이 작성하여 연산구조에 대한 성질들을 조사해 보기로 하자.

덧셈표(mod 4)

+	0	1	2	3
0	0	1	2	3
1	1	2	3	0
2	2	3	0	1
3	3	0	1	2

곱셈표(mod 4)

×	0	1	2	3
0	0	0	0	0
1	0	1	2	3
2	0	2	0	2
3	0	3	2	1

앞의 덧셈표와 곱셈표에서 유일성, 폐쇄성, 교환법칙, 결합법칙, 배분법칙, 단위원 및 덧셈에 관한 역원까지 존재한다는 것을 밝힐 수 있다. 그러나 곱셈에 관한 역원만은 그렇지 않다. 덧셈표에서는 mod5에서와 마찬가지로 어느 행이나 어느 열에서도 0, 1, 2, 3의 원소가 모두 들어 있으므로 뺄셈이 정의된다.

즉, $0+0\equiv 0$, $1+3\equiv 0$, $2+2\equiv 0$, $3+1\equiv 0 \pmod{4}$로 mod4에서의 잉여계의 집합이 원소 0, 1, 2, 3에 대한 덧셈의 역원이 모두 존재하므로 뺄셈에 대해서는 닫혀있게 된다. 그러나 곱셈표에서는 2의 행이나 3의 열에서는 0, 2의 원소는 있으나 1, 3의 원소는 존재하지 않는다. 그러므로 $1\div 2$, $3\div 2$는 정의되지 않는다.
더구나 $0\div 2$는 0도 되고 2도 되어 유일성이 보장되어 있지 않다. 이것은 곱셈표에서 보면 $2\neq 0$인데도 $2\times 2\equiv 0 \pmod{4}$이기 때문이다.

그러므로 나눗셈이 항상 가능한 것은 아니다.

이상의 사실에서 합동수의 연산은 mod5에 대해서는 사칙연산이 닫혀있음을 알았으며, mod4에 대해서는 사칙연산 중에서 나눗셈만은 닫혀있지 않다는 것을 알게 되었다.

일반적으로, modm 에서 $m\geq 2$일 때 m가 **씨수** 또는 **소수**(prime number)[45]이면 사칙연산이 닫혀있게 되지만 m이 합성수이면 사칙연산 중 나눗셈만은 닫혀있지 않게 된다.

DISCUSSION •••

[1] 어느 해의 3월 1일은 금요일이다. 이 날부터 129일 후의 날은 무슨 요일인가 ?

[2] 어느 해의 4월 1일이 월요일이라면 같은 해의 5월 1일은 무슨 요일인가?

[3] mod3 에 관한 잉여계의 집합 { 0, 1, 2 }에 속하는 모든 원소에 대하여 곱셈표, 덧셈표를 만들고 거기에서 유일성, 폐쇄성, 교환법칙, 결합법칙, 배분법칙, 단위원, 역원 등을 밝혀라.

[4] mod4에 관한 잉여계의 집합 { 0, 1, 2, 3 }에 속하는 모든 원소에 대해서 덧셈표, 곱셈표를 만들고, 덧셈표에 의하여 뺄셈표를, 곱셈표에 의하여 나눗셈표를 만들 수 있는지 조사하여라.

45) 1994년 대한수학회가 간행한 「수학용어집」에 따르면 소수(prime number)를 씨수와 함께 표기하기로 했음.

07

도 형

7.1 도형과 공간

기하학은 고대 이집트에서 토지를 측량하는 것으로부터 시작되었다고 알려지고 있다. 그 이래 도형의 성질을 탐구하는 학문으로서 육성되어 왔다. 도형의 성질은 그 도형의 놓여진 공간에 의존된다.

처음에는, 현실세계의 묘사로서의 공간, 이는 **유클리드공간**으로 불리어지고 있으며, 이 공간에서 여러 가지 도형의 성질이 연구되었다.

이는 **유클리드의 「기하학원본」**으로 집대성되었는데, 기원전 300년경의 일이다.

유클리드기하학 성립의 기반인 유클리드공간은, 17세기에 이르러 **데카르트**(Rene Descartes : 1596~1650)의 해석기하의 수립으로, 점은 좌표인 수의 쌍으로, 도형은 방정식이나 부등식으로 나타낼 수 있게 되었다.

유클리드의 「기하학원본」은 모두 13권으로 되어 있으며, 2000여 년간 기하학의 교과서로 사용되어 왔으며, 현재도 일부를 제외하고는 그대로 사용되고 있는 셈이다.

제 1권은 직선, 각, 삼각형, 제 2권은 도형의 넓이, 제 3권은 원, 제 4권은 정다각형의 원, 제 5권은 비율, 제 6권은 닮은꼴, 제 7권은 약수, 배수, 서로남남, 씨수, 제 8권은 수들의 비율, 제 9권은 홀수, 짝수, 완전수, 제 10권은 무리수, 제 11권은 공간기하, 제12권은 입체의 부피,

제 13권은 정다면체를 다루고 있다.

제 1권의 앞부분에 23개의 **정의**가 나와 있고, 계속해서 5개의 **공준**(postulate)과 5개의 **공통개념**(common notion)이 실려 있다. 공준은 기하학적인 내용을 가진 것이고, 공통개념은 수학 전반에 통하는 내용을 가진 것이다. 이들은 모두 명제를 증명해 나갈 때 논리적인 근거가 되는 것으로 지금의 **공리**(axiom)에 해당한다.

유클리드의「기하학원본」에 실려 있는 5개의 공준은 다음과 같다.

① 임의의 점에서 임의의 점으로 한 직선을 그을 수 있다.
② 유한개의 직선을 계속해서 직선으로 연장할 수 있다.
③ 임의의 중심과 반지름으로 원을 그을 수 있다.
④ 모든 직각은 서로 같다.
⑤ 두 직선이 한 직선과 만나고 같은 쪽에서 2직각 보다 작은 내각을 만들 때, 이 두 직선을 한없이 연장하면 2직각보다 작은 내각이 있는 쪽에서 만난다.

여기서 공준 ⑤는 **프레이페어**(Playfair : 1748~1819)에 의하여 다음 공리와 동치라는 것이 증명되었다.

> [공리] 한 직선 밖의 한 점을 지나서 그 직선에 평행인 직선은 단 하나 뿐이다.
> 오늘날, 이것을 **유클리드의 평행선공리**라고 부르고 있다.

이 공준은 다른 공준보다 복잡하게 표현되어 있고, 그 내용의 정확성도 다른 공준보다 분명한 것 같이 않다. 따라서 평행선문제란 공준 ⑤를 나머지 다른 공준을 사용하여 증명하려고 한 것이며, 중세에서 근세에 이르는 수학사의 흐름에서 가장 긴 기간 동안 수학자를 괴롭힌 것도 이 평행선의 문제이다.

삭케리(Saccheri : 1667~1733)는 이탈리아 신부로 공준 ⑤의 증명에 열심히 몰두한 사람 가운데 한 사람이다. 그는 귀류법을 써서 이것을 증명하려고 했다. 곧 공준 ⑤를 부정하고 거기에서 모순을 유도하려고 했으나 끝내 실패하고 말았다.

그러나 그 과정에서 비유클리드기하학의 기초적인 부분을 이루는 일련의 명제를 얻는 데 성공했다.

러시아의 **로바체프스키**(Lobachevski : 1793~1856)도 귀류법을 써서 공준 ⑤를 증명하려고 했다. 그는 공준 ①~④에 공준 ⑤의 일부 부정 '직선 밖의 한 점을 지나고 이 직선에 평행한 직선은 2개 이상 존재 한다'를 첨가한 공리계에서 출발하여 모순을 유도하려고 했다. 그러나 이 새로운 공리계에서 다음과 같은 색다른 명제가 증명되었다.

"삼각형의 내각의 합은 2직각보다 작다."
"면적이 큰 삼각형의 내각의 합은 면적이 작은 삼각형의 내각의 합보다 작고, 내각의 합이 같은 두 삼각형의 면적은 같다."
"대응하는 세 각이 각각 같은 두 삼각형은 합동이다."

위의 결과는 우리가 경험적으로 알고 있는 사실과는 다른 것 같으나 이와 같은 사실과 수학적 모순과는 본질적으로 관계가 없다. 삭케리의 방법이나 로바체프스키의 방법에서 그와 같은 수학적 모순이 일어나지 않은 것이다.

이와 같은 결과를 알아낸 로바체프스키는 과거의 평행선문제의 결과와 함께 다음과 같은 결론을 내렸다. 즉 공준 ⑤는 공준 ①~④만으로는 증명할 수 없고 공준 ①~⑤를 공리계로 하는 기하학 외에도 공준 ①~④와 공준 ⑤의 일부 부정을 공리계로 하는 기하학도 존재한다고 생각하였다. 로바체프스키는 이상과 같이 생각한 내용을 1826년에 발표했으나 당시의 사람들은 이것을 받아들이지 않았다.

그러나 그 후 그 자신의 계속적인 연구와 더불어 **보요이**(Bolyai : 1802~1900) 등의 연구로 평행선문제는 부정적인 형태로 완전히 해결되고, **비유클리드기하학**의 탄생을 보게 되었다.

한편, 평행선의 공리에 대한 끈질긴 추구로써 **비유클리드기하학**이 발견되었으며, 또한 곡면상의 도형의 성질의 연구는 미분기하학으로 발전되었다. 이 밖에, 투시도법 등과 관련된 사형기하학, 또한 위상기하학 등 19세기에 이르러 여러 가지 기하학이 건설되었다.

여러 가지 기하학을 어떤 통일된 개념으로 정의하고, 분류하려는 연구가 진행되었다. **크라인**(Felix Klein : 1849~1923)는 1872년 23살의 나이로 Erlangen 대학의 철학부의 교수로 취임하면서, 다음과 같은 연구논문을 발표하였다.

Vorgleichende Betrachtungen uber neuere geometrische Forschungen
(최근의 기하학연구에 있어서의 비교적 고찰)

이것은 기하학의 종합적 연구에 있어서 획기적인 방향과 방법을 제시한 것으로써, 이것을 **엘랑겐 프로그램**(Erlangen Program)이라 한다.

크라인은 그 서문에서 여러 가지 기하학이 각각 독자적인 방법으로 연구되었고, 이들 사이에 어떤 통일성이 존재하지 않으므로, 이들을 통일하는 어떤 일반원리를 찾는 것은 기하학의 연구에 매우 가치 있는 일이라고 강조하고 있다.

기하학의 기초에 관하여도 **힐베르트**(D. Hilbert : 1862~1943)에 의하여 유클리드기하학의 재구성이 이루어졌다.

이들의 기하학은, 모두 하나의 공간을 생각하고 그 안에서 도형의 성질을 연구해야 하는 것이다. 기하학은 도형의 성질을 연구하는 학문이라기보다, 현대에는, 공간의 구조가 도형에 어떻게 반영되는가 하는 도형의 공간적 관계를 연구하는 학문이라고 하는 것이 좋을 것이다.

그러면 초등학교에서 다를 도형의 개념과 과제에 대하여 논술하고자 한다.

도형이란 보통 종이 위에 그려진 그림을 연상하기 쉬운데 수학에서는 더욱 깊은 의미로 쓰여 진다.

물체에서 그 형을 이루고 있는 물질을 빼냈다고 가정하면 거기에 남는 것이 형이겠다. 바로 그것을 **도형**(Figure)이라고 한다. 실제로는 물질을 제거하면 형까지도 없어지지만 남는다고 가정하면 말이다. 물체에는 색, 광택, 부드러움, 딱딱함, 형, 크기, 위치 등 여러 가지 속성이 있으나 그 가운데서 형과 위치와 크기만을 추상한 것이 **도형**이다.

아동이 이러한 추상을 한다는 것은 곤란한 일이다. 즉, 이러한 형이 떠오르기란 불가능하다.

도형은 또 물체의 그것만은 아니고 늘 이상화되고 있다.

완전한 직육면체란 존재하지도 않고 만들 수도 없다. 또한 시간적으로 오늘의 도형은 어제의 도형 그것은 아니고 1초 후의 도형은 현재의 도형 그것은 아니다. 조그마한 다름을 버리고 커다란 같음을 취해서 이상화하여서만 불변의 도형이 생각될 것이다.

이런 관점에서 초등학교에서의 기하학은 유클리드기하학이 중심이 되며, 유클리드평면(2차원의 유클리드공간)과 3차원의 유클리드공간에서의 도형의 성질을 조사하는 것이 과제가 된다.

7.2 도형교육의 목표

도형교육의 목표는 다음 3가지로 요약할 수 있다.

1) 기본적인 평면도형이나 입체도형을 알고 이들의 성질을 이해한다.
2) 기본적인 도형지도를 통하여 공간개념의 이해를 깊게 한다.

3) 도형이나 공간에 관하여 수학적으로 고찰하고 처리하는 능력을 기른다.

1)의 목표는 도형의 성질을 이해하는 것에 그 주안점을 두고 있다. 기본적인 평면도형이나 입체도형을 안다는 뜻은 초등학교 과정에서 취급되는 삼각형, 사각형, 원, 직육면체들을 구체물에서 찾고 이들을 추상화된 도형개념으로 이끌어보자는 뜻으로 구체물을 주의 깊게 관찰하고 실험 실측을 하거나 또는 목적을 분명히 하고 모양을 분류 정리하는 일이 매우 중요한 일이다.

한편, 도형의 성질을 발견함에 있어서는 먼저 도형을 구성하는 요소, 즉 변, 각등에 주의를 집중하거나 또 접어보든가(대칭이동), 밀어보든가(평행이동), 돌려보든가(회전이동)의 조작에 의하여 도형의 성질을 알아보는 학습태도를 갖는 것이 중요하며, 특히 도형의 개개의 성질을 이해하는 데 그치지 않고 서로 관련되는 도형에 관한 성질을 알아보는 것도 바람직한 일이다. 가령, 직사각형과 정사각형의 성질을 비교하여 알아보거나 직육면체의 성질과 정육면체의 성질을 비교해서 알아보는 것은 도형의 외연과 내포 관계를 알아보는 것으로서 도형의 포섭관계의 지도는 물론, 도형학습의 구조화를 꾀하는 면에서 반드시 있어야 할 일이다.

2)의 목표는 공간개념을 이해하는 것이 주안점이다.

공간개념이 무엇인가를 알아보기 위하여 다음을 생각해 보자.

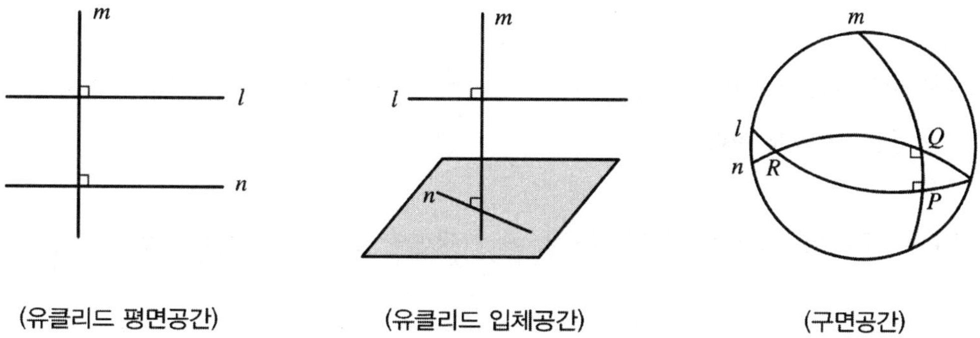

〈그림 7-1〉

[보기 1] $\ell \perp m,\ m \perp n$ 이면 $\ell // n$인가?

(1) 유클리드(Euclid) 평면공간에서는 성립된다.

(2) 유클리드(Euclid) 입체공간에서는 $\ell \perp m$이고, $m \perp n$이지만 ℓ과 n은 꼬인 위치에 있게 된다.

(3) 구면공간에서는 구면을 신평면으로 보고, 대원(호)을 신직선으로 볼때 $\ell \perp m$이고, $m \perp n$이지만 ℓ과 n은 한 점에서 만나게 된다.

위의 보기처럼 도형의 성질은 그 도형이 존재하고 있는 공간에 의존됨을 알 수 있으므로, 도형지도에 있어서는 성질을 말하기에 앞서 공간개념을 확실히 하는 것이 필요하고 또 공간개념의 이해를 돕기 위하여 좌표의 생각을 하도록 하는 것도 중요한 일이다.

끝으로 3)의 목표가 갖는 뜻을 알아보자.

3)의 목표는 도형에 관한 수학적인 고찰과 처리능력을 기르는 데 그 주안점이 있다. 곧 일상생활상의 문제를 합리적으로 처리하는 기능, 즉 응용력을 기른다는 뜻으로서 구체물의 겨냥도, 전개도, 확대도, 축도를 그리는 일이나 도형의 성질을 이용한 생활상의 문제를 해결하는 일은 3)의 목표가 갖는 뜻이다.

7.3 도형의 기본

1. 점 · 직선 · 평면

도형의 기본은 점, 직선, 평면이다. 이 요소들은 도형에서는 무정의용어로 사용한다. 도형에서 증명에 사용하는 것은 이들 요소의 구체적인 정의보다는 이들 사이의 관계에 있다. 따라서 이들 요소는 무정의요소로 사용하고, 다만 우리가 알고 있는 개념을 표현할 수 있다고 인정할 수 있도록 이들 요소 사이의 관계를 공리로 규제한다. 이로써 도형을 모순 없이 정확하게 논리적으로 구성할 수 있게 된다.

[문제] 유클리드의 「기하학원본」에서는 점, 직선, 평면의 정의가 어떻게 되어 있나 조사하여라.

〈그림 7-2〉

점은 위치를 나타내는 추상개념이다. 점을 찍어 점을 나타낸다. **직선**은 점들의 집합으로 본다. 〈그림 7-2〉에서는 직선 위에 4점이 찍어 있다. 이 직선은 이 4점만으로 되어 있는 것이 아니다. 이 직선 위에 놓여 있는 점들 전체의 집합이다. 직선은 양쪽으로 무한히 연장할 수 있기 때문에 무한개의 점을 포함한다는 것을 직관적으로 쉽게 이해할 수 있다.

〈 그림 7-3 〉

한 직선 위에는 무한개의 점이 존재한다. 직선 위의 점을 생각할 때에는 대문자 A, B, C, …를 사용하여 〈그림 7-3〉에서와 같이 나타낸다. 이때 B는 A와 C 사이에 있고 C는 B와 D 사이에 있다고 말한다.

점과 직선 사이에 존재하는 관계도 일반적으로 쉽게 인정할 수 있으나 증명하기는 곤란하다. 따라서 이것을 공리로 취급한다. 곧 "서로 다른 두 점은 한 직선을 결정 한다"를 증명 없이 인정하기로 한다.

이것을 바꾸어 말하면 "꼭 한 직선이 서로 다른 두 점을 지난다"고 말할 수 있다. 따라서 한 직선을 나타낼 때에는 그 위에 있는 서로 다른 두 점 A, B를 사용하여 $\overleftrightarrow{\mathrm{AB}}$(이것을 직선 AB 라고 읽는다)와 같이 나타낸다. 때로는 직선 위의 특별한 점을 사용하지 않고 소문자 ℓ , m, n, ... (a, b, c, ...도 된다)을 사용해서 직선을 나타내기도 한다.

2. 반직선·사선·선분

〈그림 7-4〉에서와 같이 직선 ℓ 과 ℓ 위에 있는 점 A를 생각할 때, A의 양쪽에 놓여 있는 점으로 된 두 무한집합을 생각할 수 있다. 이 두 한 집합 하나하나를 A를 끝점으로 하는 **반직선**이라 한다. 이때 반직선은 끝점 A를 포함하지 않기 때문에 **개반직선**이라 말한다. 반직선 AB를 나타낼 때에는 $\overset{\circ}{\overrightarrow{AB}}$를 사용한다.

$\overset{\circ}{\overrightarrow{AB}}$와 $\overset{\circ}{\overrightarrow{BA}}$는 전연 다르다는 것을 알 수 있다.

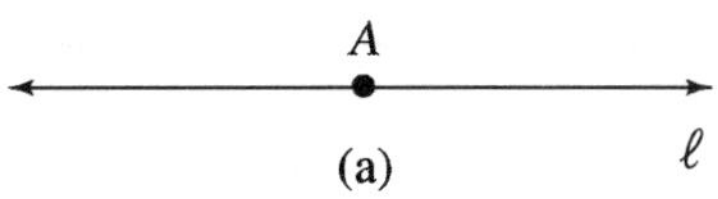

〈 그림 7-4 〉

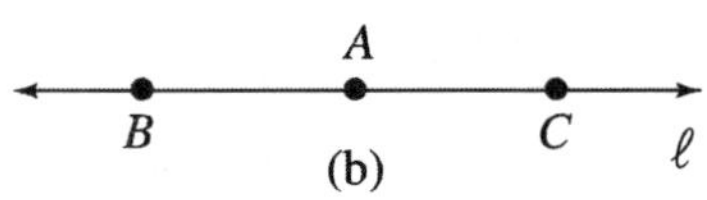

〈 그림 7-5 〉

〈그림 7-5〉에서 $\ell = A \cup \overset{\circ}{\overrightarrow{AB}} \cup \overset{\circ}{\overrightarrow{AC}}$임을 알 수 있다. 끝점을 더한 반직선을 **사선**이라 한다. 이때 사선은 끝점 A를 포함하고 있기 때문에 **폐반직선**이라고도 한다. 끝점 A를 가지고 점 B를 지나는 사선을 기호 $\overset{\bullet}{\overrightarrow{AB}}$로 나타낸다. 곧

$$\overset{\bullet\!\longrightarrow}{AB} = A \cup \overset{\circ\!\longrightarrow}{AB}$$

이다.

직선 위에 있는 두 점 A, B와 A, B 사이에 있는 모든 점의 집합을 **선분**이라 말하고, $\overline{AB}$ (선분 AB라고 읽는다)로 나타낸다. 이때 A, B를 선분 $\overline{AB}$의 **끝점**이라고 한다.

〈예〉 다음을 그림에서 구하여라.

〈 그림 7-6 〉

① $\overline{AC} \cap \overset{\bullet\!\longrightarrow}{CD}$　　　② $\overline{AC} \cup \overset{\bullet\!\longrightarrow}{CD}$

③ $\overset{\circ\!\longrightarrow}{BA} \cap \overset{\circ\!\longrightarrow}{CD}$　　　④ $\overleftrightarrow{BA} \cup \overset{\circ\!\longrightarrow}{CD}$

[풀이]　① {C}　② $\overset{\bullet\!\longrightarrow}{AD}$　③ ø　④ $\overleftrightarrow{AB}$

3. 선분의 길이

자는 길이를 측정할 때 사용하는 도구이다. 자와 같은 수학적 모델을 **좌표직선**이라고 말할 수 있다. 좌표직선은 직선 위의 점들에 평행이동의 방법을 써서 정수좌표를 준 것을 말한다.

좌표직선을 만들려면 직선 위에 주어진 두 점 A,B를 사용하여 단위로 정한다. 점 A의 좌표를 0, 점 B의 좌표를 1이라고 정하고 점 A를 시점으로 한 벡터 $\overrightarrow{AB}$의 끝점 C의 좌표를 2로 정한다. 이와 같은 방법으로 직선 위의 점에 선분 $\overrightarrow{AB}$를 단위로 한 정수를 좌표로 줄 수 있다.

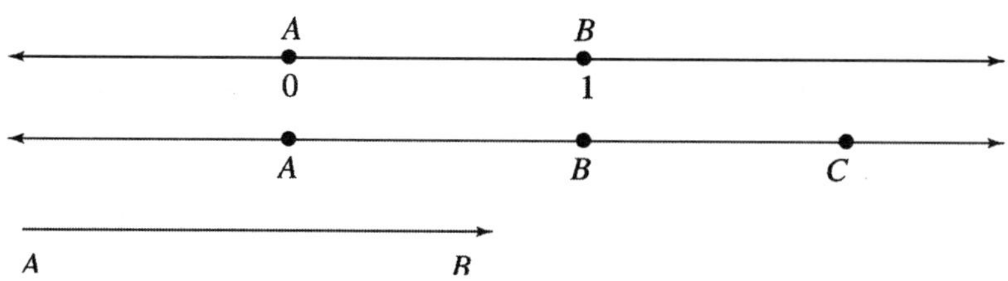

〈 그림 7-7 〉

두 끝점의 좌표가 c, d인 선분 CD의 길이는 $\ell = |c-d|$로 주어진다. 점 A의 좌표가 0, 점

L의 좌표가 ℓ이면 선분 AL의 길이는 $|\ell - 0| = \ell$이다. 이때, 선분 $\overline{CD}$와 $\overline{AL}$은 $\overline{CD} = \overline{AL}$임을 알 수 있다. 따라서 선분 $\overline{CD}$의 길이는 C를 A에 일치시키면 $\overline{CD}$를 $\overline{AL}$에 포개 놓을 수 있으므로 L의 좌표를 ℓ로 정할 수 있다. 여기서 ℓ은 선분 $\overline{AB}$를 1단위로 정했으므로 ℓ단위라고 부르기도 한다. 선분의 길이를 엄밀한 방법으로 정의하려면 측도의 개념을 사용해야 한다.

[문제] 선분의 길이를 측도의 개념을 써서 정의하는 것에 대하여 알아보아라.

4. 평행선

같은 평면 위에 있는 두 직선이 공통점을 갖지 않을 때 두 직선은 **평행**하다고 말하고 이 두 직선을 **평행선**이라고 한다. 〈그림 7-8〉에서와 같이 한 평면 위에 있는 두 직선 ℓ, m이 만나지 않으면 ℓ, m은 평행이고, 기호로는 $\ell /\!/ m$ (ℓ은 m에 평행하다고 읽는다)으로 나타낸다.

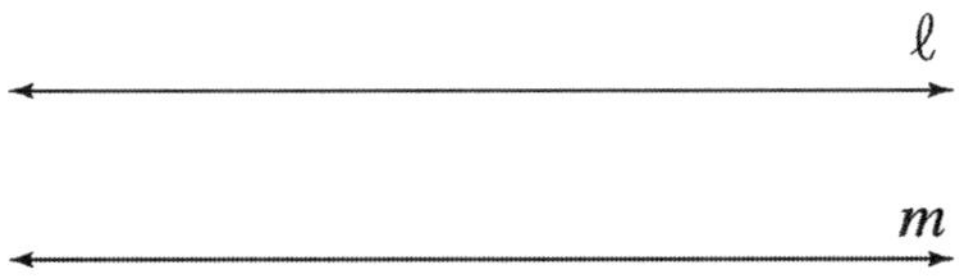

〈 그림 7-8 〉

〈그림 7-9〉에서와 같이 선분 $\overline{AB}$, $\overline{CD}$가 한 평면 위에 있고 선분을 포함한 두 직선이 만나지 않으면, 이 두 선분을 **평행선분**이라고 한다. 이때도 $\overline{AB} /\!/ \overline{CD}$로 나타낸다. 이러한 관계는 반직선이나 사선에서도 사용한다.

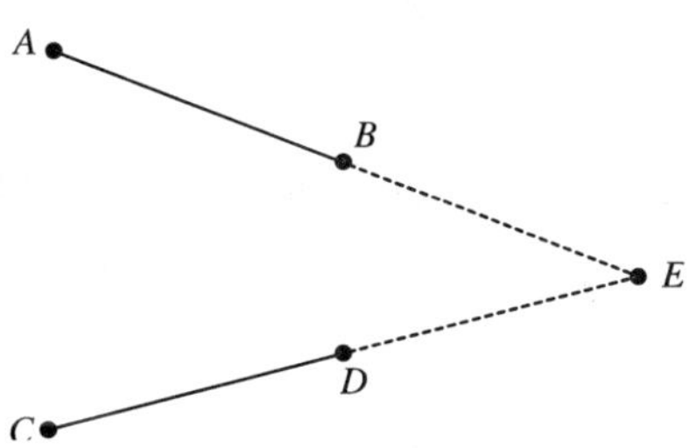

〈 그림 7-9 〉

5. 반평면

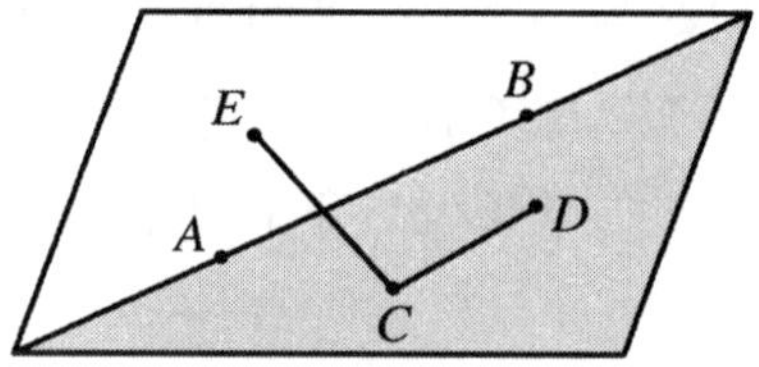

〈 그림 7-10 〉

평면 위에 놓여 있는 한 직선은 평면을 서로소인 세 집합으로 분할한다. 이때의 한 집합은 주어진 직선 자신이고 나머지 두 집합은 이 직선의 양쪽에 놓여 있는 점의 집합들이다. 이 집합을 **반평면**이라고 한다.

〈그림 7-10〉에서 빗금 친 부분의 반평면을 $\overleftrightarrow{AB}$의 C쪽 반평면이라고 한다.

점 D가 $\overleftrightarrow{AB}$의 C쪽 반평면 위의 점이라면 $\overline{CD} \cap \overleftrightarrow{AB} = \varnothing$ 이고, 점 E가 $\overleftrightarrow{AB}$의 C쪽 반대쪽 반평면 위의 점이라면 $\overline{CE} \cap \overleftrightarrow{AB} \neq \varnothing$ 임을 알 수 있다.

6. 각

〈그림 7-11〉에서 $\overrightarrow{\mathrm{AB}}$, $\overrightarrow{\mathrm{AE}}$와 같이 두 사선이 한 직선 위에 놓여 있을 때, 두 사선을 **공선**이라고 말한다.

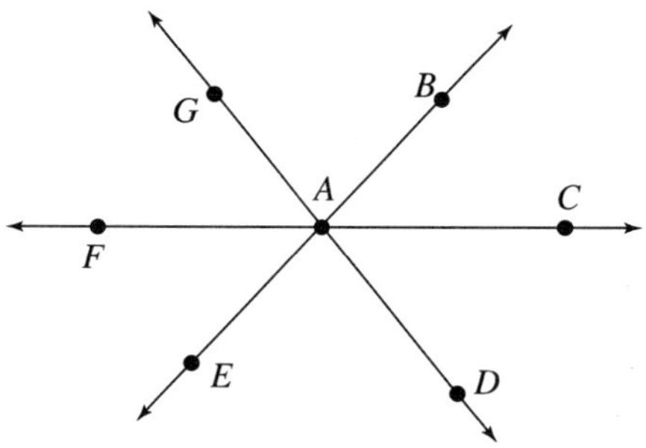

〈 그림 7-11 〉

또, 사선 $\overrightarrow{\mathrm{AB}}$, $\overrightarrow{\mathrm{AC}}$와 같이 한 직선 위에 없을 때 두 사선은 **공선이 아니다**라고 말한다. 끝점을 공통으로 하는 공선이 아닌 두 사선의 합집합을 **각**이라 부른다. 이때 두 사선을 **각의 변**이라 하고 공통인 끝점을 **각의 꼭짓점**이라고 한다.

〈그림 7-12〉의 경우, ∠BAC 또는 ∠CAB로 나타낸다. 곧

$$\overrightarrow{\mathrm{AB}} \cup \overrightarrow{\mathrm{AC}} = \angle\mathrm{BAC}.$$

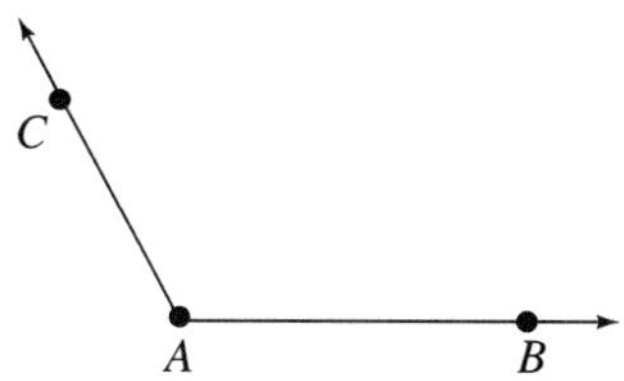

〈 그림 7-12 〉

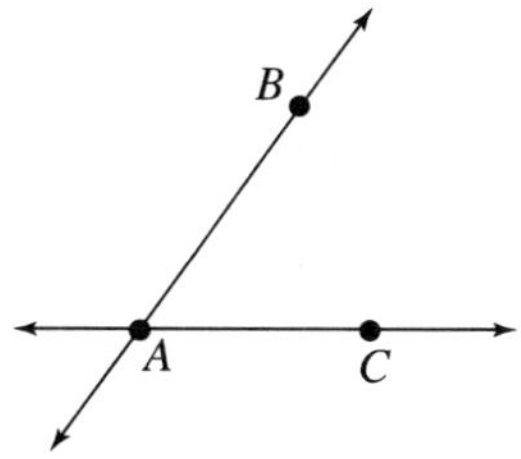

〈 그림 7-13 〉

〈그림 7-13〉에서와 같이 ∠BAC가 주어졌을 때 $\overrightarrow{AB}$의 C쪽의 반평면과 $\overrightarrow{AC}$의 B쪽의 반평면의 교집합을 ∠**BAC의 내부**라 하고, 이 내부와 ∠BAC를 제외한 여집합을 ∠**BAC의 외부**라고 말한다.

[문제] 그림에서 ∠BAD, ∠DAC, ∠CAE, ∠EAB에 대하여

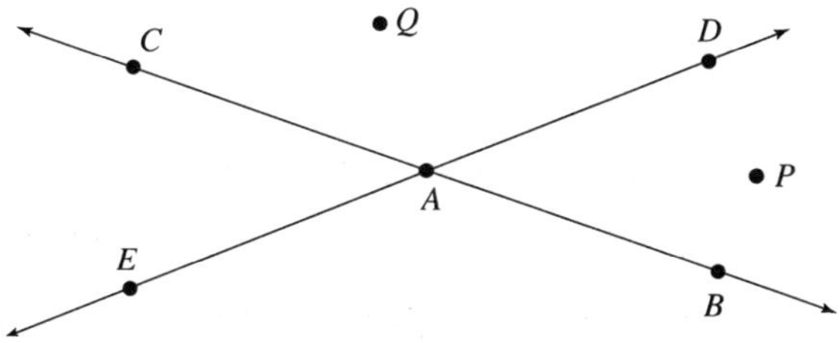

〈 그림 7-14 〉

①점 P는 어느 각의 내부에 있는가.
②점 Q는 어느 각의 외부에 있는가.

7. 각의 크기

각의 크기는 각을 만드는 두 사선 사이의 회전량으로 결정된다. 곧 ∠AOB가 주어졌을 때 사선 $\overrightarrow{OA}$가 O를 중심으로 $\overrightarrow{OA}$의 위치에서 각의 내부를 거쳐 $\overrightarrow{OB}$의 위치까지 회전한 량을 ∠AOB의 크기라 말하고, m(∠AOB)로 나타낸다.

$\overrightarrow{OA}$와 $\overrightarrow{OB}$가 합동인 경우나, 반대방향으로 한 직선일 때에도 각이라고 하고 전자를 **영각**, 후자를 **평각**이라고 한다.

두 직선 $\overleftrightarrow{AB}$, $\overleftrightarrow{CD}$가 O에서 만날 때, 공통인 꼭짓점을 갖는 네 각, ∠DOA, ∠AOC, ∠COB, ∠BOD를 만든다. 이때 네 각이 모두 합동이면 직선 $\overleftrightarrow{AB}$는 직선 $\overleftrightarrow{CD}$에 **수직**이라고 말하고, $\overleftrightarrow{AB} \perp \overleftrightarrow{CD}$로 나타낸다. 또 $\overleftrightarrow{AB} \perp \overleftrightarrow{CD}$일 때, ∠DOA, ∠AOC, ∠COB, ∠BOD를 **직각**이라고 부른다.

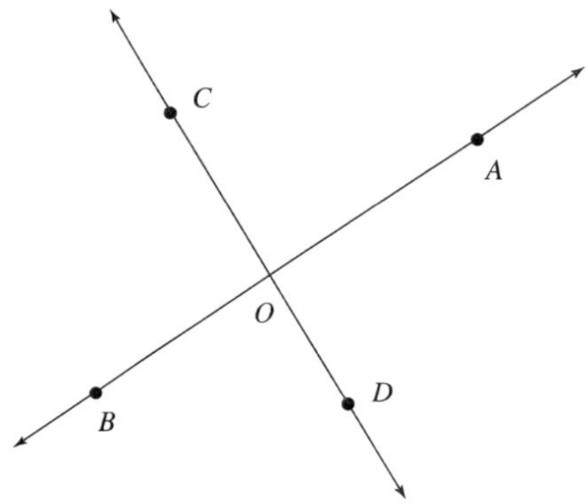

〈 그림 7-15 〉

먼저 측정의 단위로 평각의 1/180의 회전량을 1°라고 정한다. 특히 **영각의 크기**는 0°, **평각의 크기**는 180°라고 정한다. 각의 크기가 0°보다 크고 90° 보다 작은 각을 **예각**이라 하고, 각의 크기가 90°보다 크고 180°보다 작은 각을 **둔각**이라 한다. 직각의 크기는 90°이다. 〈그림 7-15〉에서와 같이 두 직선 $\overleftrightarrow{AB}$, $\overleftrightarrow{CD}$가 점 0에서 만날 때 ∠DOA와 ∠COB를 **맞꼭지각**이라고 한다. 두 각의 크기의 합이 90° 이면 서로 **여각**이라 하고, 합이 180°이면 서로 **보각**이라고 한다.

지금까지 각의 크기의 정의로는 180° 보다 큰 크기를 가진 각을 생각할 수 없다. 180°보다 큰 크기를 가진 각을 정의하려면 회전각을 확장해야 한다.

7.4 평면도형

1. 삼각형

한 직선 위에 없는 세 점 A,B,C에 대하여 선분 $\overline{AB}$, $\overline{BC}$, $\overline{CA}$의 합집합을 **삼각형**이라고 말하고 기호로는 △**ABC**로 나타낸다. 곧

$$\triangle \mathrm{ABC} = \overline{AB} \cup \overline{BC} \cup \overline{CA}$$

이다. 이때 각 선분 $\overline{AB}$, $\overline{BC}$, $\overline{CA}$를 **△ABC의 변**이라고 하며, 선분의 끝점 A, B, C를 **△ABC의 꼭짓점**이라 하고, ∠BAC, ∠ACB, ∠CBA를 **△ABC의 각**이라고 한다.

각은 삼각형의 부분집합이 아님을 알 수 있다.

이를테면 ∠BAC는 $\overrightarrow{AB} \cup \overrightarrow{AC}$이나 △ABC는 $\overline{AB} \cup \overline{BC} \cup \overline{CA}$이므로,

∠BAC는 △ABC의 부분집합이 아니다.

△ABC는 평면을 서로소인 세 집합으로 분할한다. 하나는 △ABC 자신이고, 나머지들은 삼각형의 내부와 외부라고 부르는 집합이다.

곧 △ABC에 대하여 ∠BAC, ∠ACB, ∠CBA의 내부들의 교집합을 **△ABC의 내부**라 하고, △ABC와 △ABC의 내부를 제외한 나머지 집합을 **△ABC의 외부**라고 한다.

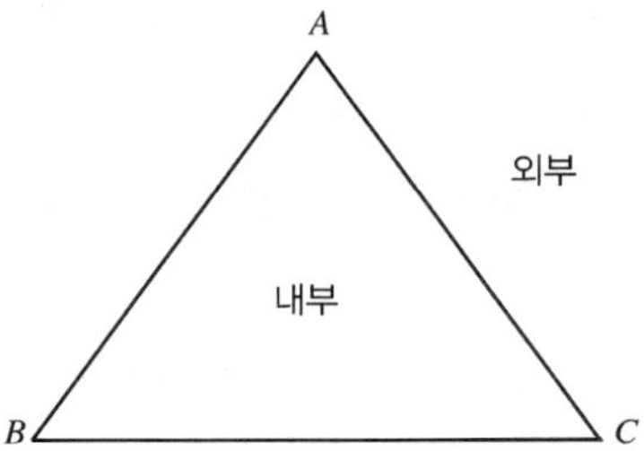

〈 그림 7-16 〉

2. 다각형

한 평면 위의 **곡선**이란, 그 평면에서 연필을 떼지 않고 그린 모든 점의 집합을 말한다. 이를테면 〈그림 7-17〉의 도형은 모두 곡선이다. (a), (b), (c)와 같이 시점과 종점이 만나지 않는 곡선을 **개곡선**, (d), (e), (f), (g), (h)와 같이 시점과 종점이 만나는 곡선을 **폐곡선**이라고 말한다. 또 (e),(f),(h)와 같이 시점과 종점이 만나는 점을 제외하고는 중복점이 없는 폐곡선을 **단일폐곡선**이라고 한다.

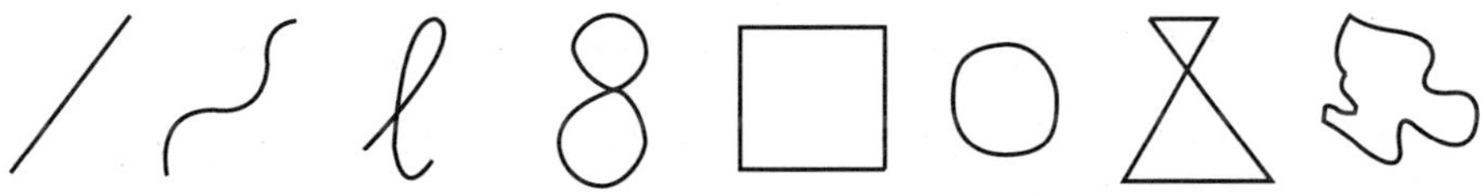

(a) (b) (c) (d) (e) (f) (g) (h)

〈 그림 7-17 〉

평면 위에 단일폐곡선이 주어지면 이 단일폐곡선은 이 평면을 서로소인 세 집합으로 분할한다. 하나는 단일폐곡선 자신이고, 나머지 둘은 내부와 외부인 집합이다. 이 단일폐곡선의 내부를 **영역**이라고 부르고 단일폐곡선 자신을 이 영역의 **경계**라고 부른다.

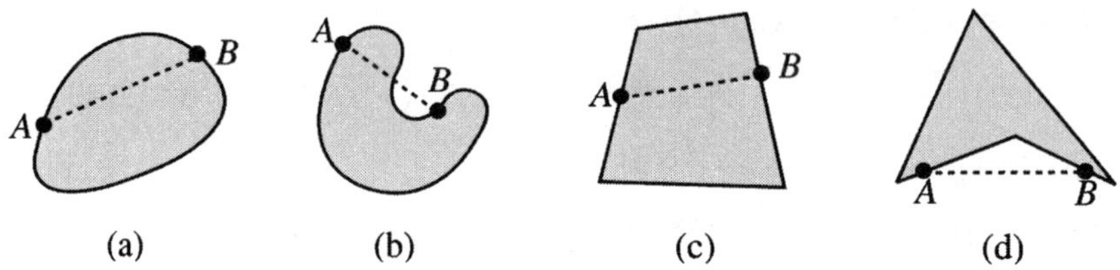

〈 그림 7-18 〉

단일폐곡선 위의 임의의 두 점 A, B가 주어질 때 선분 AB가 영역의 안이거나 경계 위에 완전히 놓이면 이 단일폐곡선을 **볼록**이라고 하고, 그렇지 않을 때는 **오목**이라 한다. 〈그림 7-18〉에서 (a), (c)는 볼록인 단일폐곡선이고 (b), (d)는 오목인 단일폐곡선이다.

단일폐곡선이 이웃하는 선분이 공선이 아닌 선분들의 합집합으로 되어 있으면 이 단일폐곡선을 **다각형**이라고 말한다.

이를 테면, 〈그림 7-19〉에서 (a), (b), (h)는 다각형이다. (c), (d)는 폐곡선이 아니고, (e), (f)도 선분이 아닌 부분이 있고, (g)는 단일폐곡선이 아니므로 이와 같은 곡선은 모두 다각형이 아니다.

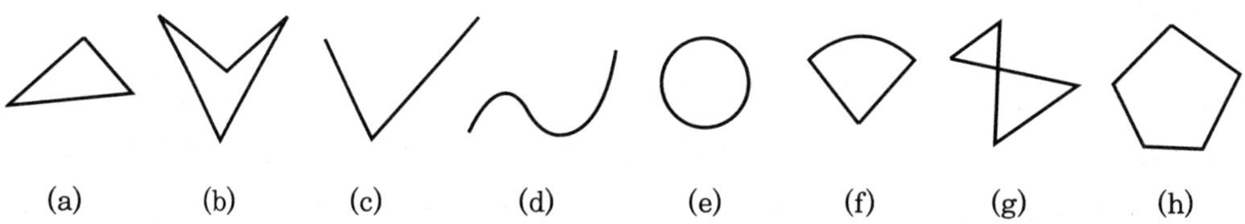

〈 그림 7-19 〉

다각형을 만드는 모든 선분들을 **다각형의 변**이라고 한다. 변의 개수에 의하여 3각형, 4각형,⋯, n각형이라고 한다. 다각형을 만드는 선분의 끝점을 **다각형의 꼭짓점**이라고 하며 모든 변의 길이가 같은 다각형을 **등변다각형**이라고 한다. 특히 등변삼각형을 **정삼각형**, 등변사각형을 **마름모**라고 부른다.

모든 각의 크기가 같은 다각형을 **등각다각형**이라고 하며, 특히 등각사각형을 **직사각형**이라 한다. 다각형이 등변이고 등각일 때, **정사각형**이라고 한다. 다각형이 주어졌을 때, 두 꼭짓점을 끝점으로 하는 선분의 끝점을 제외한 모든 점이 다각형의 내부에 있을 때 이 선분을 **다각형의 대각선**이라고 한다.

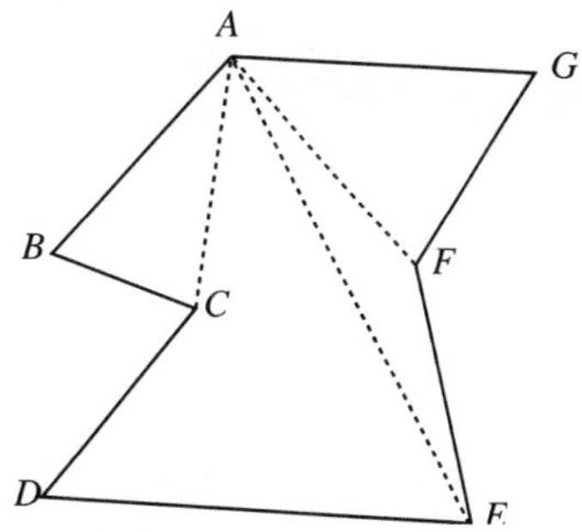

〈 그림 7-20 〉

다각형의 대각선의 개수를 계산하려면 다음과 같이 생각한다.

〈그림 7-20〉의 A에서의 대각선은 3개이다. 마찬가지로 B에서는 2개, C에서는 4개, D에서는 2개, E에서는 2개, F에서는 4개, G에서는 3개의 대각선을 생각할 수 있다. 한 대각선을 두 꼭짓점에서 계산하였으므로 이들의 합

$$3+2+4+2+4+3=20$$

을 2로 나누면 주어진 다각형의 대각선의 개수를 얻을 수 있다. 따라서 〈그림 7-20〉의 대각선의 개수는 10이다.

[문제 1] 그림의 도형을 보고 답하여라.

① 점 A는 어떤 각의 내부에 있는가?

② 점 A는 어떤 삼각형의 외부에 있는가?

③ 점 A는 어떤 삼각형 위에 있는가?

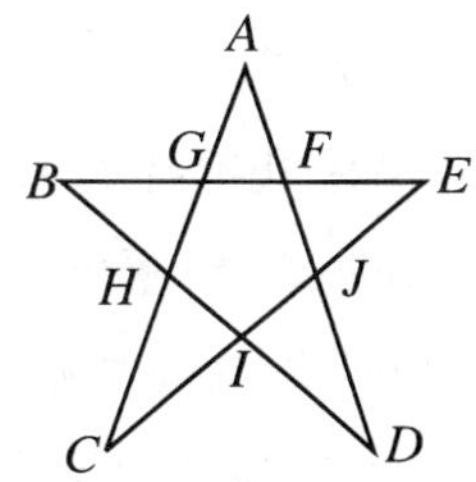

〈 그림 7-21 〉

[문제 2] 다음 다각형의 대각선의 개수를 구하여라.

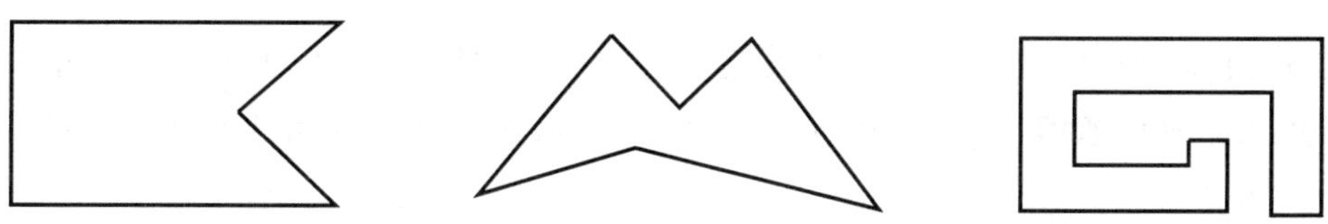
〈 그림 7-22 〉

[문제 3] 볼록 n각형의 대각선의 개수를 구하여라.

7.5 입체도형

1. 기둥

평면 α 위의 곡선 C 위의 모든 점을 지나고 정직선 ℓ 에 평행인 집합에 의하여 만들어진 도형 S를 **기둥면**이라고 한다. C가 단일폐곡선일 때, α와 α에 평행인 평면과 S에 의하여 둘여 싸인 입체를 **기둥**이라 한다.

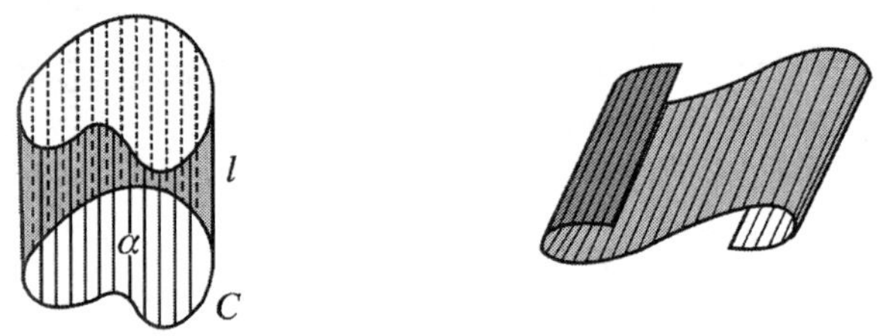

〈 그림 7-23 〉

기둥 가운데 C가 다각형일 때 **각기둥**, ℓ 의 α에 수직이면 **직각기둥**, ℓ 의 α에 수직이 아닌 경우는 **빗각기둥**, C가 정다각형인 직각기둥을 **정각기둥**이라 한다.

또, 이상의 용어를 C가 평행사변형일 때의 빗각기둥을 **평행사변체**, C가 직사각형일 때의 직각기둥을 **직육면체**, C가 정사각형이고 높이가 C의 한 변과 같은 정각기둥을 **정육면체**라고 한다. C가 원인 기둥이 **원기둥**이고, ℓ 의 α에 수직일 때는 **직원기둥**, ℓ 의 α에 수직이 아닌 때는 **빗원기둥**이라고 한다.

2. 뿔

평면 α 위의 곡선 C 상의 모든 점과 평면 α 밖의 정점 P를 지나는 직선의 집합에 의하여 만들어진 도형 S를 **뿔면**이라고 한다. C가 단일폐곡선이고 S와 α에 의하여 둘여 싸인 입체를 **뿔**이라고 한다.

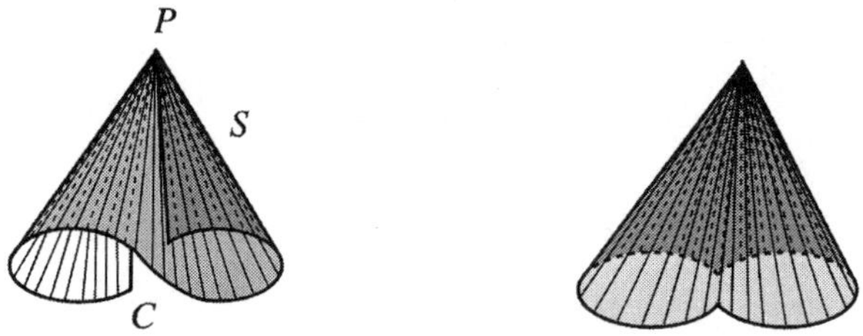

〈 그림 7-24 〉

C가 다각형일 때의 뿔을 **각뿔**이라고 하고 C가 정다각형이고 P가 정다각형을 지나는 α수직선 위에 있을 때 **정각뿔**이라고 한다. C가 n각형일 때, 이상의 각 뿔을 **n각뿔**, **정n각뿔**이라고 한다. C가 원일 때의 뿔을 **원뿔**, P가 원 C의 중심을 지나는 α의 수직선 위에 있을 때 **직원뿔**, 그렇지 않을 때 **빗원뿔**이라고 한다. 각뿔, 원뿔을 그 밑면 α평행인 평면으로 자르고 꼭짓점이 있는 부분을 버린 나머지 부분을 **각뿔대**, **원뿔대**라고 한다.

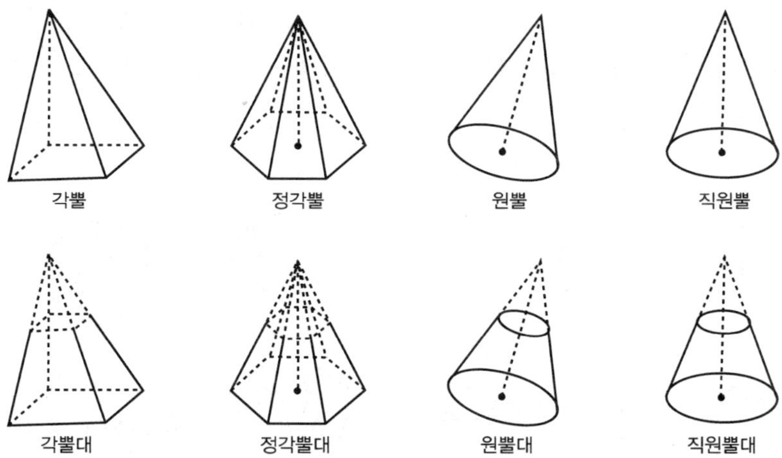

〈 그림 7-25 〉

3. 다면체

각기둥, 각뿔, 각뿔대와 같이 다각형의 면들이 변과 꼭짓점에서 연결되어 둘여 싼 폐곡면으로 된 입체를 **다면체**라고 한다.

정다각형의 경우와 같이 다면체에서도 정다면체를 생각할 수 있다. 정다면체는 면이 모두 합동인 정다각형이고 각 꼭짓점에서 변의 수가 모두 같은 다면체를 말한다.

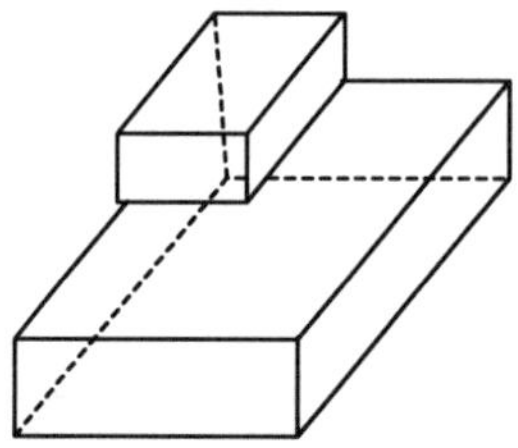

〈 그림 7-26 〉

이와 같은 정다면체는 〈그림 7-27〉에서와 같이 **정사면체, 정육면체, 정팔면체, 정십이면체, 정이십면체**의 5종류가 있다. 다면체가 아닌 공간도형으로 잘 알려진 것에는 구면, 원뿔, 원기둥이 있다. **구면**은 "한 점에서 같은 거리에 있는 점의 집합"으로 정의 된다. 이때의 주어진 한 점을 **구면의 중심**이라 한다.

다면체는 실제로는 입체의 껍질인 표면을 생각한 것이다. 특히 그 면이 평평한 면으로 되어 있기 때문에 모서리를 적당히 짜르면 다면체의 면을 평면 위에 펼쳐서 나타낼 수 있다. 〈그림 7-27〉의 아래 그림은 각 정다면체의 면을 한 평면 위에 펼쳐 놓은 것이며, 이와 같은 평면도형을 정다면체의 **전개도**라고 한다. 어떤 다면체의 전개도만 주어져도 그 다면체가 어떻다는 것은 짐작할 수 있다.

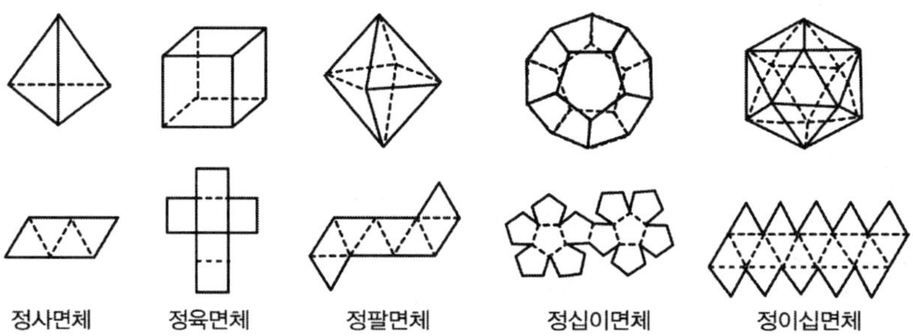

〈 그림 7-27 〉

〈그림 7-27〉은 어떤 다면체의 전개도를 나타내고 있다.
이 전개도를 보고 다면체의 면 전체를 한눈에 알 수 있으나, 이 전개도를 접어서 만든 다면체를 〈그림 7-28〉과 같이 평면 위에 그리면 다면체의 면을 한눈에 보기가 어렵다.

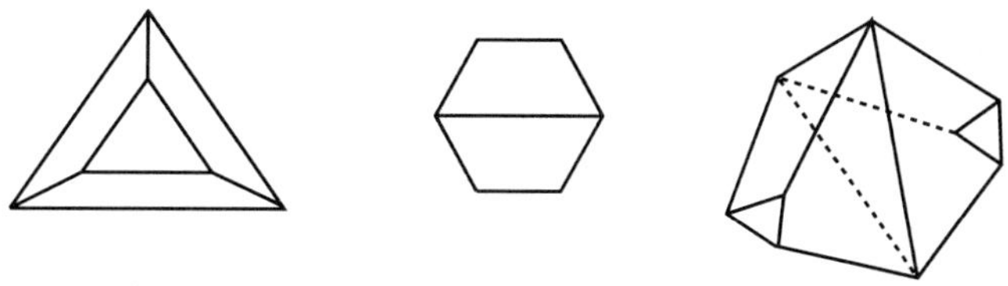

〈 그림 7-28 〉

구면의 경우는 다면체와 같이 전개도를 그릴 수 없다. 그러나 직원뿔이나 직원기둥은 쉽게 전개도를 〈그림 7-29〉과 같이 그릴 수 있다.

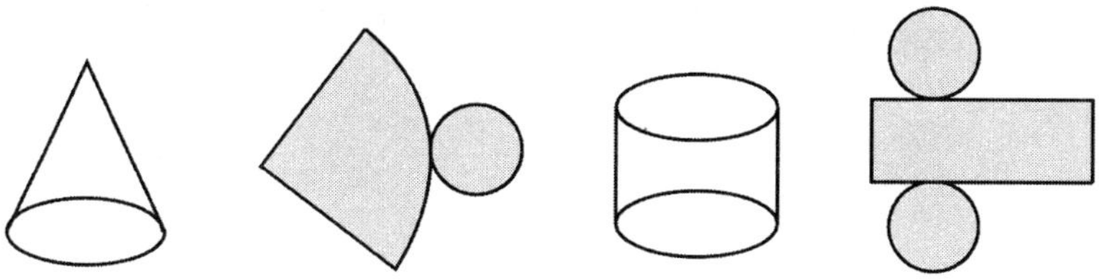

〈 그림 7-29 〉

[문제] 다음 평면도형은 어떤 다면체의 전개도가 될 수 있는가.

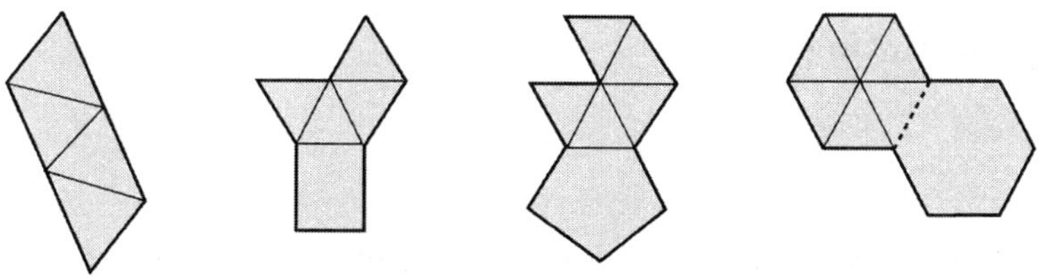

〈 그림 7-30 〉

7.6 도형의 변환

1. 변환의 개념

도형의 변환이란 공간상의 도형을 다른 공간으로 일 대 일 대응에 대해서 옮기는 이동을 말하며 공간의 인식을 변환의 지도 없이는 불가능하다고도 말할 수 있다.

본격적인 지도는 중학교 이후가 되겠으나, 초등학교에서는 그 소지를 기르게 된다.

2. 여러 가지 변환

1) 합동변환

도형의 모양과 크기가 변하지 않고 위치만이 변하는 변환을 **합동변환**이라고 말하고, 대칭이동, 평행이동, 회전이동의 조작관계를 생각할 수 있다.

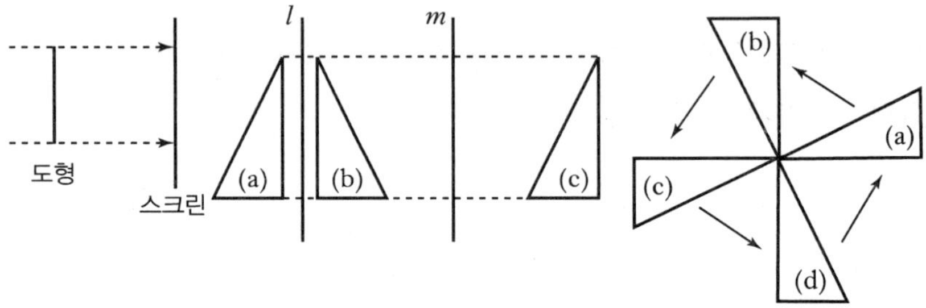

〈 그림 7-31 〉

합동변환
- 대칭이동 … 접는다. …………… 공간상에서의 변환(부의 합동변환)
- 평행이동 … 민다.
- 회전이동 … 돌린다.
  - 180 ° 회전(점대칭)

(평행이동, 회전이동, 180 ° 회전) …… 평면상에서의 변환(정의 합동변환)

2) 닮음변환

도형의 모양은 변하지 않고 크기만이 변하는 변환을 **닮음변환**이라 말하고, 도형의 확대 및 축소의 변환이라고 말할 수 있다.

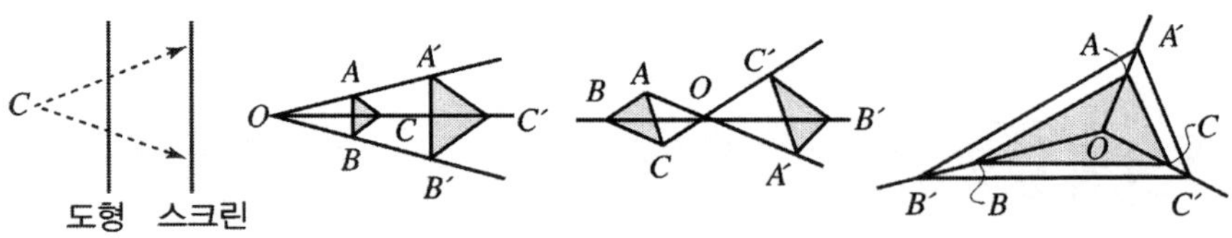

〈 그림 7-32 〉

3) 등적변환

도형의 모양은 변하나 면적만은 변하지 않는 변환을 **등적변환**이라 말하고, 초등학교에서는 기본도형의 면적을 구할 때나 두 면적이 같다는 것을 증명할 때에 흔히 이용된다.

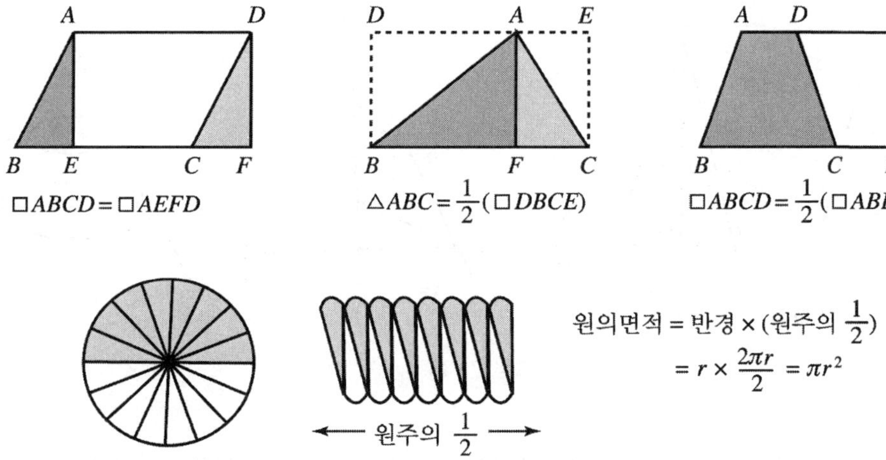

〈 그림 7-33 〉

4) 아핀변환

평행점선에 의한 투영으로 각의 크기, 선분의 길이 등은 변하나, 평행인 관계만은 변하지 않는 변환을 **아핀변환**이라 말한다. 가령 직사각형을 아핀변환하면 직사각형, 정사각형 또는 평행사변형이 될 수 있고, 직육면체의 실물에 대한 겨냥도를 그리는 것도 아핀변환에 관한 것이라 할 수 있다.

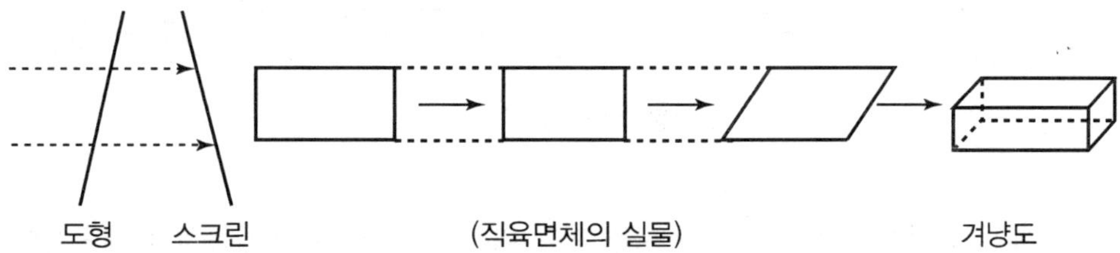

〈 그림 7-34 〉

5) 사영변환

한 점 P를 광원으로 생각하고 여기에 도형을 비출 때, 그 그림자는 여러 가지 모양으로 나타난다. 그러나 점의 순서, 연결방법은 불변인 변환을 **사영변환**이라 말한다. 곧 사영변환은 점투영에 따라 직선은 직선으로, 평면은 평면으로 옮기는 것이다.

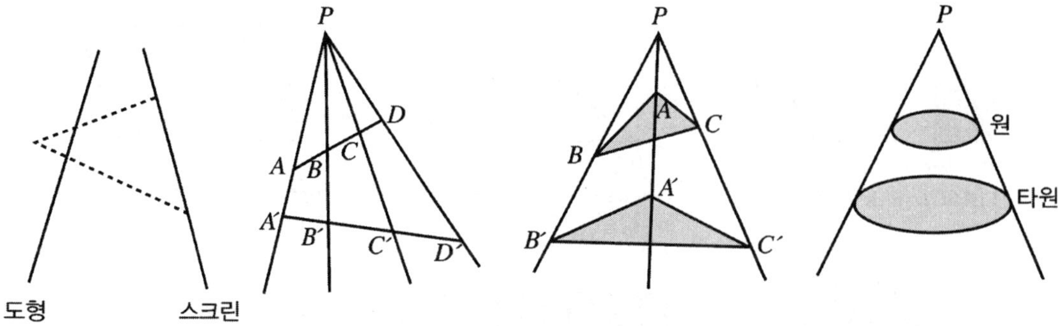

〈 그림 7-35 〉

유클리드(Euclid)평면에서와 평행선의 개념이나 각의 개념 등이 있을 수 있다.

6) 위상변환

위상변환은 점의 순서나 연결방법만이 변하지 않는 변환으로, 곧 일 대 일 연속변환으로 변하지 않는 도형의 성질을 연구하는 것으로서 이와 같은 기하학을 **위상기하학**이라고 한다.

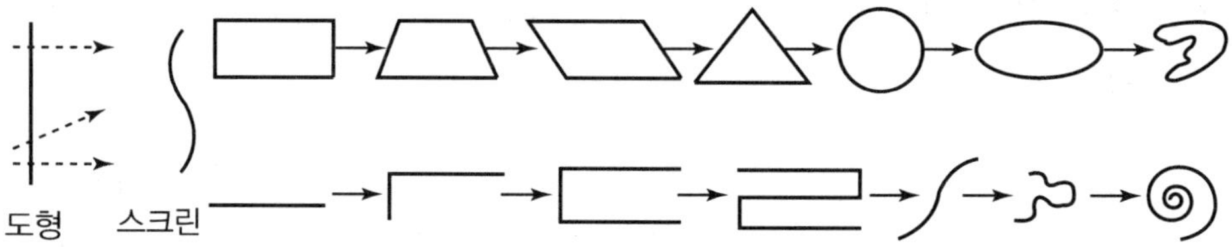

〈 그림 7-36 〉

위의 그림에서와 같이 직사각형과 선분을 각각 위상변환하면 단순폐곡선과 개곡선이 만들어진다. 따라서 위상변환은 자유롭게 신축할 수 있는 고무판 위에서의 기하학이라고 볼 수도 있다.

특히 단순폐곡선과 개곡선의 성질은 다음과 같다.

① 한 시점에서부터 출발하여 겹치는 일 없이 처음 시점으로 되돌아 올 수 있는 것을 폐곡선(단순폐곡선)이라 하고, 그렇지 않는 선은 개곡선이라 한다.

② 폐곡선과 개곡선상에 임의의 한점을 취할 때 폐곡선에서는 하나의 선분이 만들어질 수 있으나 개곡선에서는 두 개의 선분이 만들어질 수 있다.

③ 폐곡선과 개곡선상에 임의의 두 점 A, B 를 취할 때 A 에서 B 로 가는 방법은 폐곡선에서는 두 가지 방법이 있을 수 있으나, 개곡선에서는 한 가지 방법만 있을 수 있다.
④ 폐곡선은 평면을 내부와 외부의 두 부분으로 나누지만 개곡선은 그렇지 못하다.
⑤ 폐곡선의 내부의 한 점과 외부의 한 점을 이으면 반드시 폐곡선과 한 점에서 만난다.

한 점 P가 폐곡선의 내부점인지 외부점인지 알아 보는 방법은 폐곡선 밖에 다른 한 점 Q를 잡고 P ,Q 를 맺을 때, 만나는 점의 개수가 홀수이면 P 점은 **폐곡선의 내부점**이고, 만나는 점의 개수가 짝수이면 P 점은 **폐곡선의 외부점**이 된다.

단번 그리기의 기원은 독일의 Königsberg시를 흐르는 강에 놓인 7 개의 다리 중에서 두 번 건너지 않고 이들 다리를 모두 건널 수 있는 방법은 없을까 하는 문제로서 1735년 스위스의 수학자 오일러(Euler)에 의하여 위상적인 표현 방법을 써서 해결 불가능하다는 사실이 밝혀졌다.

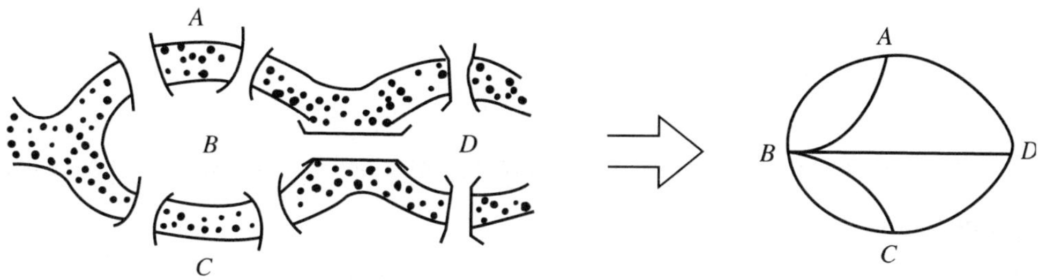

〈 그림 7-37 〉

어떤 점에 모인 선의 수가 짝수일때 그 점을 **짝수점**, 홀수일 때는 **홀수점**이라고 하자. 단번 그리기가 가능한 것은 홀수점의 개수가 0 또는 2 일 때이고, 3 개 이상의 홀수점이 있으면 단번에 그릴 수 없고, 홀수점의 수가 2n 개이면 n 번에 그릴 수 있다.

선분을 **변**이라 하고 선분의 양 끝점을 **점**이라고 하자. 두 선분이 만났을 때는 하나의 **정점**이 결정되고, 3개의 선분으로 둘러싸인 도형을 **면**이라고 하며, 면이 없는 선분으로 만든 도형을 **수형도**라고 한다.

① 정점의 개수가 5 개 이하인 수형도를 모두 그려 정점의 수와 변의 수의 관계를 조사하자. 정점의 수를 V, 변의 수를 E 라 하였을 때 $V - E = -1$ 의 관계식을 얻는다.
② 면의 수가 5 개 이하인 경우 정점의 수와 변의 수를 알아보자.
㉠ 면의 수가 1 개인 경우 : $V - E = 0$

㉡ 면의 수가 2 개인 경우 : V − E = −1 로부터 면의 수가 F개 일때는

V - E = −(F − 1), 곧 V − E + F = 1 이 된다.

③ 입체도형에서 정점의 수, 변의 수, 면의 수에 대한 관계를 알아보자. 입체도형에서도 V − E + F = 1 의 관계가 성립할 것인가?

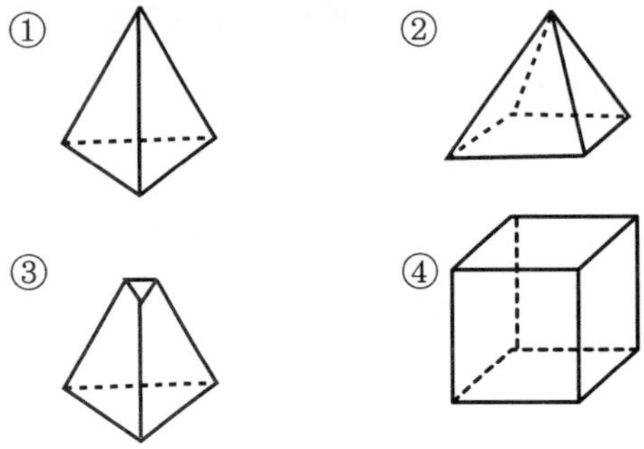

	V	E	F
(ㄱ)	4	6	4
(ㄴ)	5	8	5
(ㄷ)	6	9	5
(ㄹ)	8	12	6

〈 그림 7-38 〉

위의 표를 살펴보면 V − E + F = 2 인 관계식을 얻을 수 있는데, 이 관계식을 **오일러의 다면체정리**라 한다.

왼편 다각주에서 평면 ABC 를 제거하고 정점 D 에서 보면, V − E + F = 1이 성립되고 제거한 평면을 첨가하면 V − E + F = 2 가 성립 됨을 알 수 있다

그 밖에 위상적 성질을 알아보는 것으로 Möbius띠에 관한 문제, 지도를 최소의색으로 칠하는 문제, 3차원 공간에서의 구면과 torus면에 관한 위상적 성질을 알아보는 문제 등이 있을 수 있겠으나 초등학교 과정의 밖이다.

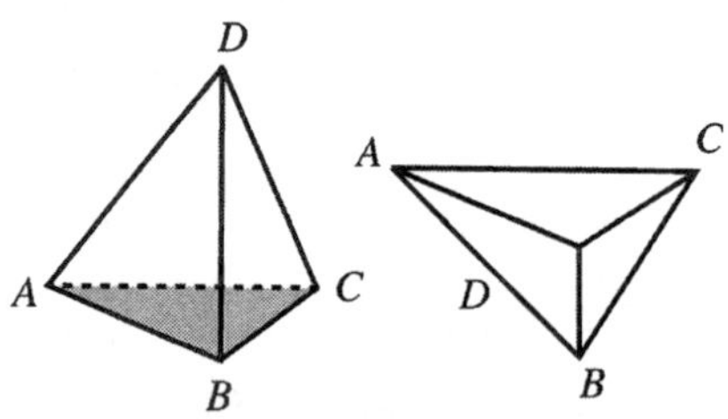

〈 그림 7-39 〉

도형의 변환에 관한 지도의 순서는 일반, 특수의 관계를 고려하여 위상변환, 사영변환, 아핀

(affine)변환의 계량적 성질이 없는 위상적 변환의 것을 먼저 지도하고 다음에 등적변환, 닮음변환, 합동변환과 같은 계량적 성질이 있는 유클리드(Euclid)적 변환을 지도하여야 한다는 것을 심리학자들은 강조하고 있다.

7.7 도형의 지도

1. 일반적 지도

먼저 도형의 지도계통 면을 생각하면 유일하게 정해진 것은 없으나 도형을 구성하는 요소, 상등관계, 위치관계, 포섭관계 등에 의하여 지도계통을 정할 수 있다.

가령, 꼭짓점(정점)과 변의 개수에 의한 관점에서 삼각형, 사각형 등의 계통에 얻어지며 각이나 변의 상등관계에 의하여 정사각형, 직사각형, 마름모, 직각삼각형, 정삼각형, 이등변삼각형, 직각이등변삼각형 등의 계통을 생각할 수 있고 또 직선이나 변의 위치관계의 관점에서 평행사변형, 사다리꼴의 지도계통이 이루어질 수 있다. 이들은 다시 직사각형, 정사각형, 마름모와 관련하여 다양한 지도가 이루어지도록 할 수 있다. 도형의 포섭관계에 대한 지도계통도 정의나 집합의 생각에 입각하여 세울 수 있는데, 가령 정의에 의한 사각형의 지도계통을 살피면 일반, 특수의 관계가 들어나는데 보통 지도의 계통은 특수에서 일반으로 가는 지도계통, 일반에서 특수로 가는 지도계통, 또는 개개의 도형을 지도한 다음 특수 일반의 계통을 따지는 경우를 생각할 수 있고, 또 이와 같은 생각은 다음에 보이는 집합적인 생각에 근거를 둔 Venn도에서도 같은 계통을 알아 볼 수 있다.

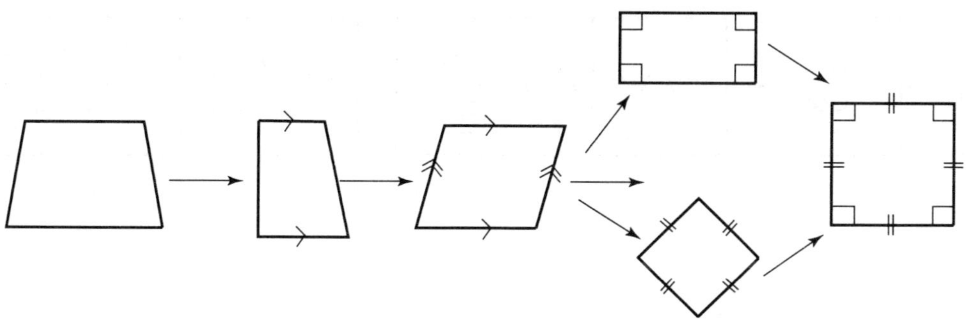

〈 그림 7-40 〉

도형의 크기나 모양에 관한 관점에서는 합동과 닮음에 관한 계통을 생각할 수 있는데, 가령, 합동에서는 대칭이동, 평행이동, 회전이동과 닮음에서의 축도와 확대도 등의 지도계통을 생각할 수 있다. 그 밖에 새로 도입된 사영변환이나 위상변환의 학년별 지도계통을 수립하는 문제들이 충분한 연구 끝에 해결되어야 하겠는데, 아직 이들에 관한 연구는 미진한 상태에 있으므로 앞으로 충분한 지도대책이 강구되지 않으면 안 된다

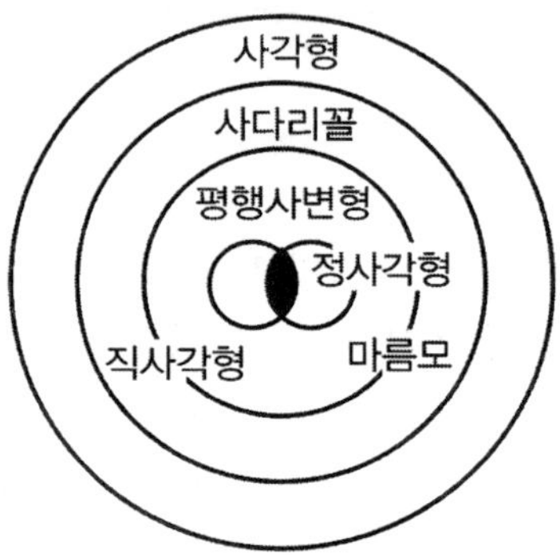

〈 그림 7-41 〉

다음으로 개개의 기본도형을 지도하는 과정을 크게 도형의 정의에 관한 이해면과 성질에 관한 이해면으로 나누어 생각할 수 있으며, 이들 지도과정을 구체적으로 도표화하면 다음과 같다.

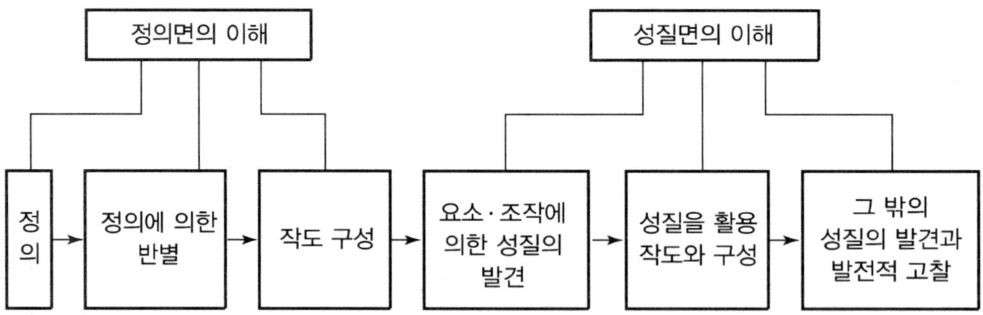

2. 정의의 지도

1) 정의의 관점

(1) 도형의 구성요소로 정의한다.

도형의 구성요소(면, 변, 꼭짓점, 각 등)에 착안하여, 그 수와 크기(상등관계 등) 및 관계(평행, 수직 등)로 정의한다. 이를테면 "4변으로 둘러싸인 도형을 4각형이라 한다"의 4각형의 정의는, 요소(변)와 수(4)로 되어 있다.

(2) 상위개념과 관계지어 정의한다.

이등변삼각형의 정의를 보기로 들면 다음과 같다.

삼각형 중에서	두 변의 길이가 같은 것을,	이등변삼각형이라고 한다.
(상위개념)	(더해지는 조건)	(하위개념)

2) 정의의 지도

기본도형의 정의의 지도에 있어서 정의는 "주어지는 것"이 되지 않고 아동이 만들어 내는 것이 되어야 한다. 곧 발견학습이 이루어져야 하는 것이다.
그러기 위하여 다음과 같이 지도단계를 정한다.

(1) 정의를 이끌기 위하여, 기본도형의 요소를 착안하는 단계
(2) 도형의 요소를 공통개념을 발견하고, 정의로 이끄는 단계
(3) 정의를 써서 도형을 분류하고 정의의 이해를 깊게 하는 단계
(4) 정의를 써서 작도하거나 구성하여 더욱 이해를 깊게 하는 단계

이등변삼각형을 보기로 들어 (1), (2)의 과정을 보이겠다.

① 도형의 요소에 착안시키는 지도

ⓐ 전체집합을 확인시킨다. 〈그림 7-42〉를 보이고, 모두 삼각형임을 (전체집합)확인시킨다.

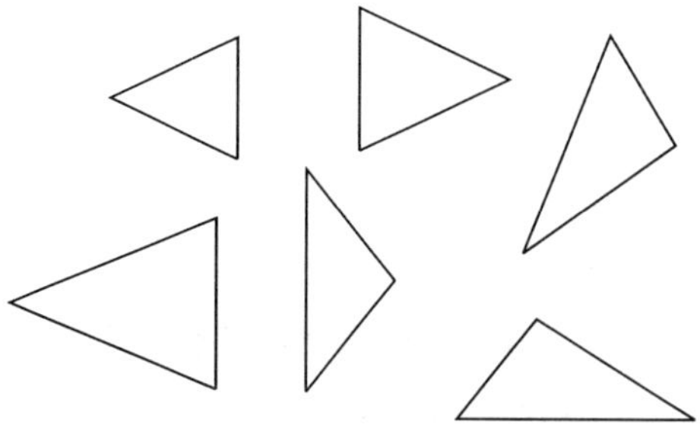

〈 그림 7-42 〉

ⓑ 특별한 모양이 있음을 발견하게 하고, 이들을 모이게 한다.

ⓒ 부분집합을 만들기 위한 착안점을 정한다. 이 경우에는 변에 착안시킨다.

② 공통개념을 찾고, 이로써 정의로 이끄는 지도

ⓐ 공통개념을 만드는 관점을 명백히 한다. 곧 변에 주목시키며, 이것이 공통 개념을 만드는 관점이 된다.

ⓑ 공통개념으로써 부분집합을 만든다. 곧 이등변삼각형인 부분집합이 만들어진다.

ⓒ 공통개념을 말로 나타내어 정의로서 매듭짓는다. 곧 "두 변의 길이가 같은 모양"을 말로 정리하여, 이와 같은 모양을"이등변삼각형"이라고 함을 지도한다.

3. 성질의 지도

1) 정의와 성질

(1) 정의와 성질은 구분되어야 한다. 정의와 성질을 여러 가지로 알고 있다 하여도 그 지식이 조직화 되지 못하고 나열되었다면 체계적인 논증이 불가능하게 된다. 물론 논증을 통한 본격적인 조직화는 중학교 이후가 되겠으나 초등학교에서도 초등학교 나름으로 조직화와 체계화를 고려하여야 한다.

(2) 정의에서 성질로 이끈다.

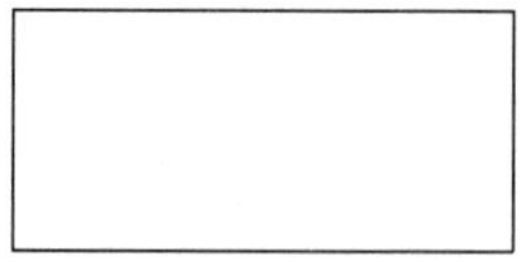

〈 그림 7-43 〉

〈그림 7-43〉의 직사각형에서 다음을 바로 알 수 있다.

① 네 개의 각이 모두 직각이다.
② 맞변이 평행이다.
③ 맞변이 길이가 같다.

이중에서 ①만이 정의이고 ②, ③은 성질이나, 이것이 구분되어야 한다고 하여도 아동들에게는 이해가 안 된다. 모두 같게 보일 것이다.

그러나 "4각형에서 네 개의 각이 직각이면, 밑변의 길이가 같다"
곧 "…이면 …이다"가 이해되어 정의에서 성질이 이끌어짐을 알게 되어야 한다. 그러기위해서는 〈그림 7-44〉에서와 같이 직4각형의 정의, 곧 네 각이 직각인 4각형을 만들어 가면 된다. 이는 이론적 관계가 아니고 경험적 관계이지만, 원인과 결과와 같은 관계이다.

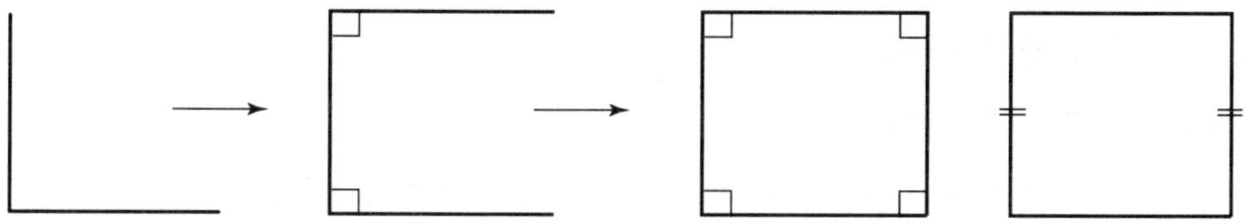

〈 그림 7-44 〉

2) 성질의 지도

기본도형의 성질을 질서 없이 늘어놓는 것으로는 이해가 깊어지지 않는다. 도형의 성질을 추구하는 관점을 기르는 것이 필요하다. 그러기 위하여는 기본도형의 성질을 다음과 같이 정리하는 것이 좋을 것으로 생각된다.

(1) 변이나 각이 크기나 관계의 고찰과 같이 도형의 요소에 관한 성질
(2) 대각선의 길이나 만남, 대각선으로 분할된 삼각형의 합동 등의 성질
(3) 대칭이나 회전 등 조작적인 관점으로 고찰하는 성질

정의의 지도에 있어서는 교사가 거의 의도적으로 방향제시를 하게 되나, 성질의 지도에 있어서는 발견적 학습으로 지도되어야 한다. 이에 대한 지도 단계를 들어본다.

(1) 도형의 요소와 그 관계에 관해 토론한다. 곧 도형의 요소인 변, 각, 꼭짓점에 관해 그 수나 크기를 조사하는 관점은 되어 있으므로 이를 복습한다.

(2) 정의 이외의 관점으로 성질을 조사한다.

(3) 정해진 관점에 따라 직관에 의하여 성질로서 가설을 세운다.

(4) 실측이나 실정에 의하여 가설을 검증한다. 검증은 발달단계에 따라서 다음의 방법들이 생각된다.

① 자나 콤파스로 실측하여 확인하는 방법

② 겹쳐 보아 실증하는 방법

③ 논리적으로 증명하는 방법

(5) 많은 도형에 대하여 조사하여 일반화를 이룬다.

(6) 성질로 매듭짓는다.

3) 분류와 작도·구성의 지도

(1) 분류와 작도· 구성 지도의 관점

① 도형의 분류는 정의의 이해를 깊게 하는 것을 목표로 한다.

정의를 확실하게 하기 위하여 도형의 분류를 한다. 원칙으로 정의를 매듭지은 직후에 분류의 지도를 하여 정의의 이해를 깊게 한다.

② 작도· 구성도 정의나 성질과 관련지어 하도록 한다.

작도는 정확성이 요구됨은 당연하나 그 때문에 기술에 치우쳐 연습에 많은 시간을 들이는 것은 피하는 것이 좋다. 작도나 구성이 목표도 역시 정의나 성질의 이해를 깊게 함에 있다.

③ 작도· 구성의 확인은 원칙적으로 정의에 돌아간다.

작도나 구성된 것은 정의에 따르고 있나를 확인시킨다.

④ 구성의 지도에서는 막대나 색판을 늘어놓는 것이 좋다.

막대 늘어놓기는 도형의 요소에 주목시키는 지도로서 변이나 꼭짓점의 이해가 깊어지고, 색판 늘어놓기는 도형을 대각선 등으로 분할하였을 때의 삼각형의 합동 등과 관련이 있다. 전자는 요소에 관한 성질, 후자는 분할에 따른 성질추구의 대표이다.

(2) 도형의 분류의 지도

분류의 지도에 관하여 다음과 같은 단계를 생각할 수 있다.

① 분류는 정의를 쓰는 것을 확인한다.

② 분류가 쉬운 것으로부터 점차 어려운 것으로 옮아간다.

③ 속성이 적은 도형에서 많은 것으로 옮아간다. 구체물에는 색, 재질, 대소 등의 속성이 많이 따르므로 뒤로 돌린다.

④ 하위개념에 해당되는 것도 일단 같은 것으로서 분류시킨다. 이는 포함관계지도의 소지가 된다.

⑤ 말로 제시하거나, 개형(概形)에 주목시킨다.

(3) 작도·구성의 지도

① **작도의 지도** : 정의나 성질의 이해를 깊게 하는 작도에 있어서는 아동의 능력차 등도 고려하여 문제를 주기 전에 다음과 같은 경우를 주어 도형의 개념의 이해에 도움이 되도록 한다.

(a) 조건의 일부를 그림으로 주고, 이것을 완성시킨다.

평행사변형의 작도를 시키는 경우〈그림 7-45〉에서 실선으로 나타내진 부분의 그림을 주고, 처음에는 변의 길이를 자유롭게 하면서 점선과 같은 여러 가지의 평행사변형을 그리게 한다. 이 단계를 지난 다음에는 변의 길이를 정하여 주는 것이 좋다.

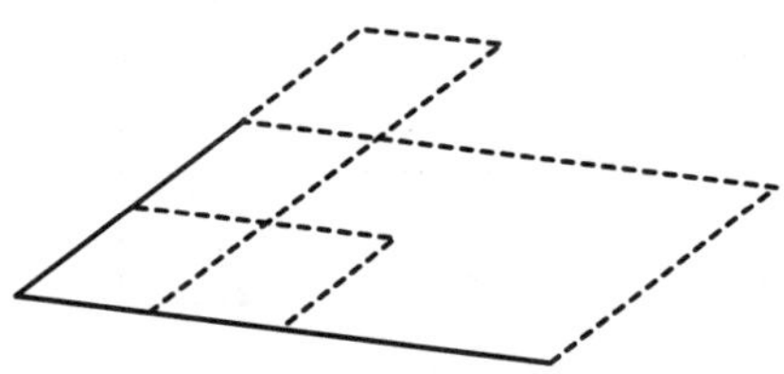

〈 그림 7-45 〉

평행사변형의 정의 "맞변이 평행하다"를 활용한 것이 되므로, 정의의 이해가 깊어질 것이다.

(b) 조건의 일부를 기능으로 가지는 용지를 활용한다.

2단계에서 직사각형의 작도는 어려운 것으로 알려지고 있다. 그러나 모눈종이를 주면 모눈에 따른 사각형은 모두 직사각형이 된다. 이것은 직사각형의 정의에 따른 작도이며, 모눈의 기능을 활용한 것이다.

② **구성의 지도** : 도형의 구성은, 그 교재나 용구의 기능이 크게 관계된다. 정의나 성질의 이해를 위한 입장에서 용구나 재료의 취급방법과 관점을 간단히 말한다.

(a) 기하판(Geoboard)과 고무줄로 직사각형을 구성시킨다.

이는 모눈종이를 써서 작도하는 것과 같은 생각이나, 이 교구를 쓰면 여러 가지 도형을 자유자재로 구성할 수 있으며, 요소로서 변에 주목시키는 데 편리하다.

(b) 수수깡을 써서 삼각형을 구성 시킨다.

한 개의 수수깡을 주어서 적당히 꺽어 삼각형을 만들게 한다. 이는 정의를 활용하는 구성이다. 그러나 꺽는 방법에 따라서 두 개의 수수깡의 합의 한 개의 수수깡의 길이보다 짧을 때는 삼각형이 만들어지지 못함을 알게 되어 "삼각형의 두 변의 합은 다른 한 변보다 길다"란 성질을 알게 된다.

(c) 색판을 쓰는 구성은, 색판의 형에 주의한다.

색지로서의 구성은 주로 직각삼각형에만 사용하고 있으나, 이것으로는 특수한 도형만이 구성된다. 직각이등변삼각형, 이등변삼각형, 직각삼각형, 일반삼각형의 색판을 씀으로써, 〈그림 7-46〉과 같이 정사각형, 마름모, 직사각형, 평행사변형이 구성된다. 모두 분할에 의한 성질의 이해를 깊게 하는 것이 된다.

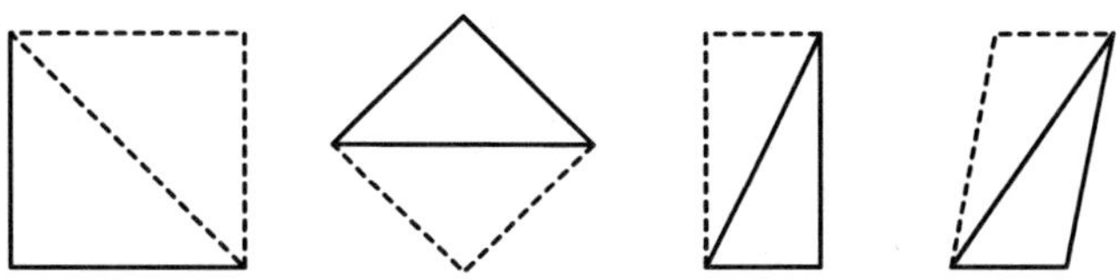

〈 그림 7-46 〉

4) 기본도형의 포함관계의 지도

(1) 포함관계지도의 관점

기본도형의 포함관계의 지도는 도형학습에서 매우 중요한 일이나 이를 확실하게 이해시키기가 어렵다. 그러나 되도록 쉽고, 간단하게 이해시키는 방법을 생각하여 지도의 관점을 다음과 같이 정리하였다.

① 항상 기습(旣習)한 도형과의 관계를 생각하는 태도를 기른다.
② 포함관계를 생각할 때의 관점을 아동에게도 명확하게 갖도록 한다.
③ 보존되는 성질과 부가되는 성질이나 소멸되는 성질에 주목시킨다.

(2) 포함관계지도의 기회

① **도형을 정의할 때** : 직사각형의 정의 "사각형에서 네 각의 직각인 사각형을 **직사각형**이라고 한다"는 사각형이라는 상위개념에서 네 각의 직각이라는 조건을 더하여 하위개념인 직사각형을 규정하고 있다. 이것이 도형의 포함관계지도의 시초가 된다. 또 정사각형의 지도에서 "네 각의 직각"임을 착안하여 "정사각형도 직사각형으로 볼 수 있다"를 이해시키고 그 밖에, "모든 변이 같다"인 조건이 붙는 것에 주목시킨다. 곧 "정사각형은 직사각형의 특별한 경우"임을 알게 한다.

② **도형을 따로따로 도입하고 포함관계를 생각할 때** : 4단계에서 평행사변형을 도입하고, 앞서 학습한 직사각형과의 관계를 생각하는 것이 이에 해당된다. 평행사변형에서 맞변은 평행인데, 직사각형이나 정사각형에서도 보존됨을 학습시킨다.

③ **도형개념의 포함관계를 매듭지을 때** : 다음과 같이 단편적으로 학습한 포함관계를 매듭 짖는 것이 5단계에서의 지도이다.
(a) 2단계 : 삼각형과 직사각형, 사각형과 직사각형, 정사각형
(b) 3단계 : 삼각형과 이등변삼각형, 정삼각형
(c) 4단계 : 사각형과 사다리꼴, 평행사변형

④ **새로운 관점으로 도입하고, 기습(旣習)도형의 포함관계를 생각할 때** : 5단계에서 점대칭도형이 지도된다. 이때, 평행사변형이 점대칭도형인 것에서, 그의 하위개념의 도형인 직사각형, 마름모, 정사각형 등도 점대칭임을 학습시키는 경우가 이에 해당된다.

[문제] 정사각형, 마름모, 직사각형, 평행사변형, 사다리꼴이 포함관계를 도시하여라.

5) 평면도형의 지도

(1) 선과 각

① 점의 지도

점은 위치를 나타내는 것이며, 그 크기를 나타내는 것은 아니다. 〈그림 7-47〉과 같이 많은 점들의 크기를 달리해서 나타냈다고 하더라도 그것은 크기를 사상(捨象)해버리고 위치만을 표상한다. 즉 추상화와 이상화에 의해 점의 개념을 구성하게 된다.

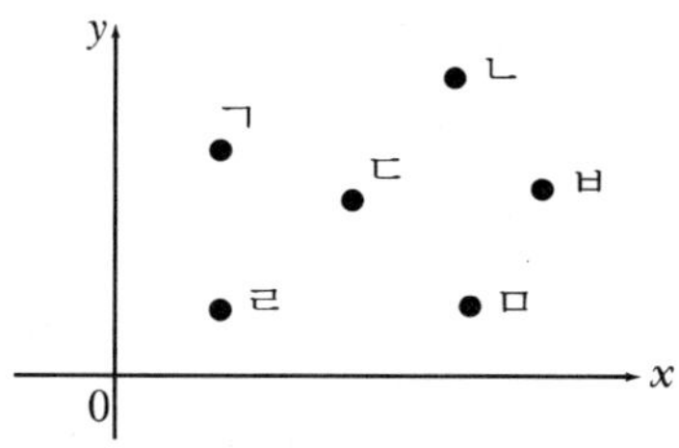

〈 그림 7-47 〉

그리고 점은 기하도형에서 무정의의 요소로 받아들이는 것이며, 그 개념은 정의하기는 어렵고 다만 직관적 사고에서 그 개념을 인식하도록 한다. 그러므로 점의 지도에 있어서도 구체적인 조작을 통하여 점의 성질로서 인식하도록 한다.

이를테면 점은 학교, 놀이터, 교회, 소방서, 우체국, 우리집 등이 있는 위치를 나타낼 때 쓰게 하고, 점을 기호로 나타낼 때는 점 ㄱ, ㄴ, ㄷ,…으로 점의 이름을 부르게 한다.

② 선분 · 직선 · 사선의 지도

먼저 두 점을 정해 놓고 자를 대고 그 두 점을 연필로 이어 보도록 하는 활동을 통하여 선분이 결정되는 것을 직관하게 한 다음, "점과 점을 곧게 이은 선"을 **선분**이라고 정의한다.

또 점 ㄱ과 점 ㄴ을 이은 선분을 **선분ㄱㄴ** 또는 **선분ㄴㄱ**으로 나타내며 두 점ㄱ, ㄴ을 **선분의 끝점**이라고 한다는 것을 알게 한다. 또 선분 ㄱㄴ과 선분 ㄷㄹ을 포개어 보개하여 꼭 맞게 포개어질 때, 두 선분을 **합동인 선분**이라고 한다.

직선에 대해서는 〈그림 7-48〉과 같이 선분 ㅁㅂ을 끝점 ㅁ, ㅂ에서 양쪽으로 곧게 늘어 보게 하는 활동을 통하여 "선분을 양쪽으로 끝없이 늘인 곧은 선"을 **직선**이라고 정의하고, 점 ㅁ과 점 ㅂ을 지나는 직선을 **직선 ㅁㅂ** 또는 **직선 ㅂㅁ**이라고 한다.

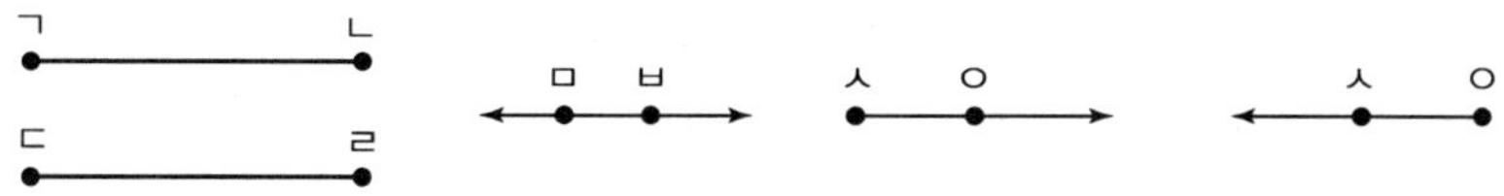

〈 그림 7-48 〉

사선에 대해서는 선분을 한 끝점 쪽으로만 끝없이 늘여 보는 구체적인 활동을 통하여 사선을 알게 한다. 〈그림 7-48〉에서와 같이 선분 ㅅㅇ을 끝점 ㅅ에서 ㅇ쪽으로만 늘인 곧은 선을 **사선 ㅅㅇ**이라고 하고, 또 선분 ㅅㅇ을 끝점 ㅇ에서 ㅅ쪽으로 늘인 곧은 선을 **사선 ㅇㅅ**라고 한다.

③ **각의 지도**

각에 대해서도 구체적인 조작활동을 통해서 이해하게 한다. 즉 끝점이 같은 두 사선으로 이루어진 도형을 **각**이라고 하고 끝점 ㄱ을 **각의 꼭짓점, 사선 ㄱㄴ과 사선 ㄱㄷ**를 **각의 변**이라고 하는 것을 알게 된다.

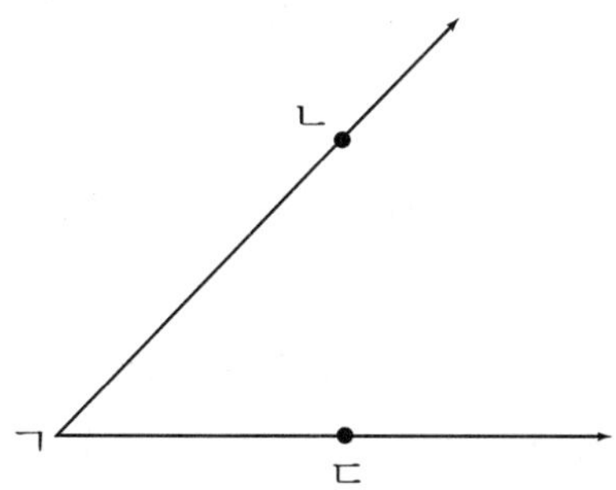

〈 그림 7-49 〉

또 각에 대한 기호는 **각 ㄴㄱㄷ** 또는 **각 ㄷㄱㄴ**으로 나타낸다. 또 포개지는 두 각을 **합동인 각**이라고 한다. 직각에 대해서는 각의 합동관계를 써서 이해하도록 한다.

(2) 수직과 평행

① **수직 · 수선의 지도**

두 직선이 서로 직각으로 만나고 있을 때, 두 직선은 서로 **수직**이라고 한다. 두 직선이 서로 수직일 때, 한 직선은 다른 직선에 **수선**이라고 한다.

〈그림 7-50〉에서 직선 ㄱㄴ과 직선 ㄷㄹ은 서로 수직이다. 이때 직선 ㄱㄴ에 대한 수선은 직선 ㄷㄹ이고, 직선 ㄷㄹ에 대한 수선은 직선 ㄱㄴ이라고 한다. 수직과 수선은 서로 다른 뜻이다. 즉 수직은 두 직선이 만나는 상태이고 수선은 수직인 상태로 만나는 직선을 나타내는 것이다.

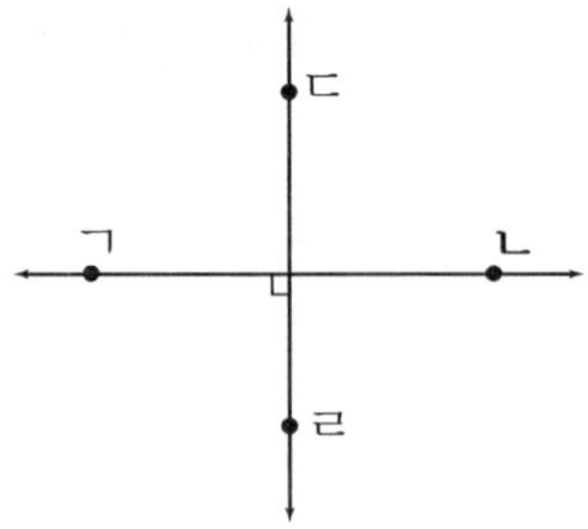

〈 그림 7-50 〉

② **평행과 평행선의 지도**

한 직선에 수선을 두 개 그어서 평행과 평행선의 의미를 이해할 수 있도록 한다.

〈그림 7-51〉에서와 같이 직선ㄱㄴ에 수직인 직선 ㄷㄹ과 ㅁㅂ을 작도하게 하여 이들 두 직선을 아무리 늘여도 만나지 않는다는 것을 관찰하게 한다. 이와 같이 한 직선에 수직인 두 직선은 서로 **평행**하다고 하고 서로 평행한 두 직선을 **평행선**이라고 한다. 또 평행선 사이의 거리가 같음을 알게 한다. 또한 구체적인 조작을 통하여 동위각의 크기가 같음도 알게 된다.

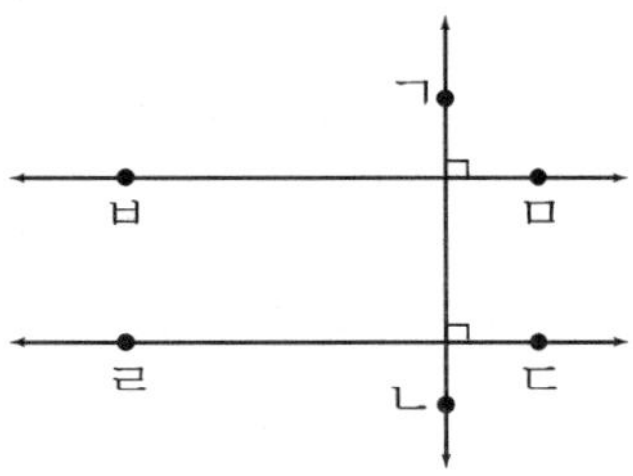

〈 그림 7-51 〉

(3) 삼각형의 지도

세 선분으로 둘러싸인 도형을 **삼각형**이라 하고, 꼭짓점ㄱ, ㄴ, ㄷ으로 되어 있는 삼각형을 **삼각형ㄱㄴㄷ**이라고 한다.

삼각형의 두변으로 만들어진 도형을 **삼각형의 각**이라고 한다. 따라서 삼각형 ㄱㄴㄷ에는 각 ㄱㄴㄷ, 각 ㄴㄷㄱ, 각 ㄴㄱㄷ의 세 각이 있음을 확인하게 한다.

① **직각삼각형**

직각이 있는 삼각형을 **직각삼각형**이라고 하는 것을 구체적인 조작활동을 통하여알게 한다.

② **정삼각형**

세 변의 길이가 모두 같은 삼각형을 **정삼각형**이라고 한다. 이때 세 각이 모두 합동인 되는 것을 알게 한다. 즉 정삼각형의 기본성질로서 각의 합동과 변의 합동을 들 수 있다. 바꾸어 말하면 변의 길이를 모두 같게 만들면 자연히 각의 크기도 같아진다. 따라서 정삼각형을 정의할 때는 변의 합동관계만을 이용한다.

③ **이등변삼각형**

삼각형의 세 변 중 두 변의 길이가 같은 삼각형을 **이등변삼각형**이라고 한다. 따라서 정삼각형도 이등변삼각형이라는 것을 알게 된다. 다음에 이등변삼각형의 성질로서 두 밑각이 같음을 구체적인 조작을 통하여 알게 한다.

④ **삼각형의 합동**

완전히 포개어지는 두 도형을 서로 **합동**이라고 한다. 이때 겹쳐지는 꼭짓점을 **대응점**, 겹쳐지는 변을 **대응변**, 겹쳐지는 각을 **대응각**이라 한다.

삼각형의 작도를 통하여 합동의 최소 조건을 알아보도록 한다.

(a) 두 변의 길이와 그 사이에 낀 각의 크기를 주어 삼각형을 그리도록 한다. 여기에서 삼각형의 결정조건과 합동조건을 경험하고 이해하도록 한다.

(b) 삼각형의 한 변의 길이와 그 양쪽 끝의 각의 크기를 주어 삼각형을 그리도록 한다. 여기에서 삼각형의 결정조건과 합동조건을 경험하고 이해하도록 한다.

(c) 삼각형의 세 변의 길이를 주어 삼각형을 그리는 조작을 통하여 합동의 최소조건을 알아보도록 한다. 여기에서는 삼각형의 결정조건과 합동조건을 구체적인 작도를 통하여 경험하고 이해하도록 한다.

[문제] 다음 삼각형을 작도의 공법에 의하여 그려 보고, 그릴 수 없는 것은 그 이유를 말하여라.

① 세 변의 길이가 각각 2cm, 4cm, 5cm인 삼각형
② 각 변이 12cm, 5cm, 3cm인 삼각형
③ 한 변이 5cm, 그 양끝의 각의 크기가 각각 90°, 100°인 삼각형
④ 두 변이 3cm, 4cm 그 낀각이 120°인 삼각형

(4) 사각형

네 선분으로 둘러싸인 도형을 **사각형**이라 하고, 〈그림 7-52〉과 같이 꼭짓점이ㄱ, ㄴ, ㄷ, ㄹ로 되어 있는 사각형을 **사각형 ㄱㄴㄷㄹ**이라고 한다. 또 선분 ㄱㄷ과 ㄴㄹ을 **사각형의 대각선**이라고 한다는 것을 알게 한다.

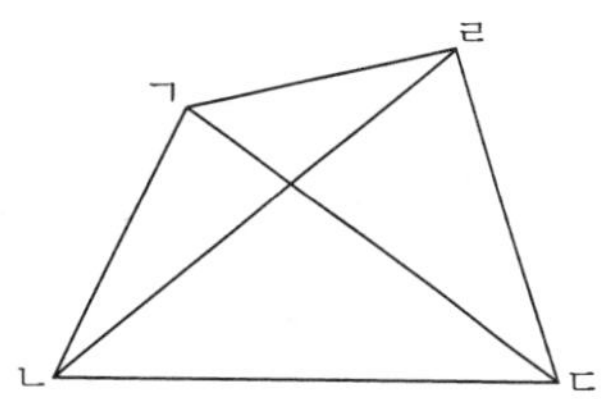

〈 그림 7-52 〉

① **사다리꼴**

한 쌍의 대변이 평행한 사각형을 **사다리꼴**이라고 한다. 사다리꼴에 대한 도형개념을 확실히 하기 위하여 긴 직사각형의 종이를 오려서 여러 가지 사다리꼴을 만들어 보도

록 하는 것이 효과적일 것이다.

② **평행사변형**

두 쌍의 대변이 평행한 사각형을 **평행사변형**이라고 정의하며, 평행사변형의 다음과 같은 성질을 구체적으로 조작을 통하여 알게 한다.

(a) 두 쌍의 대변의 길이는 같다.

(b) 두 쌍의 대각의 크기가 같다.

③ **직사각형과 정사각형**

네 각이 모두 합동인 사각형을 **직사각형**, 네 변의 길이와 네 각의 크기가 모두 같은 직사각형을 **정사각형**이라고 한다.

(a) 두 쌍의 대변의 길이는 같다.

(b) 두 쌍의 대변은 서로 평행하다.

(c) 두 쌍의 대각선의 크기는 같다.

위의 성질들에 대해서는 논리적으로 증명하는 것이 아니라, 직관이나 실측 또는 구체적인 조작활동을 통하여 이해하게 한다.

④ **마름모**

네 변의 길이가 모두 같은 사각형을 **마름모**라 한다.

마름모의 성질에 대해서는 다음 내용을 지도한다.

(a) 두 쌍의 대변은 서로 평행하다.

(b) 두 쌍의 대각의 크기는 같다.

(c) 마름모는 평행사변형이다.

위의 성질들에 대해서도 논리적으로 증명하는 것이 아니라, 직관이나 실측 또는 구체적인 조작활동을 통하여 이해하게 한다.

⑤ **원**

〈그림 7-53〉와 같이 동그란 모양을 **원**이라 한다는 것을 말하고, 콤파스로 원을 그려 보도록 하여 원의 개념을 이해하게 한다. 그리고 콤파스의 구조를 알게 하고, 콤파스로 원을 그릴 때 점 ㄱ을 **원의 중심**이라 하고, 선분 ㄱㄴ을 **원의 반지름**이라 하며, 이 반지름의 두 배의 선분 ㄴㄷ을 **원의 지름**이라고 하는 것을 알려 준다.

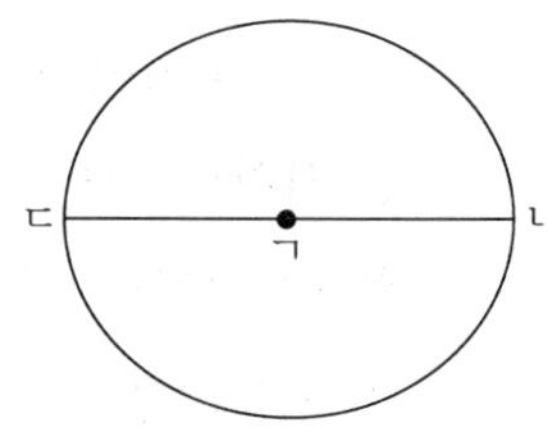

〈 그림 7-53 〉

다음에는 간단한 원의 성질로서 다음 내용을 지도한다.

(a) 원의 지름은 중심에 의하여 이등분된다.

(b) 원의 반지름은 지름의 $\frac{1}{2}$이다.

(c) 같은 원에서는 반지름의 길이가 항상 같다.

(d) 원의 모든 점은 중심으로부터 같은 거리에 있다.

(e) 원 위에 있는 두 점을 있는 선분 중 길이가 가장 긴 선분은 원의 지름이다.

위의 성질들을 직관이나 실측 또는 구체적인 조작활동을 통하여 이해하게 한다.

6) 입체도형의 지도

(1) 다면체

다면체는 직육면체와 같이 평면으로 둘여 싸인 입체이며 그들의 평면을 다면체의 **면**이라 하고, 면과 면의 만난 선을 **모서리**라고 한다. 모서리와 모서리가 만난점을 **꼭짓점**이라 하고, 같은 면에 포함되지 않는 두 꼭짓점을 맺은 선분을 **다면체의 대각선**이라 한다.

다면체에서도 오목, 볼록을 말하는데, **볼록다면체**의 경우는 어떤 면을 연장하여도 다른 면과 만나지 않지만 **오목다면체**는 다른 면과 만나게 된다. 또 복록다면체내부의 임의의 두 점을 맺는 선분은 반드시 그 내부에 포함되지만, 오목다면체에서는 그의 표면에 나타나게 된다.

단순히 다면체라고 하는 경우는 보통 볼록다면체의 의미로 사용한 것이며, 혼동될 우려가 있을 때만, 볼록, 오목을 붙여서 구별한다.

(2) 각기둥과 원기둥

① 각기둥

초등수학교육에 있어서는 수학적인 정의를 피하고 옆면, 밑면, 옆모서리, 꼭지점 등을 그림으로 설명하는 정도로 정리하는 것이 좋다고 생각한다. 높이만은 두 밑면 사아의 거리라는 것을 확실히 해두지 않으면 옆모서리의 길이를 높이로 혼동하기 쉽다.

각기둥 중에서 옆모서리가 모두 밑면에 수직인 것을 **직각기둥**이라 하고, 수직이 아닌 것을 **빗각기둥**이라 한다. 직각기둥 중에서 특히 밑면이 정다각형인 것을 **정각기둥**이라 한다.

현재 초등학교에서는 빗각기둥을 취급하지 않으며, 직각기둥을 다만 각기둥이라고 취급한다.

② **각기둥의 겨냥도**

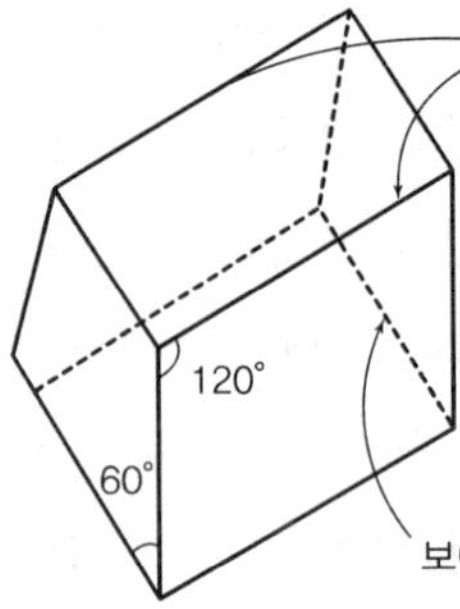

〈 그림 7-54 〉

입체도형은 보는 위치에 따라 보이는 모양이 여러 가지로 달라지므로 그 모양을 잘 알 수 있게 그린 그림이 **겨냥도**이다. 겨냥도를 그릴 때는 직각으로 된 모서리를 약 120° 또는 60° 정도로 하고 그리는 것이 보통이다.

겨냥도 그리기 지도에서 유의해야 할 점은 다음과 같다.

(a) 입체도형의 보이지 않는 모서리는 반드시 점선으로 나타내야 한다.
(b) 입체도형의 평행한 모서리는 반드시 평행하게 그려야 한다.
(c) 입체의 모양을 잘 알아볼 수 있도록 위치를 잡아서 그려야 한다.

③ **각기둥의 전개도**

각기둥의 전개도는 직각기둥을 취급하는 것이 초등학교에서는 적합하다. 직각기둥 중에서도 정각기둥에 중점을 두는 것이 좋다.

전개도의 지도에서 유의해야 할 점은 다음과 같다.

(a) 전개도를 그릴 때, 접는 부분은 점선으로 그리도록 한다.
(b) 그려진 전개도에서 합동인 직사각형을 찾아보도록 하고, 아울러 이들의 위치 관계를 살펴보도록 한다.
(c) 전개도에도 입체도형의 겉면의 크기가 똑같이 나타나야 한다. 또한 접는 모서리, 맞닿는 모서리의 구별을 명백히 한다.

④ **원기둥**

초등수학교육에 있어서는 수학적인 정의를 피하고 원기둥의 모형을 제시하여 밑면과 옆면을 관찰하게 하고 다음을 알게 한다.

(a) 옆면은 곡면이다.
(b) 두 밑면은 평행인 평면이고 합동인 원이다.

⑤ **원기둥의 전개도**

종이로 만든 원기둥의 모형을 가위로 잘라 펼쳐 밑면은 두 개의 원 모양이 되고 옆면은 직사각형 모양이 됨을 알게 한다. 이때 주의할 것은 옆면을 자를 때, 모선을 따라 펼치도록 한다. 또 두 밑면인 원과, 옆면의 전개도인 직사각형이 떨어지지 않도록 그려야 한다.

(3) 각뿔과 원뿔

① 각 뿔

수학적인 정의를 피하고 모델을 관찰하도록 하면서 아동들에게 다음을 알게 한다.

(a) 밑면은 하나의 다각형이다.

(b) 옆면은 삼각형으로 구성되는 입체이다.

(c) 이들 삼각형의 밑면은 모두 다각형의 각 변이고 그들의 꼭짓점은 삼각형의 공통인 꼭짓점이다.

각뿔의 꼭짓점, 모서리, 옆면, 밑면 등은 모형을 사용하여 직접 설명한다.

각뿔의 높이를 지도하고, 각뿔은 옆면의 삼각형의 수에 의하여 삼각뿔, 사각뿔, 오각뿔 등으로 부르는 것을 지도한다.

② 각뿔의 전개도

각뿔의 전개도를 그려 보도록 하고 또 전개도를 이용하여 각뿔의 모양을 만들어 보도록 한다. 이와 같은 실험적 방법에 의하여 각뿔에 대한 도형적인 특징을 알게 한다.

③ 원뿔

원뿔의 정의도 수학적인 것을 피하고 모형을 제시·관찰하게 하면서 각뿔과 비교하여 그의 특징을 찾아서 다음과 같은 조건을 들어 이해시킨다.

(a) 밑면은 하나의 원이다

(b) 옆면은 곡면으로 되어 있는 입체이다.

(c) 한 개의 꼭짓점에서는 뿔 모양을 하고 있다.

원뿔의 꼭짓점, 밑면, 옆면 등의 용어는 원뿔의 모양에서 설명한다. 그러나 모선과 높이는 확실하게 해야 한다. 밑면의 원의 중심과 꼭짓점을 연결한 직선을 **축**이라고 한다. 이 축이 밑면에 수직으로 만나는 것을 **직원뿔**, 수직이 아닌 것을 **빗원뿔**이다. 초등학교에서는 직원뿔만을 취급하며, 이것을 다만 원뿔이라고 한다.

④ 원뿔의 전개도

원뿔의 전개도는 〈그림 7-55〉과 같이 부채꼴과 그에 붙은 원이 된다.

이 전개도와 본래의 원뿔과 대조해 보면 다음과 같다.

(a) 부채꼴의 반지름은 본래의 원뿔의 모선의 길이와 같다.

(b) 부채꼴의 호의 길이는 본래의 원뿔의 밑면의 원의 둘레와 같다.

(c) 부채꼴의 중심각의 크기를 $x°$, 밑면의 반지름의 길이를 r, 모선의 길이를 ℓ 이라 하면, 다음 식이 성립한다.

$$360° : x° = 2\pi\ell : 2\pi r$$

$$\therefore\ x° = 360° \times \frac{r}{\ell} \rightarrow r = \ell \times \frac{x°}{360°}$$

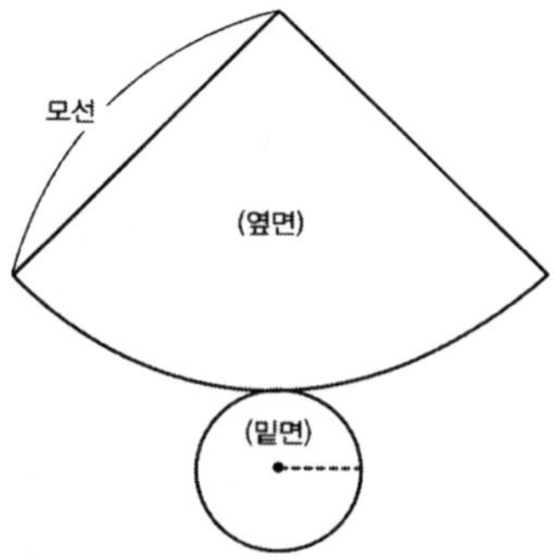

〈 그림 7-55 〉

⑤ **회전체**

평면곡선을 같은 평면 위에 있는 한 정직선을 축으로 하여 회전하였을 때 생기는 면을 **회전면**이라 하고, 처음 곡선의 개개의 위치를 **모선**이라 한다. 회전면과 그 축에 수직인 두 평면에 의하여 둘러싸인 입체를 **회전체**라고 한다.

(a) 회전체의 성질

회전체는 회전의 축에 수직인 평면으로 자른 단면이 원이 되므로 축의 방향에서 본 모양은 **동심원**이 된다. 또 회전체는 어떠한 평면으로 잘라도 그 단면이 선대칭인 도형이 된다. 특히 축을 품는 평면으로 자르면, 그 축에 대하여 선대칭인 단면이 된다.

(b) 구

반원에서 그 지름을 축으로하여 회전하였을 때 생기는 입체를 **구**(球)라고 하고, 구의 표면을 **구면**이라고 한다. 반원의 중심을 **구의 중심**, 중심과 구면의 한 점과 맺은 선분을 **구의 반지름**이라고 한다.

(c) 회전체의 단면

ⓐ 원기둥의 단면 : 원기둥의 단면은 여러 가지로 나타난다. 무를 사용하여 실험해 보는 것이 좋다. 〈그림 7-56〉과 같이 밑면에 수직되게 자르면 직사각형이 되며, 밑면에 평행되게 자르면 원이 되고 그 밖에 경우는 모두 타원이 된다.

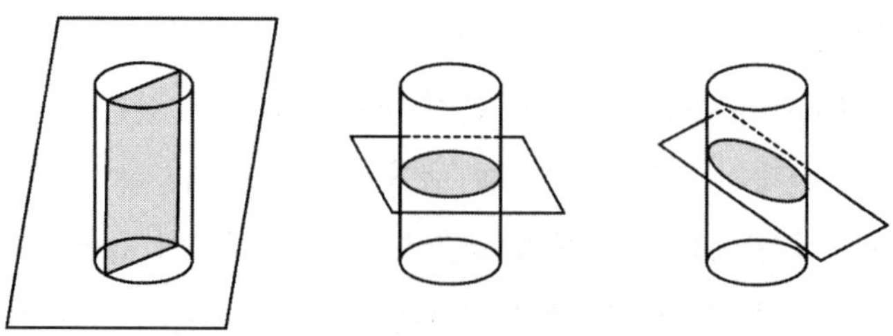

〈 그림 7-56 〉

ⓑ 원뿔의 단면 : 원뿔의 단면은 2차곡선(원추곡선)을 모두 나타낸다. 그러나 초등학교에서는 〈그림 7-57〉의 단면에 대해서만 취급한다.

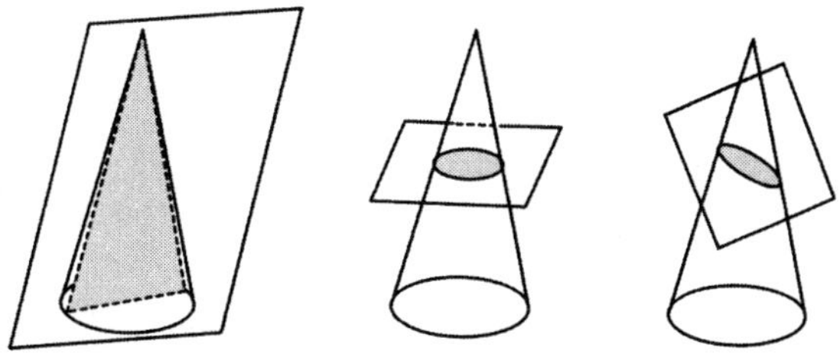

〈 그림 7-57 〉

원뿔을 회전축을 품은 평면으로 자른 단면은 이등변삼각형이 된다. 또 회전축에 수직인 평면으로 자른 단면은 원이 된다. 회전축에 수직이 아니고 밑면과 만나지 않는 평면으로 자른 단면은 타원이다.

ⓒ 구의 단면 : 구를 평면으로 자르면 모두 원이 된다. 구의 중심을 지나는 평면으로 자른 단면을 **대원**, 기타의 단면을 **소원**이라고 한다.

[문제1] 다음 입체도형의 전개도를 두꺼운 종이에 그려서 그것으로 입체의 모양을 만들어라.

① 정삼각뿔 ② 정오각뿔 ③ 직원뿔

[문제2] 다음 입체도형의 겨냥도를 만들어라.

① 정오각기둥 ② 정육각기둥 ③ 정사각뿔

DISCUSSION

[1] 비유클리드기하학에 대하여 설명하여라.

[2] 각 명제를 완성하여라.

① 직선의 원은 ( )이다.

② ℓ이 직선이고, P가 ℓ의 원이면 P∈( )이다.

③ 다음 그림에 나타난 직선은 (　　)이다.

〈 그림 7-58 〉

④ A와 B는 두 점이고 ℓ은 A$\in \ell$, B$\in \ell$인 직선이다. 이때 {A,B}$\in$(　　)이다.

[3] 다음 명제의 참, 거짓을 판정하여라.

① 한 직선 $\overleftrightarrow{AB}$는 점의 집합이다.

② {A,B,C,D}는 직선ℓ 포함된다고 하자. {C,D}를 포함한 직선 m이 직선 ℓ과 다르게 존재할 수 있다.

③ 한 직선 AB는 한 점 A에 의하여 결정된다.

[4] A,B,C,D는 그림과 같이 한 직선 위에 있는 점들이다. 다음을 구하여라.

〈 그림 7-59 〉

① $\overline{AB} \cap \overline{BD}$　　② $\overrightarrow{AB} \cap \overline{CB}$　　③ $\overline{BC} \cup \overrightarrow{AB}$

[5] 그림을 보고 다음을 답하여라.

① 점 K는 어떤 각의 내부에 있는가.

② 점 K는 어떤 삼각형의 내부에 있는가.

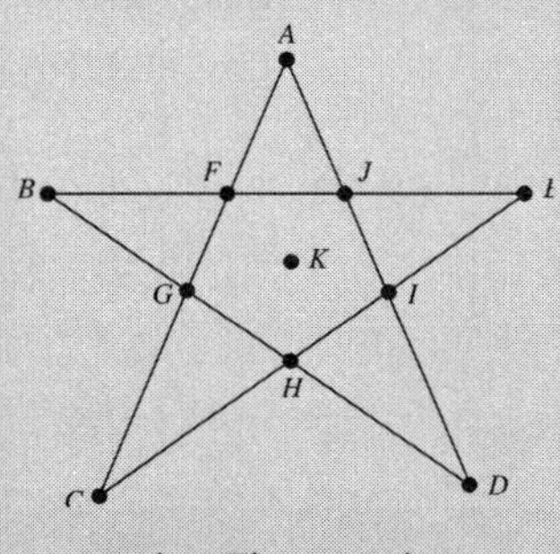

〈 그림 7-60 〉

[6] 밑면의 반지름이 5cm이며 모선의 길이가 15cm인 직원뿔이 있다. 이 밑면의 한 지름을 AB라고 하고 꼭짓점을 O라고 한다. A로부터 OB의 중심 M에 이르는 곡면상의 선중에서 가장 짧은 것의 길이를 구하여라.

[7] 평면 위의 한 직선은 평면을 두 평면으로 나눈다. 또 평면 위에서 만나는 두 직선은 이평면을 네 영역으로 나눈다. n개의 직선이 나누는 영역의 최대수를 구하여라.

08 측 정

8.1 양의 개념과 기본성질

1. 양의 개념

양이란 통속적으로는 시각, 청각, 촉각 등의 감각에 의하여 사물의 대소, 다과, 경중, 증감 등의 판단을 얻을 수 있는 대상이라고 생각할 수 있지만 수학적인 정의는 앞에서의 감각적 인자는 버리고 추상적인 것만을 취하는 것으로서, 곧 사물의 대소, 다과, 경중, 증감 등의 변화를 지각하고 이를 수치화하는 것이라 할 수 있다.

우리가 취급하는 수학적인 양에는 길이, 들이, 무게, 넓이, 부피, 시간, 시각, 각도,밀도, 속력, 속도, 농도 등이 있으며 그 밖에 물리학이나 기상학에서 취급하는 조도, 온도, 습도, 불쾌지수 등과 같은 여러 가지 양이 있을 수 있고, 이러한 양은 과학의 발전과 더불어 여러 가지 측면에서 새로 창안되는 것이다.

양을 수학적인 관점에서 분석하면 **이산량**과 **연속량**의 두 가지로 대별할 수 있다. 인원수나 연필의 개수와 같이 단위의 크기보다 더 작게 쪼개어 생각할 수 없는 양이 **이산량**이고, 사람의 신장, 넓이, 시간과 같이 단위의 크기보다 작게 쪼개어 생각할 수 있는 양이 **연속량**이다. 이산량의 단위는 자연 발생적으로 한 사람, 한 개, 한 권과 같이 정해지나 연속량의 단위는 1m, 1시간, 1도와 같이 인위적으로 적당한 크기를 단위로 정하고 있다. 이산량은 그 양의 크기를 구하려고 하는 집합을 자연수의 집합 {1, 2, 3, …… }과 일 대 일 대응 시켜서 마지막에 대응하는 자연수로서 그 양의 크기로 한다. 결국, 1, 2, 3, … 으로 셀 수 있는 셈이다.

그러나 연속량은 그렇게 되지 않는다. 연속량에는 가법적인 것과 그렇지 못한 것이 있다. 이를테면, 2ℓ 의 물과 3ℓ 의 물을 더하면 5ℓ 가 되는데 2%의 소금물과 3%의 소금물을 더하면 5%가 되지는 않는다. 곧, 길이, 넓이, 부피 등은 가법적이지만 농도나 비율은 가법적이 아니다. 가법적인 양을 **외연량**, 가법적이 아닌 양을 **내포량**이라고 한다.

2. 양의 기본성질

양의 기본성질에는 비교성, 연속성, 가법성이 있는데 이 세 가지 성질은 양을 규정하는 조건도 되며 공리의 성격을 지닌다.

1) 양의 비교성

같은 종류의 양 끼리는 대소 상등의 관계를 비교할 수 있다는 것이 **양의 비교성**이다. 양을 비교할 때에는 양을 이동하거나 분할하거나 변형하거나 할 때 양의 크기가 변하지 않는다는 사실이 전제되어야 하며, 이와 같은 성질을 **양의 보존성**이라고 한다. 양의 보존성을 전제로 하여 두 양을 비교할 때 다음 성질을 갖는다.

(1) 같은 종류의 두 양 a, b에 대하여 다음 세 관계 중 어느 하나만의 관계가 성립된다.

$$a > b,\ a = b,\ a < b \qquad \text{(3분법)}$$

(2) 같은 종류의 양 a, b, c에 대하여 동치 관계가 성립된다.

① $a = a$ (반사관계)

② $a = b$이면 $b = a$ (대칭관계)

③ $a = b$ 이고 $b = c$이면 $a = c$ (추이관계)

(3) 같은 종류의 양 a, b, c에 대하여 부등관계가 성립한다.

① $a \not> a$

② $a > b$이면 $b < a$

③ $a > b$이고 $b > c$이면 $a > c$

2) 양의 연속성

길이, 무게, 넓이, 부피와 같은 연속량의 측정에서는 측정치가 양의 실수에 대응된다. 실수의 집합에서는 연속성이 있으므로 양의 성질에서도 연속성을 지니게 되는데, 이와 같은 성질을

양의 연속성이라 하고 다음과 같은 성질을 갖는다.

(1) 같은 종류의 두 양 a, b에 대하여 $a<b$ 일 때 $a<c<b$인 양 c가 존재한다. (양의 조밀성)

(2) 양 a와 정수 n에 대하여 $b \times n = a$가 되는 양 b가 존재한다. (양의 등분성)

(3) 같은 종류의 두 양 a, b에 대하여 $a \geq b$ 일 때 $a \leq n \times b$가 되는 정수 n이 존재한다. (Archimedes 의 원리)

3) 양의 가법성

양의 가법성은 단순히 같은 종류의 두 양을 측정하여 가법 또는 감법의 계산을 하는 것만을 뜻하는 것이 아니고, 그 보다 앞서 같은 종류의 두 양을 합병하여 한 양으로 만들 수 있다는 뜻이다. 이 사실을 알게 되면 같은 종류의 양을 측정하여 측정치를 가지고 가법 또는 감법의 연산을 하도록 지도한다.

양의 가법성에 관한 성질을 수학적으로 형식화 시키면 다음과 같은 것이 있다.

(1) 같은 종류의 두 양 a, b에 대하여 $a+b=c$가 되는 양 c가 있다.

(2) 같은 종류의 세 양 a, b, c에 대하여 다음 성질이 성립된다.

① $a+b=b+a$ (가법의 교환법칙)

② $(a+b)+c=a+(b+c)$ (가법의 결합법칙)

(3) 같은 종류의 양 a, b, c에 대하여 다음 성질이 성립된다.

(양의 합병에 따른 보존성)

① $a+b>a$

② $a>b$이면 $a+c>b+c$

(4) 같은 종류의 양 a, b에 대하여 $a>b$이면 $a=b+c$가 되게 하는 양 c가 존재한다. (c를 $a-b$로 나타내고 a에서 b를 뺀 차라고 한다.)

3. 양의 개념 지도

아동들의 양에 대한 의식은 어릴 때부터 싹이 트고 있으나 양을 정확히 파악하게 하는 데는 힘이 든다. 양은 본래 크기를 비교하는 필요성에서 생기는 것이며, 필요성을 느낄 때 양을 의식하게 되며, 비교하기 위해서 배열하거나 들어보는 단계에 가서 양의 개념이 생기고 단위를 요구하게 된다.

양의 의식을 높이기 위해서는 역시 양을 측정하는 경험 또는 양의 대소를 비교하는 필요성을 느끼게 하는 것이 중요하다. 따라서, 학급의 환경도 이 점에 유의할 필요가 있다. 이를테면 자, 저울, 온도계, 체온계, 되, 시계, 수도전기의 계량기 등에 접하도록 하는 것이 바람직하다. 이들 계기에 접하기에 앞서서 나이, 가족, 신장, 몸무게, 방의 넓이, 자동차의 속력, 시간, 시각 등에 관심이나 흥미를 갖도록 하는 것이 중요하다. 양의 개념의 지도에 있어서는 아동의 흥미와 필요성에 입각하여 실제로 체험하는 것을 한 지도가 이루어져야 한다.

DISCUSSION •••

[1] 양의 개념을 분리량, 연속량으로 나누어 설명하여라.

[2] 양의 기본성질을 즉, 비교성, 연속성, 가법성에 대하여 설명하여라.

[3] 연속량에는 가법적인 것과 아닌 것이 있는데 구체적인 예를 들어 설명하여라.

8.2 측정과 측도

1. 측정·측도의 개념

측정이란 양의 크기를 수치화하기 위해서는 먼저, 기준량(단위량)을 정하고 주어진 양은 기준량의 몇 개분이 되는가 알아보는 수단을 말한다. 일반적으로 어떤 양 A의 크기를 알아보기 위하여 기준량 E를 선정하였을 때 $A=a\times E$인 관계를 얻었다면 A의 측도는 $m(A)=A/E=a$가 된다. 곧, **측도**는 주어진 양이 기준량의 몇 배가 되는가를 나타내 주는 수가 된다. 그리고, E를 단위로 한 같은 종류의 두 양 A, B의 측도가 각각 a, b이면 $aE=bE \Leftrightarrow A=B$, $aE<bE \Leftrightarrow A<B$, $(a+b)\times E \Leftrightarrow A+B$가 성립되므로 양의 대소비교나 측도의 가감은 곧 실수의 가감으로 처리된다. 이와 같이 우리는 양 그 자체를 취급하지 않고 그 측도를 수학의 대상으로 삼는다. A가 연속량일 때 $A=a\times E$에서 a가 자연수로 정해지는 경우는 거의 없고 일반적으로 하나의 실수 a가 정해진다고 본다.

그러나 실제에 있어서는 $a\times E< A<(a+1)\times E$인 관계에서 자연수 a와 $a+1$의 측도 중 A에 가까운 쪽을 택하여 A의 근사치로 쓴다.

한편, 측정은 양을 수치화하는 조작면에서는 측도와 같으나, 어떤 방법과 기술을 가지고 양의 크기를 수치화할 것인가의 면에서 보면 측정이 된다. 종래에는 측정을 단순히 양의 크기를 재는 것이라 생각하여 계기의 눈금읽기, 단위환산, 양감형성 등 지엽적 기술훈련을 익히는데 지도의 중점을 두었으나, 오늘날의 측정에서는 여러 가지 양의 본질을 알고, 측정의 목표를 분명히 하며, 계측에 의한 계기의 선택과 눈금의 원리를 이해하고, 정확한 눈금읽기, 측정치와 오차의 문제, 단위환산, 양감형성 등 측정의 원리적인 면과 기술적인 면을 같이 생각하는 데 측정의 본질이 있다.

2. 측도의 지도

양의 지도순서는 학자에 따라 여러 가지 이론이 제기 될 수 있으나, 일반적으로 이산량을 먼저 지도하고, 다음에 양의 크기가 소수나 분수 또는 무리수로 표시되는 연속량을 지도한다. 또, 외연량과 내포량 중에서는 외연량을 먼저 지도하고 다음에 내포량을 지도하는 것이 일반적인 지도이다.

1) 기본단위와 유도단위

미터법의 단위는 국제적으로 세계 각국에서 공통으로 사용되고 있는 것이며, 단위를 나타내는 이름은 독특하게 되어있다. 곧, 기준이 되는 단위의 10배, 100배, 1000배, … : $\frac{1}{10}$배, $\frac{1}{100}$배, $\frac{1}{1000}$배, … 에 해당하는 단위의 이름에는 기준단위의 이름 앞에 같은 이름을 붙여서 부르도록 되어 있다.

10배	100배	1000배	$\frac{1}{10}$	$\frac{1}{100}$	$\frac{1}{1000}$
데카(da)	헤크로(h)	킬로(k)	데시(d)	센티(c)	밀리(m)
deca	hecro	kilo	deci	centi	milli

단, ( ) 속의 것은 기호로 사용되는 문자이며, 원어는 현재 영어에서 사용되고 있는 철자이다.

단위계에서는 기본단위와 유도단위가 있는데, 1964년의 국제 도량형 총회에서 정한 **기본단위**는 미터(길이), 킬로그램(무게), 초(시간), 암페아(전류), 캘빈도(온도), 칸델라(광도)이다. 이들의 기본단위에서 여러 가지 **유도단위**가 만들어져 있는 셈인데, 제곱미터(넓이), 세제곱미터

(부피), 미터/초(속력), 도 및 라디안(각도) 등은 모두 유도단위이다.

2) 계량의 단위

초등학교에서 다루는 계량단위를 중심으로 해서 계량의 측정법을 생각하기로 한다.

(1) 길이

일상 사용하는 자에는 30cm의 대자와 줄자, 1m의 접는 자 등이 있다. 많은 계기 중에서 가장 먼저 취급하는 것이 자일 것이다. 자의 눈금은 0에서부터 시작하고 있으므로 측정할 물건의 끝에 원칙적으로 이 0의 눈금의 곳을 대는 것이다.

그리고, 다른 끝에 해당하는 눈금을 읽으면 구하는 수 값을 얻게 되어 있다. 따라서 눈금을 올바르게 읽는 훈련이 필요하다. 다소라도 정확한 값을 얻으려고 하는 마음가짐이 중요하다. 길이의 단위 지도 순은 cm → m → mm 이다.

(2) 들이

들이를 측정하는 계기의 원리는 측정하고 싶은 것을 일정한 그릇 (단위 그릇) 을 사용해서 몇 그릇이 되는지를 조사하는 것이다. 곧, 일정한 그릇의 들이를 단위로 하여 측정하는 셈이다. 처음에는 한 그릇의 끝수에는 상관하지 않으나, 결국에는 끝수가 문제되어 작은 그릇 또는 눈금이 있는 계기를 필요로 하게 된다. 교실에 있는 주전자, 물통, 병, 컵 등의 들이를 측정해서 양감을 높이도록 하는 지도가 중요할 것이다. 들이의 단위의 지도순은 $\ell \rightarrow dl$ 이다.

(3) 무게

저울은 측정하고자 하는 무게를 기준이 되는 무게와 직접 비교하는 것과 탄성이나 압력으로 바꾸어 측정하는 구조의 것과의 두 가지가 있다. 측정하고자 하는 무게를 분동의 무게를 단위로 해서 측정하는 직접 비교의 경우에는 저울대가 수평인가를 보는 눈금이 있고, 이 눈금은 중앙에 0점이 있어서 자의 눈금과 다르다. 탄성을 이용한 저울들은 대체로 용수철을 밖에서 볼 수 없는데, 이것을 해체해 가면서 보여줄 필요는 없을 것이다. 오히려 중요한 것은 평량과 감량이다. **평량**은 그 저울로써 측정할 수 있는 최대의 무게를 말하며, **감량**은 그 저울로써 측정할 수 있는 최소단위를 말한다. 평량 2kg의 저울로써 3kg이상 되는 것을 측정한다는 것은 저울을 못쓰게 할 위험이 있고, 또 측정할 수도 없다. 감량 10kg 미만의 수 값을 읽어도 무의미하다.

무게의 단위의 지도순은 g → kg이다.

(4) 시각, 시간

시각은 눈에 보이지 않는 점이고, **시간**은 눈에 보이지 않는 양이다. 이들을 눈에 보이는 것으로 하기 위하여 고안된 것이 **시계**이다. 그런데, 시각, 시간을 나타내는 단위가 십진법이 되어 있지 않아서 시계의 바늘 읽기를 어렵게 하고 있다.

길이, 들이, 무게의 측정이 사용되는 계기에서는 단위의 반올림이 눈금 위에서 처리가 된다. 그러나 시계에서는 눈금뿐 아니라 다른 바늘을 보고 처리하므로 아동들에게는 아주 다른 경험을 하게 된다. 그리고, 문자판의 수자를 그대로 읽을 수 있는 것은 시의 단위뿐이며, 분, 초의 단위는 문자판의 수자를 5배해서 읽어야 한다. 또한, 시, 분, 초의 수 값을 함께 해서 비로소 시각, 시간을 읽을 수 있게 된다. 따라서, 지도하는데 있어서는 이들 사실을 차례차례 단계적으로 해 나가야 한다. 이를테면, 시침만 → 분침만 → 시침과 분침 → 초침만 → 분침과 초침 등과 같은 순서로 지도 할 필요가 있다. 그리고, 한편으로는 시간에 대한 계산법을 지도한다.

(5) 속력

아동들은 움직이는 것에 강한 관심을 보여 준다. 그것도 빨리 움직이는 것에 대한 매력이 크다. 자동차, 기차, 비행기와 같은 것에 호기심을 갖는다. 이러한 것들을 통해서 아동들의 주위에 있는 것의 속력에 대한 양감을 높이는 지도를 먼저 해 나갈 필요가 있다.

여기서 최초의 지도에 중점을 둘 곳은 속력 비교이다. 자동차와 비행기는 어느 쪽이 더 빠른가를 생각한다. 이것을 단순히 직감적인 비교로 끝날 것이 아니라 구체적인 사실을 자료로 해서 수량적인 비교로 발전해 나간다. 여기에서 부딪치는 문제는 단위를 맞추어야 한다는 것이다. 100m를 10초에 달리는 사람과 시속 90km 로 달리는 자동차의 속력을 비교하려면 단위를 맞추어야 한다. 초속을 시속으로 또는 그 반대로 고쳐야 하는데 그 계산은 어느 정도의 훈련을 쌓지 않으면 아동에게는 어려운 일이다. 따라서, 속력의 개념을 정착시키기 위해서는 많은 실측을 아동들에게 시키는 것이 좋을 것이다. 이를테면, 경주의 시간 기록을 시킨다든지 또는 버스를 탔을 때 거리와 시간에서 속력을 계산 시키는 따위의 체험을 시킬 필요가 있다.

3) 측정의 종류

① 직접측정

양의 측정에 있어서 선분에 자를 대고 그 길이를 측정하는 경우와 같이 측정하려고 하는 양을 직접 구할 수 있는 측정을 **직접측정**이라고 한다. 다시 말하면 양을 계기의 눈금으로 측정하는 경우를 말한다. 이를테면, 속도계의 눈금을 읽어서 속력을 측정하는 경우이다.

② **간접측정**

양의 측정에 있어서 측정하려고 하는 다른 종류의 양을 측정하는 측정을 **간접측정**이라고 한다. 다시 말하면 계기로 측정한 결과를 이용해서 양의 측정값을 구하는 경우를 말한다.

이를테면, 직사각형의 세로와 가로의 길이를 측정해서 그 넓이를 구하는 일, 원의 지름을 측정해서 원주의 길이를 계산하는 일 등이다.

간접측정에서는 대체로 공식이 이용되는데 공식의 이용이 기계적인 것이 되기 쉽다. 따라서, 기회가 있을 때마다 공식화된 과정, 공식의 뜻을 이해시키도록 하여야 한다. 물론 공식은 기계적인 적용을 할 수 있는 데서 공식의 가치를 찾을 수 있는 것이다.

DISCUSSION

[1] 측정의 의미에 대해서 설명하여라.

[2] 측도의 의미에 대해서 설명하여라.

[3] 기본단위와 유도단위에 대해서 서술하여라.

[4] 계량단위인 길이, 들이, 무게, 시각과 시간, 속력에 대한 지도 방법을 서술하여라.

[5] 직접측정과 간접측정을 구체적인 예를 들어 설명하여라.

8.3 근사값과 오차

1. 어림수

양의 크기를 보편단위로 나타낸 수 값을 **측정치**라고 한다. 어떤 양의 크기를 측정할 때에는 정확하고 정밀한 측정치를 얻으려는 것이 보통이지만, 어느 경우에는 어림수를 택하여 측정치로 삼는 경우도 있다.

1) 버림, 올림, 반올림

먼저 어림수가 쓰이는 경우는,

(1) 참값은 있으나 그다지 자세한 수 값을 필요로 하지 않는 경우

예 어떤 나라의 면적

(2) 수의 크기가 조금씩 변하는 경우

예 어떤 도시의 인구

(3) 어떤 양을 고정된 단위에 맞추려는 경우나, 측정용구의 정밀성 때문에 정확한 측정치를 얻기 어려운 경우

예 여기에 있는 연필은 약 1다스 가량 된다. 연필의 길이는 16.2cm이다.

(4) 나눗셈에서 몫이 나누워지지 않을 경우이다.

예 $9.4 \div 5.4 = 1.7407$ 몫 1.7

어림수를 구하는 방법에는 버림, 올림, 반올림이 있는데, 이를 측정치를 목적에 따라 구하는 방법을 생각해 본다.

① 팔 수 있는 병의 수는 몇 개 인가?

② 3dℓ들이의 병에 모두 담을려면 병은 몇 개 필요한가?

①은 **버림**을 ②는 **올림**을 나타낸 문제이다. 버림과 올림의 측정치를 얻고자 할 때는 어느 자리에서 행할 것인가를 분명히 하는 지도가 필요하다.

반올림은 정확한 측정치를 얻을려고 노력할 때 일어난다. 가령, cm눈금을 갖는 자도 연필의 길이를 측정할 때, 연필의 길이가 그림과 같이 8cm 와 9cm의 중간보다 커서 9cm 쪽에 가까이 있으므로 약 9cm 라고 할 수 있다.

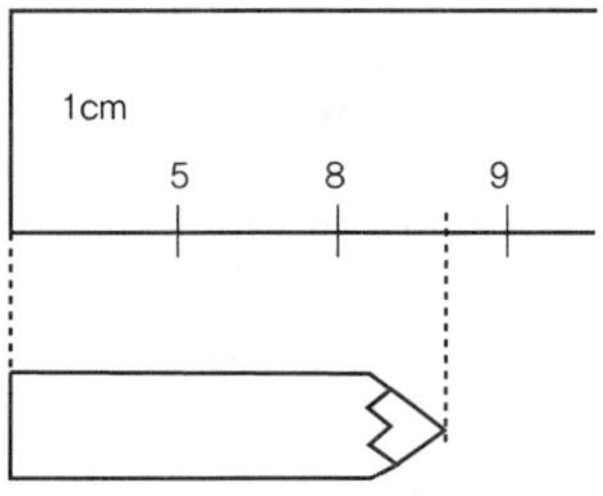

〈 그림 8-1 〉

연필의 길이를 A라 하면 $8.5\text{cm} \leq A < 9\text{cm}$인데 이것은 8.5⋯cm 를 소수점 이하 첫째 자리에서 반올림하여 9cm로 반올림한 것과 같다.

따라서, 반올림의 지도에서도 어느 자리에서 반올림할 것인가를 분명히 하고 반올림할 자리의 수가 5보다 작으면 버리고, 5나 5보다 크면 올려주는 뜻을 이해하도록 지도하는 것이 중요하다.

2) 이상, 이하, 미만, 초과

측정치를 말할 때에 구간을 말하는 경우가 있다.

가령, 어떤 수 x가

(1) 10보다 크거나 같을 때는 **10이상**이라는 용어를 쓰고 $x \geq 10$, 또는 $10 \leq x$로 나타낸다.

〈 그림 8-2 〉

(2) 10보다 작거나 같을 때는 10**이하**라는 용어를 쓰고 $x \leq 10$, 또는 $10 \geq x$로 나타낸다.

〈 그림 8-3 〉

(3) 10보다 작을 때에는 10**미만**이라는 용어를 쓰고 $x < 10$, 또는 $10 > x$로 나타낸다.

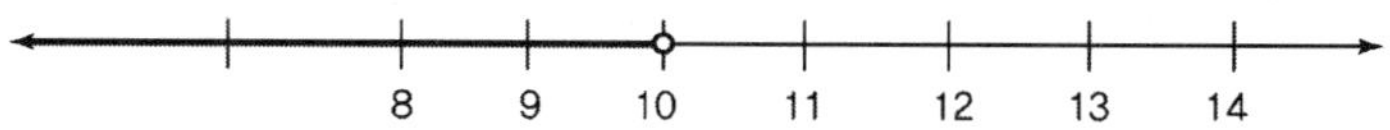

〈 그림 8-4 〉

(4) 10보다 클 때에는 10**초과**라는 용어를 쓰고 $x > 10$, 또는 $10 < x$로 나타낸다.

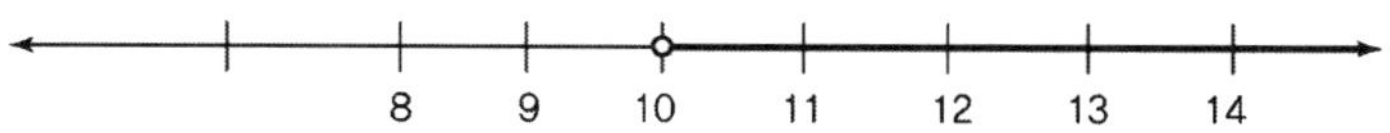

〈 그림 8-5 〉

(5) 그 밖에 10보다 크거나 같고, 13보다 작을 때에는 10이상 13미만이라는 용어를 쓰고 $10 \leq x < 13$, 또는 $13 > x \geq 10$으로 나타낸다.

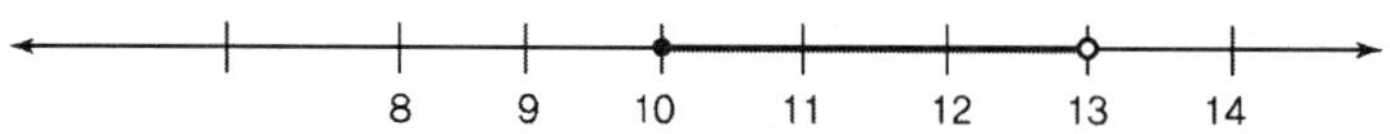

〈 그림 8-6 〉

위와 같이 이상, 이하, 미만, 초과의 지도에서는 정확한 용어의 사용과 부등식의 표현방법에 유의하여 지도하는 것이 필요하다.

2. 근사값의 오차

1) 절대오차와 상대오차

오차는 측정방법의 잘못이나 계기의 잘못으로 생길 수도 있지만, 연속량을 측정할 때와 같이 아무리 측정을 정확히 한다 하더라도 항상 오차는 뒤따르게 되어 참값을 구할 수 없고, 근사값을 측정값으로 하는 경우가 있다. 이 때, 근사값과 참값의 차를 **오차** 또는 **절대오차**라 하고 오차 = 근사값 ~ 참값으로 나타낸다. 오차는 절대치를 생각하고 절대치가 작을수록 측정의 정확도가 있다고 한다.

그런데, 측정에서 이론적으로는 참값이 있지만 실측에서는 참값을 구할 수 없으므로 참값이 불명하던 오차도 불명해지는 결과를 얻게 된다.

그러나 크게 보아 오차의 절대치가 이 정도는 넘지 않을 것이라는 한계를 정할 수 있는데, 이 한계의 크기를 **오차의 한계**라고 한다.

어떤 양의 측정값 (근사값)을 a, 참값을 A, 절대오차를 d라 하면

$$d = a - A \le \delta$$

$$a - \delta \le A \le a + \delta \leftrightarrow a \pm \delta$$

를 만족하는 δ를 **오차의 한계**라 한다.

오차의 한계는 일반적으로 측정하는 목적에 따라 최소눈금의 한눈금 또는 반눈금의 크기를 잡는다. 가령 그림에서 연필의 길이를 cm의 눈금자로 측정할 때

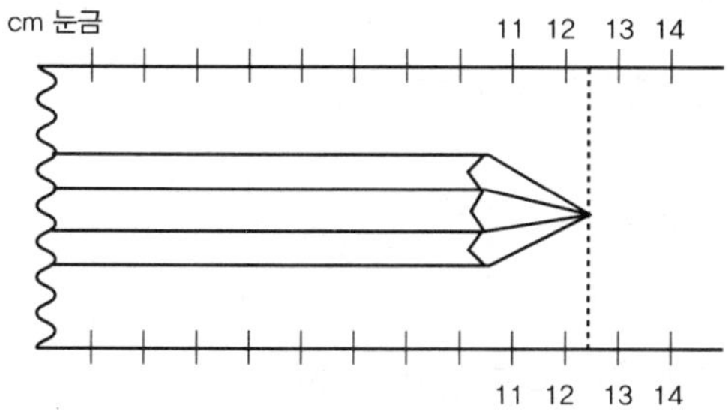

〈 그림 8-7 〉

(1) 올림에서는 13cm 이고, 12cm < A < 13cm로서, 오차의 한계는 1cm가 되고

(2) 버림에서는 12cm 이고, 12cm ≤ A < 13cm로서, 오차의 한계는 1cm가 되며

(3) 반올림에서는 13cm 이고, 12.5cm ≤ A < 13.5cm로서, 오차의 한계는 0.5cm가 된다.

(4) mm 눈금의 자로 연필의 길이를 측정할 때 반올림에 의하여 얻어진 측정값이 12.7cm 라면, 12.65cm≤A<12.75cm로서 오차의 한계는 0.05cm가 되며, 절대오차가 가장 작아서 측정값 12.7cm는 다른 것에 비하여 가장 정확도가 높은 측정값으로서 소수점 이하 둘째 자리에서 반올림한 값으로 생각할 수 있다.

그런데, 참값(근사값)이 5m에서나 50cm에서 절대오차가 다같이 5mm 생겼다면 전자가 후자에 비하여 정밀한 측정이 이루어 졌다고 할 수 있다.

곧, 정밀도의 정도를 나타내는 것을 **상대오차**라고 하는데

$$\text{상대오차} = \frac{\text{절대오차}}{\text{참값}} = \frac{\text{오차의 한계}}{\text{근사값}}$$

이 되고, 상대오차가 작으면 작을수록 정밀도는 높다고 한다. 가령 5m에서 5mm의 오차가 생겼을 때 상대오차는 $0.5 \div 500 = 0.001$ 이고, 50cm에서 5mm의 오차가 생겼을 때의 상대오차는 $0.5 \div 50 = 0.01$ 이 되어, 상대오차 $0.001 < 0.01$ 이므로 5m쪽이 50cm쪽보다 정밀도가 높다.

2) 근사값의 표시법

가령 반올림하여 얻어진 측정값이 12.7cm라면 참값 A의 존재 범위는 12.65cm≤A〈12.75cm 이다. 이 식의 좌우변을 비교하면 정수부분의 자리 12는 믿을 수 있으나 소수점 이하의 자리는 같지 않아 믿기 어렵다. 그러나 반올림하여 얻은 소수점이하 첫째 자리의 7은 전혀 무의미한 수자는 아니고 오차의 영향을 받는 수자이다. 그래서 근사값을 오차의 영향을 처음 받는 자리까지로 표시하고, 그 미만을 근사값의 용도에 따라 반올림하거나 올리거나 버린다. 이와 같이 오차의 한계의 영향을 처음 받는 자리까지의 수자를 그 근사값의 **유효숫자**라고 한다.

유효숫자는 다른 수자와 구별하기 위하여

$$a \times 10^n \text{ 또는 } a \times \frac{1}{10^n} \quad [\text{단, } 1 \le a < 10,\ n\text{은 정수}]$$

으로 나타나는데 가령 12.7cm에서 소수점이하 첫째 자리까지 유효숫자라면

$$1.27 \times 10$$

으로 표시되고 12.70cm와 같이 소수점이하 둘째 자리까지 유효숫자라면

$$1.270 \times 10$$

으로 표시되어 유효숫자의 개수는 4개 (1, 2, 7, 0)가 된다.

따라서 측정값이 12.7cm와 12.70cm는 양의 크기는 같지만 유효숫자가 다르므로 오차의 한계가 다르고, 측정값이 갖는 뜻도 다르다.

3. 근사값의 계산

근사값의 사칙계산은 항상 오차를 생각하여야 하고, 거기서 얻어진 근사값의 처리도 적절히 이루어져야 한다.

1) 가감산

참값 A_1, A_2의 근사값을 각각 a_1, a_2, 오차의 한계를 δ_1, δ_2라 하면

$$a_1 - \delta_1 \le A_1 \le a_1 + \delta_1 \cdots\cdots ①$$

$$a_2 - \delta_2 \le A_2 \le a_2 + \delta_2 \cdots\cdots ②$$

① + ② :

$$(a_1 + a_2) - (\delta_1 + \delta_2) \le A_1 + A_2 \le (a_1 + a_2) + (\delta_1 + \delta_2) \cdots\cdots ③$$

① + ② × (-1) :

$$(a_1 - a_2) - (\delta_1 + \delta_2) \le A_1 - A_2 \le (a_1 - a_2) + (\delta_1 + \delta_2) \cdots\cdots ④$$

가 된다.

③,④로부터 합, 차의 근사값을 각각의 근사값의 합, 차가 되고, 그 오차의 한계는 각각의 근사값과 오차의 한계의 합과 같음을 알 수 있다.

따라서, 근사값의 합이나 차를 구할 때에는 어느 한 쪽의 오차가 크면 다른 쪽이 아무리 정확하더라도 결과의 오차는 큰 쪽의 오차에 따르기 때문에 처음부터 오차가 큰 쪽에 맞추어 끝수 처리를 하고 계산을 하여야 한다.

가령, 직사각형의 가로와 세로의 길이가 각각 32.76cm, 59.4cm로 주어져 있을 때 가로, 세로의 길이의 합을

$$32.76\text{cm} + 59.4\text{cm} = 92.16\text{cm}$$

으로 하는 것은 무의미하다.

왜냐하면, 가로, 세로 두 측정값을 근사값으로 하는 오차가 다르기 때문이다.

따라서, 합의 참값이 존재하는 범위는

$$32.755\text{cm} + 59.35\text{cm} = 92.105\text{cm} \text{ 이상}$$

$$32.765\text{cm} + 59.45\text{cm} = 92.215\text{cm} \text{ 미만}$$

이 된다.

위의 계산에서 소수점 이하 첫째 자리까지는 믿을 수 있으나, 둘째 자리 이하는 믿을 수 없다.

32.7⑥	32.8
+ 59.④	+ 59.4
92.①⑥	92.2

이 사실은 필산에서도 얻을 수 있다.
따라서 근사값의 합의 계산에 있어서는 처음부터 양쪽의 측정치가 갖는 끝자리를 맞추어 같은 정도의 절대오차를 갖는 수치로 바꾸어서

$$32.8\text{cm} + 59.4\text{cm} = 92.2\text{cm}$$

로 계산하는 것이 바람직하다.

두 근사값의 차의 계산도 같은 방법으로 처리하면 된다. 다음에 정확도가 같은 두 근사값의 합과 차의 한계를 명확히 하기 위하여 다음 보기를 들어보자.

가령, A_1, A_2 두 도시의 인구를 10,000명에 가장 가깝게 읽어서 530,000명과 420,000명이라 할 때, 두 도시의 인구의 합과 차의 존재 범위를 살펴보면 두 도시 인구의 근사값을 유효숫자의 자리수가 같고, 또 합과 차의 결과도 유효숫자의 자리수가 같게 나타나므로 다음과 같이 합과 차를 구할 수 있다.

합 : 530,000명 + 420,000명 = 950,000명

차 : 530,000명 − 420,000명 = 110,000명

또, 참값 A_1, A_2의 존재 범위는 각각

525,000명 $\le A_1 <$ 535,000명, 415,000명 $\le A_2 <$ 425,000명

로 된다. 이 때, $A_1 + A_2$, $A_1 - A_2$의 존재 범위는 각각

$A_1 + A_2$: 940,000명 $\le A_1 + A_2 <$ 960,000명

$$A_1 - A_2 : 100{,}000\text{명} < A_1 - A_2 < 120{,}000\text{명}$$

로 된다. 여기서 정확도가 같은 두 근사값의 합과 차의 한계는 각각의 오차의 한계의 합과 같음을 알 수 있다. 곧, 두 근사값의 각각의 오차의 한계는 5,000명씩이므로 합과 차의 오차의 한계는 5,000명+5,000명 = 10,000명이 되는 셈이다.

2) 승제산

참값 A_1, A_2의 근사값을 a_1, a_2 그 때의 오차의 한계를 각각 δ_1, δ_2라 하면

$$a_1 - \delta_1 \le A_1 \le a_1 + \delta_1 \quad \cdots\cdots ①$$

$$a_2 - \delta_2 \le A_2 \le a_2 + \delta_2 \quad \cdots\cdots ②$$

①×② 하면,

$$(a_1 - \delta_1)(a_2 - \delta_2) \le A_1 \cdot A_2 \le (a_1 + \delta_1)(a_2 + \delta_2)$$

$$a_1a_2 - a_1\delta_2 - a_2\delta_1 + \delta_1\delta_2 \le A_1 \cdot A_2 \le a_1a_2 + a_1\delta_2 + a_2\delta_1 + \delta_1\delta_2$$

여기서 $\delta_1 \cdot \delta_2$는 $a_1 \cdot a_2$에 비하면 극히 작은 값이기 때문에 이것을 무시하면

$$a_1a_2 - (a_1\delta_2 + a_2\delta_1) \le A_1 \cdot A_2 \le a_1a_2 + (a_1\delta_2 + a_2\delta_1)$$

$$\therefore\ A_1A_2 = a_1a_2 \pm (a_1\delta_2 + a_2\delta_1)$$

다음에 ②의 역수를 취하여 ①에 곱하면

$$\frac{(a_1 - \delta_1)}{(a_2 + \delta_2)} \le \frac{A_1}{A_2} \le \frac{(a_1 + \delta_1)}{(a_2 - \delta_2)}$$

위 식을 변형하면

$$\frac{(a_1 - \delta_1)(a_2 - \delta_2)}{(a_2 + \delta_2)(a_2 - \delta_2)} \le \frac{A_1}{A_2} \le \frac{(a_1 + \delta_1)(a_2 + \delta_2)}{(a_2 - \delta_2)(a_2 + \delta_2)}$$

이 식을 전개하고, $\delta_1\delta_2$ 및 δ_2^2를 무시하면

$$\frac{a_1a_2 - (a_1\delta_2 + a_2\delta_1)}{a_2^2} \le \frac{A_1}{A_2} \le \frac{a_1a_2 + (a_1\delta_2 + a_2\delta_1)}{a_2^2}$$

$$\frac{a_1}{a_2} - \frac{a_1 a_2 + a_2 \delta_1}{a_2^2} \leq \frac{A_1}{A_2} \leq \frac{a_1}{a_2} + \frac{a_1 a_2 + a_2 \delta_1}{a_2^2}$$

$$\therefore \ \frac{A_1}{A_2} \leq \frac{a_1}{a_2} \pm \frac{a_1 a_2 + a_2 \delta_1}{a_2^2}$$

각각의 상대오차를 취하면

$$(\text{ 곱의 상대오차 }) = \frac{(\text{곱의 절대오차})}{(\text{근사값의 곱})} = \frac{a_1 \delta_2 + a_2 \delta_1}{a_1 a_2}$$

$$= \frac{\delta_2}{a_2} + \frac{\delta_1}{a_1} = \xi_2 + \xi_1$$

$$(\text{ 몫의 상대오차 }) = \frac{a_1 \delta_2 + a_2 \delta_1}{a_2^2} \div \frac{a_1}{a_2} = \frac{a_1 \delta_2 + a_2 \delta_1}{a_1 a_2} = \xi_2 + \xi_1$$

이 된다.

이상에서 곱과 몫의 근사값은 각각의 곱과 몫이 되고, **상대오차의 한계** (ξ)는 각각의 상대오차의 한계의 합과 같음을 알 수 있다.

따라서, 근사값의 곱이나 몫을 구하는 경우는 어느 한 쪽의 상대오차가 크면 다른 쪽이 정밀하더라도 결과의 상대오차는 큰 쪽의 상대오차에 따르기 때문에 처음부터 상대오차를 맞추어서 끝수 처리를 하고 계산한다. 그런데, 근사값의 상대오차는 그 유효숫자의 자리수에 따라 계산하게 된다. 그리고, 계산한 결과도 상대오차가 영향을 주는 자리는 같으므로 유효숫자의 자리를 처음 근사값의 유효숫자와 같은 자리에서 끝수 처리를 하면 된다.

가령, 직사각형의 가로, 세로의 길이가 각각 5.8cm, 4.3cm일 때 넓이를

$$5.8\ (\text{cm}) \times 4.3\ (\text{cm}) = 24.94\ (\text{cm}^2)$$

로 구하는 것은 적절하지 못하다.

직사각형의 참값을 갖는 넓이의 범위는

5.75cm × 4.25cm = 24.4375cm 이상

5.85cm × 4.35cm = 25.4475cm 미만

이므로 넓이를 24.94(cm^2)로 하는 것은 타당치 못하다. 이것은 필산에서 오차의 영향을 알아보아도 분명하다.

$$\begin{array}{r} 5.⑧ \\ \times\quad 4.③ \\ \hline 1\ ⑦④ \\ 2\ 3\ ② \quad \\ \hline 2\ 4\ ⑨④ \end{array}$$

따라서, 이 경우의 넓이는 $24.94cm^2$의 소수점 이하 첫째 자리에서 반올림하여 $25cm^2$ (유효숫자 2자리)로 하는 것이 좋다.

곧, 두 근사값의 곱을 구할 때에는 각각의 근사값이 갖는 유효숫자의 자리수를 받아 올림에 의하여 맞추고 승법계산을 하며, 결과도 역시 유효숫자의 자리수를 맞추어 주는 것이 바람직하다.

다음에는 근사값의 제법계산에 대하여 알아보자.

가령, 3.8ℓ 의 물을 $2.3m^2$되는 화단에 뿌릴 때 $1m^2$에는 몇ℓ 의 물을 뿌린 셈인가를 생각하자. 이 계산은

$$3.8 \div 2.3 = 1.65217 \cdots\cdots\cdots\cdots\cdots\cdots\cdots\cdots\cdots\cdots \ (\ell\ /m^2)$$

로 한없이 계속된다. 만약 이 계산이 나누어 져서 몫이 결정되었다 하더라도 타당한 몫이라고는 할 수 없다.

화단의 $1m^2$에 뿌린 물의 양은

$$3.75 \div 2.35 = 1.5957 \cdots\cdots\cdots\cdots\cdots\cdots\cdots\cdots \ (\ell\ /m^2) \text{ 이상}$$

$$3.85 \div 2.25 = 1.7111 \cdots\cdots\cdots\cdots\cdots\cdots\cdots\cdots \ (\ell\ /m^2) \text{ 미만}$$

이 되어 소수점 이하 둘째 자리 이하는 의미가 없는 수자임을 알 수 있다. 이 때, 몫의 소수점 이하 둘째 자리에서 반올림하여 1.7 (ℓ /m2)(유효숫자 두 자리)로 맞추어 주는 것이 적당하다.

8.4 어림셈의 지도

1. 생활과 어림셈

우리의 일상생활에서는 어림수 또는 어림셈을 이용하는 경우가 많다. 가령, 어느 도시의 인구수, 물가변동, 할인가격 (몇 % 할인) 등 정답도 필요하지만 어림셈에 의한 대략의 답이 더욱 중요성을 가질 때도 있다. 그러나 종래의 계산지도에서는 어림셈에 의한 답은 무시하거나, 4단계(나)에서는 반올림, 올림, 버림에 의한 어림셈의 일부분만을 지도하고 있어서 결국, 종래의 계산지도는 정답과 계산 형식만을 강조한 수학의 일부분(한쪽면)만 지도한 결과가 되어 앞으로

어림셈 지도를 강화할 필요가 있다.

2. 계산과 어림셈

컴퓨터와 계산기와 같은 도구의 개발은 새로운 계산지도의 방법을 필요로 한다.

표준에 나타난 계산지도의 과정을 살펴보면 어림셈과 다른 계산방법과의 관계를 잘 알아 볼 수 있다.

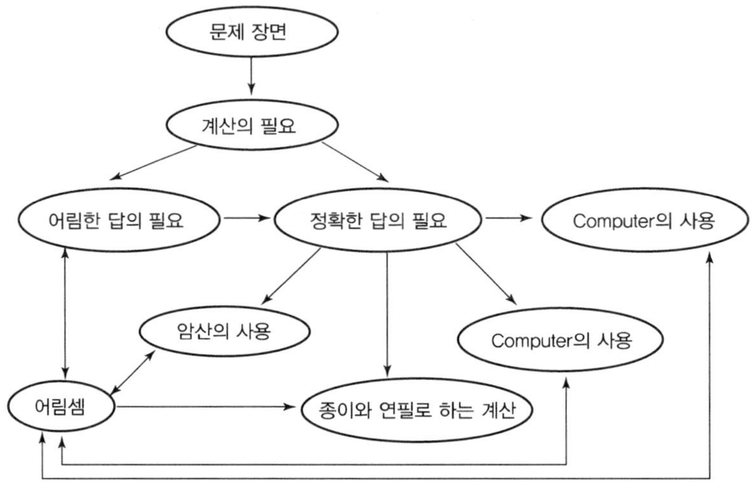

〈그림 8-8〉 계산지도의 과정

3. 어림셈의 전략과 방법

어림셈의 전략과 방법에 관한 연구는 여러 가지 있으나 여기서는 **NCTM**의 1986 year book 에서 발표된 Barbara J.Reys[46)]의 연구 내용을 중심으로 하여 소개한다.

1) 사칙계산의 어림

(1) 앞자리부터 계산하는 방법 (front-end strategy)

앞자리부터 계산하는 방법은 높은자리(앞자리)부터 낮은자리로 내려가면서 계산하는 방법으로 정수, 소수의 사칙계산에서 적용할 수 있다. 어림셈에서 front-end의 방법을 택하는 이유는 답에 가장 큰 영향을 주는 것은 낮은 자리 보다 높은 자리에 있기 때문이다.

46) Barbara,J.Reys., Mental Compatation, Arithmetic Teacher, 32,No.6(1985),pp.43~46.

[보기1]

125		
342	1 + 3 + 2 = 6	→ 600
56	2 + 4 + 5 + 3 = 14	→ 140
+ 235	∴ 600 + 140 = 740	
	실제 답은 740 보다 조금 크다.	

낮은 자리에서 높은 자리로 올라가며 계산하는 방법을 back-end strategy라 한다.

(2) 묶어 어림하는 방법 (clustering strategy)

묶어 어림하는 방법은 각각의 주어진 양을 대표값으로 묶어 처리하는 방법이다.

[보기2] 265 + 247 + 234 + 269, 각각의 수자에서 대략의 평균값을 찾아보면 250이다.

∴ 250 × 4 = 1000

(3) 대략 어림하는 방법 (rounding strategy)

반올림이나 올림, 버림의 방법을 써서 어림값을 구하는 방법을 **대략 어림하는 방법**이라 말하고, 사칙연산에서 손쉽게 활용될 수 있지만 특히, 승법의 계산에서 잘 이용된다.

[보기3] 이 어림셈은 다음과 같이 하여 여러 가지로 구할 수 있다

① 20 × 80 = 1600 (반올림)………… 23 × 78의 값은 대략 1600

② 20 × 78 = 1560 (버림)………… 23 × 78의 값은 대략 1560이다. 이 때, 1560을 미만된 어림값(under-estimate)이라 한다. 따라서, 실제값은 1560보다 크다. (1560^{+})

③ 23 × 80 = 1840 (올림)………… 23 × 78의 값은 대략 1840이다. 이 때, 1840을 초과된 어림값 (over-estimate)이라 한다. 따라서, 실제값은 1840보다 작다. (1840^{-})

④ 20 × 70 = 1400 (버림)………… 23 × 78의 값은 1400^{+}

⑤ 30 × 80 = 2400 (올림)………… 23 × 78의 값은 2400^{-}

(4) 적당한 수를 찾아 어림하는 방법 (compatible numbers strategy)

적당한 수를 찾아 어림하는 방법은 가법이나 제법에서 흔히 이용되는 방법으로 암산하기 쉽게 적당한 수를 찾아 어림셈하는 방법이다.

[보기4] 26 + 49 + 37 + 66 + 54 + 81 을 어림셈 하여라.

26 + 49 + 37 + 66 + 54 + 81

(26 + 54) 100, (49 + 81) 100, (37 + 66) 100

$\therefore$ 100 + 100 + 100 =300

따라서 주어진 식의 어림값은 대략 300이다.

[보기5] 다음 나눗셈의 몫을 어림셈 하여라.

$7\overline{)\,3286}$ 피제수와 제수를 왼편 나눗셈과 가장 가까운 수로 바꾸어 나누어지는 적당한 수를 찾으면 된다.

(5) 특별한 수를 찾아 어림하는 방법 (speecial numbers strategy)

특별한 수를 찾아 어림하는 방법은 암산하기 쉬운 특별한 값을 찾아내어 어림셈하는 방법으로 분수와 소수의 계산, 그리고 퍼센트를 산출할 때 잘 이용되는 방법이다.

[보기6] $\frac{8}{9}+\frac{11}{12}$ → 각 분수 값은 1 에 가깝다. → 따라서 1 + 1 = 2

990의 9.8 %는 10%에 가깝다. → 따라서 990 × 0.1 = 99

(6) 분수와 소수의 어림셈

분수의 성질로서 분수에서 분수값은

① 분자가 분모보다 아주 작을 때는 0에 접근하고,

② 분자가 대략 분모의 반이 될 때는 $\frac{1}{2}$에 접근하며,

③ 분자 분모의 크기가 같을 때에는 1에 접근한다.

[보기7] $\frac{9}{10}+\frac{4}{9}$를 어림셈 하여라.

$\frac{9}{10} \rightarrow 1,\ \frac{4}{9} \rightarrow \frac{1}{2}$ $\quad\therefore\ 0.5+1=1.5$

소수에 관한 어림셈도 소수를 분수로 나타낼 수 있으므로 같은 방법이 적용된다.

[보기8] 0.498 + 0.9 를 어림셈 하여라.

0.498 → 0.5 , 0.9 → 1 ∴ 0.5 + 1 = 1.5

4. 측정의 어림셈

길이, 넓이, 부피, 무게, 시간, 온도 등의 연속량의 측정과 계산은 모두 어림셈을 나타내는 것이 되며, 또, 이들은 각각 특성이 다르므로 측정의 어림셈 지도를 간단히 설명하기는 매우 어렵다.

그래서, 여기서는 측정의 어림셈 지도의 전략에 관하여 간단히 살펴본다.

1) 단위의 크기에 대한 양감 기르기

[보기9] 1cm, 1m의 길이를 자기 몸의 부분 곧, 손톱의 크기, 팔의 길이를 알아본다.

2) 단위량의 반복 사용으로 전체의 크기 알아보기

[보기10] 부대에 담긴 콩의 개수를 컵으로 거듭 퍼내어 알아본다.

3) 무게를 달아 어림하기

[보기11] 철사의 길이를 무게로 달아 알아본다.

4) 이등분하여 어림하기

[보기12] 1m의 길이를 반으로 접어 0.5m를 만들고, 비교할 양을 반으로 접어 상호 비교한다.

5) 등적 변환에 의하여 어림하는 방법

[보기13] 평행사변형의 넓이를 등적 변환하여 직사각형을 만들어 넓이를 알아본다.

6) 공식을 사용하여 어림하는 방법

[보기14] 가로, 세로, 높이에 눈금이 매겨진 직육면체의 투명된 그릇에 콩을 담고, 가로, 세로, 높이에 놓여진 콩알의 수를 세어 어림할 수 있다.

5. 어림셈의 지도 대책

종래에 지도되지 않았던 어림셈 지도에서는 어떠한 지도 대책이 필요한지 그 내용을 간단히 소개하면 다음과 같다.

1) 수학은 정답만을 구하는 것이 목적이 아니고, 일상생활에서는 어림 답도 필요하므로 어림 답의 필요성을 인식시키는 것이 필요하다.
2) 어림셈은 측정 영역에서만 다루어지는 것이 아니고, 수와 연산, 문자와 식 영역에서도 어림셈 지도가 가능함을 아동에게 인식시키는 것이 필요하다.
3) 종래 어림셈 지도의 전략과 방법으로 반올림, 올림, 버림의 전략이 주로 이용되었으나, 앞으로는 Barbara,J.Reys의 어림셈 전략이나 측정값을 어림하는데 있을 수 있는 여러 가지 어림셈 전략들을 지도하여 아동들의 창의성 계발에 힘쓰지 않으면 아니 된다.
4) 어림셈은 대개의 답을 구하는 것으로만 생각해서는 안 된다. 가능한 한 정답에 가까운 대개의 값을 구하는 것이 목적이 되어야 하고, 암산을 이용하여 빠른 계산을 하여야 하므로 새로운 암산 지도의 대책도 수립되지 않으면 아니 된다.
5) 어림셈 지도의 방법도 일반 계산 지도에서와 같이, 계산의 의미, 계산의 모델, 계산의 계획, 계산의 방법과 과정, 계산의 기능면을 고려하여 어림셈 지도가 이루어지지 않으면 아니 된다.
6) 어림셈의 답은 정답과 같이 유일성을 갖지 않는다. 아동이 어림 답을 구할 때는 왜 그런 방법으로 답을 구했는지의 논리성의 계발에도 힘쓰지 않으면 아니된다.

DISCUSSION

[1] 외연량과 내포량에 대해서 설명하여라.

[2] 시간을 세분화 하는 방법을 알아보아라.

[3] 일상생활에서 버림, 올림이 되는 경우의 구체적인 예를 각각 두 가지씩 들어라.

[4] 다음 문제들의 근사값의 계산을 하여라.

(1) 54.86±25.475

(2) 25×346

(3) 23,516+90,774를 천의 자리까지

(4) 1,693,210−968,732를 만의 자리까지

(5) 54,723×3,538을 두 자리의 어림수로

(6) 1,925,276÷2,896을 두 자리의 어림수로

[5] 어림셈의 전략과 방법에 대해서 설명하여라.

[6] 측정의 어림셈 지도 전략에 대해서 논술하여라.

[7] 어림셈의 지도 대책을 구체적인 예를 들어 설명하여라.

09 확률과 통계

9.1 확률

1. 확률의 정의

1) 수학적 확률

일어날 수 있는 모든 경우가 N가지이고 이들의 어느 두 개도 동시에 일어나지 않고 또 어느 경우에도 같은 정도로 일어날 것이 기대된다고 한다. 이 때 이 N 가지 중에서 어떤 사상 A가 일어나는 경우의 수가 a가지이면 A가 일어날 확률은 $\frac{a}{N}$ (**수학적 확률**)라고 한다.

주사위나 트럼프 등의 게임에 있어서는 이 확률의 정의는 완전한 것이다. 그러나 「같은 정도로 기대된다」는 무슨 뜻인가 이것에 대해서 **라플라스**(Laplace)는 다음과 같이 말하고 있다.

> 모든 사상은 우리들의 지식이 발달하면 명확한 인과관계를 알 수 있다. 만일 전지전능한 자가 현재의 모든 조건을 안다면 다음 순간의 상태를 완전히 이해할 것이다. 확률이라는 것은 우리들이 무식한 탓이고 같은 정도로 기대된다는 것은 어느 것이 잘 일어날 것인가를 판단하는 지식이 없다는 것을 의미한다.

예를 들면, 동전을 던질 때 앞면이 나오는 것과 뒷면이 나오는 것과는 어느 것이 잘 일어날지 전혀 알 수 없다. 즉 앞면이 나올 확률이나 뒷면이 나올 확률은 모두 $\frac{1}{2}$이 된다. 또 한 개의 주사위를 던질 때 어느 눈이 나올지는 전혀 알 수 없으므로 1에서 6까지의 어느 눈도 같은 정도로 일어날 것으로 기대해야 하며, 각각의 눈이 나올 확률은 $\frac{1}{6}$이 되는 것이다.

또, 어떤 우연적인 사상에는 그것이 일어나는 확률이라는 것이 이미 존재하여, 그것은 n회의 관찰 또는 실험의 결과 그것이 r회 일어났다고 하면 상대도수 $\frac{r}{n}$을 그것이 일어날 확률 P의 관측치로 간주하는 것이다. 그리고 n을 충분히 크게 하면 이 $\frac{r}{n}$의 값은 점차 일정하게 되므로 그 값을 P로 해도 실용상 아무런 지장이 없다는 것을 경험에 의해서 알게 되었다.

이와 같은 확률을 **통계적 확률**이라 하고 이것에 대해서 라플라스(Laplace)류의 확률을 **수학적 확률**이라고 말한다.

2) 통계적 확률

사상 A가 일어나는 상대도수 $\frac{r}{n}$이 n을 충분히 크게 할 때 거의 일정한 값 P에 가까워지면 이 P를 A가 일어날 확률(**통계적 확률**)이라고 말한다.

2. 확률의 성질

사상 A가 일어날 확률을 $P(A)$로 나타내기로 한다.
라플라스(Laplace)에 의한 확률의 정의에 의하면 어떤 시행에 의해서 일어날 수 있는 모든 경우의 수가 N가지이고, 이들의 어느 두 개도 동시에 일어나지 않으며 또 어느 경우도 같은 정도로 일어날 것이 기대된다고 할 때 이들의 N가지 중에서 어떤 사상 A가 일어나는 경우가 a가지이면

$$P(A)=\frac{a}{N}$$

이다.

따라서 $P(A)$에는 다음 성질이 있다.

1) $0 \le P(A) \le 1$
2) $P(A)=0 \Leftrightarrow$사상 A가 절대로 일어나지 않는다.
3) $P(A)=1 \Leftrightarrow$사상 A가 반드시 일어난다.
4) 사상 A가 일어나지 않는 확률을 $P(\overline{A})$라 하면

$$P(A)+P(\overline{A})=1$$

이들은 다음과 같이 증명된다.

1) $0 \le a \le N$이므로 $0 \le \dfrac{a}{N} \le 1$

$$\therefore\ 0 \le P(A) \le 1$$

2) 사상 A가 일어나지 않으므로 $a=0 \leftrightarrow P(A)=0$

3) 사상 A가 반드시 일어나므로 $a=N \leftrightarrow P(A)=1$

4) 사상 A가 일어나지 않는 경우의 수는 N-a이므로

$$P(\overline{A})=\frac{(N-a)}{N}=1-\frac{a}{N}$$

즉, $P(\overline{A})=1-P(A) \qquad \therefore\ P(A)+P(\overline{A})=1$

사상 A에 대해서 그것이 일어나지 않는 사상 A를 사상 A의 **여사상**이라고 한다.

[보기 1] 30장의 제비 중에 1등이 2장, 2등이 5장 들어 있다. 이 제비 중에서 1 장을 뽑을 때 1등, 2등이 각각 나올 확률을 구하여라.

(풀이) 일어날 수 있는 모든 경우는 30가지이다. 이 중 1등의 제비를 뽑는 사상 A가 일어나는 경우는 2가지이다.

따라서 1등의 제비를 뽑는 사상 A의 확률 $P(A)$는

$$P(A)=\frac{2}{30}=\frac{1}{15}$$

같은 방법으로 2등의 제비를 뽑는 사상 B의 확률 $P(B)$는

$$P(B)=\frac{5}{30}=\frac{1}{6}$$

[보기 2] 2개의 주사위를 동시에 던질 때 나오는 눈의 합이 8 이 되는 확률을 구하여라.

(풀이) 2개의 주사위 A, B를 던질 때 나오는 눈을 각각 x, y라 하면 일어나는 모든 경우의 수는 $(x,\ y)$의 총수이므로 $6 \times 6 = 36$이다. 이 중에서 $x+y=8$이 되는 사상 A는 (2, 6), (3, 5), (4, 4), (5, 3), (6, 2)의 5가지이다.

따라서 구하는 확률은 $P(A)=\frac{5}{36}$

[보기 3] 2개의 주사위를 던질 때 나오는 눈의 합이 10을 넘지 않는 확률을 구하여라.

(풀이) 눈의 합이 10을 넘지 않는 사상 A의 여사상 $\overline{A}$는 눈의 합이 11이상인 사상이다.

$\overline{A}$는 (6,5), (5,6), (6,6)이므로 $P(\overline{A})=\frac{3}{36}=\frac{1}{12}$

$$\therefore\ P(A)=1-P(\overline{A})=1-\frac{1}{12}=\frac{11}{12}$$

3. 순열과 조합

1) 경우의 수

확률을 구하기 위해서는 가능성의 수를 계산하여야 한다.

이것을 쉽게 구하기 위해서 순열과 조합의 이론을 알아보기로 한다.

다음 두 가지 원칙은 그 기초가 된다.

(1) **합의 원칙** : 두개의 사상 A, B가 있고 A가 일어날 때는 B는 일어나지 않고, B가 일어날 때는 A가 일어나지 않는다고 한다. 그리고 A가 일어나는 경우가 m가지이고, B가 일어나는 경우는 n가지라고 하면 A 또는 B가 일어나는 경우는 $m+n$가지이다.

(2) **곱의 원칙** : 두개의 사상 A, B가 있고 A가 일어나는 경우는 m가지이고, 그 각각에 대해서 B가 일어나는 경우는 n가지라고 한다. 그러면 A가 일어나고 또 B도 일어나는 경우는 $m \cdot n$이다.

[보기1] 철수네 집에서 세 가지 종류의 신문과 두 가지 종류의 월간지를 구독하고 있다고 하면 정기 간행물을 3+2가지 구독하는 것이다.

구독하고 있는 신문을 a_1, a_2, a_3 잡지를 a_1, b_2라 하고 집합을 생각하면

$A=\{a_1,\ a_2,\ a_3\}$, $B=\{b_1,\ b_2\}$이고, $A\cup B=\{a_1,\ a_2,\ a_3,\ b_1,\ b_2\}$이다.

그리고 $n(A)=3,\ n(B)=2,\ n(A\cup B)=n(A)+n(B)=3+2=5$

[보기2] P에서 Q로 가는 길이 a, b, c 3가지, Q에서 R로 가는 길은 x, y, 두 가지 있다.

이 경우 P에서 Q를 지나 R로 가는 경우의 수는 3×2(가지)이다.

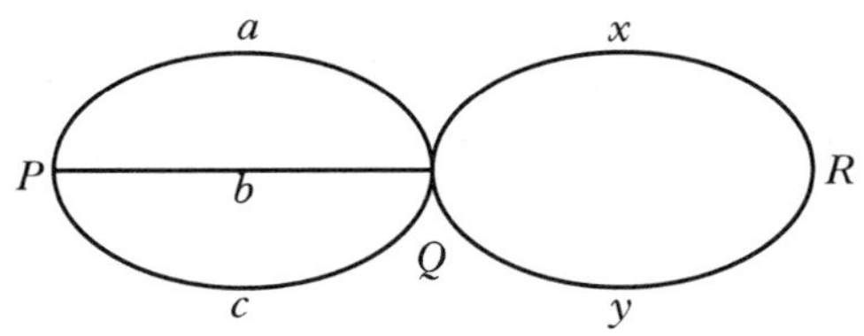

〈 그림 9-1 〉

P에서 Q로 가는 방법을 집합 $A=\{a,\ b,\ c\}$로 나타내고 Q에서 R로 가는 방법을 $B=\{x,\ y\}$로 나타낼 때 각각 그 원소의 개수는

$$n(A)=3,\ n(B)=2$$

따라서 구하는 모든 경우는 오른편과 같이 생각하면

$$n(A\times B)=n(A)\times n(B)=3\times2=6$$

2) 순열

$a,\ b,\ c,\ d$ 4명 중에서 2명을 택해서 「가」, 「나」로 표시된 두개의 의자에 앉게 하는 방법의 가지 수를 생각해 보자.

a가 「가」에 앉는 경우 「나」에는 b나 $c,\ d$가 앉게 된다. 또 b가 「가」에 앉는 경우는 「나」에는 a나 c나 d가 앉게 된다.

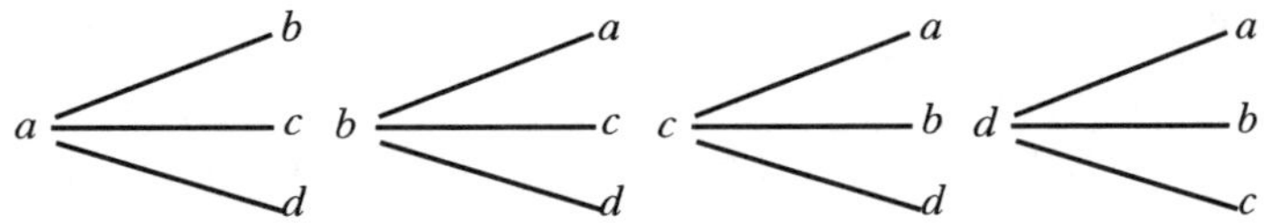

〈 그림 9-2 〉

즉, 「가」에는 $a,\ b,\ c,\ d$의 누구라도 앉을 수 있으므로 그 방법은 네 가지이고 각각에 대해서 「나」에 앉는 사람을 택하는 방법은 세 가지이다.

따라서 구하는 방법의 수는 모두

$$4 \times 3 = 12 \text{ (가지)이다.}$$

일반적으로 서로 다른 n개의 물건 중에서 r개를 택하여 한 줄로 늘어놓는 것을 n개 중에서 r개를 택한 **순열**이라고 하고 그 순열의 수를 ${}_nP_r$로 나타낸다.

위 예(例)에서는

$${}_4P_2 = 4 \times 3$$

을 구한 것이다.

서로 다른 n개의 물건 중에서 r개를 택하여 일렬로 나열하려고 할 때 첫째 번에 놓을 물건을 택하는 방법은 n가지이다. 첫째 번에 놓는 것이 정해지면 둘째 번에 놓는 물건을 선택하는 방법은 $n-1$가지이다.

따라서 첫째 번과 둘째 번에 놓는 방법은

$$n(n-1)$$

가지이다. 그 각각에 대해서 셋째 번에 놓을 물건을 택하는 방법은 $n-2$가지이다. 따라서 첫째 번, 둘째 번, 셋째 번에 놓는 방법은

$$n(n-1)(n-2)$$

가지이다. 이와 같은 방법으로 해서

$${}_nP_r = \underbrace{n(n-1)(n-2)\cdots\cdots(n-r+1)}_{r\text{개}}$$

가 됨을 알 수 있다.

특히, $r=n$이면

$$\begin{aligned} {}_nP_n &= n(n-1)(n-2)\cdots\cdots(n-n+1) \\ &= n(n-1)(n-2)\cdots\cdots 3 \cdot 2 \cdot 1 \end{aligned}$$

이면 이것은 n개의 물건을 모두 한 줄로 늘어놓은 순열의 수를 나타낸다.

이와 같이 1에서 n까지의 모든 자연수의 곱을 n의 **계승**이라 하고 $n!$으로 나타낸다.

[보기3] 수자 1 ,2, 3, ……, 9에서 서로 다른 3개의 숫자를 택해서 3자리의 자연수를 몇 개 만들 수 있는가?

(풀이) 서로 다른 9개의 숫자에서 3개를 택해서 만든 순열의 수를 구하는 문제이므로

$${}_9P_3 = 9 \times 8 \times 7 = 504(\text{개})$$

3) 조합

10명의 회원 중에서 회장, 부회장, 총무를 선출하는 방법은 ${}_{10}P_3$가지이다. 그런데 10명의 회원 중에서 3명의 간사를 뽑는다고 하면 그 선출 방법은 몇 가지나 되는지 조사해 보자.

10명의 회원 중에서 3명을 선출하는 방법을 x가지라 할 때 이 x가지의 각각에 대해서 그 역할을 정하는 방법은 3 ! 가지가 있으므로 곱의 법칙에 의해서

$$x \times 3\,! \ \ (\text{가지})$$

이다.

그런데 이것은 ${}_{10}P_3$과 같으므로

$$x \times 3\,! \ = \ {}_{10}P_3$$

따라서 $\dfrac{{}_{10}P_3}{3!} = \dfrac{10 \times 9 \times 8}{3 \times \times 1} = 120(\text{가지})$이다.

일반적으로 n개의 서로 다른 물건에서 r개를 택하여 만든 조를 n개에서 r개 택한 **조합**이라 하고 이 조합의 수를

$${}_nC_r$$

로 나타낸다.

즉, $${}_nC_r = \frac{{}_nC_r}{r!} = \frac{n(n-1)(n-2)\cdots\cdots\ (n-r-1)}{r!}$$

[보기4] 주머니 속에 3 개의 흰 공과 5 개의 붉은 공이 들어 있다. 이 주머니에서

(1) 2 개의 공을 꺼낼 때 그것이 모두 붉은 공일 확률을 구하여라.

(2) 4 개의 공을 꺼낼 때 1개는 흰 공이고 3개는 붉은 공일 확률을 구하여라.

(풀이) (1) 8개의 공 중에서 2개의 공을 꺼내는 방법의 수는 ${}_8C_2=28$ 또, 5개의 붉은 공 중에서 2개를 꺼내는 사상을 A라 하면 사상 A의 개수는

$${}_5C_2=10$$

$$\therefore\ P(A)=\frac{{}_5C_2}{{}_8C_2}=\frac{5}{14}$$

(2) 8개의 공 중에서 4개의 공을 꺼내는 방법의 수는 ${}_8C_4=70$, 3 개의 흰 공에서 1개를 꺼내고, 5개의 붉은 공에서 3개를 꺼내는 사상을 B라 하면 사상 B의 개수는 ${}_3C_1\times{}_5C_3$

$$\therefore\ P(B)=\frac{{}_3C_1\times{}_5C_3}{{}_8C_4}=\frac{3}{7}$$

4. 확률의 계산

1) 확률의 가법정리

두개의 동전을 던질 때 두개가 모두 앞면이 나오는 사상을 A, 앞면과 뒷면이 나오는 사상을 B, 두개가 모두 뒷면이 나오는 사상을 C라 할 때, 이들 사상 A, B, C 중 어느 한 사상이 일어나면 다른 사상은 절대 일어나지 않는다.

이와 같이 두개 이상의 사상에 대해서 그 중의 어느 한 사상이 일어나면 다른 사상은 서로 배반한다고 말하고 이 두 사상을 **배반사상**이라고 한다. A, B가 서로 배반일 때 즉, $A\cap B=\varnothing$ 일 때 일어날 수 있는 모든 가능성의 집합(표본 공간이라 함) S 및 사상 A, B의 원소의 개수를 각각 N, a, b라 하면

$$n(A\cup B)=n(A)+n(B)=a+b$$

즉, $$P(A\cup B)=(a+b)/N=a/N+b/N=P(A)+P(B)$$

두개의 사상 A, B가 서로 배반 사상일 때 A 또는 B의 어느 한 사상이 일어날 확률은

$$P(A\cup B)=P(A)+P(B)$$

[보기1] 주머니 속에 크기가 같은 붉은 공 4개와 흰 공 3개가 들어 있다. 이 주머니에서 동시에 2개를 꺼낼 때 2개가 모두 같은 색깔의 공일 확률을 구하여라.

(풀이) 붉은 공이 2 개인 사상을 A, 흰 공이 2개인 사상을 B 라 하면

$$P(A) = \frac{{}_4C_2}{{}_7C_2} = \frac{2}{7}$$

$$P(B) = \frac{{}_3C_2}{{}_7C_2} = \frac{1}{7}$$

2) 확률의 승법정리

주머니 속에 흰 공 3개와 붉은 공 2개가 들어 있다. 갑, 을 두 사람이 차례로 1개씩 꺼낼 때 갑이 흰 공을 꺼내는 사상을 A, 을이 흰 공을 꺼내는 사상을 B라 하자.

지금 흰 공에는 1, 2, 3 붉은 공에는 4, 5인 번호를 붙여서 갑이 x인 공을 꺼내고 을이 y인 공을 꺼내는 사상을 $(x,\ y)$로 나타낸다.

일어날 가능성의 수는

$$n(S) = {}_5P_2 = 20$$

이다.

다음 표에 의하면

	A	$\overline{A}$	
B	(2,1) (3,1) (1,2) (3,2) (1,3) (2,3)	(4,1) (5,1) (4,2) (5,2) (4,3) (5,3)	12
$\overline{B}$	(1,4) (2,4) (3,4) (1,5) (2,5) (3,1)	(5,4) (4,5)	8
	12	8	20

$$P(A) = \frac{12}{20} = \frac{n(A)}{n(S)}$$

$$P(A \cap B) = \frac{6}{20} = \frac{n(A \cap B)}{n(S)}$$

사상 A가 일어났을 때 B가 일어날 확률은 $P_A(B)$로 나타내기로 하면

$$P_A(B) = \frac{6}{12} = \frac{n(A\cap B)}{n(A)}$$

따라서, $$P_A(B) = \frac{n(A\cap B)}{n(A)} = \frac{n(A\cap B)}{n(S)} \times \frac{n(S)}{n(A)}$$

$$= P(A\cap B) \cdot \frac{1}{P(A)}$$

$$\therefore\ P(A\cap B) = P(A) \cdot P_A(B)$$

사건 A가 일어났다고 가정했을 때에 사건 B가 일어날 확률을 A가 일어났을 때에 B의 **조건부확률**이라 하고 $P_A(B)$ 또는 $P(B/A)$로 나타낸다.

2 개의 사상 A, B가 있어 사상 A가 일어났을 경우와 일어나지 않았을 경우에 따라 사상 B가 일어날 확률이 달라질 때 B는 A에 종속한다고 하고 B를 A의 **종속사상**이라고 한다.

(1) 확률의 승법정리(Ⅰ) : 두 사건 A, B가 종속일 때

$$P(A\cap B) = P(A) \cdot P_A(B)$$

[보기2] 7개의 제비 중에 3개의 당첨제비가 있다. 1개씩 2번 뽑을 때 2개가 모두 당첨 제비일 확률을 구하여라.

(풀이) 첫 번째 뽑은 것이 당첨 제비일 사상을 A라 하면 $P(A) = \frac{3}{7}$

A가 일어났다고 하고 두 번째에도 당첨제비를 뽑을 확률은 $P_A(B) = \frac{2}{6}$

따라서, 2개가 모두 당첨제비일 확률 $P(A\cap B)$는

$$P(A\cap B) = P(A) \cdot P_A(B) = \frac{3}{7} \times \frac{2}{6} = \frac{1}{7}$$

만일 $PA(B)$가 A에 관계없을 때 즉, 사상 A가 일어나든지 안 일어나든지 사상 B가 일어날 확률에 아무런 변화가 없을 때 사상 A와 B는 독립이라고 하고 이 두 사건은 **독립사상**이라고 한다. 두 사건 A, B가 서로 독립일 때는

$$P_A(B) = P(B)$$

(2) 확률의 승법정리 (Ⅱ) : 두 사건 A, B가 독립일 때

$$P(A\cap B) = P(A) \cdot P(B)$$

[보기3] 한 개의 주사위를 두번 던질 때 두 번 모두 6의 눈이 나올 확률을 구하여라.

(풀이) 첫 번째 6의 눈이 나오는 사상을 A, 두 번째 6의 눈이 나오는 사상을 B라 하면

$$P(A) = \frac{1}{6}, \quad P(B) = \frac{1}{6}$$

그런데 $P_A(B) = P(B)$이므로 사상 A, B는 독립사상이다.

따라서, $P(A \cap B) = P(A) \cdot P(B) = \frac{1}{6} \times \frac{1}{6} = \frac{1}{36}$

5. 확률의 지도

초등학교에서 아동들에게 확률지도에서 가장 중요한 것은 단순히 수학적으로 생각하는 것이 아니고, 실제로 경험하는 데 있다고 본다. 이론의 뒷받침보다는 실제의 체험에서 수학적인 배경을 조금이라도 이해시켜 보자는 것이다.

가장 취급하기 쉬운 것은 동전 던지기와 주사위 굴리기일 것이다. 동전에는 앞면과 뒷면이 있으므로 앞면과 뒷면이 있으나 실제로 던져서 확인해 보는 일이 중요하다.

어떤 초등학교 아동들이 동전을 던진 결과를 기록하여 다음과 같은 표를 얻었다고 하자.

던진 횟수	50	100	150	200	300	500	1000
앞면의 횟수	19	46	73	104	154	246	502
뒷면의 횟수	0.38	0.46	0.49	0.52	0.51	0.49	0.50

이것을 그래프로 나타내면 아래 그림과 같다.

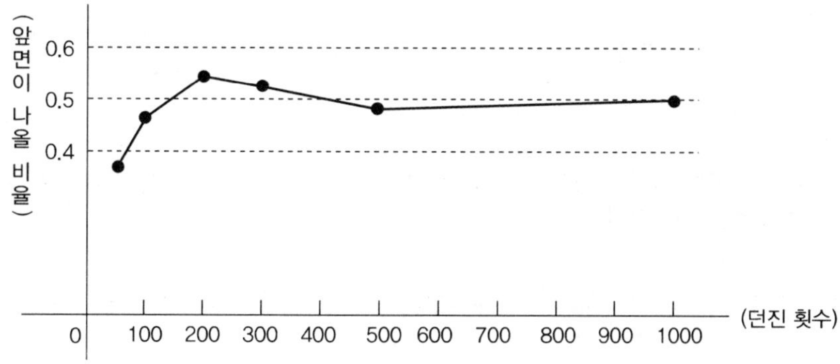

〈 그림 9-3 〉

던진 횟수가 증가하면 앞면이 나오는 비율이 수학적 확률 $\frac{1}{2}$에 가까워 짐을 알 수 있다. 이

것이 소위 말하는 대수의 법칙이다. 그러나 초등학교 아동들에게는 이러한 지도를 할 필요는 없으며 단지 실험적으로 $\frac{1}{2}$이 되어 간다는 것을 실험적으로 $\frac{1}{2}$이 되어 간다는 것을 체험시키면 충분하다. 한 아동에게 10번 정도씩 해도 60명의 학급이면 600회 정도가 되므로 대체적으로 목적을 달성할 수 있을 것이다. 이 경우 각 아동이 개개의 결과는 $\frac{1}{2}$보다 거리가 먼 비율이 되어 있을 수 있으나 전체로 보면 $\frac{1}{2}$에 가깝게 되어 있다는 사실을 이해시켜야 한다.

주사위를 굴리는 경우에 대해서도 같은 방법으로 실험할 수 있다.

이러한 실험을 통하여 수학적 확률에 대한 생각으로 유도해 나가는 것이 바람직하다고 하겠다. 그리고 일상생활의 문제 가운데는 수학적 확률로 해결 할 수 없는 것도 있다. 이를테면 교통사고가 일어나는 확률 등이 그것이다.

이러한 문제에 대해서는 구체적인 자료에서 판단할 수 있도록 지도하는 것이 바람직하다.

DISCUSSION

[1] 두개의 주사위를 던질 때 나오는 눈의 수의 합은 모두 몇 가지로 나타나는가?

[2] 철수는 흑색, 청색, 황색의 웃옷과 흑색, 청색의 바지를 하나씩 가지고 있다. 철수는 입을 수 있는 옷의 경우의 수는 몇 가지인가?

[3] 둘이서 가위, 바위, 보를 할 때 일어날 수 있는 경우의 수는 몇 가지인가?

[4] A, B 두 개의 주사위를 동시에 던질 때 다음을 구하여라.

(1) 눈의 합이 7이 되는 확률을 구하여라.

(2) 눈의 합이 2이상이 되는 확률을 구하여라.

[5] 상자 안에 검은 공 2개, 흰 공 4개가 들어 있다. 하나씩 두 개를 꺼낼 때 첫 번째 공은 검고 두 번째 공은 흰 것일 확률을 구하여라.

[6] 균형 잡힌 동전을 4번 던진다. 앞면이 2번, 뒷면이 2번 나타날 확률을 구하여라.

9.2 통 계

통계란 어떤 집단의 현상 구조를 수량적으로 파악하여 이것을 분류 정리하여 그 집단에 있어서의 어떤 법칙성을 알아내는 것이다.
예를 들면, 연속적인 변량(길이, 무게, 부피)이거나 불연속적인 변량(사람 수, 물건의 개수)으로 나타나는 자료를 수집하여 분류 정리하여 그들의 분포상태에 대한 여러 가지 특징을 알아내려는 것이다. 현대적인 통계에서는 수집한 자료를 변량으로 하여 그 자료를 품는 넓은 범위의 집단에 대해서 어떤 성질을 추측하고자 하는 것이다.

초등학교에서는 통계영역의 집합관계, 확률, 측도 등의 기본개념 지도와 통합적으로 지도되어져야 하며 통계적 사고를 요구한다. 통계의 본질은 말할 것도 없이 집단현상의 법칙성이 해명이다. 여러 가지 통계 그래프와 평균, 분산 등의 통계량도 모두 집단현상의 해석을 위한 수단이다. 그리고 통계의 과정은 목적→자료의 수집→분류→정리→해석→판단→이용으로 발전해 나간다.

집단의 표식에는 질적인 분류와 양적인 분류를 하는 경우가 있는데, 질적인 분류에서 얻은 통계를 속성통계라 하고(막대그래프 활용) 양적인 분류에서 얻은 통계는 변량통계 또는 변수통계라고 한다(Histogram 활용)

1. 모집단과 조사

통계의 학습은 사회적, 자연적으로 존재하고 있는 집단현상을 대상으로 한다. 그 집단은 다만 개체의 모임이라는 무구조의 집단이 아니고 각 개체는 같은 표식에 따라 규정되어 있는 집합이어야 한다. 곧 이 집단이 모집단의 개념이다. 순수 수학에서는 전체집합이나 통계자료를 모으는 것이 바람직하다.

1) 주체 (누가 who)
2) 객체 (무엇을 what)
3) 시기 (언제 when)
4) 장소 (어디서 where)
5) 방법 (어떻게 how)

예를 들면, 일기 조사에 대한 자료 수집의 경우를 생각해 보면 위의 5가지 사항에서

1) 주체 … 기상 관측반 5 명
2) 객체 … 일기는 맑음, 구름, 비 등 아동 능력에 맞도록 판정
3) 시기 … × 년 × 월 × 일에서 ○ 년 ○ 월 ○ 일까지 매일 오전 10시에 관측
4) 장소 … ○○ 학교 관측소
5) 방법 … 푸른 하늘이면 「맑음」, 푸른 하늘이 전혀 보이지 않으면 「구름」, 비가 오면 「비」 (5 명 합의하여 정함)

조사 결과를 아래 표로 만든다.

일	1	2	3	4	5	…
일기	③	②	②	①	③	…

① 맑음
② 구름
③ 비

그리고 조사에 있어서는 모집단은 구성요소 전부를 대상으로 하는 **전수조사**와 그 부분만을 대상으로 하는 **표본조사**가 있다.

다시 말한다면 전수조사는 일명 센세스(Census)라고도 하며 이는 통계집단의 전부를 관찰하여 자료를 수집하는 것이다. 표본조사는 통계집단에서 무 작위적으로 일부분의 통계집단만을 뽑아내어 관찰하는 것이고, 이 때 원래의 통계집단을 모집단 거기서 뽑혀 나온 관찰용 통계집단을 표본이라고 하며 표본을 구성하는 통계단위의 수효를 **표본의 크기**(size of sample)라고 한다. 모집단에는 유한 모집단과 무한 모집단이 있다.

2. 분류 · 정리

어떤 집단에 대해서 조사한 결과가 그대로는 전체의 구성이나 특징을 파악하기가 어렵다. 얻은 자료를 일정한 기준에 의해서 정리할 필요가 생긴다. 이 정리의 과정을 분류라 한다. 분류의 대상이 되는 집단의 개개의 단위는 각각 특성을 가진다.

이를테면, 어떤 학교에서 보호자의 집단을 대상으로 해서 직업이라는 관점에서 조사를 해보면 상업, 공무원, 회사원 등 각 보호자 특유의 성질이 나타난다. 즉 표식에는 연령, 신장, 득점 등과 같은 양적인 것과 직업, 성격 등과 같이 질적인 것이 있다.

따라서 분류에는 양적분류, 질적분류로 나눌 수 있다. 양적구조를 나타내는 통계표를 특히 **도수분포표**라 하고, 이 때 양적 항목을 **변량**이라 하며, 변량은 연속량과 이산량으로 나눈다.

예를 들면,

1) 질적구조의 통계표(공던지기 성적표)

이름	창호	철수	영이	영숙	대수	순이	인호
거리	18cm	20cm	14cm	11cm	16cm	12cm	18cm

2) 양적구조의 통계표(도수분포표)

키(변량)	130−135	135−140	140−145	145−150	150−155	155−160
사람수(도수)	4	5	8	7	4	2

3. 통계그래프

모집된 자료를 분류 정리하여 통계표를 만들고 그것을 그림으로 나타낸 것을 통계 그래프라 한다.

1) 막대그래프

막대그래프는 각 항목에 대한 변량의 변화 상태를 나타내는 데 쓰이기도 하는 비교에 중점을 두는 것이다. 이 그래프는 질적분류의 표에서 그려진다. 집단의 하나 하나의 변량을 공간화하여 비교하기 쉽게 한 것이다.

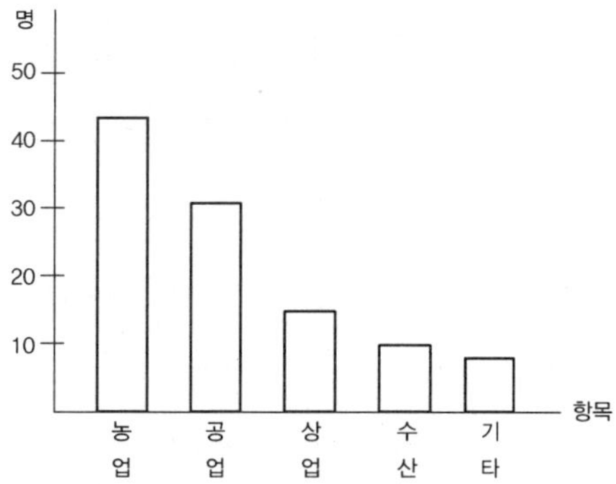

〈 그림 9-4 〉

2) 꺾은선그래프

꺾은선그래프는 항목의 변화에 따라서 그것에 대응하는 변량이 어떻게 변화해 가는가로 전체적으로 파악하는 데 쓰인다. 시각의 변화에 따라 변하는 온도(변량)의 상태를 나타내는 데 가장 효과적이다.

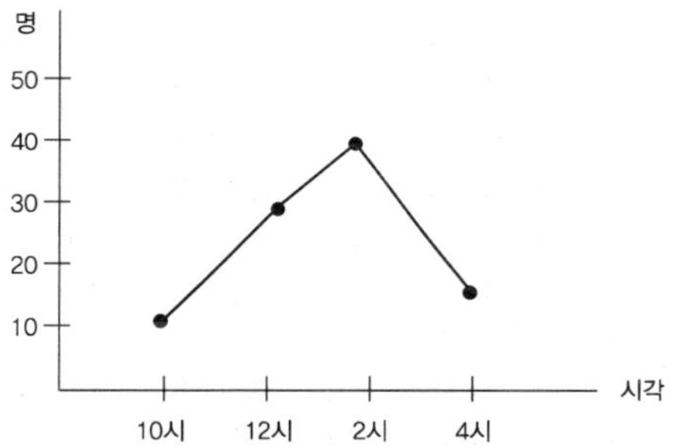

〈 그림 9-5 〉

3) 원그래프와 띠그래프

원그래프와 **띠그래프**는 전체에 대한 각 부분의 비율관계를 나타낸 그림이고 집단의 내부적 구조를 비율로서 비교할 때 쓰인다. 즉 비율 벡터를 공간화한 것이고 띠그래프는 비율 벡터를 띠의 길이 배한 것이고 원그래프는 360°배한 것이다.

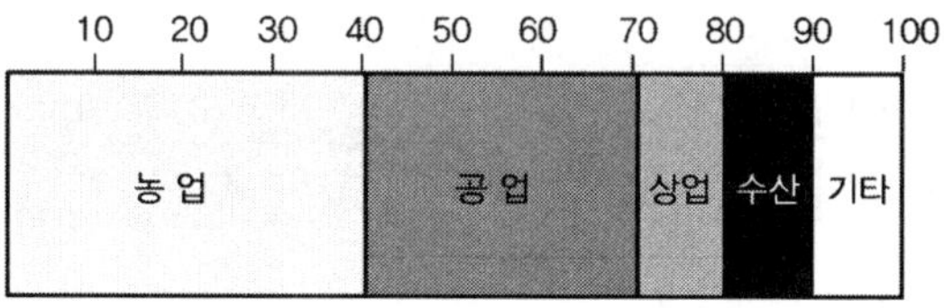

〈 그림 9-6 〉

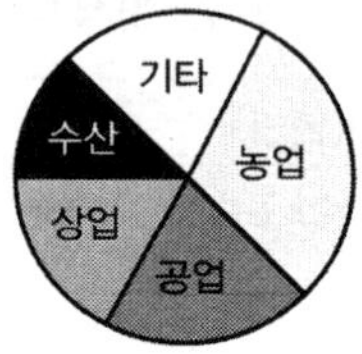

〈 그림 9-7 〉

4) 기둥그림표(Histogram)

기둥그림표는 자료를 분류 정리한 도수분포표를 중심으로 자료의 분류된 경향을 직관적으로 파악할 수 있게 하기 위한 가장 효과적인 그래프이다. 이 그래프의 특징은 연속적인 변량이나 이산적인 변량에 고루 사용되고 있다. 주로 양적분류의 표에서 얻어진다.

신 장 조 사

번호	신 장	번호	신 장	번호	신 장
1	109.8	18	122.2	35	118.2
2	125.3	19	127.6	36	116.3
3	116.0	20	103.5	37	117.2
4	116.8	21	123.5	38	121.3
5	120.2	22	114.3	39	127.3
6	115.6	23	133.8	40	125.2
7	122.2	24	130.0	41	118.6
8	114.6	25	128.6	42	118.4
9	125.6	26	119.8	43	117.8
10	122.6	27	119.4	44	127.5
11	122.4	28	132.2	45	127.6
12	127.8	29	117.1	46	122.6
13	122.8	30	112.3	47	113.5
14	116.0	31	116.1	48	121.4
15	122.2	32	120.6	49	116.6
16	117.6	33	115.8	50	117.4
17	114.7	34	120.6		

도 수 분 포 표

계 급 x_i	도 수 f_i	누 적 도 수
100~105	1	1
105~110	1	2
110~115	5	7
115~120	18	25
120~125	12	37
125~130	10	47
130~135	3	50

기둥그림표의 각 직사각형의 윗변 중점을 맺어서 얻어지는 다각형을 도수분포다각형이라 하고 이것을 부드럽게 Curve로 그리면 **도수분포곡선**이 된다.

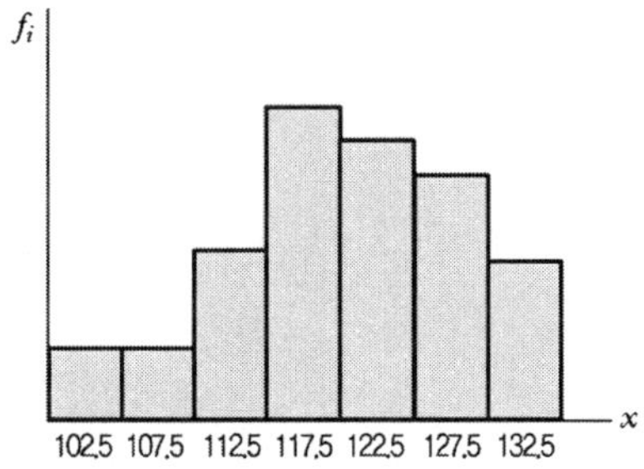

〈 그림 9-8 〉

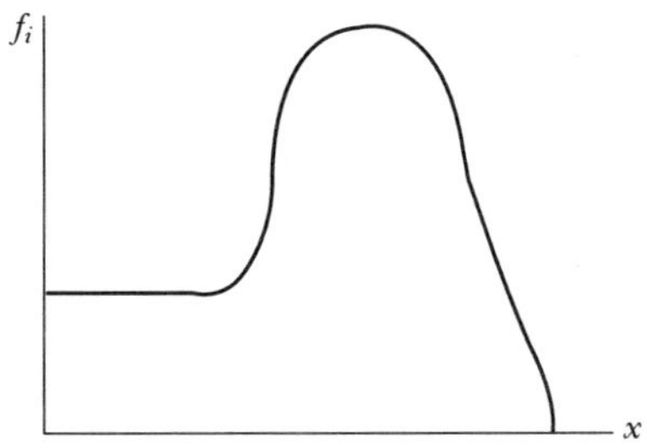

〈 그림 9-9 〉

도수분포표는 각 계급 또는 계급값에 도수를 대응시킨 것, 즉 함수관계를 나타내는 것이다. 예를 들자면 위 표에서 신장 117.5 cm 는 도수 18 명과 대응한다. 즉 표식은 이 함수관계에 있어서 독립변수, 도수는 종속변수의 구실을 하고 있다. 그러므로 도수분포표에 있어서는 표식을 **변량** 또는 **변수**라고 부른다. 일반으로 변량의 임의의 구간에 그 구간에 속하는 도수 또는 상대도수를 대응시키는 일종의 함수관계를 그 변량의 **도수분포**라고 한다. 이 분포는 일반적으로 도수분포표에 의하여 나타나지만 이론적인 분포는 그 함수관계를 수식으로 나타낸다.

4. 대표값

어떤 집단의 변량 전체를 하나의 수 값으로 나타낼 때 이것을 **대표값**이라고 한다. 대표값은 분포의 중심적 경향을 나타내는 값이며 변량 전체를 대표하는 특성을 가진다. 대표값을 계산하는 방법에 의하여 분류하여 보면 변량 전체를 사용해서 계산하여 얻는 것을 **평균**(Mean), 또 변수분포의 중심부분의 특정한 위치의 변량을 대표값으로 하는 **중앙값**(Median), **최빈값**(Mode) 등이 있다. 곧 대표값은 집단의 양적 구조에 관해서 중심위치를 나타내는 변량의 값으로 전체를 대표하자는 것이다.

1) 평균(Mean)

n개의 변량 $x_1,\ x_2,\ x_3,\ \cdots,\ x_i,\ \cdots,\ x_n$의 평균값을 $\bar{x}$라 한다면,

$$\bar{x}=\frac{x_1+x_2+x_3+\cdots+x_n}{N}=\frac{\sum_{i=1}^{n} x_i}{N}$$

그러나 도수분포표에서는

$$\bar{x} = \frac{f_1x_1 + f_2x_2 + \cdots + f_ix_i + \cdots f_nx_n}{N}$$
$$= \frac{\sum_{i=1}^{n} f_ix_i}{N}$$

간편한 셈으로는

$$\bar{x} = x_0 + C\bar{u}$$

단, x_0 : 가평균, C : 계급의 나비

$$u_i : \frac{x_i - x_0}{C} \qquad \bar{u} = \frac{\sum_{i=1}^{n} f_iu_i}{N}$$

2) 중앙값(Median)

주어진 n개의 변량을 크기의 순으로 배열하였을 때 그 중앙의 위치에 있는 변량의 값을 **중앙값**이라 하고 보통 M_E로 나타낸다.

변량을 $x_1 < x_2 < x_3 < \cdots < x_n$의 배열이 되어 있을 때

n가 홀수이면 $\quad M_e = x_{\frac{n+1}{2}}$

n가 짝수이면 $\quad M_e = \frac{1}{2}\left(x_{\frac{n}{2}} + x_{\frac{n+1}{2}}\right)$

도수분포표로 정리되어 있을 때에는 누적도수를 구하고 누적도수분포표에서 M_e가 들어 있는 하한 값을 L, M_e가 들어 있는 계급의 도수를 f_m, L미만의 총 도수를 F, 계급의 나비를 C 라고 할 때

$$M_e = l + \frac{C}{f_m}\left(\frac{N}{2} - F\right)$$

로서 구해진다.

3) 최빈값(Mode)

자료를 정리하였을 때 도수가 가장 많은 변량의 값을 **최빈값**이라 하고 보통 Mo로 나타낸다. 최빈값은 비교적 대표값으로서의 뜻이 약하기는 하나 직관해서 쉽게 구할 수 있는 데 특징이 있다.

성적	60	70	80	90	100
사람수	4	10	17	15	9

$M_0 = 80$

$M_0 = 3M_e - 2M$

DISCUSSION •••

[1] 5월 1일 오전 8시에서 오후 4시까지의 기온을 1 시간마다 측정한 표가 아래와 같다. 막대그래프와 꺾은선그래프를 그려라.

시간	8	9	10	11	12	1	2	3	4
온도	9	14	19	21	22	26	29	28	24

[2] 다음 표를 보고 띠그래프와 원그래프를 그려라.

직업	농업	상업	공업	회사원	공무원	기타	계
호수	336	168	126	84	84	42	840

[3] 아래 표는 어느 학급의 수학시험 결과이다. 평균, 중앙값, 최빈값을 구하고 기둥그림표를 그려라.

점수	사람수
30~40	3
40~50	1
50~60	3
60~70	3
70~80	12
80~90	7
90~100	6
합계	35

10 규칙성

10.1 규칙성

1. 규칙성의 의미

수와 연산, 공식을 이용한 문제 풀이 등이 수학의 전부인 것처럼 생각하기 쉬우나 그것들은 수학의 일부분에 지나지 않는다. 수학의 발전된 과정을 보면 인류가 자연 속에 있는 어떤 패턴들을 발견해서 그것을 설명하고, 그 패턴 속에 숨어 있는 질서와 규칙을 밝혀내려는 노력이 있었다. 패턴이란 수, 도형, 무늬 등을 일정한 규칙으로 늘어놓은 배열을 뜻한다. 규칙적인 배열에서 규칙을 찾아 수로 나타내고, 자신의 규칙을 만들어 보면서 수학에 대한 자신감과 긍정적인 생각을 가질 수 있다. 규칙을 찾는 것이 IQ 테스트에서도 자주 등장하는 것도 그 만큼 여러 가지 가능성을 가지고 많은 생각을 해야 하기 때문이다. 규칙성은 어떤 특정한 영역에서 일어나는 것이 아니라 수와 연산 영역, 도형 영역 등 어느 부분에서도 찾을 수 있다. 즉, 수학에서의 규칙성은 수학 학습의 기초가 되어 수학의 전 영역의 토대가 되는 것이다.

수학은 모든 종류의 규칙성 - 자연에 내재된 규칙성, 인간의 정신 속에서 발명되는 규칙성, 그리고 심지어는 다른 규칙성에 의해서 창조되는 규칙성을 이해하고자 하는 탐구 과학이다. 수학으로 성장하려면, 아동들은 그들 자신의 생활에 적합한 풍부하고 다양한 규칙성에 노출되어야 하며, 그것을 통해서 그들은 다양성, 규칙성 및 상호관련성을 알 수 있게 될 것이다.

우리는 매일 말하기나 듣기에서, 음악 작품이나 비디오 영상에서, 장식 디자인과 자연 기하에서, 교통 규칙에서, 우리가 만들어 내는 대상에서 항상 여러 규칙성에 접하게 된다. 여러 가지 규칙성을 인식하고, 해석하고 창조해 내는 능력은 우리의 주변 세계에 핵심적인 것이다.

2. 규칙성의 정의

수학을 패턴의 과학이라고 할 수 있을 만큼 어떤 현상에서나 생활에서 패턴을 찾는 것은 수학적으로 아주 중요한 능력이며, 7차에서 규칙성부분이 포함된 것도 이런 이유들 때문이다. 여기서 패턴이라는 것은 수, 도형, 무늬 등을 일정한 규칙으로 늘어놓은 배열을 말하는데, 초등학교 학생들에게 패턴이란 용어가 낯설어서 규칙 또는 규칙성으로 대신하기로 한다. 초등단계에서는 규칙성의 대부분이 패턴 내용으로 구성되었다. 이는 패턴이 수학의 규칙성을 일찍부터 흥미 있게 접할 수 있는 최상의 소재이기 때문이다. 따라서 초등단계에서는 수학의 조화로운 규칙성을 발견함으로써 수학에 대한 새로운 흥미와 관심을 유발하고 주위 사물을 새로운 눈으로 관찰할 수 있는 안목과 태도를 길러주는 것이 중요하다. 아울러 이러한 안목을 바탕으로 학생들 스스로 사물의 관계를 수량적으로 나타내 보도록 해야 할 것이다.

3. 규칙성(패턴)의 탐구학습의 의의

수학을 패턴의 과학으로 특징지을 수 있는 것처럼 패턴은 수학에서 가장 중요하게 여기는 것 중의 하나이다. 패턴을 찾는 것은 문제해결의 중요한 전략이며 규칙을 찾고 결과를 예측하게 하는 활동으로서 모든 학년에 걸쳐 모든 수학 학습 과정의 일부가 되어야 한다. 패턴은 수학 내부에서의 수 패턴이나 기하 패턴뿐 아니라, 일상생활 속에서도 의상 패턴, 벽지 패턴, 인간과 동물의 행동 패턴 등과 같이 다양한 방법으로 사용되며 관찰·탐구능력을 길러 줄 수 있다.

학생들은 패턴을 인식하고 확장하기 위한 활동을 해야 한다. 일정한 규칙을 찾고 수학적으로 표현하는 기회를 제공하면 수학을 생활에서 개념화할 수 있을 뿐 아니라, 이와 같은 패턴 탐구는 학생들의 수학적 능력을 발달시키는 것과 수학의 아름다움을 감상하도록 하는데 도움을 준다. 패턴은 곱셈, 변환 기하, 대수에서의 어떤 수학적 주제를 연결해 준다. 그래서 수학의 다른 영역들(수, 도형, 측정 등)을 규칙성과 서로 관련지을 수 있어 통합적 학습에 도움을 준다. 그리고 자연, 음학, 예술에서의 수학의 활용과 관련되어 있다. 따라서 각 학년 수준에 알맞은 과제들을 이용하여 패턴 탐구 학습지도에 충실을 기해야 한다. 그리고 패턴과 관계에 초점을 둔 활동은 한 학년이 수학과에서 실시되는 것이 아니라 저학년부터 고학년까지의 모든 활동에서 계속되어야 한다.

특히, 규칙성 찾기는 아동의 귀납적 추론과 일반화의 생각을 길러 주는데 도움이 된다. 그러나 고학년이 될 수록 규칙성 찾기는 문제해결의 실마리를 찾거나 해결의 방안을 모색하는 단계에서 철저히 지도하는 것이 필요하다. 그렇게 함으로써 예상과 확인 전략과의 관련을 맺을 수 있고 연역적 사고의 형성도 꾀할 수 있을 것이다.

4. 초등학교 수학에서 규칙성을 가르치는 이유

1) 생활에서의 이용

(1) 일상생활의 문제를 수리적으로 이용하는데 도움이 된다.
(2) 일상생활의 문제를 논리적으로 해결하는데 이용 된다.
(3) 일상생활의 문제를 여러 가지 전략을 이용하여 해결하는데 도움이 된다.
(4) 추리하는 능력은 일상생활에서 필요한 여러 가지를 발견하는데 이용된다.

2) 학문에 이용

(1) 수열은 기본적인 관계의 개념을 이해하는데 도움이 된다.
(2) 규칙의 일반화는 대수적인 관계를 배우는데 이용 된다.
(3) 복잡한 수학적 문제를 해결하는데 이용한다.
(4) 논리적으로 추론하는 능력의 개발은 추상적으로 학문하는데 도움을 준다.
(5) 규칙을 찾아 해결하는 문제를 해결하는데 도움을 준다.
(6) 규칙 찾기는 많은 공식을 발견하거나 수학적으로 사고하는데 도움을 준다.

규칙성에 대한 넓은 관점이 형성되면, 수업을 위한 많은 가능성이 열릴 것이다. 규칙성은 아동의 수학의 많은 아이디어들을 연결하는 데 도움을 주며 수학을 다양하게 사용할 수 있는 방법을 제공한다. 아동이 일상적인 용어로 된 여러 가지 규칙성과 관계를 기술할 때, 그러한 규칙성과 관계를 수학적 기호로 표현하는 데 도움을 줄 수 있는 기초를 형성할 수 있어야 한다.

5. 규칙성의 유형과 예

1) 규칙성의 속성에 따른 유형

반복적인 규칙은 간단할 수 있고 난해 할 수도 있다. 물론 어린 아동들에게는 그들의 파악할 수 있는 규칙들로부터 시작해야 한다. 단지 두 개의 핵심적 반복 요소들만 포함하는 규칙, 즉

*AB*와 같은 1차원적 반복 규칙적으로 알려진 것에서 시작하는 것이 좋을 것이다. 아동들에게 한 사람은 앉고, 한 사람은 서고, 한 사람은 앉고, 한 사람은 서고, 처음 몇몇 아동만 말한 대로(앉고, 서고, 앉고, 서고)하도록 하고 나서 "다음 사람은 무엇을 해야 하나?"라고 질문할 수 있다. 이는 일부 아동들이 "앉기, 서기, 앉기, 서기, …"의 규칙을 듣는데 도움을 줄 것이다.

색은 아동들에게 매우 시각적 속성을 갖는다. 규칙성을 유니픽스 정육면체나 다른 볼록을 사용하여 기술하게 하고, 그 규칙성을 계속하게 해 본다. 기하학적인 도형, 소리, 수 및 다른 여러 가지 자료들을 확장하거나 자기 자신의 규칙을 만들어 낼 수 있다.

(1) **관계적 속성** : 각 항들 사이의 관계를 나타내는 수나 도형

(예) 2, 4, 6, 8, 10, 12, …

(2) **도형의 속성** : 도형의 성질, 모양을 기초로 하는 패턴

(예) ★ ● ★ ● ★ ● ★ ● ★ ● ★ ● ★ ●

(3) **물리적 속성** : 색, 크기, 방향 등을 기초로 하는 패턴

(예) ■ □ ■ □ ■ □ ■ □ ■ □ ■ □ ■ □

하나의 패턴이 한 가지 속성을 갖는 것은 아니며, 일상에서 흔히 볼 수 있는 패턴들은 위의 세 가지 속성을 모두 갖고 있는 것이 대부분이다. 패턴의 여러 속성을 인식하느냐에 따라 하나의 패턴을 여러 가지 다른 방식으로 해석할 수 있다.

학교 수학에서는 어떤 속성의 패턴을 교수-학습에서 경험시킬 것인가에 따라 수학 수업에서 강조되어야 할 패턴이 다르게 드러날 것이다. 그러나 이 때의 패턴은 강조점이 있을 뿐이며, 적어도 실제에 드러난 이후에는, 오직 유일하게 한 가지 속성만을 갖는 패턴이란 우리의 일상에서는 물론 수학 교실에서도 가능하지 않다.

2) 규칙성의 생성방식에 따른 유형

(1) **반복적 규칙** : 기본 단위나 규칙이 변화 없이 그대로 유지되면서 반복되는 규칙

(예 1) – 'AB'형 : ▷ ▶ ▷ ▶ ▷ ▶ ▷ ▶ ▷ ▶ ▷ ▶ ▷ ▶

– 'AAB'형 : ▷ ▷ ▶ ▷ ▷ ▶ ▷ ▷ ▶ ▷ ▷ ▶ ▷ ▷ ▶

– 'ABC'형 : 1 2 3 1 2 3 1 2 3 1 2 3 1 2 3

(예 2) 손뼉치기, 발구르기, 손뼉치기, 발구르기, 손뼉치기, 발구르기
손뼉치기, 손뼉치기, 발구르기, 손뼉치기, 손뼉치기, 발구르기

(예 3) 반복적인 규칙이 반드시 1차원이어야만 될 필요는 없다. 2, 3차원까지 확장시켜서 생각해 볼 수 있다.

(예 4) 달력 : 날짜가 매번 홀수, 짝수가 반복된다든지, 특정 요일의 날짜는 7씩 증가되어 간다든지 등은 아동이 쉽게 이해할 수 있는 1차원적인 규칙성이라고 할 수 있다.

(2) **점증적 규칙** : 기본 단위나 규칙이 증가 또는 변형되면서 나타남

(예 1) □ ■ □ □ ■ ■ □ □ □ ■ ■ ■ □ □ □ □ ■ ■ ■ ■

A B A A B B A A A B B B A A A A B B B B

A B B A B B B B A B B B B B B A B B B B B B B B

(3) **대칭적 규칙** : 기본 단위가 대칭되면서 나타남

(예 1) 1, −1, 2, −2, 3, −3, 4, −4, 5, −5, 6, −6, 7, −7, 8, −8, 9, −9, ⋯

〈 〉〈 〉〈 〉〈 〉 〈 〉〈 〉 〈 〉 〈 〉 〈 〉〈 〉

(4) **회전적 규칙** : 기본 단위가 회전하면서 나타남

⊃ U ⊃ U ⊃ U ⊃ U ⊃ U ⊃ U ⊃ U ⊃ U ⊃ U ⊃ U

(5) **카오스 규칙** : 자연에서 흔히 볼 수 있는 비정규적인 규칙으로 유체의 난류현상, 해안선의 구조, 구름의 패턴, 고사리의 잎의 규칙, 번개의 구조, 우주의 은하계의 분포, 불규칙적인 주가의 등락, 인구 동향 등을 들 수 있다. 이러한 카오스 현상이 드러내는 기하학적인 규칙을 **프랙탈**이라고 하며, 수학에서 잘 알려진 칸토르 집합이나 시어핀스키 삼각형도 프랙탈의 예들이다.

6. 규칙성의 지도

문제해결 전략 지도에서의 규칙성 찾기 지도에 대해서 살펴보자.

저학년에서 이루어지는 많은 학습활동에서 아동은 그림이나 수들 속에서 규칙을 발견하라는 질문을 받게 된다. 규칙성 인식이 문제해결을 위해서 사용될 때, 보다 활발한 탐색이 일어나게 된다. 아동은 종종 표를 만들고 난 후 그 표에서 규칙을 찾게 된다.

1) 오른쪽 그림과 같이 각 변에 같은 개수의 점을 가진 삼각형을 구성하는 점의 개수를 삼각수라고 부른다.

3　　6

– 한 변에 10개의 점에 있는 삼각수는 몇일까?

– 한 변에 195개의 점이 있는 삼각수는 몇일까?

2) 어떤 소문을 들은 사람은 15분 만에 소문을 듣지 않은 세 사람에게 소문을 이야기한다고 했을 때, 90,000명이 사는 마을에서 소문이 모두 퍼지는 데 걸리는 시간은?

3) 조그만 섬에 1,000명이 살고 있다. 인구는 30년마다 두 배가 된다. 30년 후의 인구는?, 60년 후에는? 300년 후에는? 언제 인구가 100만이 넘는가? 언제 인구가 10억이 넘는가?

10.2 비와 비례

1. 비와 비율 지도 내용

1) 비, 비율, 비의 값의 개념

사전적 의미에 따르면, 비는 '어떤 양이 다른 양의 몇 배에 해당하는가를 보이는 관계'를 말한다. 즉, 두 양 a, b가 있을 때 a가 b의 유리수 배가 될 때 a와 b의 비가 존재한다고 한다. 바꾸어 말하면, 비는 $b \neq 0$일 때 $a : b$로 쓰여지는 수들의 순서쌍이다.

비를 영어로는 ratio라고 하는데, 어원적으로는 '하나의 다른 하나에 대한 관련성을 계산하기'라는 의미를 가진다고 한다.

두 개의 양 a, b에 대하여 $a : b = a/b$ 역시 한 개의 양이 된다. 이 양을 a의 b에 대한 비율이라고 한다. 이것은 두 양 a와 b를 견주어 셈한 것으로 볼 수 있다. 비율을 영어로는 rate라고 하는데, rate의 라틴어 어원은 rata로, 이것에는 '계산된'의 의미가 있다.

비의 값은 비를 유리수 값으로 나타낸 것을 의미한다. 이를테면, 두 양 a와 b가 있을 때 a가 b의 유리수 배가 될 대 a와 b의 비가 존재한다. 이때 만약 a가 b의 r배가 되면, 이 r을 비 $a : b$의 값이라고 한다. a와 b가 같은 양이면, 비율은 수가 된다. 특히, 이 수가 유리수이면 그것은 또 비의 값이 된다. 즉, 유리수 범위에서 비율과 비의 값이 같다.

이상에서, 비율은 두 양에 대해 그 몫을 의미하며, 두 양이 같은 종류의 양인 특수한 경우에 비율은 수가 되는데, 이 수가 유리수이면 비의 값이 됨을 알 수 있다. 즉, 비의 값은 비율의 특수한 경우가 된다.

또한 Freudenthal의 비 개념은 비율의 표현 방식과도 관련이 있다. 그에 따르면, 현상학적 맥락에서 비의 논리적 위상은 "$(a,b) \sim (c,\ d) \Leftrightarrow a : b = c : d$인 수 또는 양의 순서쌍의 집합에서의 동치 관계"로 규정되고, 단위 e를 선택하면 (a, b)의 동치류는 $a : b = u : e$인 하나의 수 u로 표현될 수 있다. 이 때, e는 임의적이므로 e의 선택에 따라 u는 비율의 여러 가지 표현이 된다. $e=1$이면 비율의 분수 또는 소수 표현, $e=100$이면 백분율에 해당한다. 이러한 설명은 비의 값을 비율의 특수한 경우($e=1$)로 해석하도록 하면서 비율의 개념을 통합적으로 제시하고 있다. 즉, Freudenthal도 비의 값은 비율의 특수한 경우로, 기준량이 1인 경우의 비교하는 양으로 제시하고 있음을 알 수 있다.

요약하면, 비는 '어떤 양이 다른 양의 몇 배에 해당하는가를 보이는 관계'를 말하고, 비율은 '둘 이상의 수를 비교하여 나타낼 때, 그 중 한 개의 수를 기준으로 하여 나타낸 다른 수의 비교값', 즉, 다시 말하면 기준량에 대한 비교하는 양의 크기를 나타낸다. 또한, 비의 값은 비율의 특수한 경우로서, 기준량을 1로 볼 때의 비교하는 양을 의미한다.

2) 백분율과 할푼리

백분율은 기준량을 100으로 보았을 때 비교하는 양의 크기를 말한다. '백분율'은 한자 百分率을 음역한 것으로, 문자 그대로 '100으로 나누었을 때의 비율'을 뜻한다. 영어 percent 역시 '백 가운데 하나', '매 백 번마다'를 의미하는 'percentum'에서 파생되었다.

백분율은 기호 '%'로 나타내는데, 이 기호는 이탈리아어의 'cento'의 약자인 %에서 왔다고 한다.

할푼리는 비율을 소수로 나타내었을 대 소수의 자리로 알아보는 것이다. 즉, 비율을 소수로 나타낼 때, 그 소수 첫째 자리를 '할(割)' 소수 둘째 자리를 '푼(分)', 소수 셋째 자리를 '리(釐 또는 厘)'라고 한다.

3) 비례식

(1) 비례식의 정의

$a : b$와 $c : d$의 비의 값이 같을 대, 비의 값이 같은 두 비를 등식으로 나타낸 식, $a : b = c : d$를 비례식이라고 한다. 비 $a : b$에서 a, b를 비의 '항'이라고 하고, 앞에 있는 a를 '전항', 뒤에 있는 b를 '후항'이라고 한다. 또, 비례식 $a : b = c : d$에서 바깥쪽에 있는 두 항 a와 d를 '외항'이라고 하고, 안쪽에 있는 b와 c를 '내항'이라고 한다.

(2) 비례식의 성질

$\frac{a}{b}$와 $\frac{c}{d}$를 어떤 두 비라고 할 때, $\frac{a}{b} = \frac{c}{d}$일 필요충분조건은 $ad = bc$이다.

즉,
$$\frac{a}{b} = \frac{c}{d}, \quad \frac{a \times d}{b \times d} = \frac{c \times b}{d \times b}$$

따라서, 이것으로부터 비례식에서 외항의 곱은 내항의 곱과 같다는 비례식의 성질을 얻을 수 있고 방정식과 맺어진다.

$$a : b = c : d \leftrightarrow a \times d = b \times c$$

4) 연비

(1) 연비의 정의

셋 이상의 양의 비를 나타낸 것을 연비라고 한다.

(2) 연비의 성질

연비는 다음과 같은 성질을 가진다.

① 연비의 각 항을 0이 아닌 같은 수로 나누어도 비의 값은 변하지 않는다.

② 연비의 각 항에 0이 아닌 같은 수를 곱하여도 비의 값은 변하지 않는다.

(3) 두 비의 관계를 연비로 나타내기

① 가 : 나$=a : b$, 나 : 다$=c : d$ 일 때, 가 : 나 : 다로 나타내기

가 : 나 : 다

a : b

c : d

(a×c) : (b×c) : (d×b)

② 가 : 나$=a : b$, 가 : 다$=c : d$ 일 때, 가 : 나 : 다로 나타내기

가 : 나 : 다

a : b

c : d

(a×c) : (b×c) : (d×a)

③ 가 : 다$=a : b$, 나 : 다$=c : d$일 대, 가 : 나 : 다로 나타내기

가 : 나 : 다

a : b

c : d

(a×d) : (c×b) : (d×b)

5) 비례배분

어떤 양 또는 수를 두 개 이상의 부분으로 나누어서 그 각 부분의 비를 주어진 비와 같게 나누는 것을 비례배분이라고 한다.
일반적으로 어떤 양 A를 세 부분으로 나누는 데 각 부분의 비를 $l:m:n$의 비로 비례배분하려면 다음과 같이 한다. 즉, 제1의 부분은 전체의 $\frac{l}{l+m+n}$이므로 그 양은 A$\times\frac{l}{l+m+n}$이다. 또 제2, 제3의 부분의 양도 마찬가지 방법으로 다음과 같이 구한다.

- 제2의 부분 : A$\times\frac{m}{l+m+n}$
- 제3의 부분 : A$\times\frac{n}{l+m+n}$

6) 비례 문제 해결 전략

Inhelder와 Piaget는 비례 추론의 발달이 비례 문제 해결 전략의 발달에서 비롯된다고 하였다. 아동들이 가지고 있는 비례 추론 능력의 수준을 살펴볼 수 있음을 의미한다고 말할 수 있겠다. 여러 학자들이 언급한 비례 문제 해결 전략을 정리하여 보면 다음과 같다.

(1) 질적 추론 전략

변수 사이의 관계에 주목하기 시작하지만 직관적인 수준으로 반응하는 수준의 전략으로서 두 양에 대하여 주어진 수치 정보에 주목하기 보다는 두 양의 관계에 대하여 직관적이고 비형식적인 지식을 활용한다. '더 많다', '더 적다' 와 같은 표현 방법을 사용하여 미지값이나 주어진 양의 변화를 비교하는 질적인 형태의 해결 방법을 보인다.

(2) 덧셈 전략

이 수준의 학생들은 비가 두 양의 관계임을 알지만, 덧셈적 사고 관점에서 관계를 인식하고 양의 변화를 차 또는 합으로 해결하게 된다.

(3) 징검다리 구성(Building up/down) 전략

일정한 개수만큼 더하여 가면서 해를 구하는 이 전략은 덧셈적 추론에서 곱셈적 추론으로 발달해가는 과정의 해결방법이다. 예를 들면 사과 2개에 300원이라는 정보를 이용하여 사과 4개에 600원, 사과 6개에 900원, · · · , 사과 16개에 2400원임을 알아내게 된다.
징검다리 구성 전략은 아동기에서 청소년기 사이에서 주로 나타나는 전략으로서 곱셈적인 추론 수준으로 발달해 가는 주요한 방법인데, 두 비사이의 곱셈적인 관계를 정확히 몰라도 비례 추론 문제를 해결할 수 있게 하는 방법이기 때문에 Resnick과 Singer는 전비례적(pre-portional)이라고 표현하였으며 Kaput 등은 비형식적인 전략으로 소개하고 있다. 징검다리 구성 전략은 다양한 수준을 포함하고 있어서 계속되는 합만으로 이루어지는 전략, 합과 곱으로 이루어지는 통합된 전략, 나눗셈이 결합된 간결한 전략 등 여러 가지 형태가 있다.

(4) 단위 값(single unit) 전략

주어진 양의 한 단위의 값을 찾아 곱셈으로 해결하는 방법이다. 위 문제에서 1개의 값이 150원이므로 16개의 값은 150×16 이므로 2400원이 된다.

(5) 단위 비율(unit-rate) 전략

단위 값 전략과 비슷한 '하나 당 얼마'의 전략이다. 주어진 두 양에 의한 2개의 비율이 만들어지는데 20분/4km로부터 1km 당 5분, 1분당 1/5 km같이 2개의 단위 비율을 만들 수 있다. Lamon의 견해에 따르면 비례추론적으로 생각하는 아동은 단위 값이나 단위 비율만으로 해결하기보다는 가능하면 합성단위로 해결하는 경향이 있다고 한다.

(6) 비-단위(ratio-unit) 전략

이 전략에는 단위 값 전략과 마찬가지로 상대적인 공평성의 개념을 포함하고 있으나 단위화(unitizing) 전략을 구사하는 점에서 다르다. 사탕 6개에 1500원이라면 사탕 8개는 얼마인가? 문제에서 2개당 500원이고 8개는 2단위씩 4개이므로 500×4 = 2000원과 같이 해결한다.

(7) 연산자 전략

문제 상황에서 한 변수의 값이 다른 양의 몇 배인지를 찾아내어 해결하게 되며 사용되는 연산자에는 두 가지 유형이 있다. 사과 2개에 300원이라는 정보에서 16개는 2개의 8배이므로 300원의 8배는 2400원 · · · 과 같은 방법으로 해결하는데, 이와 같이 같은 두 양 내(within) 비교 시에는 스칼라 연산자 전략이 사용된다. 또한, 300(원)은 2(개)의 150배이므로 16의 150배는 2400(원) · · · 과 같은 방법으로 단위가 다른 두 양 간(between) 비교 시에는 함수 연산자가 사용된다.

(8) 배수(factor-of-chance) 전략

연산자 전략과 비슷한 전략으로서 '같은 수만큼의 배 전략'이다. 예를 들면, 4km 가는데 20분 걸렸는데, 3배의 거리만큼 가면 시간도 3배 걸리는 것이다. 이 전략의 사용은 문제에서 수의 특징에 영향을 많이 받으며, 변화된 요인이 정수배일 때 많이 사용되는 경향이 있다.

(9) 분수(fraction) 전략

분수 전략은 비율 사용할 때, 각 양의 단위는 모두 생략하고 수치만 사용하는 것으로, 단위비율 전략과 달리 단위 없이 사용하며 동치 분수 만들기에 초점을 둔다.

(10) 비례식(알고리즘)(cross-product algorithm) 전략

두 비의 비례관계를 이용하여 비례식으로 해결한다. 또는 분수의 동치를 나타내는 식을 세운 후 대각선끼리의 곱이 같음을 이용하여 문제를 해결하는 전략이다.

이상의 전략에서 단위 값 전략과 단위 비율 전략, 분수 전략은 동일한 전략으로 볼 수 있으므로 단위 값 전략으로 나타내기로 하며, 연산자 전략과 배수전략 또한 유사하므로 연산자 전략으로 나타내기로 한다.

10.3 문자의 사용

1. 문자사용의 목적

문자의 사용은 대수의 형식적 언어 사용의 출발로서 문자에 대한 올바른 이해는 앞으로의 대수 학습을 보다 의미있게 해 나가기 위한 기초이다. 어떤 문제 상황이나 관계를 문자나 기호를 사용하여 식으로 표현하여 다루는 것은 일반화를 위한 토대가 되는 것은 물론 수학을 학습해 나가는데 필요한 여러 가지 이점을 제공한다. 그것들은 일반적으로 문자사용의 목적으로 설명되는 것들로서 명확성, 일반성, 엄밀성, 통합성, 추상성의 5가지로 요약된다.

1) 문자사용의 명확성은 문제를 간결 명확하게 표현함으로써 자신의 생각을 정리할 수 있을 뿐 아니라 자신의 생각을 다른 삶에게 정확하게 전할 수 있다는 것이다.
2) 문자사용의 일반성은 문자를 이용한 식의 표현으로 주어진 대상들 사이의 관계에 대한 일반화된 식을 나타낼 수 있다는 것이다.
3) 문자사용의 엄밀성은 수학에서는 문자식으로 표현된 내용의 범위를 엄밀하게 검토할 수 있다는 것이다.
4) 문자사용의 통합성은 구체적이고 개별적인 내용을 넘어서 식의 형식에 주목하면 문자를 이용하여 많은 관계를 통합적으로 고찰할 수 있다는 것이다.

5) 문자사용의 추상성은 문자를 이용한 식이 여러 가지의 구체적인 내용에 대응될 수 없는 경우에도 추상적인 식의 조작을 통해 이를 처리할 수 있다는 것이다. 이는 문자식의 변형과 계산을 통한 형식적인 처리와 관계되는 것이다

2. 문자의 의미

1) 미지수

미지수는 빈칸, 네모 칸, 물음표, 문자를 사용해서 나타내는 수를 말한다. 종종 x를 포함하는 식만을 대수라고 하는 경우가 있으나 미지수를 나타낼 때 물음표, 네모 칸, 빈칸 등을 사용하지 않고 x를 사용하는 것은 관습에 의한 것이다. 대수의 발달에서 알 수 있듯 '3을 더해서 7이 되는 수는 무엇인가?'와 같은 상황에 대한 구두 진술도 대수라고 할 수 있으며, 1590년대 근대적인 기호가 도입되기 전에는 이런 식으로 수행하였다.

2) 공식

지금까지 학교에서 수학을 공부하면서 $v-e+f=2$이라는 공식을 본 적이 있을 것이다. 이 공식은 오일러 Euler의 공식 또는 오일러의 다면체정리라고 불려진다. 오일러는 어떤 다면체에서 꼭짓점의 개수를 v, 변의 개수를 e, 면의 개수를 f라 할 때 위와 같은 관계가 성립함을 증명하였다. 예를 들어 직육면체의 경우 꼭짓점은 8개, 변은 12개, 면은 6개이므로 $8-12+6=28$이고, 따라서 이 공식이 성립함을 알 수 있다.

이와 같이 복잡한 수학적 사실들을 문자를 사용해서 간단한 공식으로 나타낼 수 있다. 공식은 여러 상황에 일반화시킬 수 있다는 장점도 있다. 위에서 예를 든 오일러 공식은 모든 다면체에서 성립하는 것으로 직육면체는 하나의 예에 불과하다.

직사각형 넓이를 구하는 공식 (가로)×(세로)를 $A=LW$와 같이 문자로 나타내고 학생들에게 $L=5$, $W=7$일 때 A의 값을 구하게 한다면 이것 역시 대수 영역에 해당한다. 그러나 $5\times7=n$일 때 n의 값을 구하게 한다면 그것은 대수인지 확실하지 않다. 이것은 질문하는 방법에 달려 있다. 만약 교사가 'n에 어떤 수를 넣으면 이 식이 참이 되는가?' 라고 물으면 문제를 산술로 다루고 있는 셈이다.

3) 패턴 생성기

어떤 수에 19를 곱하는 것은 20을 곱한 후 그 수를 빼는 것과 같다. 이것은 문자를 사용해서 간단하게 표현할 수 있는데, n에 대한 어떤 수라 하면 위의 명제는 $19n=20n-n$으로 나타낼

수 있다. 이것은 뺄셈에 대한 곱셈의 배분법칙의 한 예를 나타낸다. 이와 같이 대수적 표현은 산술의 일반적인 성질들을 나타낼 수 있다. 예를 들어, '두 수를 어떤 순서로 곱해도 값은 항상 같다'고 말하면서 이것을 임의의 수 $ab=ba$와 같이 쓸 것이다. 또 '어떤 수에 0을 더하면 답은 그 수이다', '어떤 수에 그 수를 더하면 결과는 그 수의 두 배이다.'와 같은 일반화에 대한 논의 역시 대수에 대한 것으로 그것을 글로 쓰는 대신에 문자를 사용하고 있다. 위의 두 명제를 대수적 표현으로 나타내면 $0+n=n$, $t+t=2t$이다.

4) 관계

'정환이는 하나보다 3살이 더 많다. 그들은 각각 몇 살인가?' 하난가 7살이면 정환이는 10살이다. 하나가 4살이면 정환이는 7살이다. 두 사람의 나이 사이에 어떤 관계가 있는지를 두 사람이 알 필요는 없다, 정환의 나이는 J, 하나의 나이를 H으로 나타내면 두 사람의 나이 사이의 관계를 다음과 같이 나타낼 수 있다.

$J=H+3$(정환이는 하나보다 3살이 더 많다.)
$J-H=3$(두 사람의 나이차는 3살이다.)
$H=J-3$(하나는 정환이보다 3살이 더 어리다.)

이와 같이 관계로서의 문자의 의미는 문자가 두 수량 사이의 관계를 나타낼 수 있음을 나타낸다. 위의 표상은 모두 옳으며, J와 H사이의 관계를 쓰는 방법이 모두 다르다. 다르다 할지라도 모두 동치이다. 이런 동치성은 구두 설명보다는 대수식을 보면 알아보기가 더 쉽다.

3. 식의 의미

식이란 1, 2, 1/3, 0.5 등을 포함하는 대상 기호와 □, △, x, y 등을 포함하는 변수 기호와 +, −, ×, ÷ 등을 포함하는 연산 기호, =, ≡, ≒ 등을 포함하는 관계 기호, f, g, F 등을 포함하는 함수 기호, ∧, ∨을 포함하는 논리 기호, ( ), { }, [ ] 등을 포함하는 보조 기호 중 유한개를 선택하여 일정한 규칙, 즉 수학적 문법에 따라 조합, 배열하는 것을 말한다.

식을 구성하는 규칙은 다음과 같다.

1) 대상 기호는 그 자체만으로 식이 된다.
2) A, B가 식이면 A와 B를 연산 기호나 관계 기호로 연결한 것도 식이다.
3) 1), 2)로 구성된 것만이 식이다.

위의 규칙에 따르면 8, 3+5, 3+5=8 등은 일반적으로 모두 바른 식이다. 의미론적으로 8, 3+8은 개념을 표현하는 구이고, 3+5=8은 명제를 나타내는 문장이다. 식은 관계 기호의 유무, 변수의 유무 등에 따라 다음과 같이 구분될 수 있다.

우리가 직, 간접적으로 경험할 수 있는 현상이나 대상에 대하여 문자와 식을 이용하여 표현하는 방법의 장점은 다음과 같다.

1) 여러 가지 관계나 법칙을 일반적이고 간결하게 표현할 수 있다.
2) 기호를 사용함으로써 그 대상을 일반화하며, 수학적 모델로서 발전적 취급을 할 수 있다.
3) 형식화나 추론, 처리가 가능해진다.
4) 사상이나 관계를 간결하고 명확하게 표현할 수 있으며, 일반화나 특수화가 쉽다.
5) 형식적으로 처리할 수 있다.

4. 등호의 발달 과정

1) 현재 쓰고 있는 등호는 **레코드**(R. Recorde, 1510~1588)가 「The Whestone of Witte」에서 쓰고 있는데, 이 기호는 두 평행선을 생각하여 썼으며 그의 묘비에 새겨져 있다. 그러나 당시엔 인정받지 못하였으며 16~17세기의 많은 저자들은 같음을 표시하기 위하여 기호'Π' 또는 '같다'를 썼다.
2) **데카르트**(R, Descartes, 1596~1650)는 같다는 것을 표시하는 특별한 기호로서 '∞'를 썼으며(1637), 이는 '='으로 바뀌었고, 그 때부터 유럽 수학자들 사이에서 등호가 쓰이게 된 직접적인 시기였다.
3) **라이프니츠**(G. Leibniz, 1646~1716)와 그들의 후계자들이 해석학에서 '=' 기호를 썼고, 라이프니츠는 일반인이 받아들이기 쉬운 표현에 성공함으로써 유럽에 기호 '='을 보급할 수 있었다.

5. 문자에 관련된 대수적 사고 요소

1) 대수적인 원리

대수적인 원리란 대수적 사고에서 형식 불역의 원리의 중요성을 강조하여 Freundenthal이 붙인 이름이다. **Freudenthal**에 따르면 '대수적인 원리'는 기존의 수 체계에서 인정된 성질이 유지되도록 수와 연산을 확장하는 것으로, 이것은 수학을 창조하는 원리일 뿐만 아니라 교수학적인 기능을 가진다.

오늘날 중학교 수학에서 문자도 대수적인 원리에 근거하여 산술의 일반화로 도입되고 있다.

학교 수학에서 대수는 산술을 일반화하면서 도입된다.

예를 들어 '한 송이에 500원하는 장미꽃 2송이를 사려면 500(원) × 2송이, 3송이를 사려면 500원×3송이가 필요하다. 여기서 장미꽃 X 송이를 사는데 필요한 금액은 500원 × X 송이가 된다와 같은 방식으로 문자가 도입된다. 대부분의 중학교 1학년 교과서에서 처음 문자를 도입할 때 문제 상황에서 먼저 수를 제시한 다음 수를 대신하여 문자를 도입하는 방식을 취하고 있다.

대수적인 원리는 이와 같은 도입 방식의 이론적 근거가 될 수 있다. 즉, 수를 다룰 때 성립하는 성질이 문자의 경우에서도 유지된다는 원리를 바탕으로 하여 교과서가 구성되어 있다.

대수적인 원리는 문자의 학습에서 산술과의 관계를 분명하게 보여주며 '일반화'전략의 바탕이 되는 기본적인 대수적 사고 요소이다.

2) 변수

중학교 이후의 학교 수학에서 변수에 대한 이해는 대수를 비롯하여 학교 수학 전반을 이해하는 바탕이 되며, 수학 학습의 성공 여부를 결정짓는 중요한 역할을 한다. 그러나 현재 변수 학습 지도는 학교 수학에서 그 지도 방법이나 순서에 있어서 여러 가지 문제점을 지니고 있다. 학교 수학에서 변수의 정의는 방정식과는 별도로 함수에서 간략하게 제시되고 있을 뿐인데 변수를 이와 같은 방식으로 취급하면 학생들은 변수 개념에 대해 충분히 이해하지 못한 채 변수를 형식적인 문자 기호로 간주하여 기계적으로 조작하는 수준에 머물게 될 가능성이 높다.

변수에 대한 이해는 학교 수학에서 대수가 시작되는 문자와 식의 지도 단계에서부터 이루어져야 하며 다양한 상황에서 변수의 여러 가지 의미를 강조하는 지도가 이루어져야 한다. 이를테면 문자의 사용에서 변수는 일반화된 수, 변하는 양 등 다양한 의미를 지닌다. 산술에서 제시된 패턴을 일반화되는 과정에서 문자 변수를 다룸으로써, 변하는 양의 의미를 동시에 파악하게 할 수 있어야 할 것이다. 문자 변수의 의미를 변하는 양과 관련하여 파악하게 되면, 문자가 포함되어 있는 식과 함수에 대한 이해를 보다 풍부하게 할 수 있다. 그리고 방정식을 다루면서 미지수로서의 의미가 추가되게 된다.

3) 양적 추론

문자의 학습지도와 관련하여 학생들의 사고가 지나치게 산술에 맞추어져 있다는 문제가 제기되어 왔다. 학생들의 사고방식이 산술에 제한되어 있는 상태에서는 문자와 관련된 사고방식을 내면화하기 어렵다. 초등수학에서 수의 산술을 다루는 동안 형성된 사고 방식은 대수에서

식을 하나의 대상으로 보고 다루는 것을 방해할 수 있다. 식을 하나의 대상으로 인식하지 못한 상태에서 식의 값을 계산하여 문제를 해결하는 것은 이후 대수 학습에 장애가 될 수 있다. 대수에서 식을 하나의 대상으로 보고 조작하고, 문제 상황에서 관계와 구조를 파악하는 능력은 수와 연산을 강조하는 수의 산술을 통해서는 제대로 형성하기 어려운 능력이다.

그러나 수와 문자는 모두 '양'을 바탕으로 하고 있으므로 양적인 추론을 통해 수와 문자를 다룰 때 수나 문자가 의미하는 양에 초점을 맞출 수 있다.

양적인 추론은 수에 대해서 뿐만 아니라 문자에 대해서도 마찬가지로 행해질 수 있으며, 이를 통해 주어진 상황에서 양의 변화를 파악하여 문자로 나타내는 데에도 중요한 역할을 한다.

4) 대수적인 해석

대수적인 해석은 문제 상황에 적합한 문자를 선택하여 주어진 상황을 식으로 표현한 것으로 Freudenthal은 대수적인 해석을 산술과 대수를 구분하는 중요한 대수적인 전략으로 보았다. 산술에서는 수의 성질이나 수 사이의 관계가 문제를 해결하는 과정에서 직접 나타나는데 비해, 대수에서는 주어진 상황이 문자나 식을 통해 간접적으로 표현되고 다시 이것을 대상으로 한 연산을 수행하게 된다.

학교 수학에서 대수적인 해석은 초등학교 수준에서는 문제 상황을 수식으로 표현하거나 □, △와 같은 기호를 사용해 식으로 표현하는 데에 반영되어 있다.

문자 선택과 식 세우기 활동을 적절히 수행하기 위해서는 기호 감각이 필요하다. 기호 감각은 문자 기호를 보다 효과적으로 선택하고 식을 조작할 수 있는 것을 의미한다.

5) 변환 추론

변환 추론은 식의 변형을 통해 동치인 식을 만드는 과정에 필요한 사고로, 주어진 대수식의 동치 변형에서 결정적인 역할을 한다. 대수적인 해석이 문제 상황을 문자와 식으로 나타내는데 초점을 둔다면, 변환 추론은 식을 변형하는 과정에 초점을 둔다. 대수식의 변형에서는 구문론적 규칙이 우선 하는데 비해, 변환 추론을 이용한 식의 변형에서는 문제에서 요구하는 맥락에 따라 구문론적 규칙을 고려하게 된다. 이를테면 패턴을 어떻게 파악하는가에 따라 대수식의 표현이 달라지게 되는데, 이 때 각각 다르게 표현된 식의 동치 여부를 생각하는 과정에 변환 추론이 작용한다. 패턴을 일반화해 대수식으로 표현하는 과정에서 변환 추론은 식의 변형과 동치관계 속에 자연스럽게 나타난다. 변환 추론을 이용한 식의 변형에서 교환법칙, 결합법칙, 분배법칙과 같은 연산법칙을 학습할 수 있다.

6) 연산 감각

연산 감각은 식의 조작에서 사칙 연산과 교환, 결합, 분배 법칙 등 연산법칙을 사용하는데 필요한 사고 요소이다. 연산 감각은 서로 다른 상황을 표현한 대수식을 하나의 대상으로 보고, 서로 다른 상황을 결합하고자 할 때 요구된다.

산술과 달리 대수에서는 문제를 해결하는 과정에서 상황에 따라 연산을 결정해야 한다는 어려움이 있다. 이를테면, 산술에서 문제를 해결하기 위한 전략으로 '거꾸로 풀기'를 사용할 경우 문제의 결과에서부터 시작하여 문제의 출발점을 향하는 과정에서 사용할 연산은 이미 결정되어 있는 것으로 볼 수 있다.

반면 대수에서는 문제해결을 위해 식을 세우게 되면, 다음 단계에서 적합한 연산 규칙을 적용할 수 있어야 한다. 예를 들어, 대수식의 연산에서 $3a+2b$와 $2a+4b$의 합, $3a+2b+2a+4b$를 계산하기 위해서는 동등한 개념과 교환법칙, 분배법칙에 대한 내용을 이해하고 있어야 한다.

7) 대입

Freudenthal에 따르면 대입은 대수 학습에서 전술적인 측면에서 여러 가지 장점을 갖는다. 수를 변수로 대치하면 일반화가 되고 변수에 수를 대입하면 특수화가 된다. 수를 변수로 대치하는 일반화 과정은 앞서 대수적인 원리에서 살펴본 것으로 대부분의 우리나라 교과서에서 문자를 도입할 때 이러한 방식이 사용된다.

8) 관점의 전환

Freudenthal은 대수 학습에 필요한 전략 가운데 하나로 관점의 전환을 강조하였다. 자료를 미지인 것으로 생각하거나 미지인 것을 자료로 생각하는 것을 대수 학습에서 요구되는 '관점의 전환'의 예로 볼 수 있다. 문자 기호는 맥락에 따라 서로 다른 역할을 하며 수행하는 역할에 따라 서로 다른 의미를 가진다. 그러나 문자 기호와 관련된 다양한 관점을 이해하는 것은 쉽지 않으며 상황에 따라서 관점을 전환하면서 문제를 해결한다는 것은 더욱 어렵다. 식의 역할에 있어서도 산술과 대수는 차이가 있다. 산술에서 수식은 일련의 과정에 따라 진행되고 과정과 결과가 구분되어 표현되지만, 대수식은 상황에 따라 과정으로 해석되는가 하면 결과로 해석되기도 한다. 산술에서 $2+3$은 5라는 결과가 되지만, 대수에서 $x+y$라는 식은 더하기로 보면 과정이지만 합으로 보면 자체가 하나의 대상이 된다.

6. 문자의 사용 지도의 실제

1 학년

- 비둘기는 모두 몇 마리인지 덧셈식으로 나타내어 보시오.

  1 + □ = □

- 비둘기의 수를 뺄셈식으로 나타내어 보시오.

  3 − □ = □

- 비둘기의 수를 뺄셈식으로 나타내어 보시오.

  □ − □ = □

- 남아 있는 비둘기는 몇 마리인지 뺄셈식으로 나타내어 보시오.

  4 − □ = □

- 처음에 있었던 비둘기의 수를 덧셈식으로 나타내어 보시오.

  □ + □ = □

2 학년

[활동 2] 18 − 5 = 13이라는 뺄셈식을 보고 23 + 5 = 18 또는 5 + 13 = 18이라는 덧셈식을 만들 수 있습니다. 41 − 25 = 16을 보고 덧셈식을 2개 만들어 보시오.

□ + □ = □

□ + □ = □

- □ 를 사용하여 식을 만들어 보시오.

3 학년

1. 1학기 2단원. 덧셈과 뺄셈 p.4 ('ㅁ'와 같은 문자를 사용하여 식으로 표현함)

[활동 1] 472 + 369는 얼마인지 여러 가지 방법으로 알아보시오.

- 472 + 369는 얼마라고 생각합니까?

$$472 + 369 = \square$$

- 왜 그렇게 생각했습니까?

2. 1학기 4단원. 나눗셈 p. 45('ㅁ'와 같은 문자를 사용하여 식으로 표현함)

- 바둑돌을 3개씩 묶어서 차례대로 놓아 보시오.
- 바둑돌을 3개씩 모두 몇 묶음입니까?
- 이것을 나눗셈식으로 써 보시오.

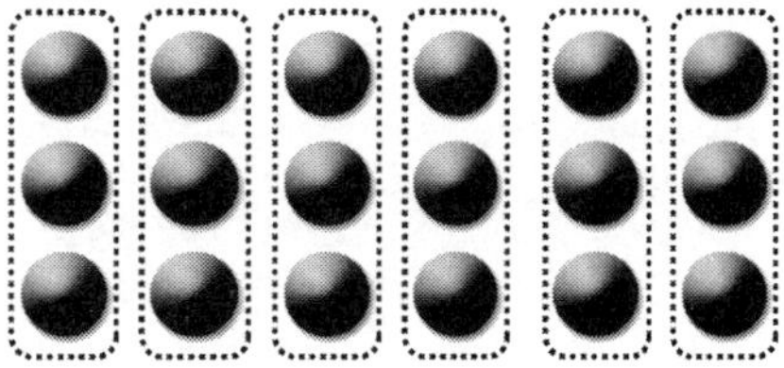

$$\square \div \square = \square$$

3. 1학기 4단원. 나눗셈 p. 46('ㅁ'와 같은 문자를 사용하여 식으로 표현함)

- 27명의 학생이 3명씩 모둠을 만들어 청소를 하려고 합니다. 모두 몇 모둠이 만들어집니까?

$$27 \div 3 = \square$$

__________모둠

4. 1학기 4단원. 나눗셈 p. 46('ㅁ'와 같은 문자를 사용하여 식으로 표현함)

- 도현이는 색종이 24장으로 동물모양을 접으려고 합니다. 동물 모양 하나를 접는 데 색종이가 4장씩 필요합니다. 도현이는 모두 몇 개의 동물 모양을 접을 수 있습니까?

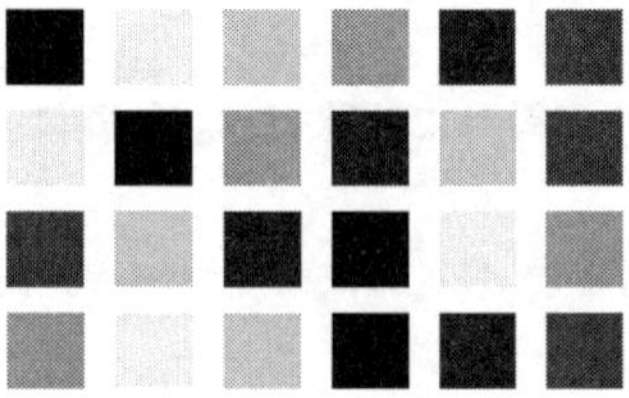

$24 \div \square = \square$

______개

5. 1학기 4단원. 나눗셈 p. 46('ㅁ'와 같은 문자를 사용하여 식으로 표현함)

- 35명의 학생이 둥근 탁자에 앉아서 모둠별 학습을 하려고 합니다. 7명이 한 모둠이라면 둥근 탁자는 모두 몇 개가 필요합니까?

$\square \div \square = \square$

______개

6. 1학기 4단원. 나눗셈 p. 53('ㅁ'와 같은 문자를 사용하여 식으로 표현함)

[활동 2] 20÷5를 어떻게 계산하는지 알아보시오.

- 5사람이 1자루씩 가지면, $\boxed{1} \times 5 = 5$
- 5사람이 2자루씩 가지면, $\square \times 5 = 10$
- 5사람이 3자루씩 가지면, $\square \times 5 = 15$
- 5사람이 4자루씩 가지면, $\square \times 5 = 20$
- 20÷5는 어떻게 계산해야 한다고 생각합니까?

$$\boxed{4} \times 5 = 20 \leftrightarrow 20 \div 5 = \boxed{4}$$

7. 1학기 4단원. 나눗셈 p. 57('ㅁ'와 같은 문자를 사용하여 식으로 표현함)

〈익히기〉 곱셈식을 보고, 2개의 나눗셈식을 만드시오.

5 × 9 = 45 → 45 ÷ □ = 9
5 × 9 = 45 → 45 ÷ □ = 5

4 × 8 = 32 → □ ÷ □ = 9
4 × 8 = 32 → □ ÷ □ = □

7 × 6 = 42 → □ ÷ □ = □
7 × 6 = 42 → □ ÷ □ = □

4 학년

1. 1학기 2단원. 곱셈과 나눗셈 p. 18(정답 부분에 'ㅁ'라는 문자를 사용하였다.)

〈익히기〉 곱셈을 하여라.

7 × 100 = □	25 × 100 = □
7 × 1000 = □	25 × 1000 = □
397 × 10000 = □	904 × 10000 = □

2. 1학기 2단원. 곱셈과 나눗셈 p.30(나눗셈의 검산 과정 풀이에서 'ㅁ'라는 문자를 사용하여 식을 표현하였다.)

[활동 2] 159÷38을 어떻게 계산하는지 알아보아라.

- 159에는 40이 몇 번 들어간다고 생각하는가?
- 38×3은 얼마인가? 이것은 159보다 큰가?
- 159에는 38이 몇 번 들어간다고 생각하는가?
- 159÷38의 몫과 나머지를 얼마라고 생각하는가?
- 159÷38의 몫과 나머지를 구하는 방법을 알아보아라.

3. 1학기 7단원. 분수 p. 94 (계산하는 식에 '□'라는 문자를 사용하여 식을 표현하였다.)

[활동 1] 사각형의 네 각의 크기의 합을 각도기로 재어 알아보아라.

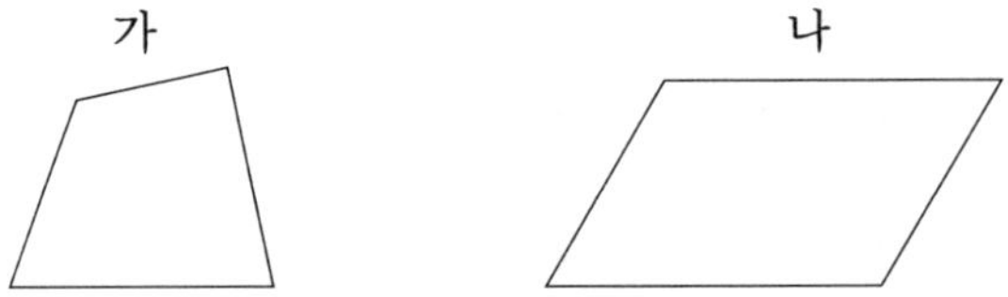

- 위의 사각형의 네 각의 크기를 재어 그 합을 구하여라.

가. [70°] + [120°] + [80°] + [90°] = [°]

나. [°] + [°] + [°] + [°] = [°]

	10	60		10	10	60
~~11~~시	11분	34초	➡	~~11~~시	~~11~~분	34초
−9시	32분	40초		−9시	32분	40초
		54초		1시간	38분	54초

11시 11분 34초 − 9시 32분 40초

= [ ] 시간 [ ] 분 [ ] 초

4. 1학기 8단원. 문제 푸는 방법 찾기 p. 108 (계산하는 식에 '□'라는 문자를 사용하여 식을 표현하였다.)

[활동 1] 문제를 간단히 하여 꽃 그림이 몇 장 필요한지 알아보아라.

- 문제를 간단히 하는 방법을 말하여 보아라.
- 정사각형 모양의 알림판 각 변에 꽃 그림을 5장씩 붙인다면, 꽃 그림은 몇 장이 필요한가?

$5 \times 4 - \square = \square$

$4 \times 4 = \square$

5. 2학기 1단원 분수 p.9 (계산하는 식에 '□'라는 문자를 사용하여 식을 표현하였다.)

- $2\frac{3}{4}+1\frac{2}{4}$는 얼마라고 생각하는가?

$$2\frac{3}{4}+1\frac{2}{4}=\square\frac{\square}{\square}$$

- 왜 그렇게 생각하는가?

5 학년

1. 문제 푸는 방법 찾기
133쪽 활동 6 (□, △, ○과 같은 문자를 사용하여 식 세우기)

[활동 6] 식을 세워서 예상하고 확인하여 풀어 보시오.

- 100원짜리 동전이 □개, 50원짜리 동전이, △개, 10원짜리 동전이 ○개 있는데 동전은 모두 4개이고, 금액의 합은 210원입니다. 어느 동전들이 몇 개씩 있습니까?
- 동전 개수의 합이 4가 되는 식을 써 보시오.
- 동전의 금액의 합이 210원이 되는 식을 써 보시오.
- □와 △, ○에 알맞은 수를 예상하여 써 넣고, 항이 210이 되는 지 확인하시오.

6 학년

1. 비례식
107쪽 활동 1 (x, y대신 □문자 사용하여 비례식 구하기)

[활동 1] 비례식 3 : 4 = : □에서 □를 구하여 보시오.

- 외항의 곱을 곱셈식으로 나타내어 보시오.

- 내항의 곱을 곱셈식으로 나타내어 보시오.
- 외항의 곱과 내항의 곱을 등식으로 나타낼 수 있습니까?
- 외항의 곱과 내항의 곱을 등식으로 나타내고, □를 구하여 보시오.

〈익히기〉 □ 안에 알맞은 수를 써 넣으시오.

5 : 3 = 10 : □ 　　　 3 : □ = 12 : 16

□ : 7 = 6 : 21 　　　 1 : 9 = □ : 72

2. 연비
110쪽 활동 1 (두수의 대응 관계를 □, ○를 사용하여 식으로 나타내기)

- 세발자전거가 있습니다. 세발자전거 대수를 ○. 바퀴 수를 □라고 할 때, 세발자전거 수와 바퀴 수의 관계를 ○, □를 사용하여 식으로 나타내시오.

3. 문제 푸는 방법 찾기
133쪽 활동 2 (□을 사용한 식 만들기)

[활동 2] □를 사용한 식을 만들어, 민호가 처음에 가지고 있던 구슬의 개수를 구해 보시오.

- 구하려고 하는 것은 무엇입니까?
  구하려고 하는 것을 □라고 하시오.
- 민호가 창수에게 주고 난 후, 남은 구슬의 개수를 식으로 나타내시오.
- 창수에게 주고 난 다음 다시 누나에게 받은 후, 구슬의 개수를 식으로 나타내시오.
- 동생에게 준 구슬의 개수를 구한 후, □를 사용한 등식을 만드시오.
- 식을 풀어서 □를 구하시오.
- 답은 무엇입니까?

10.4 방정식

1. 방정식의 정의

식에 포함된 변수의 값에 따라서 참 또는 거짓이 되는 식을 방정식이라고 하고, 이때 등식을 성립시키는 특정한 값을 방정식의 근 또는 해라 하고, 근을 구하는 것을 '방정식을 푼다'라고 한다.

한편, 변수를 포함하는 등식이 변수의 값에 상관없이 항상 참인 경우를 **항등식**이라고 한다

이를테면, x에 관한 방정식 $3x+2=14$에서 $x=4$일 때 이 등식이 성립하므로 방정식의 근은 4이다. x의 값은 처음부터 알고 있던 수가 아니므로 **미지수**(未知數)라 하고, 미지수 이외의 문자나 수를 **기지수**(旣知數)라 한다. 방정식에서 미지수의 종류가 하나이면 **1원방정식**(一元方程式), 둘이면 **2원방정식**이라 하고, 그 미지수에 대한 차수가 1차이면 **1차방정식**, 2차이면 **2차방정식**이라 한다. 따라서 2원 1차 방정식이란 미지수의 최고차수가 1차이고, 미지수가 2개인 방정식을 말한다. 미지수에 어떤 값을 대입하여도 그 등식이 성립하지 않을 때 방정식은 **불능**(不能)이라 하고, 미지수의 값이 무한히 많을 때 방정식은 **부정**(不定)이라 한다.

초등학교에서는 다르지 않지만 그이외의 방정식을 소개하면 다음과 같다.

1) 유리 방정식

다항 방정식과 분수 방정식을 통틀어 유리 방정식이라 한다.

2) 다항 방정식

일차방정식, 이차방정식 등과 같이 미지수에 대한 다항식으로만 이루어진 방정식을 다항 방정식이라고 한다.

3) 일차 방정식

식에 나오는 변수의 값에 관계없이 식이 항상 참인 항등식과 달리 변수가 특정 값(혹은 함수)일 때에만 참이 되는 식 중 하나로, 최고차항의 차수가 1인 방정식을 뜻한다.

4) 이차 방정식

최고차항의 차수가 2인 다항 방정식을 뜻한다. 일반적인 모양은

$$ax^2+bx+c=0,\ \ a\neq 0$$

와 같고, 여기에서 a와 b는 각각 x^2, x의 계수라고 한다. c는 상수항이라고 부른다.

복소수 상에서 이차방정식은 두 복소수 해를 갖는다. 이 두 해는 서로 같을 수 있고, 이런 경우는 **중근**이라고 한다.

5) 분수 방정식

분모에 미지수를 포함하는 분수식으로 이루어진 방정식을 분수방정식이라 한다. 방정식에서 모든 항을 좌변으로 이항하여

$$f(x)=0$$

과 같은 꼴로 정리하였을 때,

$$\frac{1}{x}=\frac{2}{(x+1)}=0, \qquad \frac{1}{x-1}-\frac{2}{x^2-1}-3=0$$

등과 같이 $f(x)$ 가 분모에 미지수를 포함하는 분수식으로 이루어지는 방정식이다. 분수방정식을 풀 때에는 각 항의 분모의 최소공배수를 양변에 곱하여 다항방정식으로 고쳐서 푼다.

10.5 정비례와 반비례

1. 정비례

변화하는 두 량 x, y에서 x값이 2배, 3배, 4배, …로 변함에 따라 y의 값도 2배, 3배, 4배, …로 변할 때, y는 x에 정비례한다고 한다. 일반적으로 0이 아닌 수 a에 대하여 x와 y사이의 관계식이 $y=ax$로 나타내어질 때, y는 z에 정비례한다 하고, a를 비례상수라고 한다.

예를 들며, 한 변의 길이가 $x$cm인 정사각형의 둘레의 길이를 $y$cm하면 x와 y는 다음과 같이 대응시킬 수 있다. 여기서, y는 x에 정비례하고, x와 y사이의 관계식은 $y=4x$이다.

x	1	2	3	4	…	x
	↓	↓	↓	↓		↓
y	4×1	4×2	4×3	4×4	…	4×x

2. 반비례

두 개의 변화하는 양 x, y가 있을 때 x의 값이 변하면 y의 값은 x의 값에 따라서 변하면서 x와 이에 대응하는 y의 곱이 항상 a가 될 때, y는 x에 반비례한다고 하고, a를 비례상수라고 한다. 반비례 관계를 식으로 간단히 나타내면, 0이 아닌 수 a에 대하여 x와 y의 관계식이 나타내진다. 예를 들면, 넓이가 48cm2인 직사각형의 가로의 길이를 $x$cm, 세로의 길이를 $y$cm라고 하면, x와 y는 다음과 같이 대응시킬 수 있다.

x	1	2	3	4	…	x
	↓	↓	↓	↓		↓
y	48	48/2	48/3	48/4	…	$48/x$

여기서, y는 x에 반비례하고, x와 y 사이의 관계식은 $y=48/x$이다.

3. 정비례와 반비례의 비교

정비례	반비례
$y/x=k$(비례상수) ; 변수의 몫은 상수이다.	$x \cdot y=k$(비례상수) ; 변수의 곱은 상수이다.
$y=k \cdot x$; y는 x에 정비례한다.	$y=k/x$; y는 z의 역수에 정비례한다.

4. 정비례와 반비례 지도의 실제

1) 정비례와 반비례의 지도

(1) 정비례 문제

하나는 한 개에 500원하는 디스켓을 사려고 한다.

〈물음1〉 디스켓 한 개의 값은 얼마인가?

〈물음2〉 디스켓 2개, 3개, 4개의 값을 각각 말하시오.

〈물음3〉 디스켓 x개의 값을 말하시오.

〈물음4〉 디스켓을 1개, 2개, 3개, 4개…를 살 때 디스켓의 값은 어떻게 변하는가?

디스켓을 살 때의 개수에 따라 가격을 알아보면,

1개의 가격은 500×1=500원

2개의 가격은 500×2=1000원

3개의 가격은 500×3=1500원

4개의 가격은 500×4=2000원

x개의 가격은 $500\times x=500x$원이다. 이 때 디스켓의 개수를 x개, 디스켓의 가격을 y원이라고 할 때, x에 대한 y의 표를 만들면,

디스켓의 개수 x(개)	1	2	3	…	x
디스켓의 가격 y(원)	500	1000	1500		**$500x$**

이므로 디스켓의 개수 x가 1개의 2배, 3배,..로 변함에 따라 디스켓의 가격도 y로 500원의 2배, 3배, ...로 변하며 $y=500x$인 관계가 있음을 알 수 있다.

이처럼 몇 개의 물음을 제시해서 물음에 답을 함으로써 정비례에 대한 개념을 학생들이 쉽게 발견할 수 있도록 단계별 질문을 하고, 쉽게 이해할 수 있도록 표를 그려서 제시할 수 있다.

(2) 반비례 문제

구체적인 반비례의 예인 장난감 벽돌을 늘어놓는 방법을 게임 활동으로 구성하여 반비례 관계를 알아보도록 한다. 학생들 스스로 규칙을 찾아내어 이해할 수 있게 한다. 반비례라는 용어는 나오지 않고, 규칙성에 관련된 문제를 풀어가면서 그 문제 속에서의 y값의 변화를 이해한 후 반비례라는 용어에 대하여 다시 생각하게 한다.

2) 정비례, 반비례 개념을 다루고 있는 문제 유형

(1) 규칙성 찾기

정비례, 반비례를 두 양 사이의 변화 관계의 규칙을 찾음으로써 알게 한다.

예 : 두 수 사이에는 다음 표와 같은 관계가 있다. 이 표를 보고 사이의 규칙성을 찾아보아라.

x	1	2	3	4	5	6
y	2	4	6	8	10	12

교사 : 자 오늘은 학습지를 보면서 어떤 것을 배울 것인지 생각해 보겠습니다. 장난감 벽돌을 쌓아 가는 방법이라고 되어 있어요. 도훈이 가족 6명은 휴일날에 도훈이의 장난감 벽돌을 각자 12개씩 나누어 가지고 각기 다른 직사각형 모양으로 늘어놓는 그런 게임을 하고 있었어요. 아래의 그림과 같았어요. 생각을 한번 열어봅시다.

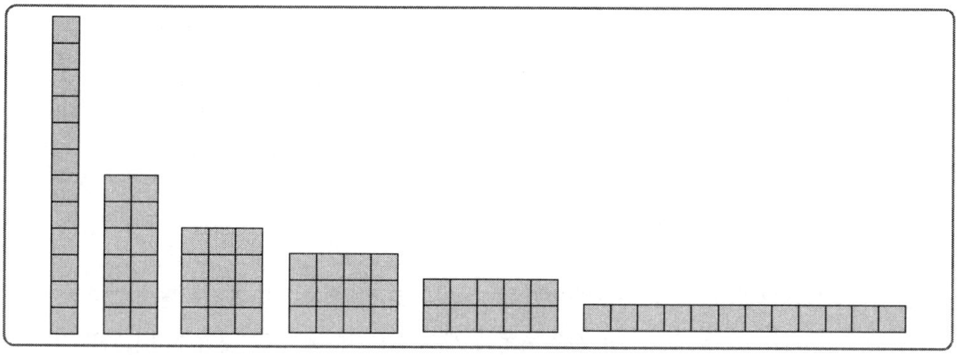

교사 : $\frac{1}{2}$배라고 했어요. …(중략)… 그래서 뭐가 되죠? 1. 그럼 이제 x가 x배가 되면 y는 몇 배가 될까요?

학생 : x분의 일 배요.

교사 : 그렇지요. 우리가 앞쪽에서 $\frac{1}{2}$, $\frac{1}{3}$된 것을 보니깐 $\frac{1}{x}$배가 되었다라는 걸 알 수 있죠. 그럼 뭐가 되나요? 어디에다 $\frac{1}{x}$를 대입해야 하지요? 1에다가 $\frac{1}{x}$배를 해 주었으니깐 처음에 12에다가 $\frac{1}{x}$배를 해주니깐 뭐가 되어야 돼요. $\frac{12}{x}$가 되지요. 처음에 있는 12에 $\frac{1}{x}$배를 해 준거죠. 자 이 내용을 보면 x가 2배, 3배, 4배가 됨에 따라 y는 $\frac{1}{2}$배, $\frac{1}{3}$배, $\frac{1}{4}$배로 변화된다라는 것을 알 수 있어요. 이게 오늘 배우는 반비례라는 얘기에요.

(2) 문장을 식으로 나타내기

예 : 다음을 식으로 나타내어라.

가) 시속 60km로 가는 자동차의 x시간 후의 거리

나) 밑변의 길이가 6cm이고, 높이가 $x$cm인 삼각형의 넓이

다) 1개에 400원인 과자 x개의 가격

(3) 대응표 만들기

정비례, 반비례 관계를 갖는 대응표를 완성하는 문제를 다룬다.

교사 : 가로로 놓인 벽돌의 개수를 x(개), 세로로 놓인 벽돌의 개수를 y(개)라 할 때, 다음 표를 완성해 보세요. 자 x가 1, 2, 3, 4, 6, 12가 될 대요 어떻게 변화되는지 한번 볼까요. 자 x가 1 가로로 놓인 벽돌에 개수가 1개일 때 세로로 놓인 벽돌에 개수는 몇 개가 되죠? 몇 개가 되나요?

2배 3배 4배

x	1	2	3	4	5	6	12	$\cdots$	x
y	12	6	4	3	2				

$\frac{1}{2}$ $\frac{1}{3}$ $\frac{1}{4}$

학생 : 12개

교사 : 그림을 세워보시면 몇 개가 되지요? 12개 자 가로로 놓인 개수가 2개 벽돌에 개수가 2개가 될 때 x가 2일 때 y는 뭐가 되나요? 벽돌에 개수 6개! 자, x가 몇 배가 될 때에요? 몇 배가 되나요? 2배가 될 때 y는 몇 배가 되지요?

학생 : (웅성웅성) $\frac{1}{2}$배!!!

(4) 비와 비율, 비례식

비와 비의 값의 설명과 함께 예를 제시하고, 비례식이 참이 되게 하는 x의 값을 구하라는 문제와 문장으로 되어 있는 문제를 비례식을 세워서 풀게 한다.

(5) 식의 값 구하기

$x=3$일 때, $2x$, $3x$의 값을 구하기는 $x=6$일 때 $1/3x$의 값을 구하기 등식의 값을 구하는 문제를 다룬다.

10.6 문제 해결의 지도

1. 수학적 사고와 문제 해결

문제해결은 창조적인 인간 육성에 필요한 수학적 사고력을 신장시키는 데 중점을 두고 있다.

문제해결은 일반적으로 ① 문제의 이해 ② 해결의 계획 ③ 계획의 실행 ④ 반성(검증)이라는 과정을 토대로 하여 아동 스스로 문제를 해결하기를 바란다.

지금까지 수학과 문제해결 학습은 대부분이 아동 스스로의 힘보다는 교사 중심의 수용 학습으로 이루어지는 사례가 많다는 점과 문제해결의 학습 단계에 지나치게 얽매여 형식적인 단계 적용의 문제해결 학습이 있었다는 점과 과정보다도 결과 중심의 학습이 이루어져 온 것이 문제점으로 제기되어 왔다.

새로운 문제해결의 지도는 이러한 문제점이 개선되고 문제해결의 본질에 합당한 사고력을 육성하는 지도가 이루어져야 하겠다.

단계별로 새로운 문제해결의 지도의 특성을 알아보기로 한다.

1) 문제의 이해 단계

(1) 문제해결의 의욕과 호기심을 갖는다.
(2) 주어진 문제 속에 있는 수학적인 용어, 기호, 그림, 문장의 뜻을 확실히 이해한다.
(3) 주어진 문제를 시각화, 구조화하여 알고 있는 것과 묻고 있는 것을 명확히 하고, 이들 정보를 정리하여 상호 관련성을 파악한다.

2) 해결 계획의 단계

(1) 주어진 문제와 관련이 있는 유사 문제를 상기하여 해결 방법을 생각해 본다.
(2) 주어진 문제의 해결에 필요한 정보를 수집하여 활용할 계획을 수집한다.
(3) 전체적인 문제파악을 바탕으로 하여 결과를 추측, 예상해 본다.
(4) 복잡한 문장을 분해하여 간단한 여러 문장으로 나타내어 보고 이들 사이의 관련성을 찾아본다.
(5) 일반적인 전략과 보조적인 전략에서 주어진 문제의 해결계획에 적절한 전략을 선택하여 해결계획을 세운다.

3) 계획의 실행 단계

(1) 주어진 문제해결에 적절한 식을 세운다.
(2) 연산의 방법, 귀납, 연역, 유비 추론 방법 등을 이용하여 문제를 푼다.
(3) 문제해결 과정을 검토하고 검산해 본다.
(4) 또 다른 문제 해결의 방법이 없는가를 알아본다.
(5) 유사한 문제에 해결방법을 적용해 본다.

4) 반성(검증)의 단계

(1) 풀이 과정이 주어진 문제의 뜻에 적절한가를 검토하고, 계산은 검산을 해본다.

(2) 해를 미지의 요소에 대입하여 확인하고, 보다 간결하고 일반적인 해결방법이 있는가를 검토한다.

이상의 문제해결을 통하여 수학적인 사고력을 기르기 위해서는 좋은 문제가 개발되어야 한다.

○ 좋은 문제는 다음과 같은 조건을 갖추어야 한다.

첫째 : 자발적인 학습의욕을 불러일으킬 수 있는 문제
둘째 : 수학적인 사고력을 육성하는 데 도움을 줄 수 있는 문제
셋째 : 다양한 해결방법을 생각할 수 있는 문제

특히, 학습의욕을 환기시키기 위해서는 주어진 문제에 관하여 호기심, 탐구심, 인내심을 가지고 문제를 적극적으로 해결해 보겠다는 태도가 중요하다. 그러기 위해서는 주어진 문제가 다음의 요건을 갖추어야 한다.

(1) 가정 또는 학교생활에서 직접경험이 바탕이 된 생활, 실용과 관련이 있는 신변의 문제

(2) 극화, 실물이나 그림의 제시, 게임 등의 놀이가 가능한 흥미, 관심을 불러일으킬 수 있는 문제

(3) 구체물, 반구체물, 선분도, 수직선 등에 의한 조작활동을 통하여 문제의 해결을 명확히 하고 지속적인 학습의욕을 높일 수 있는 문제

그리고, 학습 경험이 적은 1학년부터 많은 문제를 경험하고 수학적인 사고가 풍부한 6학년 아동까지는 인지발달의 단계에 차이가 있기 때문에 여기에 부응하는 적절한 문제가 개발되어야 한다.

1학년 아동에게 어울리는 문제는 우선 문제에 대한 강렬한 흥미와 관심을 가질 수 있는 것이 절대적인 조건이다. 그러기 위해서는 그림이야기를 듣거나 실물을 보거나 게임을 하는 등 직접적인 신체 활동을 통하여 문제 장면을 명확히 이해하고, 조작활동에 의한 문제해결을 경험할 수 있는 것이라야 한다.

6학년의 경우는 학습 경험이 풍부하고 인지적인 면에 관심과 흥미를 가질 때이므로 논리적인 사고력을 바탕으로 다양한 해결 방법을 찾아보게 하고, 수학적으로 보고 생각하며 아이디어

를 찾는데 중점을 둔 문제가 개발되어야 한다.

2. 새로운 문제해결 과정과 평가의 개선 방향

문제해결의 과정에 관심을 가지고 많은 교사들이 본격적인 지도를 해 오고 있는데 보충해서 몇 가지 개선 방향을 제시해 보기로 한다.

1) 교사는 아동이 주어진 문제를 보고 다양한 풀이 방법을 찾아 낼 수 있게끔 문제를 변형하여 제시할 수 있어야 한다.
   예를 들면, $\frac{3}{4} - \frac{1}{3}$의 답을 구하라는 것 보다는 $\frac{3}{4}$과 $\frac{1}{3}$는 어느 쪽이 큰지를 알아보는 방법을 모두 찾아보라고 하면 아동들의 반응은 ① 그림이나 도식으로 비교, ② 수직선의 대응점으로 비교, ③ 분모를 같게 하여 비교, ④ 분자를 같게 하여 비교, ⑤ 1과의 차를 생각한 비교 등 창의적인 문제해결 방안을 찾아 낼 것이다.
2) 문제해결은 문제 파악을 위한 독해력이나 계산력뿐만이 아니라 인지 발달 수준, 수학적 소양, 흥미, 관심, 인내심, 추리력, 사고력 등과 같은 인지적 요인, 경험적 요인, 정의적 요인이 상호 복합적으로 관련을 맺고 있다는 사실을 교사는 명심하고 학습의 개별화에 관심 있는 지도가 있어야 한다.
3) 주어진 문제를 아동 스스로가 해결해 보겠다는 학습의욕과 적극적인 문제해결의 자세, 자신감, 호기심, 성취의욕, 관심, 흥미 등을 불러일으킬 수 있도록 교사는 사회자, 조력자, 촉매자로서 학습 분위기 조성에 힘써야 한다.
4) 문제해결 과정의 단계에 획일적으로 형식에 얽매이지 말고 문제의 유형이나 아동의 인지 발달 수준 등을 고려하여 융통성 있게 결과 보다는 과정을 중시한 주체성 있는 문제해결을 할 수 있도록 도와주어야 한다.
5) 주어진 한 문제의 해결을 위해서 많은 문제해결 전략을 개발하고 이를 활용하여 다양한 해결 방법을 찾아낼 수 있게 지도해야 할 것이다.

다음으로 문제해결력의 평가개선 방향은 아동의 기억력이나 암기력을 재기보다는 사고력을 측정해야 하며, 구체적인 평가방법으로는 교사가 학습장면에서 계속 관찰, 진단하거나 선다형 지필검사, 주관식 지필검사, 관찰 및 면담 등을 통하여 효율적이고 정확한 평가가 이루어지도록 한다.

DISCUSSION

[1] 규칙성을 학습해야 하는 이유를 설명하여라.

[2] 규칙의 지도가 창의성 신장과 구체적으로 어떻게 관련되는지 예를 들어 설명하여라.

[3] 규칙 찾기는 문제 해결 전략의 하나이다. 다음 문제를 규칙 찾기를 통해 해결하여라.

(1) 111,111,111 × 111,111,111의 계산 결과와 그때의 가운데 자리의 숫자는 무엇인가?

(2) 한 점을 지나는 10개의 직선이 있다. 이들 직선에 의해 만들어지는 맞꼭지각은 모두 몇 쌍이 있는가?

(3) 한 점에서 시작하는 10개의 반직선에 의해 만들어지는 각은 모두 몇 개인가?

[4] 비, 비의 값, 비율, 백분율, 할푼리의 정의를 말하고, 이들의 차이점과 생활에서 사용하는 장면을 예를 들어 설명하여라.

[5] 대수 발달의 각 시기에 사용된 문자의 특성을 정리하여라.

[6] □, △ 등의 기호를 사용한 식을 결국 x, y 등의 문자로 바꾸어 문자화하게 된다. 이렇게 하는 까닭을 알아보아라.

[7] 미지량 □는 두 가지 의미를 갖는다. 두 가지 의미를 쓰고 각각의 의미를 나타내는 상황을 제시하여라.

[8] 더하는 수가 미지수인 덧셈식을 나타내는 문제 상황을 만들고, 미지수를 구하는 여러 가지 전략을 찾아보아라.

[9] 더하여지는 수가 미지수인 덧셈식을 나타내는 문제 상황을 만들고, 미지수를 구하는 여러 가지 전략을 찾아보아라.

[10] 빼는 수가 미지수인 뺄셈식을 나타내는 문제 상황을 만들고, 미지수를 구하는 여러 가지 전략을 찾아보아라.

[11] 빼어지는 수가 미지수인 뺄셈식을 나타내는 문제 상황을 만들고, 미지수를 구하는 여러 가지 전략을 찾아보아라.

[12] 정비례와 반비례의 예를 우리의 생활에서 찾아보아라.

[13] 다음 (　)안에 y가 x에 정비례하는 것을 '정', y가 x에 반비례하는 것을 '반' y가 x에 정비례도 반비례도 아닌 것은 '비'라고 쓰고, 정비례와 반비례인 경우는 비례식과 그래프를 그려라.

(1) 가로의 길이가 6cm, 세로의 길이가 $x$cm인 직사각형의 둘레 $y$cm　　(　　)

(2) 넓이가 20cm^{2}인 삼각형의 밑변의 길이 $x$cm와 높이 $y$cm　　(　　)

(3) 시속 $x$km로 100km를 가는데 걸이는 시간 y시간　　(　　)

참고문헌

Ⅰ. 국내 자료

1. 강옥기, 제7차 수학과 교육과정 개정의 기본 방향, 수학교육논총, 대한수학회 제15집, 1997.
2. 강옥기외 6인, 제7차 초·중·고등학교 수학과 교육과정 개정시안 연구 개발, '97 교육부 연구과제 답신 보고서. 성균관대학교 수학교육과정개정연구위원회, 1997.
3. 강시중, 수학교육론(개정판), 교육출판사, 1989.
4. 강시중·황선형 공저, 집합·함수, 교육문화사, 1971.
5. 강완·백석윤 공저, 초등수학교육론, 동명사, 1998.
6. 김병순, 학습 부진아를 위한 산수교육의 실태, 고금문화사, 1973.
7. 구광조·류희찬·오병승 공역, 수학교육과정과 평가의 새로운 방향, 경문사, 1992.
8. 김순택, 목표별수업, 교육과학사, 1978.
9. 김치영, 수학교육 현대화에 관한 각국의 동향, 수학교육 Vol. Ⅴ, No.4, 한국수학교육학회, 1967.
10. 교육개혁위원회, 세계화·정보화 시대의 주도하는 신 교육체제 수립을 위한 교육개혁방안(Ⅲ), 3차 대통련보고자료, 1996.
11. 교육개혁위원회, 세계화·정보화 시대의 주도하는 신 교육체제 수립을 위한 교육개혁방안(Ⅳ), 4차 대통련보고자료, 1996.
12. 교육부, 초등학교 교육과정, 교육부 고시 제1997-15호(별책 2호), 대한교과서주식회사, 1997.
13. 교육인적자원부, 수학과 교육과정, 교육인적자원부 고시 제2007-79호(별책 8호), 대한교과서주식회사, 2007.
14. 박성택, 새로운 문제해결 지도, 수학교육 세미나, 1992,
15. 박성택 외 2인, 수학교육, 동명사, 1988.
16. 박승안, 수학과 교육과정 분석과 수준별 교육과정 개발, 교육과정연구 제14권 2호, 1988.
17. 박영배, 수학 교수 · 학습의 구성주의 전개에 관한 연구 서울대학교 박사학위논문, 1996.
18. 서울대학교 사범대학 교육연구소 편, 교육학용어사전, 배영사, 1995.
19. 신현성, 수학교육론, 경문사, 1989.
20. 우정호, 수학과 교육과정 분석과 수준별 교육과정 개발에 대한 토론, 교육과정연구 제14권 2호, 1988.
21. 우정호 외 2인, 수학교육학개론, 서울대학교출판부, 1984.
22. 이석영, 세계 수학교육의 동향, 수학교육 Vol. Ⅰ, No.2, 한국수학교육학회, 1975.
23. 이석영, 미국 수학교육의 현실과 문제점 연구, 수학교육 Vol. XIII, No.2, 한국수학교육학회, 1974.
24. 이용률 외 3인 공역, 문제해결학습과정과 발문분석, 경문사, 1992.

25. 이용률 외 3인 공역, 수학적인 생각의 구체화, 경문사, 1992.
26. 이용률 외 8인 공저, 초등수학교육론, 경문사, 1997.
27. 이정실, 현대화를 위한 산수교육, 고금문화사, 1971.
28. 이충걸, I.C.M.I에서 논의된 수학교육, 수학교육 Vol.XIII, No.3, 한국수학교육학회, 1975.
29. 전평국, 초등수학 교육 이론과 실제, 교학사, 1998.
30. 최영한, 현대수학 교육의 발전에 관한 연구, 수학교육 Vol. III, No.9, 한국수학교육학회, 1975.
31. 한국교육개발원, 교육과정 개정안(총론)의 연구개발 답지 보고서, 1981,
32. 한국교육개발원, 수학과 문제해결력 신장을 위한 수업방법개선 연구, 1985.
33. 한국교육개발원, 수학과 문제해결력 신장을 위한 교수-학습 자료 연구, 1989.
34. 한국수학교육학회, 부다페스트에서의 국제수학교육자 회의의 결의와 권고, 수학교육 Vol. I, No.2, 1963.
35. 현종익, 수학교육의 현대화, 부산대 사대 학예지 제5집, 1974.
36. 현종익, 산수과 평가를 위한 여러 형태의 시험 문항 작성법에 관한 연구, 제주교대 과학교육연구지 제6집, 1981.
37. 현종익, 분수의 곱셈·나눗셈에 관한 연구, 제주교대 과학교육연구지 제8집, 1984.
38. 현종익, 문제해결 학습과정에 따른 학습자료 개발 연구, 전국교육대학 수학교육연구회, 수학교육 연구 제6집, 1990.
39. 현종익, 산수과 교수법 및 교재연구, 경문사, 1990.
40. 현종익, 문제해결 학습과정에 따른 학습평가에 관한 연구, 대한수학교육학회, 대한수학학회 논문집, 제1권, 제1호, 1991.
41. 현종익 외 4인, 대학수학의 입문, 교육출판사, 1991.
42. 현종익, 제6차 과정에 따른 수학과 학습지도 연구, 경문사, 1993.
43. 현종익, 수학과교육, 학문사, 1994.
44. 현종익, 수학과 교수-학습방법 탐구, 학문사, 1996.
45. 현종익, 초등수학교육기초론, 경문사, 1997.
46. 현종익, 열린교육을 위한 수학과 수준별 교육과정 연구, 제주교대 과학교육연구지 제13집, 1997.
47. 현종익, 제7차 수학과 국민 공통 기본 교육과정 연구, 제주교대 논문집 제27집, 1998.
48. 현종익, 제7차 교육과정을 반영한 초등수학교육론, 학문사, 1999.
49. 현종익 외 1인, 교육학용어사전, 동남기획, 2002.
50. 현종익, 교사를 위한 초등수학교육론, 교우사, 2006.
51. 현종익, 세계수학사, 교우사, 2011.

Ⅱ. 외국자료

1. 동경교육대학교, 연구자료, Vol.XI, No.3. 1970.
2. 동경교육대학교 수학교육연구회편, 수학교육 현대화자료(2), 1968.
3. 우매 내 사도루, 교육저작전집 7권, 문제해결학습, 명치도서, 1977.
4. Barbara, J.Reys., Mental Computation, *Arithmetic Teache*r, 32, No.6, 1985.
5. Branca,N.A., *Problem Solving as a goal process and basic skill*, N.C.T.M., 1980, Yearbook,
6. Brownwell, W.A., *The psychology of Learning, Forth Five Year Book of the National Society for the study of education*, Part II, Chicago : The Society,
7. Burton,L., Mathematical Thinking : The struggle for meaning, *Journal for Research in Mathmatics Education*, No.1, Jan., 1984.
8. Butts, *Posing Problem Properly Problem Solving in School Math.*, N.C.T.M., 1980, Yearbook.
9. Chales, R.I. & F.K. Lester, Jr., An Evaluation of a Process Oriented Instructional Problem in Mathematical Problem Solving in Grade 5 and 7, *JRME*, Vol.15, No.1, Jan., 1984.
10. Kantowski, H.G., Process Involving in Mathematical Problem Solving, *JRME* Vol.8, 1981.
11. Kilpatrick,J., What Costructivism Might Be in Mathematical Education, *Proceedings of PME-XI*, 1987.
12. Krulik, S. & Rundnick, J.A., Teaching Problem Solving to Preservative teacher, N.C.T.M., *Arithmetic Teachers* Vol.29, No.6, Feb, 1982.
13. Lee,K.S., Guiding Young Children in Sucessful Problem Solving, *Arithmetic Teachers* Vol.29, No.5, Jan., 1982.
14. Lenchner,G., *Creative Problem Solving in school Mathematics*, Boston : Houghton Mifflin, 1983.
15. Lester, F.K., *Mathematical Problem Solving in Elementary school : Some Educational and Pshchological Considerations*, Ohio, 1978.
16. Malone,J.A. etc, *Meassuring Problem-Solving Ability : in Problem Solving in School Mathematics*, 1980, Yearbook, N.C.T.M.
17. N.C.T.M., *Estimation and Mental Computation*, 1986 yearbook.
18. N.C.T.M., *New Directions for Elementary School Mathematics*, 1989 Yearbook.
19. N.C.T.M , *Curriculum and Evaluation 'Standards' for School Mathematics*, 1989.
20. N.C.T.M , *Professional 'Standards' for Teaching Mathematics*, 1991.
21. N.C.T.M , Computation Strategies of professional Mathematicions, pp.45~55, *In Journal for Reserch in Mathematics Education*, Vol.23, No.1, Jan., 1992.
22. Nobuhiko, Barbara J. Reys, and others, Computational Estimation Performance and Strategies used by select Fifth and Eight Grade Japanese students, *Tsukuba Journal of Educational*

Study in Mathematics, Vol.1. 9~13, 1990.

23. Polya, G., *How to solve it?*, 2nd ed., New York : Doubledey, 1957.
24. Putt,I.J., *An Exploratory Investigation of two Method of Instruction in Mathematical Problom Solving of the Fifth Grade Level*, Dissertation Indiana University, 1978.
25. Rising,G.R., *Didactics and Mathematics*, Palo Alto : Creative Publication 1978.
26. Sabban, Y.O., Hints in Problem Solving, *School Science and Mathematics*, Vol.85, Jan., 1985,
27. Scriven, M., *The Methodology of Educational Evaluation*, in R. Srake(ed.), Chicago : Rand NcNally, 1967.
28. Worth, J., Problem Solving in the Intermediate Grades : Helping Your Students Learn to solve problems, *Arithmetic Teacher*, Vol.29, No.6, Feb., 1982.
29. Zweng, M.J., Children's Strategies of Solving Verbal Problems, *A final Report to the National Institute of Education on the Research Supported by grant number NIE*, 9-78-0094.

찾아보기

(ㅇ)

(ㅈ)

현 종 익
풍천초등학교 졸업(15회)
제주제일중학교 졸업(17회)
제주제일고등학교 졸업(14회)
부산대학교 사범대학 수학교육과 졸업(이학사)
부산대학교 교육대학원 수학교육전공 졸업(교육학석사)
계명대학교 대학원 수학과 기하학전공 졸업(이학박사)
〈경력〉 제주교육대학교 전자계산소장, 과학교육연구소장, 학생처장,
교무처장, 초등교육연수원장역임
일본지바대학교 객원연구원역임
초등학교 1종 교과서 및 교사용 지도서 심의위원 역임
제주교육대학교 3대 총장 역임
2009년 국정도서 편찬기관 심사위원장 역임
제주교육대학교 수학교육과 전임강사, 조교수, 부교수, 교수 역임
현재 한국초등수학교육학회 제주지부장
한국수학교육학회 부회장 및 제주지부장
한국창조과학회 이사
국제수학교육위원회 한국지부 부회장
중국연변과학기술대학교 명예교수
중국운남재경대학교 명예교수
한국인재교육평가원 전문위원
(사)동북아교육문화협력재단 운영이사
(사)국제교육문화재단 운영이사
제주대학교 교육대학 초등교육과 수학교육전공 교수(정년보장)
〈저서〉 초등수학교육개설(공저), 교양수학(공저), 수학사개설(공저),
초등수학의 이론과 실제, 초등컴퓨터교육(공저), 대학수학(공저),
산수과 교수법 및 교재연구, 컴퓨터교육의 이론과 실습문제(공저),
대학수학입문(공저), 수학과학습지도연구, 수학과교육,
대학수학(공저), 수학과 교수 학습 방법 탐구, 현대수학기초론,
초등수학교육론, 초등수학교육기초론, 교육학용어사전(공저),
교사를 위한 초등수학교육론, 교사를 위한 수학사,
초등학교 교사를 위한 수학기초론(공저), 세계수학사
〈연구분야〉 문제해결방법론, 기하교육론, 미분기하학

[제2판]
7차 개정교육과정에 따른 **초등수학교육론**

2011년 3월 2일 초 판 발행
2013년 3월 5일 제 2 판 발행

저 자 / 현종익
발행자 / 오판근
발행처 / 교우사

주 소 / 서울 동대문구 제기2동 148-19
전 화 / 925-2861(代), 편집부 / 925-2825
팩 스 / 925-2860

E-mail / kyowoo@kyowoo.co.kr
http://www.kyowoo.co.kr

등록 / 1994. 3. 24 제6-0256호

ISBN 978-89-8172-875-5 (93410)

값 23,000 원